权威·前沿·原创

皮书系列为
"十二五""十三五""十四五"时期国家重点出版物出版专项规划项目

BLUE BOOK

智库成果出版与传播平台

全球信息社会蓝皮书

BLUE BOOK OF THE GLOBAL INFORMATION SOCIETY

全球信息社会发展报告（2023）

ANNUAL REPORT ON THE DEVELOPMENT OF GLOBAL INFORMATION SOCIETY
(2023)

生成式人工智能赋能高质量发展

主　编／丁波涛
副主编／夏蓓丽　范佳佳　陈　隽

社会科学文献出版社
SOCIAL SCIENCES ACADEMIC PRESS (CHINA)

图书在版编目(CIP)数据

全球信息社会发展报告.2023:生成式人工智能赋能高质量发展/丁波涛主编;夏蓓丽,范佳佳,陈隽副主编.--北京:社会科学文献出版社,2023.11
（全球信息社会蓝皮书）
ISBN 978-7-5228-2588-5

Ⅰ.①全… Ⅱ.①丁… ②夏… ③范… ④陈… Ⅲ.①信息化社会-研究报告-世界-2023 Ⅳ.①G201

中国国家版本馆 CIP 数据核字（2023）第 187475 号

全球信息社会蓝皮书
全球信息社会发展报告（2023）
——生成式人工智能赋能高质量发展

主　　编／丁波涛
副 主 编／夏蓓丽　范佳佳　陈　隽

出 版 人／冀祥德
组稿编辑／邓泳红
责任编辑／吴　敏
责任印制／王京美

出　　版／社会科学文献出版社·皮书出版分社（010）59367127
　　　　　地址：北京市北三环中路甲29号院华龙大厦　邮编：100029
　　　　　网址：www.ssap.com.cn
发　　行／社会科学文献出版社（010）59367028
印　　装／天津千鹤文化传播有限公司
规　　格／开　本：787mm×1092mm　1/16
　　　　　印　张：25.75　字　数：386千字
版　　次／2023年11月第1版　2023年11月第1次印刷
书　　号／ISBN 978-7-5228-2588-5
定　　价／128.00元

读者服务电话：4008918866

版权所有 翻印必究

《全球信息社会发展报告（2023）》编委会

编委会主任　王　振

主　　　编　丁波涛

副 主 编　夏蓓丽　范佳佳　陈　隽

编　　　委　（以姓氏笔画为序）
　　　　　　王世伟　杨　慷　杨道玲　吴　曦
　　　　　　邹　健　张　英　陆　伟　陈　隽
　　　　　　范佳佳　罗　力　赵付春　胡　雯
　　　　　　段宇锋　夏蓓丽　顾　洁　薛泽林

主要编撰者简介

丁波涛 管理学博士，上海社会科学院信息研究所副所长、副研究员，主要从事信息社会、信息资源管理等领域的研究，重点关注智慧城市、智慧治理、数字经济、信息化与工业化融合等问题，出版《新时代智慧社会建设研究》等专著，发表《从信息社会到智慧社会：智慧社会内涵的理论解读》等论文，主持完成"'一带一路'倡议的信息资源支撑及开发策略研究"等多项国家和省部级课题。

夏蓓丽 管理学博士，上海社会科学院信息研究所助理研究员，主要从事城市数字化转型研究，重点关注数字化转型体制机制、智慧城市、智慧应用、公共数据开放利用问题，出版《中国地方政府数据开放的政策工具选择研究》专著，发表《Web2.0环境下政府信息服务的运行机制》等论文，主持完成相关上海市青年课题一项。

范佳佳 管理学博士，上海社会科学院信息研究所副研究员，主要从事大数据治理、绿色数字化研究，重点关注绿色数字化政策、政府数据开放共享、政府数据授权运营等问题，出版《大数据环境下政府数据的可持续运营》《科技网站信息质量评价模型与实证研究》等著作，在《中国行政管理》《电子政务》等上发表文章近30篇，《全球重要城市开放数据指数》报告负责人。

陈　隽　经济学博士，上海社会科学院信息研究所助理研究员，主要从事信息社会、智慧城市等领域的研究，重点关注智慧城市、数字经济、电子政务、信息化与工业化融合等问题，发表《公共信息的供给方式分析》《上海信息产业对经济发展影响分析》等论文。

摘　要

　　人工智能正在以前所未有的方式改变着社会。自2022年底以来，以ChatGPT为代表的新一代人工智能技术——生成式人工智能（AIGC）引发了全球范围内的广泛关注。相较于传统AI技术，生成式AI实现了算力、数据、算法的全面突破，凭借着强大的内容生成能力和多模态融合能力，可以广泛应用于文化事业、科研、教育、医疗健康、创新生态、公共服务等领域，促进各个领域的高质量发展，并必将深刻影响人们的生产生活方式。随之而来，生成式人工智能也将对信息社会发展提出技术伦理、隐私保护、数据安全等方面的挑战。

　　为及时了解新一代人工智能技术在信息社会高质量发展各个领域的最新进展和前沿问题，并探讨生成式AI所带来的安全伦理问题，本书以生成式人工智能赋能高质量发展为主题，在全面阐释生成式人工智能给信息社会建设带来的新机遇与新挑战的基础上，集中梳理了世界各国人工智能发展的基本情况，并着重就欧美亚地区人工智能产业发展，以及生成式人工智能对文化事业、科研、教育、医疗、就业、创新、老龄化、安全治理等领域的影响和关键问题等展开研究，并为我国建设高水平信息社会提出对策建议。

　　本书总报告由研究报告和评估报告组成：研究报告梳理了AIGC的发展历程及其对智慧社会中知识生产、知识劳动、知识传播等的影响，分析了AIGC带来的智慧社会建设新机遇和新挑战，提出了促进AIGC技术创新、加强AIGC技术的广泛应用、加强AIGC治理与监管等对策建议；评估报告通过构建信息化环境、经济环境、人工智能三级评价指标体系（共12项指标），对世界42个国家或地区的人工智能发展状况进行了比较分析，结果显示，目前世界人工智能呈现以中国、美国、欧盟为引领，发达经济体为主的发展格局，人工智能发展主要集中在东亚、北美洲、欧洲三个区域，其中，东亚国家以研究与应用见长，欧洲、北美洲等发达国家的优势在基础研究和人才培养方面。

区域篇对人工智能优势国家和区域——美国、欧洲、亚洲的人工智能发展现状进行了分析，并就人工智能产业发展态势、人工智能发展战略、生成式人工智能技术进展、人工智能相关政策条例等进行分析和总结，为我国生成式人工智能促进经济社会高质量发展提出了对策建议：借鉴美国经验加强技术研发、数据资源管理、法律和伦理体系以及应用场景布局促进中国在人工智能领域的发展与创新；借鉴欧洲整合各方研究资源培育人才的做法，重视跨学科科研网络建设，打造政产学研一体化的人才培养生态系统，培养具备人工智能与领域专业技能跨学科的复合型人才；借鉴日本、韩国、新加坡鼓励政产学研多元合作、开放友好市场环境、兼顾平衡监管与开放的做法，促进人工智能产业高质量发展。

专题篇围绕以生成式人工智能为代表的新一代人工智能在信息社会各重要领域发展的若干重要话题进行了探讨，包括：文化事业领域，重点基于近一年来生成式人工智能对文化事业创新和高质量发展的机遇与挑战作剖析、归纳、综述和展望，提出"以生成式人工智能的主动赢得文化事业发展的主动、着力催生文化发展的新领域和新赛道、生成式人工智能的各类风险挑战与规避"等观点；科研领域，全面梳理和总结了ChatGPT在科研领域的研究情况、科研活动中的三类应用潜力以及面临的五种风险挑战，并提出技术检测、机构规制和使用指南等具体的应对与控制措施；教育领域，首次在蓝皮书中尝试由真人作者与ChatGPT（GPT4.0版本）合作完成该研究，在确保文章的准确性和可靠性的基础上，提出了数据安全与隐私保护、技术可靠性与有效性改进、技术普及与教育公平、教师角色转型与能力提升、规范伦理道德等促进现代教育转型的对策建议；医疗健康领域，对AI+医疗健康的产业发展、场景应用、关键技术、政策重点等进行了梳理，并提出研究制定医疗健康领域的AI专门政策法规、完善AI+医疗健康监管体系、建立AI医疗器械标准化体系、推进AI医疗健康服务市场化等对策建议；新型就业领域，通过探讨AIGC训练师的概念、内涵、工种，以及全球AIGC训练师人才的地区分布、服务行业分布、学历、专业分布、年龄分布、职业收入情况，提出AIGC产业及训练师职业发展对策，如政府的干预需要从规范市场、帮助各行各业充分认识到AIGC技术的便利性、加快各行业与AIGC融合等入手；创新生态领域，围绕开源创新生态的概念和国内外开源创新生态发展现状展开研究，并提出"鼓励开源文化发展、倡导开放合作理念、加大开源技术创新支持力度、赋能行业高质量发展、构建面向全球的开源创新生态治理体系"等对策建议；老龄化适老化领域，以美国、英国、澳大利亚、新加坡和日本公共图书馆为研究对象，利用网络调查法，从法律、政策、项目等方面调研其面向老年人的数字素养教育实践进展，提出完善老年人获得数字素养教育服务的法律法规政策体系、推进多元主体合作共赢、提供适老化数字素养教育产品和服务、搭建老年人数字素养教育平台、推进人工智能机器人应用于老年读者服务等建议。

安全篇围绕生成式人工智能关于可信任、价值风险、监管等关键问题进行了研究，包括：全球可信人工智能政策发展方面，通过对可信AI理论进行梳理，明确可信AI的六大维度，并以欧盟和美国的可信人工智能政策框架为例，归纳出不同的AI可信度的评估方法和实现路径，提出了多个利益相关方参与、明确AI风险级别、加强可信AI评估工作、动态更新可信AI等对策建议；生成式人工智能的价值与风险方面，从工具理性与价值理性的视角出发，探究ChatGPT对政治、经济和社会三个领域的影响，提出"ChatGPT是理性生产的工具而非主体，虽然在很大程度上满足了效率需求，但难以解决公平问题"，以及"对于政府治理而言，ChatGPT引发的最核心的挑战在于跳出技术依赖以维护公共利益"等观点；AIGC监管方面，从对AIGC进行监管的必要性、AIGC监管的概念和内涵入手，探讨了我国AIGC监管现状和困难，通过构建一套AIGC监管框架以及对比国内外相关经验和

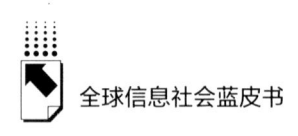

政策趋势，提出"明确监管原则、细化处罚规定，更新监管手段、开阔监管思路，构建行业导向的分类监管模式"等对策建议。

本书可供信息社会、人工智能发展及应用，尤其是关注生成式人工智能发展等领域的政府人员、企业人员、专家学者等人群参考阅读，帮助其了解当前生成式人工智能技术、产业发展及其在各领域的应用进展与趋势，以及在新一代人工智能促进信息社会发展过程中面临的主要问题、重点与难点、经验与规律，从而促进信息社会全面高质量发展。

关键词： 人工智能　智慧社会　信息社会

目 录

Ⅰ 总报告

B.1 生成式人工智能：智慧社会建设的新机遇与新挑战…… 丁波涛 / 001
  一 AIGC引发的智慧社会变革…………………………… / 002
  二 AIGC带来的智慧社会建设新机遇…………………… / 009
  三 AIGC引发的智慧社会新挑战………………………… / 014
  四 打造AIGC时代的新型信息社会……………………… / 019
B.2 人工智能发展国际比较报告………………………………… 陈 隽 / 027
  一 人工智能发展指数评价体系的构建…………………… / 027
  二 全球人工智能发展评价………………………………… / 030
  三 发达经济体之间的人工智能发展指数比较…………… / 040
  四 重点国家的人工智能发展指数比较…………………… / 042
  五 小结……………………………………………………… / 051

Ⅱ 区域篇

B.3 美国人工智能产业发展研究………………… 胡月婷 王兴全 / 053
B.4 欧洲人工智能发展洞察及启示……………… 乔 娜 丁波涛 / 081
B.5 亚洲国家人工智能发展新态势……………… 李欣娣 丁波涛 / 109

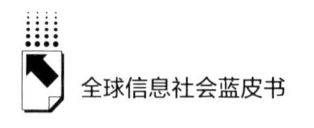

Ⅲ 专题篇

B.6 生成式人工智能对文化事业创新和高质量发展的机遇与挑战
　　………………………………………………………… 王世伟 / 131
B.7 ChatGPT 在科研领域的应用：现状、影响与应对 …… 顾　洁 / 154
B.8 现代教育转型中的 AI 角色：大规模语言模型（LLMs）的
　　影响与对策 …………………………………… 吴　曦　ChatGPT / 177
B.9 新一代人工智能在医疗健康领域的发展现状、问题与对策
　　………………………………………………… 夏蓓丽　孙炜杰 / 201
B.10　全球 AIGC 训练师发展报告 ………………………… 范佳佳 / 233
B.11　开源创新生态
　　　——生成式人工智能的创新基石 ……………… 胡　雯 / 264
B.12　国外公共图书馆面向老年人的数字素养教育及其启示
　　　……………………………………………………… 罗　力 / 285

Ⅳ 安全篇

B.13　全球可信人工智能政策的发展现状 ………… 赵付春　赵　萌 / 301
B.14　工具理性与价值理性视角下生成式人工智能的价值与风险
　　　——以 ChatGPT 为例 ………………… 薛泽林　许　鑫 / 328
B.15　我国 AIGC 监管框架构建及其应用研究 …… 杨　慷　马　乐 / 349

后　记 …………………………………………………………………… / 378

Contents ………………………………………………………………… / 379

总 报 告
General Reports

B.1
生成式人工智能：
智慧社会建设的新机遇与新挑战

丁波涛[*]

摘 要： 生成式人工智能是全球范围内广受关注的前沿技术，将给人类社会带来巨大的影响，一方面将赋能百业，促进经济发展与社会进步；另一方面也可能引发数据安全、社会伦理等方面的诸多挑战。本文梳理了AIGC的发展历程及其对智慧社会中知识生产、知识劳动、知识传播等的影响，分析了AIGC带来的智慧社会建设新机遇，包括改变社会生产形式、改变社会生活方式、改变社会治理模式等，探讨了AIGC引发的智慧社会新挑战，尤其是安全层面、社会层面和伦理层面的巨大冲击。同时，针对AIGC对人类社会潜在而巨大的积极与消极影响，提出了促进AIGC技术创新和广泛应用、加强AIGC治理与监管等建议。

---

[*] 丁波涛，管理学博士，上海社会科学院信息研究所副所长、副研究员，研究方向为信息社会、智慧城市、数据治理。

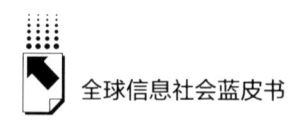

关键词： 生成式人工智能　智慧社会　社会变革

2020 年以来，著名咨询机构 Gartner 在其人工智能技术成熟度曲线上一直在跟踪生成式人工智能（AIGC），并且显示该技术已从创新触发阶段逐步迈向急剧膨胀的顶点。但直到 2022 年底，随着美国 OpenAI 公司推出的 ChatGPT 在一夜之间火爆全球之后，生成式 AI 才成为主流头条新闻，引起了公众的广泛关注。目前，AIGC 技术已被广泛应用于新闻媒体、娱乐游戏、咨询服务、社会治理等领域，未来随着技术的完善和场景的拓展，其应用范围还将不断扩大。然而，生成式人工智能是多元智能技术经过集成式创新之后而形成的一种颠覆性技术，具有超强类人性、高风险性和不确定性等特征，[①] 一方面可以为经济发展与社会进步带来新的巨大数字红利，但另一方面也有可能给人类社会带来许多冲击。如何抓住新机遇，应付新挑战，是生成人工智能背景下建设智慧社会的重要课题。

一　AIGC 引发的智慧社会变革

人工智能和机器学习正以前所未有的方式改变着社会。而 2022 年底以来，以 ChatGPT 为代表的新一代人工智能技术——生成式人工智能（AIGC）快速进入了公众视野并引发了全球范围内的广泛关注。相比元宇宙和 Web3 等发展潜力巨大但短期内难以大规模落地的技术，AIGC 向人们展示了其在经济社会领域十分丰富的应用场景，被广泛视为将给人类带来革命性突破的新技术。

（一）AIGC 的发展历程

AIGC，即人工智能生成内容，又称生成式人工智能（Generative AI），

[①] 董扣艳、张雨晴：《生成式人工智能发展与治理的哲学省思》，《福建师范大学学报》（哲学社会科学版）2023 年第 4 期。

是指一种基于深度学习的人工智能技术,能够自动地生成新的数据、图像、声音、文本等内容,而不是像传统的机器学习算法那样只能对已有数据进行分类或预测。AIGC 作为继 PGC(专业生成内容)和 UGC(用户生成内容)之后的一种新的内容创建方式,可以在不依赖用户的情况下生产内容,从现有数据中学习潜在的模式和分布来生成新数据。自 20 世纪 50 年代以来,人工智能技术发展经历了感知式人工智能、分析式人工智能、决策式人工智能等阶段,生成式人工智能是最新阶段。相较于传统 AI 技术,生成式 AI 实现了算力、数据、算法的全面突破,不再局限于感知、记忆和理解,而是开始自主创造新的内容,由此改变了数字内容的生产和传输模式,如表 1 所示。

表 1 AIGC 技术与传统 AI 技术的对比

项目	感知式 AI	分析式 AI	决策式 AI	生成式 AI
出现时间	1950s	1960s	1970s	1980s
核心技术	感知机、专家系统	支持向量机、神经网络、决策树	多层神经网络模型	通用大模型、多模态学习
内容生产形式	—	—	PGC、UGC	AIGC
内容传输形式	—	—	单向信息传输与双向信息交互	信息聚合与价值共享
应用领域	文本识别、语音识别、图像识别等	运营营销决策、金融风险评估、医疗诊断等	自然语言生成、图像生成、音乐生成等	生成各种数据、图像、语音等内容后,决策式 AI 对生成内容进行分析和决策,实现更加全面和智能的应用

资料来源:赵杨、张雪、范圣悦:《AIGC 驱动的智慧图书馆转型:框架、路径与挑战》,《情报理论与实践》2023 年第 7 期。

AIGC 模型十分多样化,可以接收图像、长文本、电子邮件、社交媒体内容、录音、程序代码和结构化数据等内容,并输出新内容、翻译、问题答案、情感分析、摘要甚至视频。与已有的各类人工智能技术相比,AIGC 的

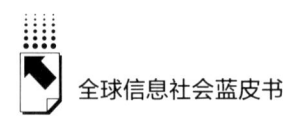

自然语言理解能力和特定内容创作能力几乎可以与具有相当水平的专业人员相媲美,为人机交互和智能创作提供了强有力的支持。这种通用内容生成能力在商业中具有巨大的应用潜力,有可能颠覆人类世界中的内容创作模式,对营销、软件、设计、娱乐和人际沟通等产生重大影响,其作用主要包括以下几个方面。

(1) 自动内容生成:大型语言和图像人工智能模型可用于自动生成内容,如文章、博客文章或社交媒体帖子。对于定期创建内容的企业和专业人士来说,这可能是一个宝贵的可节省时间的工具。

(2) 提高内容质量:人工智能生成的内容可能比人类创建的内容具有更高的质量。人工智能模型能够从大量数据中学习并识别人类可能无法看到的模式,从而产生更准确、信息更丰富的内容。

(3) 增加内容多样性:人工智能模型可以生成多种内容类型,包括文本、图像和视频。这可以帮助企业和专业人士创建更加多样化和有趣的内容,吸引更广泛的人群。

(4) 创作个性化内容:人工智能模型可以根据个人用户的喜好生成个性化内容,帮助企业和专业人士创建目标受众更感兴趣的内容,因此更有可能被阅读或分享。

当前 AIGC 技术在内容创作上的主要应用方向及代表产品如表 2 所示。

表 2 AIGC 的主要应用方向及代表产品

应用方向	具体表现	代表产品
文字类	直接生成应用型文本,其发展较成熟,以客服类的聊天问答、新闻撰写为核心场景直接生成创作型文本,适用于剧情续写、营销文本等细分场景从而生成交互型文本,典型场景为智能客服、聊天机器人、虚拟伴侣、游戏中的 NPC 个性化交互等文本辅助生成,是目前国内工具落地最为广泛的场景	Notion AI:智能写作助手 Jasper:通过文字生成功能,用户可以轻松生成 Instagram 标题,编写 TikTok 视频脚本、广告营销文本 ChatGPT:聊天机器人软件,只需向 ChatGPT 提出需求,即可实现文章创作、代码创作、回答问题等

续表

应用方向	具体表现	代表产品
图片类	潜力巨大(据绘画生成网站6pen预测,未来5年全球10%~30%的图像有望由AI生成或辅助生成) 根据简单描述、关键词自动生成图像	Midjourney:可根据文本生成图像,使用者可通过Discord的机器人指令进行操作,可以创作出图像作品 6pen:国内AI图像生成公司
音频类	已经相当成熟的TTS(语音合成)场景和音乐创作场景,可提高歌曲乐曲、有声书、配音等内容的创作效率,实现有声内容的规模化生产	Amper Music:基于云算法的平台,帮助简化电影和视频游戏的音轨制作过程
视频类	视频自动剪辑、属性编辑、视频到视频的自动生成等	Runaway:基于文本和图片生成视频 Designs.AI:AI人工智能图片视频创作网站
跨模态生成	文字生成图像(分为功能性和创意性)、文字生成视频(有更高的长序列建模要求,较文生图的发展要滞后两年左右)、图像/视频到文本(跨模态搜索、视觉问答系统、配字幕、标题生成)	Copilot:智能办公 Adobe:生成式AI营销工具Sensei和图片视频生成工具Firefly

资料来源:倪爽:《AIGC最新应用与场景研究》,https://pdf.dfcfw.com/pdf/H3_AP202305281587322604_1.pdf?1685270974000.pdf。

(二)AIGC改变社会知识环境

智慧社会的建设目标在于实现从数据、信息、知识到智慧的转变,而知识自动化是实现这一转变的核心技术。[1] 相比于以往的智能感知、智能决策等技术,AIGC在知识自动化的数量、质量上都有了巨大的飞跃。虽然AIGC并不是人类长期以来所梦想和追求的"通用人工智能",但其无疑向此目标迈进了一大步。正如有学者所言,ChatGPT等AIGC技术将彻底改变知识的生产方式,也将改变用户获取知识的方式。[2]

---

[1] 王飞跃等:《社会计算与计算社会:智慧社会的基础与必然》,《科学通报》2015年第5~6期。
[2] 曹树金、曹茹烨:《从ChatGPT看生成式AI对情报学研究与实践的影响》,《现代情报》2023年第4期。

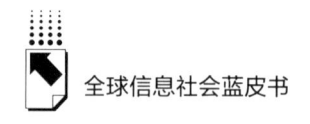

1. 改变知识生产过程

AIGC 将极大地释放人们的创造力表达需求，推动知识生产模式变革。传统的知识生产方式需要耗费大量的人力进行运作，花费大量时间处理烦琐且复杂的事件，而通用性 AIGC 模型能够处理很多烦琐的杂事，如撰写新闻报道导语、提供代码大纲、转换图像格式以及根据文本快速生成表格等，从而使得人们能够把更多的精力转向能创造更高价值的内容生产上。研究机构 Gartner 预计，到 2025 年全球大型企业 30% 的营销信息将由 AIGC 生成，而 2022 年这一比例还不到 2%；到 2030 年，一部电影 90% 的内容将由人工智能生成，而 2022 年这一比例为 0。①

在时间成本方面，传统的知识生产方式离不开人的监督和管理，轮班加班是常态，而 AIGC 技术能够每天 24 小时全程在线，缓解人们的工作压力。随着生成式人工智能技术的不断完善，未来知识创造工作的边际成本甚至可能降为零，从而产生巨大的经济价值。

2. 创新知识劳动形态

知识劳动是通过线上和线下渠道获取知识、处理知识和创造知识，从而实现知识的生产和再生产的过程，知识劳动最终形成文档、程序、技能等知识成果。AIGC 技术一经出现，就成为知识劳动的新工具或新平台，形成"生成式人工智能介导的知识劳动"，使知识劳动具有自动高效、人机互动、更加个性和人性化、更富拓展性和创造性等新特征。②

知识劳动形态的改变，也将引发新的知识创新模式。人工智能模型通过数十年的数据和案例的培训，可以快速探索不同的未来场景并为决策提供信息支撑，从而在特定任务上超越传统的战略顾问人员。生成式人工智能对于知识创新的最大作用是促进创新民主化，即大大降低了知识创新的门槛，使得原先许多只能产生新的基本概念但缺乏专业知识、无法深入落实新概念细

---

① https://www.gartner.com/en/articles/beyond-chatgpt-the-future-of-generative-ai-for-enterprises.
② 肖峰：《生成式人工智能与数字劳动的相互关联——以 ChatGPT 为例》，《学术界》2023 年第 4 期。

节的非专业人员,也可以使用各类 AIGC 生产出十分专业化的文本、图片及声音、视频等内容。因此掌握使用 AIGC 工具的能力,对于新时代的知识创新显得极为重要。正如美国商业创新咨询机构(Board of Innovation)首席执行官 Phil De Ridder 所言,人工智能不会取代创新者,但使用人工智能的创新者将会取代那些不使用人工智能的创新者。[①]

3. 重塑知识传播方式

AIGC 应用于知识传播将彻底改变知识抵达受众的方式,使知识产生者能够更有效地传递知识,同时通过个性化推荐为受众提供更好的知识传播体验。一是优化知识交付方式,比如知识的个性化推荐——通过分析用户的浏览历史和行为,AIGC 算法可以推荐他们可能感兴趣的内容。再如知识需求预测分析——使用机器学习模型,知识生产者可以预测哪些主题将在受众中表现良好,并相应地调整其内容策略。

二是优化定位目标受众。AIGC 算法可以根据不同受众群体的地理位置、语言或兴趣等因素进行有针对性的知识分发。如果一家媒体发布了一篇有关某地交通的文章,其可借助 AIGC 技术锁定该地区的用户,以及之前对该地交通信息表现出兴趣的用户,而不是盲目地对所有人进行传播。

三是优化组合传播平台。知识传播平台包括线下渠道、新闻媒体、互联网、社交网络等,不同的平台具有不同的特性。利用 AIGC 技术可以将不同的传播平台进行有效组合,实现知识传播效果的最大化和传播成本的最小化。

4. 催生新型知识主体

AIGC 技术不仅重塑了知识生产与传播的模式,也催生了新型知识主体——智能机器,使得人类不再是唯一的知识生产主体,而机器也不再仅限于检索和传输知识的角色。在 AIGC 技术的支撑下,机器已具备"生成"知识的能力,成为新型知识主体。在数字时代,知识传播的结构以互联网作为

---

① https://www.boardofinnovation.com/blog/the-role-of-generative-ai-in-your-innovation-process/.

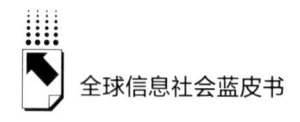

中介和存储载体，正从"人—网络—人"的传统模式向"人与机—网络—人与机"的新型循环演变。①

具体而言，AIGC分为三个发展阶段：一是"辅助阶段"，即AIGC辅助人类生成内容；二是"合作阶段"，即AIGC以虚拟化身的形式出现，与人类知识创作者共存；三是"原创阶段"，即AIGC完全脱离人类，独立自主地生成内容。目前AIGC处于第二阶段，可以通过深度学习生成逼真的图像、文本和音频，但仍然无法进行超越人类智能的高级推理，难以产生真正的创新。

未来AIGC将演化进入第三阶段，具有完整的知识创新力，成为具有自主能力的知识生产主体。人类虽然拥有无限的创造力，但需要以书面或视觉形式传达概念，这限制了很多人贡献新想法的能力，而生成式人工智能完全消除了这个障碍，形成更强大的创新能力。当然，生成式人工智能的最大潜力不是取代人类，而是为了帮助人类努力创造迄今为止难以想象的解决方案。②

5. 弥合社会知识鸿沟

社会中的知识鸿沟表现在多个维度，比如信息交流过程中信息提供者和接受者之间存在的信息不对称现象；再如不同社会群体之间在掌握知识数量与质量、吸引和利用知识能力等方面存在的差异。知识鸿沟的存在会导致社会分化、市场失灵、资源浪费、利益冲突等问题。而AIGC的应用可以有效地弥合知识鸿沟，提高知识生产和传播的质量、效率和公平性。正如著名新闻传播学者喻国明教授所指出的，生成式人工智能最重要的功能是"人类增强"，极大地缩小了所谓精英与一般外行小白之间的能力差距，这种"人类增强"消弭了人类的天赋异禀所造成的差距，将构造起未来社会的交互关系和相应模式。③

---

① 袁磊、徐济远、苏瑞：《AIGC催生学习型社会新格局：应然样态、实然困境与创新范式》，《现代远距离教育》2023年第8期。
② https://hbr.org/2023/07/how-generative-ai-can-augment-human-creativity.
③ https://baijiahao.baidu.com/s?id=1770396487999181372&wfr=spider&for=pc.

例如 AIGC 可以帮助人们快速获取所需的知识，其只需要输入简单的关键词或语句，就可以利用 AIGC 生成最相关、最准确、最全面的信息，并以易于理解的方式呈现出来；再如 AIGC 可以帮助人们创造出高质量的文字、图片、音频、视频等内容，用户只需要提供一些基本的要求或素材就可以利用 AIGC 工具生成符合自己风格和要求的内容，从而不仅可以节省知识创造时间和精力，还可以提升自己的创造力和表达力。

二 AIGC 带来的智慧社会建设新机遇

从根本上说，生成式人工智能减少了内容创作所需的资金和时间——包括文本、代码、音频、图像、视频及其组合，企业可以快速、大规模地生产更多内容，从而提高生产力和盈利能力。同时生成式人工智能的兴起还可以孕育创新，为新的商业模式和应用程序铺平道路，为智慧社会建设与发展带来巨大的机遇。

（一）AIGC 改变社会生产形式

AIGC 在处理重复性、入门级、技术性和挑战性任务方面表现出了前所未有的能力，可以提高生产效率和质量，降低生产成本和风险，优化生产结构和模式，协调生产关系和分配方式，推动各行各业的发展和创新，提升生产公平性和可持续性。根据麦肯锡的估计，AIGC 可以为全球经济增加数万亿美元的价值，该公司在一项研究中分析了 AIGC 的 63 个应用场景，这些场景每年可以带来相当于 2.6 万亿~4.4 万亿美元的收入，其中在银行业每年可创造 2000 亿~3400 亿美元的价值，在零售和消费品领域每年创造的价值可达 4000 亿~6600 亿美元。[①] 高盛经济学家 Joseph Briggs 认为，生成式人工智能甚至可

[①] https://www.mckinsey.com/capabilities/mckinsey-digital/our-insights/the-economic-potential-of-generative-ai-the-next-productivity-frontier#key-insights.

使全球GDP提高7%。① 而根据《中国AIGC产业全景报告》，2023年中国AIGC市场规模可达到170亿元人民币，而2030年将达到1.15万亿元规模。②

1. 提升生产效率

人工智能和机器学习通过提高自动化程度和效率，给各个行业带来了显著的进步。借助AIGC，企业可以实现流程自动化，从而提高生产力、降低成本并提高准确性。例如在制造业中AIGC实现了机器的预测性维护，从而减少了停机时间。同时在服务业中，AIGC可以在一定程度上替代人提供智力劳动和服务。例如在呼叫中心和咨询行业中，企业可以利用AIGC自动生成足以乱真的客户响应内容，实现与客户之间的自动交互；再如在医疗行业中，可以利用AIGC技术建立自动化医疗诊断系统，不仅可以提高诊断效率，而且可以减少诊断失误。

2. 改进市场营销

在营销方面，人工智能可用于优化和改进营销策略的各个方面，包括：个性化——人工智能可以帮助营销人员根据客户数据和行为，使其消息传递和活动个性化。这可以使营销工作更有效、更有针对性。客户细分——人工智能可根据客户的特征和行为进行细分，从而使营销人员能够针对特定的客户群体开展消息传递和营销活动。内容创建——人工智能可用于为营销活动生成个性化内容，包括电子邮件、社交媒体帖子和网站内容。广告——人工智能可以通过瞄准正确的受众、选择最佳的广告展示位置并预测转化的可能性来提高在线广告活动的有效性。

3. 优化客户服务

麦肯锡发布的报告指出，人类经济活动可以分为生产、交易和互动三个部分，并研究了历次科学技术革命对各个部分的影响程度。③ 100多年前的

---

① https://www.goldmansachs.com/intelligence/pages/generative-ai-could-raise-global-gdp-by-7-percent.html.
② https://www.qbitai.com/2023/03/43241.html.
③ https://www.mckinsey.com/capabilities/quantumblack/our-insights/generative-ai-is-here-how-tools-like-chatgpt-could-change-your-business.

工业革命期间，大机器和大工厂技术通过人力增强和自动化改变了生产模式、提高了生产效率。近30年来现代计算机和互联网改变了商品和服务的流通交易模式，催生了电子商务、在线经济、平台经济等新业态。但许多交互性劳动（如客户服务、商务咨询等）由于必须有人的智力参与，往往被认为是难以用机器替代的，但最近兴起的生成式人工智能通过以一种十分拟人化的方式开展交互劳动，从而改变了这一状况。AIGC借助客户历史数据和强大的内容生成能力，用于各种客户服务的自动化，如聊天机器人、智能客服、智能推荐等，从而提高客户服务质量和效率。

4. 创造工作机会

AIGC的发展为全球各行业创造了新的就业机会。随着越来越多的公司在运营中采用人工智能技术，业界对人工智能专家的需求迅速增长。世界经济论坛的一份报告估计，到2022年人工智能可净创造5800万个新就业岗位，到2025年人工智能将创造9700万个新就业岗位。[①] 此外，专门从事人工智能开发的初创企业正以前所未有的速度涌现，直接在这些公司内部创造大量的就业机会，并通过金融等其他行业的分拆间接创造大量的就业机会，金融科技初创企业利用人工智能技术进行金融风险管理。同时AIGC还改变了工作方式，随着机器人流程自动化（RPA），许多低级任务（如数据输入）正在实现自动化，因此员工可以专注于需要批判性思维的更高级别任务，如决策或战略制定。

（二）AIGC改变社会生活方式

目前AIGC已基本可以替代中等水平的人类智力劳动，逐渐渗透到人们生活的各个领域，使人们的生活方式发生了深刻变化。正如有专家所指出的，就像世界上第一个免费网络浏览器Mosaic开创了互联网时代并颠覆了人们的工作和生活方式一样，生成式人工智能有可能颠覆几乎所有行业。[②] 以下是

[①] https://www.technology.org/2022/09/17/the-impact-of-artificial-intelligence-on-unemployment/.

[②] https://www.bcg.com/publications/2023/ceo-guide-to-ai-revolution.

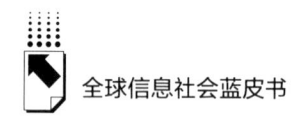

AIGC在人们日常生活中的典型应用场景。

1. 智能家居

在智能家居领域，AIGC可以实现家居设备的智能化和互联。通过学习用户的生活习惯和偏好，AIGC可以帮助用户实现对家居设备的智能控制，如调节室内温度、调整灯光亮度等。此外，AIGC还可以根据用户需求提供更多个性化的服务，如推荐音乐、电影等。

2. 医疗健康

在医疗健康领域，AIGC可以对大量病例进行分析，辅助医生进行诊断。通过学习大量的医学知识和病例数据，AIGC可以为医生提供更精确的诊断建议，提高医疗质量。此外，AIGC还可以帮助用户管理健康，通过分析用户的生活习惯和健康状况，为用户提供个性化的健康建议。

3. 教育培训

在教育培训领域，AIGC可以为教育者提供更多智能化的教学工具，如智能课程设计、个性化学习路径推荐等。同时，AIGC可以通过分析学生的学习数据，为教育者提供更有针对性的指导建议。在培训领域，AIGC可以为用户提供个性化的学习资源，帮助提高学习效率。

4. 社会交往

AIGC技术的发展，也在改变人类的沟通方式。随着智能语音助手的普及，人们可以更方便地与设备进行交互；而在社交媒体上，AIGC可以帮助用户更高效地筛选信息，提高人际交往质量。此外，AIGC还可以为人们提供智能翻译服务，打破语言障碍，促进全球范围内的交流与合作。

（三）AIGC改变社会治理模式

以AIGC为代表的数字技术引领社会治理变革，带来前所未有的机遇。正如有学者所言，生成式人工智能将政务办公场景推入崭新的境界，计算、通信、连接、集成、机器学习与自动生成等属性在处理复杂和烦琐的政务方面具有独特的智能优势。①

其一，AIGC 可以帮助政府更好地了解公众需求，提高决策的科学性和精准性。例如在发生重大突发事件时，生成式 AI 可以通过分析社会舆情数据，快速发现社会痛点和关注点，并自动提供有针对性的措施建议，从而帮助政府部门及时有效地处置突发事件。

其二，AIGC 可大大提升城市治理效率。AIGC 的优势在于能够将政府工作人员从重复、烦琐和机械性的一般性治理工作中解脱出来，将治理工作由以"人工体能"为主转向以"人工智能"为主，并能够克服工作人员容易出现的疲劳、注意力不集中与操作失误等问题。例如在城市巡查中，借用 AIGC 技术可以实现城市巡查从"人巡"到"机巡"，利用照片、视频自动生成工单，人工标注事件线索进阶为生成式 AI 自动完成，以及场景化调优等功能。再如当前基层治理普遍存在群众办事跑腿次数多、工作人员表格重复填报、管理部门数据无法留存等问题，利用 AIGC 的自动生成内容功能，可以实现工作流程大幅缩减，大大减轻基层人员负担，提升基层治理的效率和水平。

其三，AIGC 将催生虚拟公务员。面对日益复杂繁重的社会治理工作，引入以人工智能为支撑的数字虚拟人，成为世界各国政府纷纷探索的智慧治理新方向。早在 2016 年英国伦敦北区恩菲尔德（Enfield）议会就购买了由美国 Ipsoft 公司研发的阿米莉亚（Amelia）人工智能系统，为当地居民提供政务咨询服务。AIGC 技术的应用大大增强了数字虚拟人的交互服务能力，为此 2023 年 5 月日本神奈川县政府率先在行政工作中开始测试使用 ChatGPT，成为日本首个使用 ChatGPT 的政府部门。在为期 40 多天的测试中，市政府约 4000 名公务员使用 ChatGPT 进行"会议记录""政策制定"等，以验证 ChatGPT 在行政工作方面的能力，结果显示，10.9%的公务员表示工作效率大幅提升，71.6%表示有所提升。②

---

① 汪波、牛朝文：《从 ChatGPT 到 GovGPT：生成式人工智能驱动的政务服务生态系统构建》，《电子政务》2023 年第 8 期。

② https://www.ithome.com/0/698/008.htm.

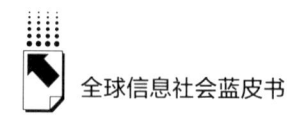

三　AIGC引发的智慧社会新挑战

任何新技术的出现都会给人类带来新的风险与挑战，生成式人工智能亦是如此。实际上，自现代计算机与网络等数字技术出现以来，数据泄露、隐私侵犯、网络欺诈、版权侵权等问题从未消停，AIGC引发的挑战更多的是这些传统问题的延续。然而，生成式人工智能可能会通过以下两种方式引发新的风险[①]：一是新兴能力引发的风险。先进的生成式人工智能模型可以开发新兴功能，这些功能并非模型创建者最初意图或预期的，人类可能会面临不可预见的风险，如新型漏洞、违法内容传播等。二是技术融合风险，生成式人工智能与其他新兴技术的融合可能会带来新的风险。例如，生成式人工智能和混合现实技术的结合进一步模糊了物理世界和数字世界之间的界限，使得区分人工创作物和数字创作物、人类/物理实体和虚拟实体变得更加具有挑战性，同时技术融合也带来了知识产权确认等法律和监管挑战。

具体而言，AIGC引发的智慧社会挑战可分为安全、社会、伦理三个层面。

（一）安全层面的挑战

AIGC的各种衍生应用逐渐进入各行各业，给人们的日常生活带来难以想象的巨大影响。然而由于AIGC既需要海量而细粒度的数据输入，又能产生丰富而逼真的内容输出，此类内容生成工具的快速发展也引发了人们对AIGC隐私和安全问题的担忧。

1. 隐私和秘密泄露

公民数据隐私保护一直是互联网发展和数字技术应用中广受关注的话题。有别于以往的各类人工智能技术，AIGC不仅根据过去的数据集进行训

[①] https://www.marsh.com/us/services/cyber-risk/insights/generative-ai-understanding-the-risks-and-opportunities.html.

练，还根据用户与生成人工智能的交互进行训练。由于像 ChatGPT 这样的 AIGC 模型往往不是在本地训练和部署的，而是需要用户通过网站访问，这可能会导致用户和企业的隐私泄露。AIGC 产生数据隐私安全风险的主要原因是原始数据集的"黑箱"状态和实时数据集的非"知情同意"收集。[①]一方面，AIGC 开发企业并未对用于 AIGC 学习与训练的原始数据集进行严格查证，这些数据的来源、所有者、权限都不明确，难以保证其非隐私性与非涉密性。另一方面，AIGC 是一种交互式模型，其根据用户输入来生成内容，而用户输入本身往往也包含着个人隐私、企业秘密等内容。例如用户在申请专利之前咨询 ChatGPT 有关具有专利价值的想法，ChatGPT 会学习对话并将用户的想法存储为大型模型中的现有知识。稍后，如果另一个用户询问类似的想法，ChatGPT 会在其响应中检索前一个用户的内容，从而有效地公开该想法，这可能会导致用户和企业隐私泄露。

事实上，OpenAI 常常因用户数据隐私泄露而饱受诟病。例如，在引入 ChatGPT 后，三星发现其半导体设备测量、产品良率等信息可能已存储在 ChatGPT 的知识库中，这会泄露公司商业机密。OpenAI 前投资人埃隆·马斯克与千余位行业高管和专家签署了由未来生命研究所发起的公开信，呼吁所有 AI 实验室暂停开发比 GPT-4 更强大的 AI 系统至少六个月，公开信认为这些人工智能系统对社会和人类构成潜在风险，需要更多的规划和管理。

2. 生成和传播虚假信息

生成式人工智能系统流利地理解自然语言并创作经过润色的内容，这种前所未有的卓越能力给人一种错误的印象，以为它们已拥有人类的全部创作技能。然而事实上，当前的机器学习和内容生成技术存在许多缺陷，例如 AIGC 的分析逻辑和记忆能力可能存在不足，造成其推理过程很容易出现问题，从而生成错误和虚假信息。现实中不少人在使用 ChatGPT 等 AIGC 系统时都体验过其"一本正经"地胡说八道的过程。

---

① 郭玉洁、丁国峰：《ChatGPT 生成式 AI 的数据安全风险及应对》，《大数据时代》2023 年第 7 期。

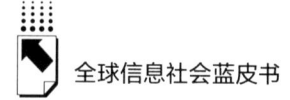

同时，虽然 ChatGPT 等 AIGC 公司已采取措施识别并避免回答带有政治色彩以及明显违法的问题。然而，如果人工智能被黑客攻击和操纵，以提供看似客观但实际上隐藏着偏见或扭曲观点的信息，那么人工智能可能会成为危险的宣传机器。

以 ChatGPT 为例，它可以帮助用户完成新闻报道、论文写作等多种任务，也因此成为部分用户制造谣言和伪造论文的工具。全球学术顶级期刊《自然》（*Nature*）曾在一星期内两次发布分析阐述 ChatGPT 的相关论文，探讨诸如 AIGC 生成内容具有的潜在侵权风险、大型语言模型（LLMs）给学界带来的负面影响，以及如何规范使用等问题。[①] 随着 AIGC 的功能越来越强大以及应用范围越来越广，其传播错误信息的能力也更令人担忧，因此未来各国都需要加强政府对先进人工智能工具和 OpenAI 等公司的监管。

3. 网络钓鱼诈骗

基于 AIGC 的网络互动工具（如 ChatGPT）能够与用户进行无缝交谈，并且语言十分流利地道，基本不会出现拼写、语法和动词时态等语言错误，让人感觉聊天窗口的另一边就是一个和自己一样的真人。这虽然大大提升了用户开展网络社交的体验感，然而从黑客的角度来看，AIGC 却也是一个网络欺诈游戏规则的"改变者"。

世界各国的互联网犯罪报告都显示，网络钓鱼诈骗是民众最常遇到的网络犯罪。然而，大多数网络钓鱼诈骗很容易识别，其中经常充斥着拼写错误、语法错误和不地道的措辞，尤其是许多从事网络诈骗的犯罪分子并非以该国语言为母语，其在网络互动时往往能被一眼识别出来。然而，ChatGPT 等 AIGC 技术将为来自世界各地的黑客提供近乎流利的各国语言尤其是英语，以支持他们的网络钓鱼诈骗活动。

（二）社会层面的挑战

人工智能和机器学习通过提高自动化程度和效率，给社会各行各业带来

[①] 陈兵：《生成式人工智能可信发展的法治基础》，《上海政法学院学报（法治论丛）》2023年第4期。

了显著的进步。然而与其他技术一样，AIGC 的社会化应用同时带来积极和消极的影响，后者包括机器替代岗位导致的大规模失业、人/机生成物界限模糊导致的知识产权争议等。

1. 岗位替代

人工智能及其应用最显著的负面影响之一是工作岗位流失。自动化的兴起导致许多行业（如制造和运输）淘汰了大量工人，转而采用能够更有效地执行任务的机器。这导致失业率上升。与传统的机器和自动化技术相比，人工智能的可怕之处在于不仅可以替代体力劳动，还可以替代许多复杂的脑力劳动，如语言翻译、金融分析、新闻采编、法律咨询等。随着人工智能技术的迅猛发展和不断完善，这种替代效应将越来越大，涉及面将越来越广，人工智能将对现有职业版图进行大规模的颠覆。根据世界经济论坛（WEF）的报告，预计 2018~2022 年，全球将有超过 7500 万个工作岗位因人工智能而被取代。

然而，受影响的不仅仅是蓝领工作，白领工作也面临风险。随着机器学习算法和自然语言处理技术的进步，即使是律师或医生等高技能角色也可能变得自动化。尽管一些专家认为，技术创新会带来新的就业机会，但不可否认的是，某些人群可能很难掌握新职位的技能。

2. 知识产权争议

AIGC 爆火的同时，其牵涉的知识产权问题也相继出现，引发诸多争议。具体而言，知识产权问题包括两方面，一方面是 AIGC 生成物的可版权性和权利归属问题；二是 AIGC 可能侵犯他人的知识产权。[①] 目前世界各国法规中都没有明确规定人工智能可以享有知识产权。如我国的《著作权法》规定，作者是指中国公民、法人或者其他组织；作品是指文学、艺术和科学领域具有独创性并能以一定形式表现的智力成果。显然，人工智能不是中国公民、法人或者其他组织，其生成物也不是智力成果，按现有法规人工智能难

---

① 史鑫鑫、生奇志：《生成式 AI：ChatGPT 爆火背后的知识产权问题探析》，《科技传播》2023 年第 9 期。

以成为知识产权主体。然而不能忽视的是，对比于传统的各类创作辅助工具，AIGC 在内容创作上确实存在许多不同之处，其创作过程在相当程度上独立于人，是机器自主分析、推演、思考、生成的结果，而不是像 CAD、Photoshop 等工具一样只是把人的要求与指令转化为数字化内容。同时，AIGC 从开发到应用有一个较长的生产链，不同环节上都有相应的主体，即使认为 AIGC 创作物知识产权应当由人而不是机器所有，那么产权主体到底是 AIGC 技术开发者、模型训练者、软件或服务购买者，还是 AIGC 的实际使用者？这都需要在法律上进行明确。

另一方面是 AIGC 大模型训练需要海量数据，这些数据往往是由开发机构利用各种手段从互联网等公开或内部渠道"爬取"所得，但这些内容并非无主，而都有明确的版权归属。在未告知并取得授权的情况下，直接爬取这些数据并将之用于大模型训练，显然会侵犯相关主体的知识产权。2023年3月，拥有《纽约邮报》《巴伦周刊》《华尔街日报》等报纸的美国新闻集团准备通过法律程序向技术制造商如 Open AI、微软和谷歌要求赔偿。[1]

（三）伦理层面的挑战

信息学家钟义信曾指出，科学技术的发展总是沿着"辅人律—拟人律—共生律"的逻辑路径向前发展，数字科技亦是如此。[2] 相比于以往的数字技术，人工智能的"拟人化"能力有了巨大的飞跃；而相比于以往的人工智能，AIGC 大大提升了机器的自主化水平，将加快推动人类社会向未来的"人机共性"阶段迈进。在此过程中，社会各领域大量出现具备十分接近人类的独立思维能力的机器主体，将对现有社会伦理产生许多冲击。

1. 偏见和歧视

关于人工智能的社会影响的另一个令人担忧的问题集中表现为偏见的延续。尽管算法本身不会有偏见，它仅根据人类编写的代码起作用，但如果开

---

[1] 赵新乐、朱丽娜：《ChatGPT 爆火，带来哪些版权问题？》，《中国新闻出版广电报》2023年2月16日。

[2] 钟义信：《信息科学原理（第5版）》，北京邮电大学出版社，2013。

发人员在构建或训练模型时没有考虑到数据的多样性（如主要从一个特定种族群体选择输入数据），那么其输出可能会反映社会中预先存在的偏见。

同时，人工智能中只追求目标最优的自动算法可能会引发很多歧视，如在医疗保险中人工智能系统会对投保人的身体特征、行为表现和所处环境进行分析，并向发病率可能性高的人收取更高的保险费，显然这对于那些健康状况不好、工作生活环境欠佳的社会群体是十分不利的。

2. 瓦解人类伦理

随着人工智能技术的日益完善，许多机器和系统的自主性、意向性、情感性等"人格"要素越来越丰富，不仅能够成为人们的助手，甚至可以成为人们的"替身"。有些机器人在深入学习之后，可以模仿某个人的声音、表情、动作甚至思维方式和行为模式。那么一个活生生的人与一台冷冰冰的机器，它们到底是什么关系？实体世界中的"本我"是否需要为虚拟世界中的"他我"的行为负责？另外，未来人工智能会不会走向"自由"阶段，具有完全的自主思考和自我进化能力，从而超越、控制甚至奴役人类？这也是社会各界热议的话题。

四 打造 AIGC 时代的新型信息社会

面临席卷全球的 AIGC 浪潮，包括百度、阿里巴巴、腾讯、科大讯飞等在内的中国数字企业也在加紧布局，各行各业纷纷探索 AIGC 的实际应用。总体而言，要更好地加快 AIGC 创新、促进其与经济社会深度融合，发挥 AIGC 的巨大潜在价值，我国还需要在基础设施、技术创新、场景建设等方面努力。

（一）促进 AIGC 技术创新

算力、数据、算法是 AIGC 领域的三大核心要素，如图 1 所示。要推动 AIGC 技术持续取得突破，政府和社会应当通力合作，增强三大要素及相关技术的高水平供给，为 AIGC 技术创新提供优质环境。

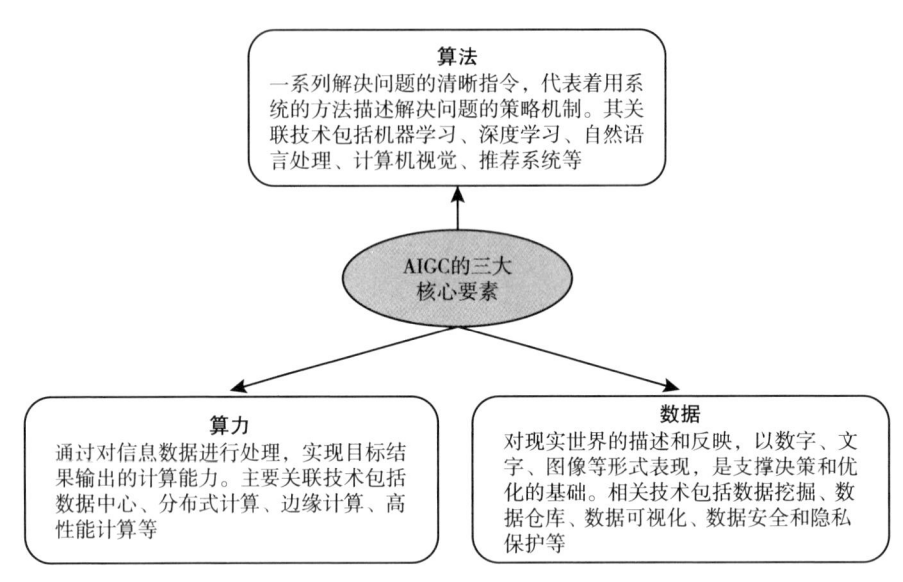

```
                    算法
         ┌─────────────────────────┐
         │ 一系列解决问题的清晰指令，代表着用系 │
         │ 统的方法描述解决问题的策略机制。其关 │
         │ 联技术包括机器学习、深度学习、自然语 │
         │ 言处理、计算机视觉、推荐系统等      │
         └─────────────────────────┘
                     ↑
              ╱ AIGC的三大 ╲
              ╲  核心要素  ╱
               ↙         ↘
    ┌──────────────┐   ┌──────────────┐
    │     算力      │   │     数据      │
    │ 通过对信息数据进行处理，实现目标结 │   │ 对现实世界的描述和反映，以数字、文 │
    │ 果输出的计算能力。主要关联技术包括 │   │ 字、图像等形式表现，是支撑决策和优 │
    │ 数据中心、分布式计算、边缘计算、高 │   │ 化的基础。相关技术包括数据挖掘、数 │
    │ 性能计算等              │   │ 据仓库、数据可视化、数据安全和隐私 │
    │                   │   │ 保护等                 │
    └──────────────┘   └──────────────┘
```

图1　AIGC的三大核心要素与相关技术

1. 加快AIGC基础设施建设

AIGC的强大功能离不开底层硬件设施的支持。在硬件基础设施中，最为重要的是高性能算力体系。相比于以往的人工智能技术，AIGC所依赖的大模型AIGC训练参数达到千亿级甚至万亿级。2018年以来，国内外大型预训练模型的参数和指标屡创新高，"大模型"成为行业巨头不断加大力度进行突破的方向。谷歌、微软、百度等国内外科技巨头投入了大量的人力和资金来推出自己的大模型。2019年2月发布的GPT-2参数数量为15亿个，而2020年5月发布的GPT-3参数数量达到1750亿个，2021年1月谷歌推出的Switch Transformer模型参数高达1.6万亿个，成为史上第一个万亿级语言模型，确立了最大AI模型的统治地位。为了完成这种大规模训练，必须依靠十分强大的底层算力。例如，ChatGPT的核心基础设施主要是由微软投资10亿美元打造的Azuer AI超级计算平台，包括28.5万个CPU和1万个GPU，其计算能力相当于世界前五的超级计算机水平。[①] 从技术上讲，提升

[①] https://news.cgtn.com/news/2023-02-26/AIGC-A-comprehensive-industry-chain-eco-racing-1hJYeUjNtmg/index.html.

算力主要有两种方式，一种是提升运算单位的运算效率，另一种是增加运算单位的供给。[1] 因此，各地一方面要加强高性能算力体系建设，满足人工智能产业发展对算力的需求；另一方面要加快芯片、量子计算、绿色数据中心等技术的研发与应用，提升算力中心能级，同时加强算力的共享与优化配置，提升算力体系的使用效率。

2. 扩大AIGC高质量数据供给

人工智能的实现包括两个关键循环——训练和推理。"训练"的目的是通过大数据训练复杂的神经网络模型，即利用大量标记或未标记的数据来"训练"相应的模型，使其能够完成特定的功能，训练需要高性能计算和高精度数据。"推理"则是使用上述经过训练的模型，利用新数据推断出各种结论，即利用现有的神经网络模型进行计算，并使用新的输入数据来完成某些特定的应用，例如人机聊天和视频流内容推送等。因此，人工智能需要大规模数据作为支撑，而AIGC中的大模型训练意味着更大规模的数据，要使AIGC具备强大的内容生成能力，大量高质量数据集是必备条件。AIGC通过对海量数据进行分析、存储和学习，训练出更具代表性、更准确的模型。这些数据主要有两种来源，一种是政府公开的公共数据，另一种是互联网上公开的各类数据，但这些数据需要进行聚合、清洗、整理和标注之后才能"喂养"AIGC算法模型。目前我国在AIGC领域与西方发达国家的差距，一方面是源自在芯片、算法等方面的落后，另一方面是源自我国自主建设并可公开利用的高质量数据集不足，许多AIGC企业不得不向国外购买。因此加快打造高质量数据集是推动我国AIGC发展与应用的重要课题。

3. 加强AIGC核心技术研发

AIGC技术涉及使用预训练的大规模神经网络模型，如变分自动编码器（VAE）、生成对抗网络（GAN）等，通过学习大量的数据来识别现有数据中的模式和结构，从而生成逼真和多样化的内容。其中既涉及以GPU、

---

[1] 陈永伟：《超越ChatGPT：生成式AI的机遇、风险与挑战》，《山东大学学报》（哲学社会科学版）2023年第3期。

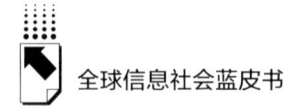

XPU为代表的芯片研发制造技术，也涉及数据仓库、机器学习、自然语言处理、计算机视觉、推荐系统等软件技术。中国与美国是全球范围内生成式人工智能技术与应用的引领者，但当前我国与美国相比，无论是在先进制造的芯片技术，还是高复杂度的算法模型方面，都存在巨大的差距。特别是近几年来，以美国为首的西方国家对我国进行技术打压和封堵，更加剧了我国人工智能产业发展的困难。

为此我国应当加快与AIGC相关的数字技术研发，尽早解决数字经济发展中的"卡脖子"难题。2023年以来国家相关部门采取诸多措施，加快AIGC技术研发。如2023年7月国家网信办等七部门联合公布《生成式人工智能服务管理暂行办法》，提出鼓励生成式人工智能算法、框架、芯片及配套软件平台等基础技术的自主创新。国家科技部也表示将成立人工智能规划推进办公室，启动实施新一代人工智能重大科技项目，建立"人工智能驱动的科学研究"创新联合体，促进人工智能与科学研究深度融合、推动资源开放汇聚、提升相关创新能力。[①]

（二）加强AIGC技术的广泛应用

AIGC本质上是一种AI赋能技术，能够通过其高灵活度、低门槛、强适应性的内容生成能力，广泛服务于各类生产生活场景。要将AIGC的巨大潜在价值转化为实际的经济效益和社会效益，必须加快推动AIGC技术在社会各领域中的广泛和深入应用。

1. 推动AIGC广泛应用

一般而言，包括ChatGPT、文心一言等在内的AIGC应用系统平台，由于涉及复杂的研发过程、海量的数据资源和强大的算力支撑，往往都是由人工智能头部企业开发，而大多数企业都是通过购买"模型即服务"（MaaS）来开展AIGC业务应用的。一方面，企业可以通过应用编程接口（API）调用这些程序，并运用提示学习（Prompt Learning）和前缀学习（Prefix

---

① 戈晶晶：《生成式AI赋能实体经济是重点》，《中国信息界》2023年第2期。

Learning）等提示工程技术，针对自身需求在较小程度上予以定制；另一方面，大多数企业可以利用自身数据对模型进行微调，以扩大其用途和价值，使模型能够支持具体业务，从而提升员工能力、改善客户满意度、引入新型商业模式、及时感知市场变化。① 当然，对于有较强研发实力或对数据安全性有较高要求的企业或机构，也可以自主开发生成式 AI 模型并部署到机构内部。对于具体采取何种方式，企业要从多个角度来权衡各个选项的优劣势：一方面，选择"模型即服务"的解决方案的好处是可以获得更便宜、更具可扩展性的解决方案，同时对技术资源的需求更低，但必须考虑提供商域中存储数据的安全风险。另一方面，选择自主开发和内部部署的方案，则必须考虑必要的财务和技术投资程度，以获取更高的安全性和定制性。

2. 推动 AIGC 应用场景创新

我国人口众多，实体经济发达，为人工智能产业发展提供了巨大的市场需求和应用场景，这是我国促进人工智能发展中十分重要的资源。为此，我国一方面应当引导各大企业通过建设中小企业培训中心和众创空间，开放本企业的人工智能应用场景，帮助中小企业发展壮大。例如引导大型制造业建立基于 AIGC 的智能制造创新平台，为中小型人工智能企业提供金融、研发、人才、创业孵化等服务，形成完善的 AIGC 创新与应用生态。另一方面，也应当发挥政务应用对 AIGC 的带动作用，推动开放政府人工智能应用场景，将智能政务领域的政府信息化项目由招标制改为竞赛制，从招标后向中标企业开放数据改为招标前向所有企业开放数据，并在政务云上开辟专门的开放创新空间，吸引企业搭建基于 AIGC 的智能政务应用场景，由政府评估最优方案并进行采购。

（三）加强 AIGC 治理与监管

正如著名社会生物学家爱德华·威尔逊所言，人类真正的问题是：我们

---

① 埃森哲：《生成式人工智能发展及应用研究》，《软件和集成电路》2023 年第 7 期。

有旧石器时代的情绪、中世纪的机构、神一样的技术,这极其危险。[①] AIGC 等人工智能技术固然强大,但其发展具有不确定性,存在被滥用的可能。为保障公共利益不受侵犯,AIGC 在人类社会各领域中的应用必须得到适当的约束和规范,以实现技术应用的效果最大化和风险最小化。

1. 完善 AIGC 相关法规

完备的法律法规是大型语言模型安全治理的前提。[②] 面对 AIGC 开发与应用中潜在的种种隐患,政府应当加强相关法规体系建设,防止人工智能技术被企业或个人恶意使用,从而确保 AIGC 为社会进步做出贡献,而不是加剧现有问题或制造新问题。

近年来,世界各地都加紧出台 AIGC 相关法规。2023 年 7 月国家网信办等部门联合发布了《生成式人工智能服务管理暂行办法》,这也是全球第一个关于 AIGC 的专门性法规。欧美等国虽尚未出台相关法规,但已采取了行动。2023 年 3 月 31 日,意大利个人数据保护局宣布,从即日起禁止使用聊天机器人 ChatGPT,并限制开发这一平台的 OpenAI 公司处理意大利用户信息。2023 年 5 月 16 日,美国国会召开了主题为"AI 监管:人工智能的规则"的听证会,OpenAI 创始人兼 CEO Sam Altman 出席并陈述了该企业关于加强监管保障安全的计划。

可以预见,未来几年 AIGC 技术将迅猛发展和广泛应用,我国立法部门应具备前瞻意识,针对 AIGC 技术可能存在的风险点,不断完善 AIGC 相关配套法规。特别是要明确 AIGC 生成内容的身份标识和版权归属,建立健全相应的虚假内容辟谣和违规惩罚机制,并为 AIGC 技术应用划定红线。[③]

2. 提高 AIGC 算法透明度

要让 AIGC 生成可依赖的内容,增强其透明度至关重要。一方面要明确

[①] 〔澳〕理查德·沃特森:《智能化社会:未来人类如何生活、相爱和思考》,赵静译,中信出版社,2017。
[②] 蔡士林、杨磊:《ChatGPT 智能机器人应用的风险与协同治理研究》,《情报理论与实践》2023 年第 5 期。
[③] 黄志涛、张茂涛:《ChatGPT 等生成式 AI 的应用现状与风险规制研究》,《山东通信技术》2023 年第 2 期。

披露人工智能所使用的算法，否则用户可能很难评估其是否应该信任这些由 AIGC 生成的内容。另一方面，要明确 AIGC 生成内容的作者归属信息，否则用户就很难知道谁对内容中可能存在的错误负责。

因此，为提高 AIGC 生成内容的透明度，AIGC 开发者或使用者应考虑预先披露人工智能技术使用情况，并为所有使用机器辅助创建的内容提供明确的作者归属信息，例如一篇有关医学的文章是由 AIGC 系统生成的，如果 AIGC 能主动披露该文章在发表之前是否经过医学专业人士的审查，将有助于读者了解这些文章作品的创作方式以及谁对其准确性负责。

3. 加强 AIGC 应用监管

当前世界各国对人工智能技术应用的监管主要有以下两种模式，[①] 一是"无须批准式"（Permissionless），即除非有充分案例证明其危害性，新技术和新商业模式都被默认为是合法的，以美国、日本为代表；二是"预先防范式"（Precautionary），强调新技术或新商业模式只有在开发者证明其无害的前提下才被允许使用，以英国、法国等欧洲国家为代表。

从现状来看，我国对人工智能技术应用的监管采取了事实上的"无须批准模式"。但未来随着人工智能技术在社会治理中应用的广度和深度不断扩展，其经济、社会和政治风险必将日益凸显，我国对其的监管也应当由"无须批准式"转向"预先防范式"。然而，对 AIGC 实施监督也存在不少难题，特别是在人工智能系统实时做出决策的情况下，更难以进行预先防范。此外，要完整准确地理解人工智能系统所做的决策也存在不少挑战，因此要确保监督人员能接受充分的培训并拥有必要的专业知识。[②]

同时，包括 AIGC 在内的各种人工智能技术都具有黑箱性和隐蔽性，公民因权利受侵害而主张权利时需要耗费大量的时间和成本，大多数人不得不

[①] 贾开、蒋余浩：《人工智能治理的三个基本问题：技术逻辑、风险挑战与公共政策选择》，《中国行政管理》2017 年第 10 期。

[②] "Eric Chen. Building Trust in AIGC: Ensuring Fairness and Accountability through Ethics and Data Governance," https://quickcreator.io/articles2/building-trust-in-aigc-ensuring-fairness-and-accountability-through-ethics-and-data-governance/.

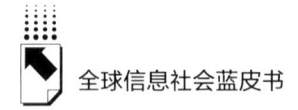

放弃主张权利。因此在智慧治理中政府应提供有效、便捷的救济途径，减少权利主张成本。对此可以有以下两种思路，① 一是建立集团诉讼机制，当受害者人数较多的时候，由一些机构代替受害者起诉侵权人并主张权利；二是举证责任倒置，公民因权利受侵害而主张权利时，由平台运行管理机构而不是公民来承担举证责任。

参考文献

陈楚仪、曹建峰：《AIGC 技术的发展趋势、影响和展望》，《中国银行业》2023 年第 4 期。

郭全中、袁柏林：《AI 能力新突破下的 AIGC：内容生产新范式》，《青年记者》2023 年第 13 期。

胡启元：《AIGC 塑造新型数字关系》，《上海信息化》2023 年第 4 期。

雷斌、蓝羽石、黎茂林等：《智慧社会体系化建设总体构想与发展建议》，《中国工程科学》2023 年第 3 期。

李白杨、白云、詹希旎等：《人工智能生成内容（AIGC）的技术特征与形态演进》，《图书情报知识》2023 年第 1 期。

彭兰：《AIGC 与智能时代的新生存特征》，《南京社会科学》2023 年第 5 期。

宋士杰、赵宇翔、朱庆华：《从 ELIZA 到 ChatGPT：人智交互体验中的 AI 生成内容（AIGC）可信度评价》，《情报资料工作》2023 年第 4 期。

吴静、邓玉龙：《生成式人工智能前景下的公共性反思》，《南京社会科学》2023 年第 7 期。

肖仰华：《生成式语言模型与通用人工智能：内涵、路径与启示》，《人民论坛·学术前沿》2023 年第 14 期。

许雪晨、田侃、李文军：《新一代人工智能技术：发展演进、产业机遇及前景展望》，《产业经济评论》2023 年第 8 期。

---

① 柯一嘉：《人工智能时代个人信息保护面临的新挑战》，《黑龙江社会科学》2019 年第 2 期。

B.2
人工智能发展国际比较报告

陈隽*

摘　要： 人工智能关乎世界各国信息技术发展战略，是未来经济发展的重要引擎。本报告基于12项指标构建了信息化环境、经济环境、人工智能三级评价指标体系，对世界42个国家或地区的人工智能发展状况进行了比较分析，结果显示，目前世界人工智能呈现以中国、美国、欧盟为引领，发达经济体为主的发展格局。人工智能发展主要集中在东亚、北美洲、欧洲三个区域。在人工智能发展中，东亚国家在研究、应用方面具有优势，欧洲、北美洲发达国家在研究教育方面更具有优势。

关键词： 人工智能　信息化　评测指标

一　人工智能发展指数评价体系的构建

作为新一代前沿信息技术，人工智能在中长期对社会、经济必然产生深远影响。世界上各个国家或地区都密切关注着人工智能的发展。人工智能的发展不仅需要科学技术的进步，也需要社会、经济、产业对其的支撑。目前，人工智能发展仍处于初创阶段，如ChatGPT等各类大模型处于研究开发中，有待于产业化应用。人工智能产业化仍然依赖于各个国家或地区的禀赋条件。评价各个国家或地区的人工智能发展水平，

---

* 陈隽，经济学博士，上海社会科学院信息研究所助理研究员，研究方向为计量经济、信息经济。

不仅需要比较各个国家或地区人工智能技术发展状况，而且需要比较其社会、经济、信息化条件等。本报告将基于信息化环境、经济环境、人工智能等维度，建立评价指标体系，对各个国家或地区的人工智能发展水平进行比较。

人工智能发展评价指标由人工智能、信息化环境、经济环境三项二级指标组成（见表1）。人工智能指标包括人工智能论文发表数、人工智能专业高校数、人工智能专业平均得分、人工智能发明专利申请数、人工智能发明专利授权数五项指标。人工智能论文发表数是各个国家或地区发表的关于人工智能论文的数量。人工智能专业高校数是各个国家或地区设置人工智能专业的高校数量。人工智能专业包括了机器学习、自然语言处理、人工智能、计算机视觉、网络与信息检索五个专业。人工智能专业平均得分是CSRanking对各个国家或地区高校的人工智能专业评价的平均得分。人工智能论文发表数、专业高校数、专业平均得分代表了各个国家或地区在人工智能研究和教育方面的进展和实力。人工智能发明专利申请数是各个国家或地区的人工智能专利申请数量。人工智能发明专利授权数是各个国家或地区的人工智能专利授权数量。人工智能发明专利申请数和人工智能发明专利授权数代表了各个国家或地区人工智能应用和发展的活跃程度。

信息化环境是人工智能发展的信息化基础条件，包括信息和通信技术产品出口占产品出口总量的百分比、信息和通信技术服务出口占服务出口总量的百分比、上网率、每百人手机拥有数四项指标。信息和通信技术产品出口占产品出口总量的百分比、信息和通信技术服务出口占服务出口总量的百分比分别代表了信息制造业和信息服务业的水平。上网率、每百人手机拥有数代表了社会信息化水平。信息化环境代表了人工智能发展环境。

经济环境代表的是人工智能发展的经济基础条件，包括GDP、人均GDP、高科技出口占制成品出口的百分比三项指标。经济发展水平和经济总量既代表了人工智能发展需求，也体现了人工智能发展的经济基础。高科技出口体现了经济体的科技水平。

表1 人工智能发展评价指标体系

二级指标	三级指标	数据来源
人工智能	人工智能论文发表数	Web of Science
	人工智能专业高校数	CSRanking
	人工智能专业平均得分	CSRanking
	人工智能发明专利申请数	专利局
	人工智能发明专利授权数	专利局
信息化环境	信息和通信技术产品出口占产品出口总量的百分比	世界银行
	信息和通信技术服务出口占服务出口总量的百分比	世界银行
	上网率	国际电信联盟
	每百人手机拥有数	国际电信联盟
经济环境	GDP	世界银行
	人均GDP	世界银行
	高科技出口占制成品出口的百分比	世界银行

在数据处理上，首先对各个指标进行正则化处理。指标统一正则化到[0, 1]区间，正则化计算式为：

$$Z_j = \frac{X_j - \text{Min}(X_i)}{\text{Max}(X_i) - \text{Min}(X_i)}$$

其中，X为指标数据，Z为正则化得分。

二级指标由三级指标等权加总得到。人工智能指标由人工智能论文发表数、人工智能专业高校数、人工智能专业平均得分、人工智能发明专利申请数、人工智能发明专利授权数等权加总得到。信息化环境指标由信息和通信技术产品出口占产品出口总量的百分比、信息和通信技术服务出口占服务出口总量的百分比、上网率、每百人手机拥有数等权加总得到。经济环境由GDP、人均GDP、高科技出口占制成品出口的百分比等权加总得到。人工智能发展评价得分由人工智能指标、信息化环境指标、经济环境指标等权加总得到。

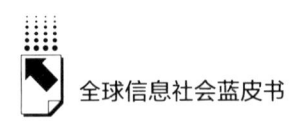

二 全球人工智能发展评价

（一）人工智能指标评估基本结论

基于统计数据的可获得性，评价比较的范围主要包括OECD国家中的美国、英国、法国、德国、意大利、加拿大、爱尔兰、荷兰、比利时、卢森堡、奥地利、瑞士、挪威、冰岛、丹麦、瑞典、西班牙、葡萄牙、希腊、土耳其、日本、芬兰、澳大利亚、新西兰、墨西哥、捷克、匈牙利、波兰、韩国、斯洛伐克、智利、斯洛文尼亚、爱沙尼亚、拉脱维亚、以色列、立陶宛、哥伦比亚，再加上世界上位于各个大洲、各个地区的中国、印度、南非、埃及、俄罗斯等共计42个国家或地区，覆盖了亚洲、欧洲、北美洲、南美洲、非洲、大洋洲等区域。经计算，人工智能发展评价得分见表2。

表2 人工智能发展评价指标得分

国 别	人工智能	信息化环境	经济环境	人工智能发展指数
美 国	0.678	0.307	0.590	0.525
中 国	0.797	0.334	0.413	0.515
以色列	0.176	0.561	0.265	0.334
韩 国	0.229	0.472	0.270	0.324
爱尔兰	0.040	0.542	0.367	0.316
瑞 士	0.184	0.315	0.295	0.264
英 国	0.189	0.328	0.260	0.259
德 国	0.191	0.321	0.246	0.253
日 本	0.177	0.317	0.239	0.244
澳大利亚	0.158	0.303	0.266	0.242
荷 兰	0.107	0.346	0.249	0.234
卢森堡	0.024	0.324	0.350	0.232
芬 兰	0.063	0.462	0.171	0.232
挪 威	0.034	0.313	0.315	0.220
加拿大	0.156	0.291	0.214	0.220
冰 岛	0.000	0.338	0.320	0.219
丹 麦	0.089	0.340	0.226	0.218

续表

国 别	人工智能	信息化环境	经济环境	人工智能发展指数
瑞 典	0.046	0.347	0.213	0.202
法 国	0.099	0.264	0.241	0.201
奥地利	0.066	0.336	0.188	0.197
爱沙尼亚	0.022	0.410	0.147	0.193
捷 克	0.044	0.367	0.152	0.188
比利时	0.053	0.299	0.209	0.187
新西兰	0.034	0.318	0.187	0.180
西班牙	0.064	0.319	0.123	0.169
意大利	0.128	0.233	0.141	0.167
俄罗斯	0.059	0.343	0.084	0.162
拉脱维亚	0.000	0.359	0.118	0.159
匈牙利	0.033	0.320	0.110	0.154
斯洛伐克	0.001	0.376	0.080	0.152
波 兰	0.049	0.322	0.082	0.151
葡萄牙	0.083	0.273	0.077	0.144
印 度	0.131	0.219	0.081	0.144
智 利	0.037	0.299	0.087	0.141
立陶宛	0.000	0.296	0.098	0.131
斯洛文尼亚	0.002	0.287	0.087	0.125
墨西哥	0.006	0.213	0.121	0.113
希 腊	0.051	0.206	0.064	0.107
南 非	0.024	0.253	0.032	0.103
哥伦比亚	0.024	0.226	0.040	0.097
土耳其	0.043	0.205	0.032	0.093
埃 及	0.005	0.171	0.009	0.062

人工智能发展评价指标直接体现各个国家或地区的人工智能发展水平。信息化环境体现了各个国家或地区人工智能发展的技术水平、社会环境。经济环境体现的是人工智能发展的经济基础、社会需求及动力。信息化环境、经济环境的巨大差异也造成了人工智能在各个国家或地区的发展方式和发展程度不同。人工智能的基础研究、基础模型集中在经济、技术大国或强国，而人工智能的应用在各个国家地区均得到推广。

根据人工智能发展评价得分，获得各个国家或地区的人工智能发展评价排名（见表3）。

表3 人工智能发展评价排名

国 别	人工智能	信息化环境	经济环境	人工智能发展指数
美 国	2	26	1	1
中 国	1	15	2	2
以色列	8	1	10	3
韩 国	3	3	8	4
爱尔兰	27	2	3	5
瑞 士	6	24	7	6
英 国	5	16	11	7
德 国	4	19	13	8
日 本	7	23	15	9
澳大利亚	9	27	9	10
荷 兰	13	10	12	11
卢森堡	34	17	4	12
芬 兰	19	4	22	13
挪 威	30	25	6	14
加拿大	10	31	17	15
冰 岛	41	13	5	16
丹 麦	15	12	16	17
瑞 典	24	9	18	18
法 国	14	34	14	19
奥地利	17	14	20	20
爱沙尼亚	35	5	24	21
捷 克	25	7	23	22
比利时	21	28	19	23
新西兰	29	22	21	24
西班牙	18	21	26	25
意大利	12	36	25	26
俄罗斯	20	11	33	27
拉脱维亚	42	8	28	28
匈牙利	31	20	29	29
斯洛伐克	39	6	36	30
波 兰	23	18	34	31
葡萄牙	16	33	37	32
印 度	11	38	35	33
智 利	28	29	32	34

续表

国 别	人工智能	信息化环境	经济环境	人工智能发展指数
立陶宛	40	30	30	35
斯洛文尼亚	38	32	31	36
墨西哥	36	39	27	37
希腊	22	40	38	38
南非	33	35	41	39
哥伦比亚	32	37	39	40
土耳其	26	41	40	41
埃及	37	42	42	42

人工智能发展评价结果显示，美国、中国是得分最高的国家，远超其他国家或地区，其后依次为以色列、韩国、爱尔兰、瑞士、英国、德国、日本、澳大利亚、荷兰、卢森堡、芬兰、挪威、加拿大、冰岛、丹麦、瑞典、法国、奥地利、爱沙尼亚、捷克、比利时、新西兰、西班牙、意大利、俄罗斯、拉脱维亚、匈牙利、斯洛伐克、波兰、葡萄牙、印度、智利、立陶宛、斯洛文尼亚、墨西哥、希腊、南非、哥伦比亚、土耳其、埃及等。人工智能发展以美国和中国为先，以发达国家为主。从区域来看，西欧的发达国家，东亚的中国、日本和韩国，北美的美国和加拿大，是主要的人工智能发展国家，非洲、拉丁美洲、南美洲、亚洲的其余国家的人工智能发展相对滞后。

（二）人工智能指标比较

人工智能论文发表数指标是人工智能研究实力的重要体现。中国和美国是人工智能论文发表数量最多的两个国家，其后依次为日本、英国、德国、法国、意大利、印度、加拿大、西班牙等国家或地区。中国在人工智能论文发表数方面排名第一，其次是美国（见图1），远超其他国家。日本、英国、德国、法国、意大利等国家也是人工智能论文发表数量比较多的国家。人工智能研究虽然仍然是以发达国家为主，但中国、印度等发展中国家的人工智能研究也居世界前列。在人工智能研究方面，中国和美国处于绝对领先的位置。人工智能研究以发达经济体为主。发展中国家只有中国和印度的研究能力较强。

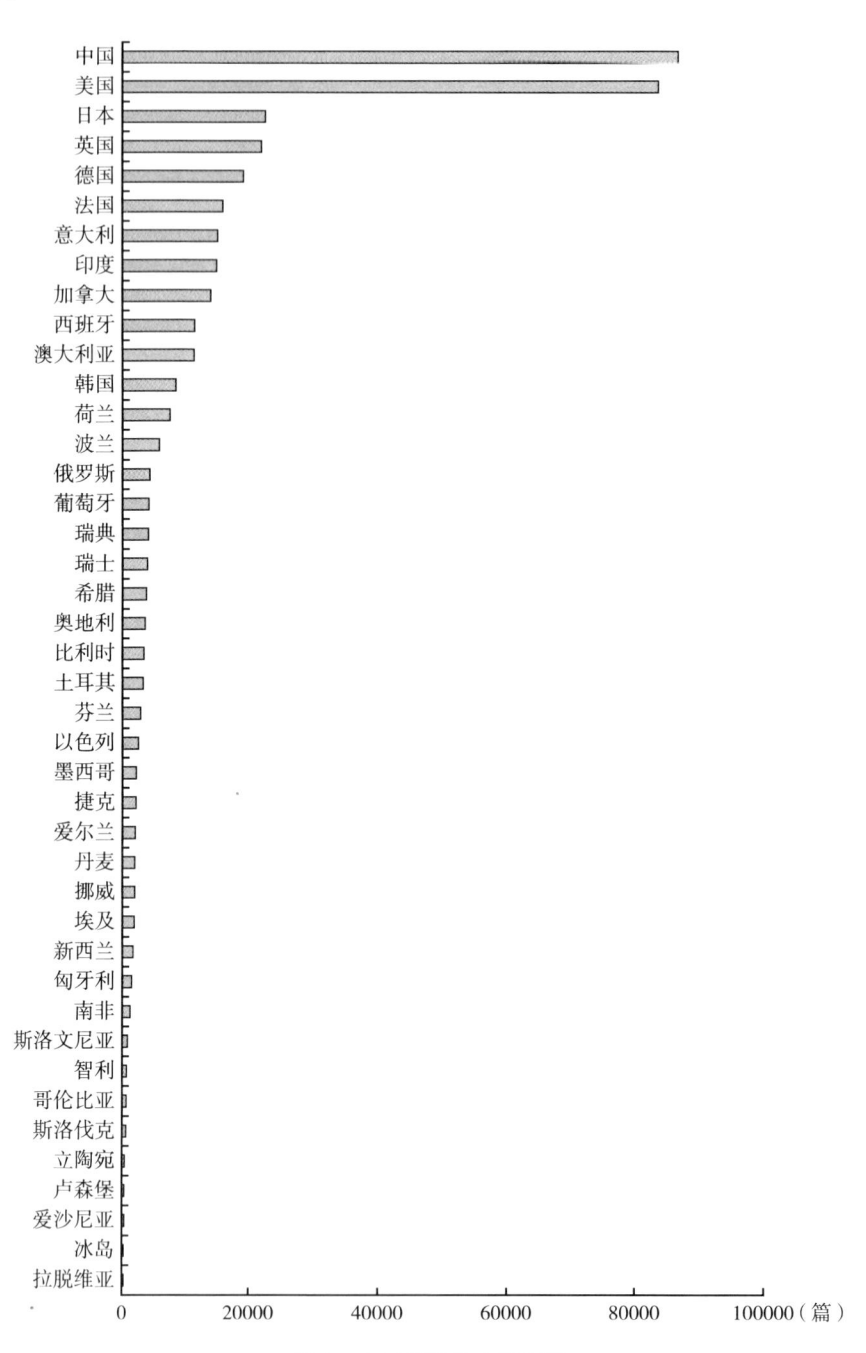

图1 人工智能论文发表数

人工智能专业高校数指标是人工智能教育能力的体现，也是研究能力的体现。美国开设人工智能专业的高校数量最多，远超其他国家（见图2），其后依次为德国、英国、中国、加拿大、印度、澳大利亚、荷兰、韩国、土耳其等国家。与美国相比，中国在人工智能专业高校数方面差距较大。设置人工智能专业的高校数量越多，学习人工智能专业的学生就越多，意味着人工智能教学的教师和研究者较多，未来人工智能方面的人才或者人力资源较丰富。目前开设人工智能专业的高校数量最多的仍然是欧美发达国家，但中国、印度、土耳其等发展中国家也在积极培养人工智能方面的人才。

人工智能专业平均得分指标是对高校的人工智能专业研究教育的评价。中国人工智能专业平均得分是最高的。中国开设人工智能专业的高校数量并不是最多的，但人工智能专业平均得分较高。美国开设人工智能专业的高校数量是最多的，但人工智能专业平均得分差距比较大。伊利诺伊香槟大学、康奈尔大学、斯坦福大学、加利福尼亚大学圣迭戈分校等高校的人工智能专业平均得分最高，而其他很多大学的人工智能专业平均得分较低，因此美国的人工智能专业平均得分低于中国。中国、瑞士、以色列、韩国、美国、澳大利亚、日本、丹麦、意大利、加拿大等国家人工智能专业平均得分较高。人工智能专业平均得分较高的国家仍然以发达国家为主。

目前，世界范围内设置人工智能专业的高校总体上并不多。一些国家设置人工智能专业的高校数量相对较多，但人工智能专业平均得分相对较低，如美国、德国、英国等。另一些国家设置人工智能专业的高校数量相对较少，但人工智能专业平均得分相对较高，如中国、以色列、韩国、瑞士等。人工智能作为新兴的信息技术，其相对应的教育和研究正处于兴起阶段。各个国家在教育、研究方面的差异对人工智能未来发展有很大的影响。

人工智能发明专利申请数和授权数既是人工智能研究实力的体现，也代表着人工智能的商业化程度。目前无论是人工智能发明专利申请数，还是人工智能发明专利授权数，中国都遥遥领先于其他国家或地区；美国和韩国属于第二梯队；日本、德国、加拿大、俄罗斯、英国、澳大利亚、印度的人工

图 2 人工智能专业高校数

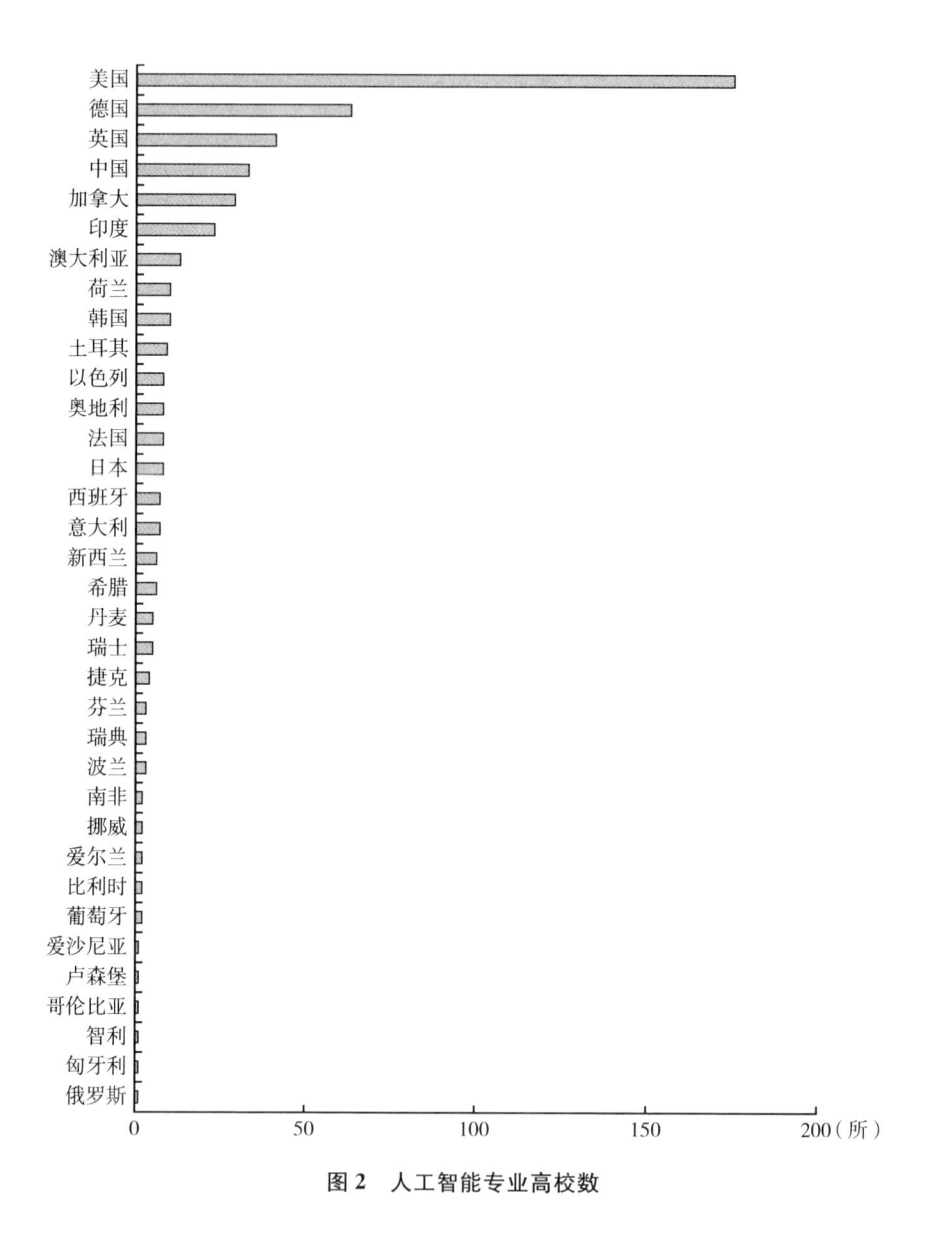

智能发明专利申请数和授权数也较多。在人工智能的研究发明方面，中国、美国、韩国处于比较领先的地位。这说明大多数国家的人工智能仍处于商业化、产业化的起步阶段。

（三）信息化环境指标比较

信息化环境指标方面，以色列、爱尔兰、韩国、芬兰、爱沙尼亚、斯洛伐克、捷克、拉脱维亚、瑞典、荷兰等国家或地区的信息化环境指数得分居前列。这些国家或地区具有经济发达，以及国土面积较小、人口较少的特点。相对而言，中国、美国、德国、英国等国家的信息化环境指数得分并不高。这可能是由于小国的信息化、网络化投资规模更小，区域间差异较小，无论是互联网还是移动互联网更易普及，公民整体的信息化程度更加均衡。因此这些国家或地区的信息化环境更好。

以信息化环境为横轴、人工智能发展水平为纵轴（见图3）可以看到，中国、美国虽然信息化环境处于中游水平，但人工智能发展水平远高于其他国家或地区。在其他国家或地区中，韩国的信息化环境和人工智能发展水平都较高。德国、英国、日本、加拿大等国家或地区属于信息化环境中游水平但人工智能发展水平较高的类型。而墨西哥、埃及、土耳其、哥伦比亚等国家属于人工智能发展水平、信息化环境都欠佳的类型。欠佳的信息化环境会阻碍人工智能发展。拥有一定的信息化环境是发展人工智能的重要条件。

（四）经济环境指标比较

经济环境指标方面，美国、中国、爱尔兰、卢森堡、冰岛、挪威、瑞士、韩国、澳大利亚、以色列、英国、荷兰、德国、法国等国家的经济环境较好。经济环境指标是 GDP、人均 GDP、高科技出口占制成品出口的百分比的综合反映。经济环境不仅是人工智能发展的重要基础，而且是人工智能重要的需求端。经济基础越强的国家或地区，才越可能对尚处于研究阶段的人工智能进行投入，大力发展人工智能。同时，经济基础越强的国家或地区，对人工智能的需求更加旺盛，更能够促进人工智能技术的应用和研究。经济环境对人工智能发展具有重要的促进作用。

以人工智能发展水平为纵坐标，经济环境为横坐标（见图4）可以看出，经济环境与人工智能发展水平之间基本呈现正向关系，经济环境越好的

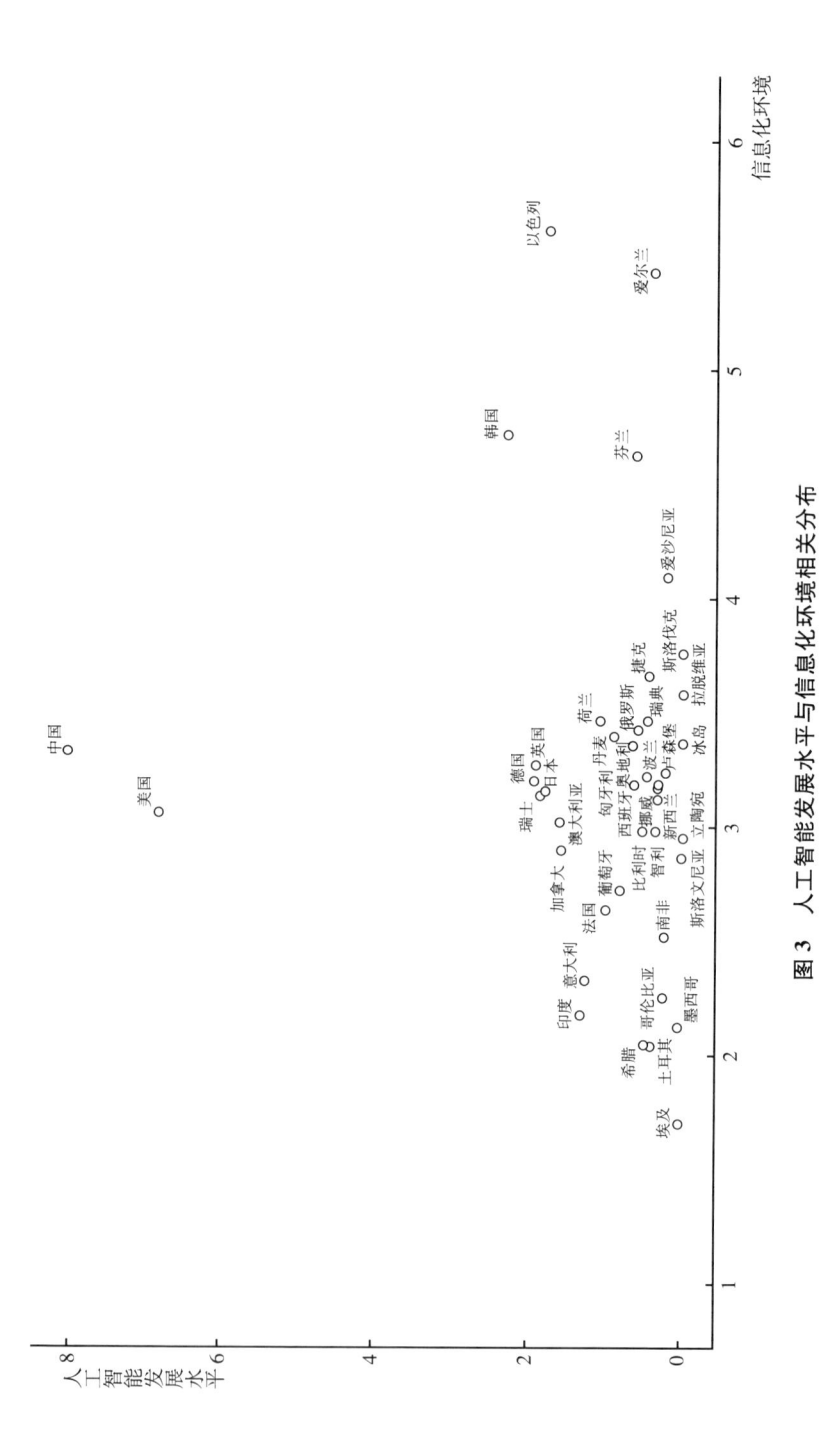

图 3 人工智能发展水平与信息化环境相关分布

人工智能发展国际比较报告

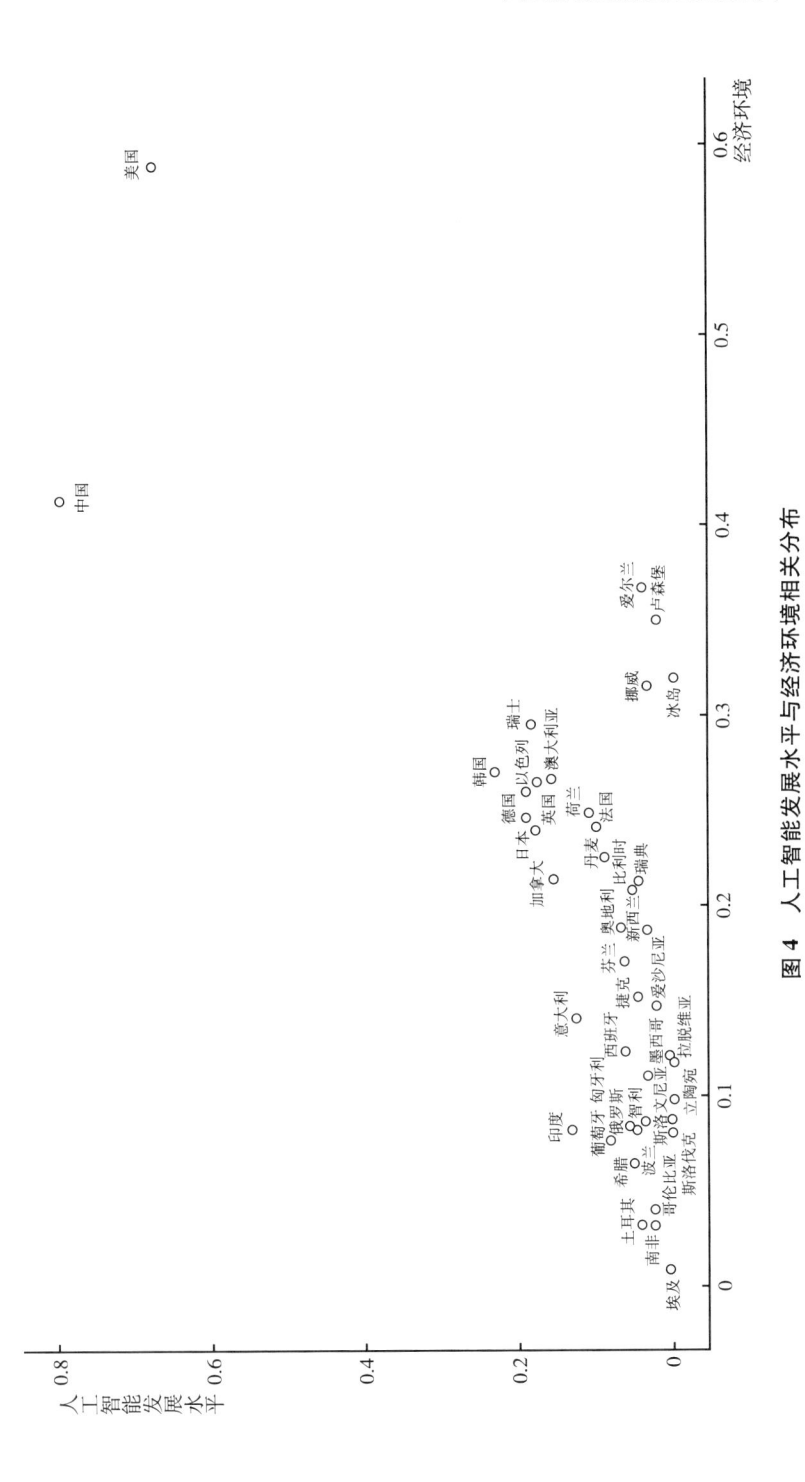

图 4 人工智能发展水平与经济环境相关分布

国家或地区，人工智能发展一般也越好。无论是经济环境还是人工智能发展水平，中国和美国都遥遥领先于其他国家和地区。韩国、英国、德国、日本、瑞士、以色列等的经济环境和人工智能发展水平也都比较领先。南非、埃及、土耳其等国家或地区则两项指标都较落后。发达国家由于经济环境优越，发展人工智能的条件也较好。大部分发展中国家的经济状况不利于人工智能发展。

三 发达经济体之间的人工智能发展指数比较

从发达经济体的人工智能发展指数来看，主要以OECD成员国中的欧盟国家合计代表欧盟整体与中国和美国比较，从人工智能论文发表数来看，中国与美国相当，而欧盟总体发表的论文数量最多，显著多于中国和美国（见图5）。欧洲的德国、英国、法国、意大利等国家虽然单个国家的人工智能论文发表数量不如中国和美国，但也都是人工智能研究强国。欧洲的人工智能整体发展水平较高，但分散于多个国家或地区。这种分散的状况不能体现出欧洲人工智能的实际发展状况。欧洲的人工智能研究分布也非常不均衡，主要集中在德国、英国、法国、意大利等西欧发达国家。

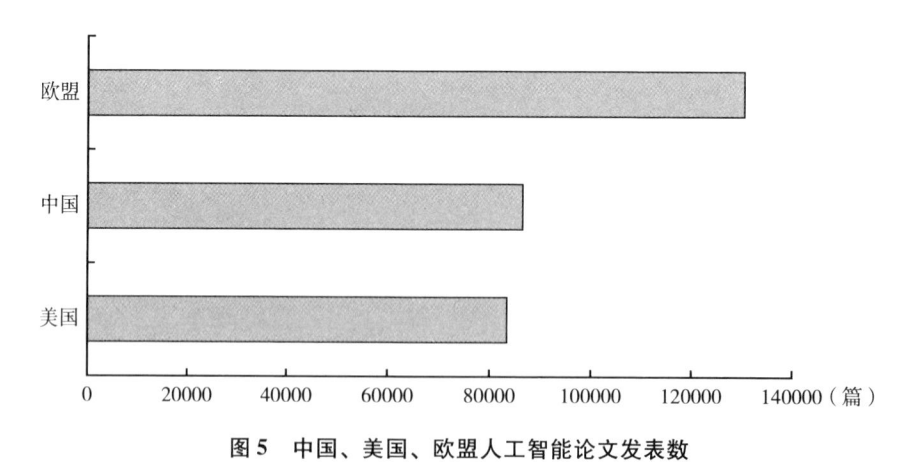

图5 中国、美国、欧盟人工智能论文发表数

从人工智能专业高校数来看，欧盟的高校数量略多于美国。美国与欧盟的高校数量相当，而中国的高校数量少于欧盟和美国（见图6）。人工智能应用在近年来获得重大突破，然而人工智能研究可以追溯到20世纪中叶。中国的高校大多数发展历史不长，专业设置时间也不长，因此拥有人工智能专业的高校数量远少于美国和欧盟。在人工智能的教育上，中国与美国和欧盟相比有一定差距。因此在人工智能的人才培养方面，中国也存在一定差距。这对未来人工智能的发展有重要的影响。

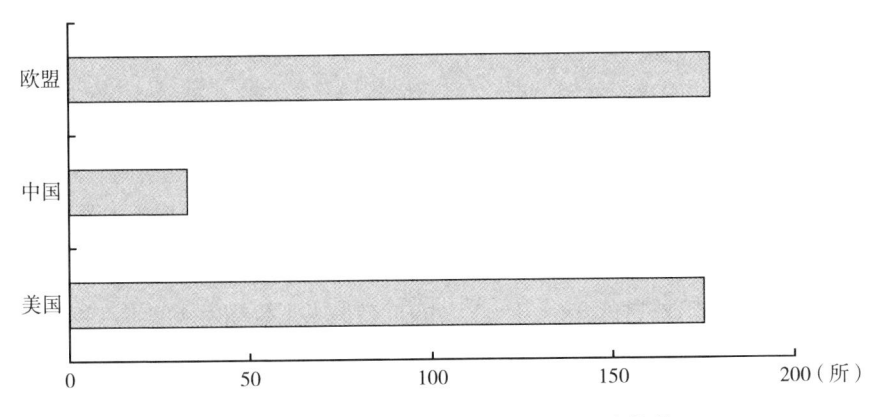

图6　中国、美国、欧盟人工智能专业高校数

从人工智能专业平均得分来看，中国人工智能专业平均得分高于美国和欧盟，美国则明显高于欧盟。人工智能专业平均得分是以高校的人工智能研究实力为基础进行评价的，尤其是高校发表的人工智能论文质量和数量。中国的人工智能专业高校虽然比较少，但人工智能专业平均得分较高。这说明中国人工智能的研究和教育资源分布比较集中。虽然人工智能已经非常热门，但中国关于人工智能的高等教育还未充分普及，教育和研究资源集中在头部高校。从人工智能专业高校数和人工智能专业平均得分来看，中国的人工智能研究和教育仍然处于起步阶段，但开设人工智能专业的高校的研究水平较高。美国的人工智能专业高校数与欧盟的相似，但美国人工智能专业平均得分明显高于欧盟。这说明美国高校的人工智能专业总体水平高于欧盟。美国人工智能专业的头部高校得分都较高。美国人工智能专业的研究和教育

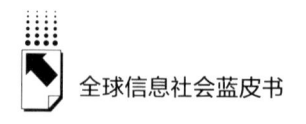

既有深度也有广度。欧盟人工智能专业的研究和教育则有足够的广度。

综合来看，中国、美国、欧盟在人工智能发展上各有特点和优势。中国开设人工智能专业的高校的研究重点突出，人工智能发展资源比较集中。欧盟的人工智能发展主要集中在西欧的英国、德国、法国等国家，但东欧的捷克、爱沙尼亚、波兰等国家也都有所发展。欧盟的人工智能发展有整体性。在人工智能的研究和教育上美国不仅设置人工智能专业的高校数量多，而且重点高校更是处于世界领先水平。中国、美国和欧盟是人工智能技术研究、开发、教育最重要的力量，对推动人工智能发展起到非常重要的作用。

四 重点国家的人工智能发展指数比较

人工智能的理论研究以及重要的创新应用集中在经济、科技实力强大的国家或地区。下文选取各大洲对世界经济、科学技术发展有重要影响的国家，对其人工智能发展指数进行比较分析，以期反映各国人工智能发展的特点和趋势。

（一）中国

中国的信息化环境在所有样本国家中处于中游水平，经济环境高于中游水平，人工智能则远高于中游水平，总体处于世界前列（见图7）。中国国土面积广大，地区经济发展不平衡，信息化发展也存在不平衡现象。信息化环境对发展人工智能没有制约。中国的经济发展既能够支撑人工智能发展，也对人工智能产生很大的需求。中国的人工智能发明专利申请数和授权数都远超其他国家或地区，在人工智能技术创新应用方面处于领先地位。中国是世界人工智能发展的重要一极，无论是人工智能的研究、教育水平，还是人工智能的产业化应用水平，都能与发达国家相媲美。

人工智能对未来中国经济和社会有着重要的影响，既是社会发展的需要，也能为产业升级转型提供技术支撑。与美国相似的，中国是处于人工智能发展前列的单体国家之一。中国与欧盟相比，在人工智能创新应用上也具有一定的优势。

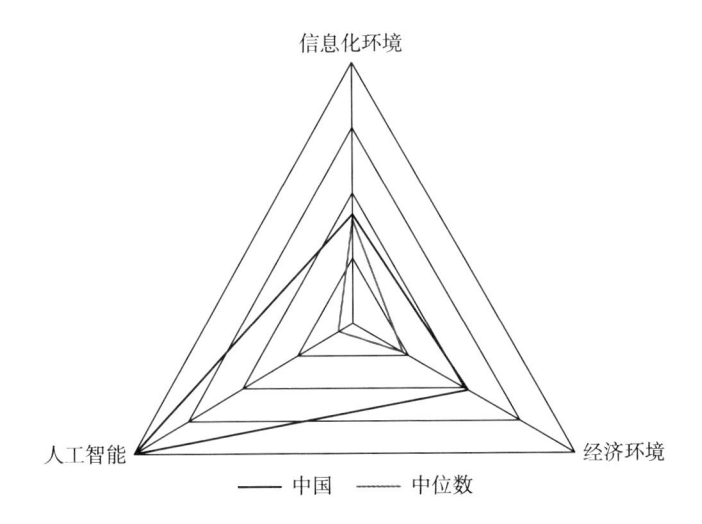

图 7 中国人工智能发展指数雷达图

（二）日本

日本的信息化环境略高于样本国家的中游水平，经济环境高于中游水平，人工智能显著高于中游水平，总体处于世界前列（见图8）。日本的人工智能技术研究水平处于世界前列。信息化环境对人工智能发展具有支撑作用。日本的经济发达，经济环境能够支撑人工智能发展。日本设置人工智能专业的高校数量很少，在人工智能相关的高等教育方面实力并不强。日本每年发表的人工智能学术论文数量却非常多，体现出日本在人工智能研究中的创新能力。综合来看，日本人工智能专业集中在少量高校。日本的人工智能发明专利申请数和授权数显著高于德国、英国等欧洲发达国家，体现其在人工智能应用方面也具有优势。

日本是亚洲发展人工智能的重要国家之一，其人工智能发展水平处于世界前列。日本作为发达国家，是制造业强国，在人工智能应用方面拥有很多的场景。日本是典型的老龄化、少子化社会，与之相关的人工智能（尤其是机器人等）的研究、开发、产业化能力领先世界。无论是人工智能研究还是应用，日本都是世界上非常重要的国家。

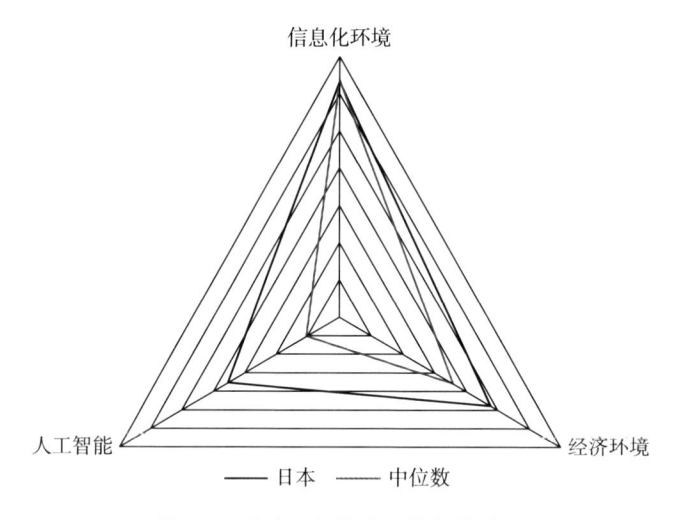

图8 日本人工智能发展指数雷达图

（三）韩国

韩国的信息化环境、经济环境、人工智能都显著高于中游水平，总体处于世界前列（见图9）。韩国的信息化环境尤为出色。韩国的移动上网率、互联网上网率都处于世界前列。在电子政府的建设上尤为出色。韩国的信息化环境对人工智能发展有很大的支撑作用。韩国的人工智能发展状况与中国、日本类似，人工智能论文发表数较多、发明专利申请数和授权数较多，而设置人工智能专业的高校数量较少，但人工智能专业平均得分较高。韩国的人工智能研究资源分布也比较集中，侧重于应用，而教育的广度相对不足。

韩国与中国、日本都是亚洲发展人工智能的重要国家，并且人工智能的发展水平都处于世界较前列。在高校教育方面，中国、日本、韩国都不如欧洲和美国。中国、日本、韩国的发展方式也相似，发展人工智能的高校分布较集中，并且注重人工智能产业化。尤其是韩国在半导体制造方面处于领先地位，使其发展人工智能产业具有先发优势。

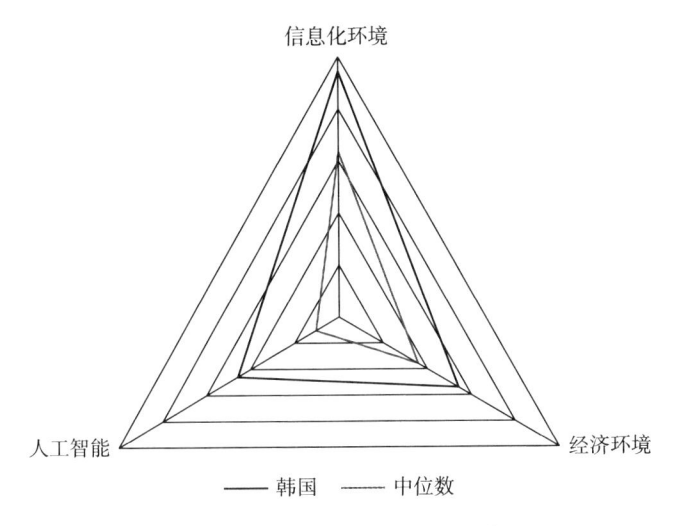

图 9　韩国人工智能发展指数雷达图

（四）印度

印度的信息化环境和经济环境都低于中游水平，人工智能则高于中游水平，总体处于世界较落后的水平（见图10）。印度的互联网上网率及移动上网率都偏低。信息化环境不利于人工智能应用。经济环境对于人工智能发展的支撑作用也不足。虽然信息化环境、经济环境欠佳，但印度的人工智能在世界范围属于中等水平之上。印度的人工智能论文发表数与法国、意大利等发达国家相当。印度设置人工智能专业的高校数量并不多，并且人工智能专业平均得分也不高。人工智能发明专利的申请数远远大于授权数。印度人工智能在研究方面具有一定的实力，而在教育和产业化应用方面存在不足。

印度是一个人口大国，其经济总量近年来大幅增长，对人工智能有巨大的潜在需求。目前印度的经济环境、产业结构以及教育和科学研究等对人工智能发展的支撑作用不足。但印度在计算机服务业（特别是软件业）等领域的局部优势能够为其人工智能发展奠定基础。

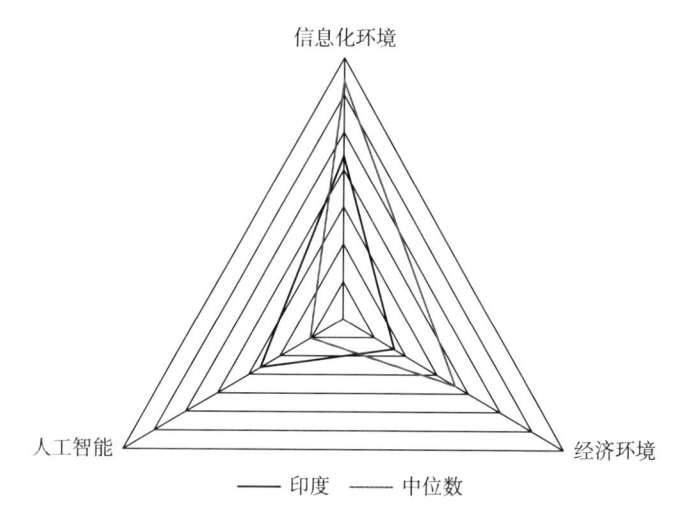

图 10 印度人工智能发展指数雷达图

（五）美国

美国的信息化环境处于中游水平，经济环境和人工智能都远高于中游水平（见图 11）。美国的经济环境和信息化环境能够支撑人工智能发展。在人工智能研究方面，美国处于领先地位。美国设置人工智能专业的高校数量众多，与欧盟相当，是世界上人工智能专业高校数最多的国家。美国人工智能专业平均得分较高。人工智能发明专利申请数和授权数都处于世界前列。在人工智能的研究、教育、产业化应用等方面都处于世界领先地位。

美国是重要的人工智能创新策源地。世界上重要的人工智能理论、应用大多数发源于美国。美国已经把发展人工智能上升到国家战略高度。从研究、教育现状来看，今后一段时期美国仍然处于世界人工智能发展的领导者地位。

（六）澳大利亚

澳大利亚的信息化环境处于中游水平，经济环境、人工智能都高于中游水平，总体处于世界前列（见图 12）。信息化环境、经济环境能够支撑人工智能发展。澳大利亚设置人工智能专业的高校数量略多于韩国，人工智能论

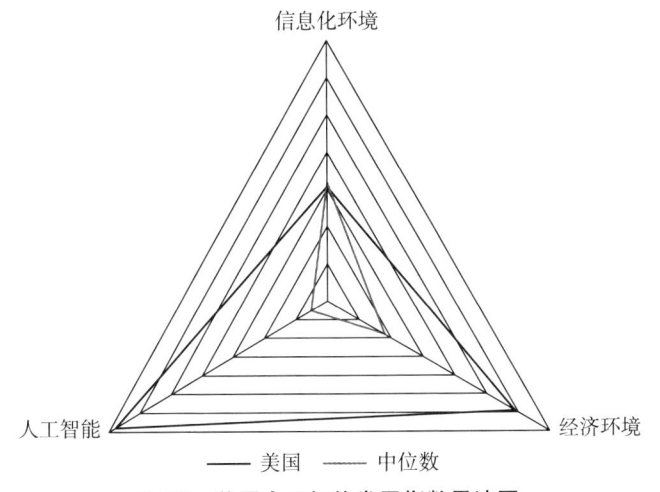

图 11　美国人工智能发展指数雷达图

文发表数略高于韩国，人工智能专业平均得分较韩国略低。人工智能发明专利申请数和授权数都较少。

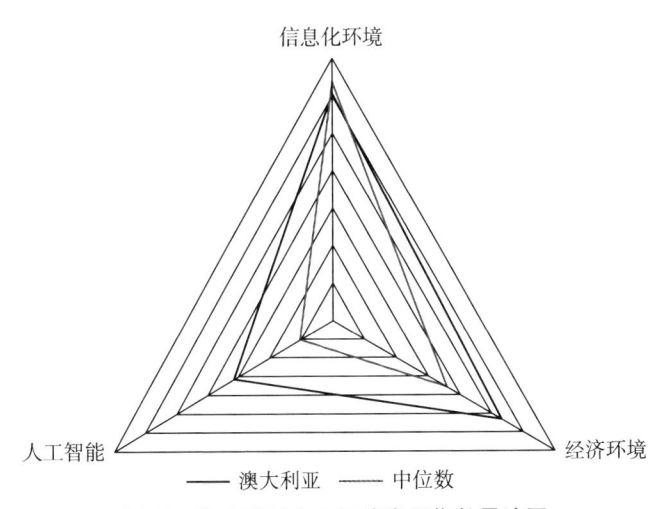

图 12　澳大利亚人工智能发展指数雷达图

澳大利亚发布了国家层面的人工智能行动计划。澳大利亚的目标是成为人工智能领先国家。在人工智能研究、教育和人才培养方面，澳大利亚设立了奖学金，以促进人工智能的项目研究和产业合作。

（七）英国

英国的信息化环境处于中游水平，人工智能和经济环境都显著高于中游水平，总体上处于世界前列（见图13）。英国的人工智能论文发表数与日本相当，而人工智能专业高校数远高于日本，也多于中国。人工智能专业平均得分略低于日本。英国的人工智能发明专利申请数和授权数都较低。英国的人工智能研究和教育水平都处于世界前列。

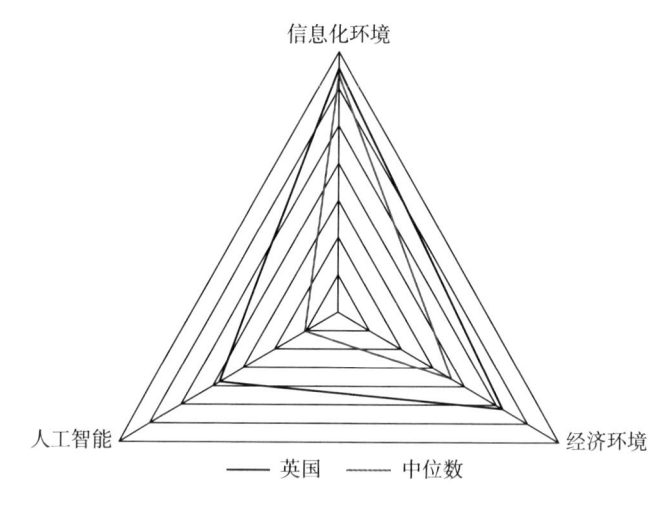

图13 英国人工智能发展指数雷达图

英国是人工智能的发源地，近年来更是把人工智能作为促进经济发展的重要引擎。英国制定了人工智能路线图，从战略规划、科研投入、人才培养、治理规则、国际合作、政府采购引导等方面推动人工智能发展。英国的人工智能创新性较高，其国内人工智能的创新企业非常活跃。

（八）德国

德国的信息化环境略高于中游水平，经济环境显著高于中游水平，人工智能远超中游水平，总体处于世界前列，仅次于英国（见图14）。德国的信息化环境和经济环境能够对人工智能发展产生支撑和推动作用。德国的人工智能论文发表数略少于英国。德国人工智能专业高校数接近于中国的两倍。德国人工智能专业平均得分低于英国，处于欧洲的平均水平之上。德国的人工智能发明专利申请数略低于英国，但发明专利授权数远高于英国。德国的人工智能发展的各方面与英国相当。

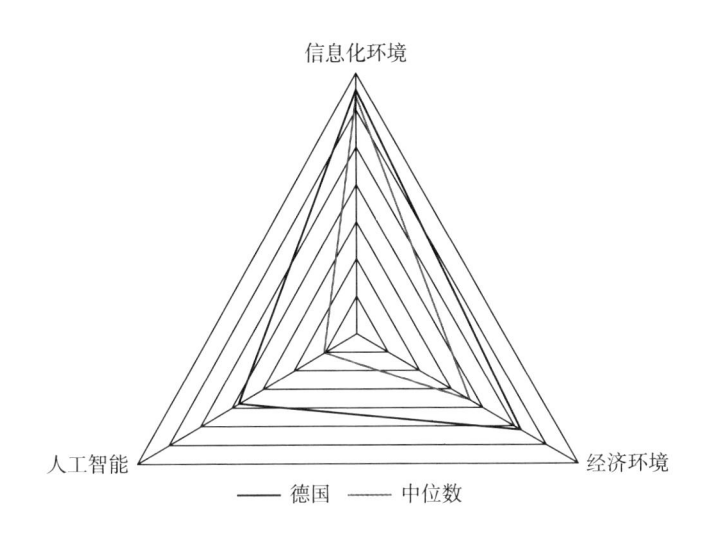

图 14 德国人工智能发展指数雷达图

德国也从国家层面发布了人工智能发展战略。德国与其他欧盟国家相似，比较关注人工智能对社会生活和伦理的影响。德国还致力于提升人工智能研究和创新竞争力，促进人工智能在经济层面的应用，与其提出的工业4.0有重要关联。工业4.0的研究重点包括人机交互、网络物理系统、云计算、计算机识别、智能服务等，都与人工智能密切相关。德国不仅注重人工智能的研究，而且也重视研究成果的转化和应用。

（九）法国

法国的信息化环境低于中游水平，人工智能和经济环境高于中游水平，总体处于中等偏上水平（见图15）。从人工智能论文发表数来看，法国低于英国和德国，略高于意大利。人工智能专业高校数远少于英国和德国，与意大利相当。人工智能专业平均得分也明显低于英国和德国。法国的人工智能发明专利申请数和授权数显著低于英国和德国。

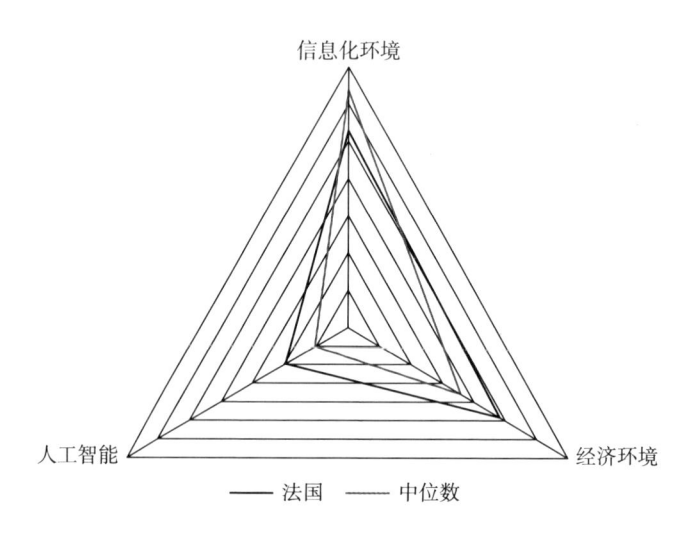

图 15 法国人工智能发展指数雷达图

法国也制定了人工智能国家战略。人工智能技术在医疗、制造、交通、金融、农业等领域得到应用。法国致力于成为欧洲的人工智能发展中心。在国家的支持下，法国凭借传统的科技和教育优势使其成为人工智能发展中的重要投资国。

（十）俄罗斯

俄罗斯的信息化环境略高于中游水平，人工智能处于中游水平，经济环境高于中游水平，总体处于中游偏下水平（见图16）。俄罗斯的人工智能论文发表数处于中等水平，略高于葡萄牙、瑞典、瑞士等国家。设置人工智能专业的高校极少，并且人工智能专业平均得分也不高。俄罗斯的人工智能发明专利申请数和专利授权数都较少。

俄罗斯的人工智能高度依靠国家力量发展，特别重视军工领域。由政府财政拨款力促军事技术领域的人工智能技术应用。以国家力量集中投资的结

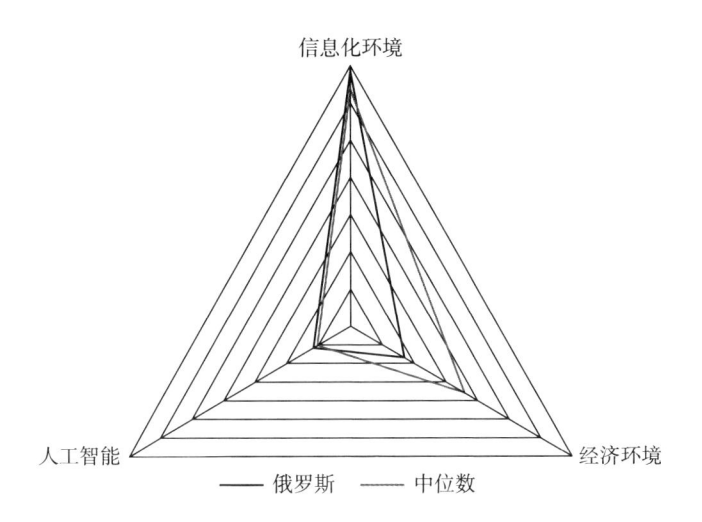

图 16 俄罗斯人工智能发展指数雷达图

果导致私营企业缺乏活力，此外还导致外资缺乏。俄罗斯在面部识别等领域具有一定的技术优势。

五　小结

世界上人工智能发展最突出的单体国家是中国和美国。在人工智能的研究、创新、应用等方面这两个国家都处于领先地位。美国更是人工智能创新的主要策源地。如果把欧盟视作一个整体，中国、美国、欧盟在人工智能研究、创新、教育、应用等方面体量相当，是人工智能发展的重要三极。

从区域范围来看，东亚、北美洲、欧洲、大洋洲是人工智能发展的主要区域。东亚的中国、日本、韩国，北美洲的美国和加拿大，欧盟国家的英国、德国、法国、意大利等国家，以及大洋洲的澳大利亚、新西兰，是人工智能发展的主要国家。人工智能发展主要集中在东亚、北美洲、欧洲三个区域。

东亚的中国、日本、韩国在人工智能教育方面，设置人工智能专业的高校数量相对较少。而在人工智能研究和应用方面，中国、日本、韩国的论文和专利数都相对较多。欧洲和北美洲发达国家设置人工智能专业的高校数量

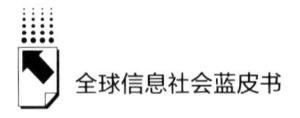

相对较多，更加注重研究和教育。东亚国家与欧洲、北美洲国家在发展人工智能的方式和侧重点上有明显的区别。

人工智能是未来经济发展的重要引擎，也是社会各方面形成重要竞争力的关键。世界主要国家或地区纷纷把人工智能发展提升至战略层面。中国、美国、日本、韩国、印度、英国、德国、法国、俄罗斯、澳大利亚等国家制定了各自发展人工智能的战略计划。人工智能已经成为各个国家竞争的重要领域。

参考文献

丁波涛主编《全球信息社会蓝皮书：全球信息社会发展报告（2021）》，社会科学文献出版社，2021。

丁波涛主编《全球信息社会蓝皮书：全球信息社会发展报告（2022）》，社会科学文献出版社，2022。

Righi R., Leon C. P., Cardona M., et al., "AI Watch Index 2021," JRC Research Reports, 2022.

Stanford University Human-centered Artificial Intelligence, "Artificial Intelligence Index Report 2023," https：//aiindex. stanford. edu/wp－content/uploads/2023/04/HAI_AI－Index－Report_2023. pdf.

Zhang D., Maslej N., Brynjolfsson E., et al., "The AI Index 2022 Annual Report," 2022.

区域篇
Area Reports

B.3
美国人工智能产业发展研究

胡月婷 王兴全*

摘　要： 人工智能是当今世界科技创新的前沿领域，也是未来经济社会发展的重要驱动力，正在不断地渗透到生产生活的方方面面，现已成为全球科技竞争的焦点。世界主要国家纷纷从战略布局、资金投入、技术研发、领域应用等方面入手提升人工智能的全球竞争能力。为应对激烈的国际竞争，美国审时度势地确定了人工智能发展目标，大力发展人工智能技术以保持世界领先地位，展现出极具美国特色的布局方式。美国针对未来人工智能的战略部署和相关举措涉及积累与提升两个阶段，均以制定发布政策文件和成立相关机构进行部署为主，现已上升为大国战略并演变为世界领导权的竞争，基本实现人工智能技术创新价值链各阶段的全覆盖，各部门积极深耕细作，并日益重视在国防军事领域的应用，其对中国的策略主要采取成立专门机

---

* 胡月婷，上海社会科学院信息研究所，研究方向为信息资源管理；王兴全，管理学博士，上海社会科学院信息研究所副研究员，研究方向为文化创意产业、网络内容经济。

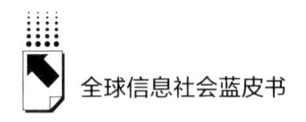

构、全面封锁、出口管控、限制人才流动等措施。我国应该借鉴美国的发展经验，加强在技术研发、数据资源管理、法律和伦理体系以及应用场景等方面的布局，以促进中国在人工智能领域的发展和创新。

关键词： 人工智能　技术竞争　国家安全　美国

一　美国人工智能发展现状

人们对"人工智能"一词早已不再陌生，它在各个领域都有着广泛的应用，如影像识别、语音识别、自动驾驶等。美国是全球人工智能领域的领先者之一，在人工智能的研发、应用和产业化方面取得了显著成就。在科研和创新方面，美国在人工智能领域有顶尖的研究机构和高水平的科研人才，许多知名大学和研究室都致力于人工智能的研究，如斯坦福大学、麻省理工学院等在人工智能算法、机器学习、深度学习等方面取得了重要突破，并发表了许多高水平的论文。产业布局上，美国拥有众多知名的科技公司，包括谷歌、微软、亚马逊、Facebook等，这些公司在人工智能领域投入巨额资金，并开展大规模的研发和应用，不仅在核心技术上取得了重要进展，还将人工智能应用到多个领域，搜索引擎、语音识别、社交媒体等平台上的大量数据，为人工智能的训练和应用提供了丰富的基础。同时，美国还注重数据的开放共享和合理使用，推动了数据驱动的创新和发展。在创业生态系统方面，美国良好的创业环境和发达的风险投资市场，吸引了大量的创业者和创新型企业。在美国，许多人工智能初创公司在技术创新和商业应用方面取得了突破性进展。美国政府还制定了一系列促进人工智能发展的政策和法规，鼓励技术创新、企业竞争和人才培养；同时，也关注人工智能的伦理、隐私和安全等问题，不断完善相关的监管规则。

（一）人工智能在美国的现状和趋势

生成式人工智能（Generative AI）是人工智能的一个重要分支，指利用人工智能技术自动生成各种类型和模态的内容，如文本、图像、音频、视频等。生成式人工智能具有强大的内容生成能力和多模态融合能力，可以应用于多个领域，如传媒、电商、影视、娱乐、教育、医疗等，为数字经济时代提供丰富的数字内容供给，创造新的生产力和价值。从2021年起，生成式人工智能就被认为是未来重要的AI技术趋势，2022年以来，生成式AI产品不断涌现，多样的生成式内容模态也引起社会广泛的关注和讨论。以2022年11月OpenAI发布的ChatGPT为例，它被定义为优化对话语言模型（Optimizing Language Models for Dialogue），仅2个月就创造了App用户过亿的纪录，同时也带动了AIGC（AI-Generated Content）的革新，具有划时代的意义。

而2023年则是各类型AI爆发性增长的一年，尤其是生成式AI在OpenAI开发的ChatGPT的引领下，引起各界的广泛讨论。生成式AI主要用于创造性工作，如文本生成、影像生成、音频生成等实际应用情景（见表1）。现下讨论最多的ChatGPT、Midjourney、Stable Diffusion，以及Office 365 Copilot都是生成式AI的最佳应用。[1]

表1 生成式人工智能的实际应用情景

类别	情景
音频生成	利用人工智能技术根据给定的条件或目标自动生成各种类型和风格的音频内容，如语音、音乐、声音效果等。音频生成可以提高音频内容生产的效率和质量，也可以拓展音频内容生产的空间和范围。美国在音频生成方面有一些产品和平台，如谷歌的WaveNet（生成自然sounding的语音合成系统）、OpenAI的Jukebox（生成原创音乐作品的系统）、Spotify的Soundtrap（提供在线音乐制作和协作的平台）、Descript（音频编辑和转写的工具）等

---

[1] https://www.ibest.com.tw/news-detail/aigc/.

续表

类别	情景
视频生成	生成式AI通过学习一个大量的图像数据集,从而生成与原始图像相似的新图像,也可以实现视频内容的编辑、转换、增强等功能。美国在视频生成方面有一些产品和平台,如Meta的Make-A-Video(根据文本或语音生成视频内容的大模型)、谷歌的DeepFake(实现人脸替换和表情模仿的技术)、Adobe的Premiere Pro(视频编辑和处理的工具)、Lumen5(将文章转换为视频的平台)等
文本生成	生成式AI可以学习一个大量的文本数据集,从而生成与原始文本相似的新文本,可以提高文本内容生产的效率和质量,也可以拓展文本内容生产的空间和范围。美国在文本生成方面有众多的产品和平台,如OpenAI的ChatGPT(优化对话语言模型的产品)、谷歌的Smart Compose(具体自动完成电子邮件正文内容的功能)、微软的WordSmith(生成个性化的报告和文章的平台)、Grammarly(提供语法和写作建议的工具)等
语音生成	生成式AI可以通过学习一个大量的语音数据集,从而生成与原始语音相似的新语音。例如,Lyrebird就是一个由加拿大研究人员研发的生成式AI项目,可以生成与原始语音相似的人工语音
设计生成	生成式AI可以学习一个大量的设计数据集,从而生成与原始设计相似的新设计。例如,Autodesk Generative Design就是一个由Autodesk研发的生成式AI项目,可以生成各种设计,如桥梁、建筑、机械等

总体而言,美国在人工智能领域的发展得益于其科研实力、产业布局、创新生态系统和政策支持。美国在人工智能技术的推动和应用方面处于领先地位,可为其他国家提供有益的借鉴和启示。

(二)美国人工智能治理的现状和特点

人工智能技术虽然带来巨大的机遇和价值,但也带来一些挑战和风险,如内容真实性、版权保护、伦理道德、社会影响等。这需要加强监管和治理,建立相应的法律法规和标准规范,保障人工智能技术的健康发展和良性应用。美国在人工智能治理方面具有以下几个特点。

一是重视技术自律和社会责任。美国的人工智能技术主要由私营企业和研究机构开发应用,政府的监管力度相对较弱。因此,技术开发者和应用者需要自觉遵守技术伦理和社会责任,防止技术滥用误用,保护用户隐私和权益，维护社会公平正义。例如，OpenAI 在发布 GPT-3 和 ChatGPT 时，都采取了分阶段、有限制、有条件的方式，对外提供 API 接口而不是直接开源模型，以防止模型被恶意使用或滥用。同时，OpenAI 也建立了一套严格的审核机制和使用协议，要求用户遵守相关的法律法规和道德准则，禁止借助模型实施欺诈、诽谤、骚扰、歧视等行为。

二是注重技术创新和竞争优势。美国的人工智能技术在全球处于领先地位，其背后是强大的科技创新能力和竞争优势，并拥有世界上最先进的人工智能研究机构和人才队伍，如斯坦福大学、麻省理工学院、OpenAI 等；拥有世界上最丰富的数据资源和算力支撑，如谷歌、亚马逊、微软等；拥有世界上最活跃的创业生态和投资环境，如硅谷、波士顿等。这些因素使得美国在生成式人工智能技术方面不断取得突破和创新，保持着相较于其他国家的优势。

三是关注技术影响和社会反馈。美国虽然在技术层面取得显著的进步，但也引发了一些社会问题和争议，如内容真实性、版权保护、伦理道德、社会影响等。这些问题需要引起技术开发者和应用者的重视，也需政府、学术界、媒体、公众等各方面的参与，形成有效的沟通和协调机制，寻求合理的解决方案和平衡点。例如，美国商务部就生成式人工智能相关的问责措施正式公开征求意见，2023 年 4 月发布征求意见文件，旨在收集各方对于生成式人工智能技术的看法，以及如何制定政策来应对其相关风险的意见和建议。文件提出可能采用的审计系统、评估标准、认证程序等监管措施，并邀请志愿者和技术专家参与讨论。[1]

二　生成式人工智能技术与产业方向

美国是全球人工智能产业最为活跃和领先的国家之一，涵盖广泛的技术和应用领域，包括自然语言处理、计算机视觉、音频处理、创意生成以及社

---

[1] https：//www.thepaper.cn/newsDetail_forward_22667928.

交媒体和内容创作等。风投公司过去三年在人工智能解决方案上共投资了17亿美元，其中AI药物研发和AI软件编码获得的资金最多。Gartner技术创新研究副总裁Brian Burke和Gartner研究总监闫斌曾表示，像ChatGPT这样的早期基础模型侧重于生成式AI以增强创造性工作能力，预测到2025年，使用生成式AI技术系统研发的新药和材料比例将从现在的零上升到30%以上，这还只是众多行业用例之一。[1]

（一）生成式人工智能的关键技术

大规模预训练语言模型（Large-scale Pre-trained Language Model）是生成式人工智能技术的核心和基础。这类模型首先通过对海量文本数据进行无监督或自监督学习，获得通用的语言表示和知识，然后在特定任务或领域进行微调或迁移学习，实现各种下游应用。美国拥有世界上最先进的大规模预训练语言模型，如OpenAI的GPT系列（Generative Pre-trained Transformer）、谷歌的BERT系列（Bidirectional Encoder Representations from Transformers）、微软的T5系列（Text-to-Text Transfer Transformer）等。这些模型不断刷新参数规模、数据规模和性能指标等方面的纪录，为生成式人工智能提供强大的技术支撑。

多模态生成和跨模态生成是生成式人工智能技术的重要方向和前沿领域。多模态生成是指利用人工智能技术生成多种类型和模态的内容，如文本、图像、音频、视频等，或者在同一种模态内生成多种风格或主题的内容。跨模态生成是指利用人工智能技术根据一种模态的内容生成另一种模态的内容，如根据文本生成图像、根据图像生成文本、根据音频生成视频等。这些技术可以实现内容的丰富化、多样化和个性化，满足不同用户和场景的需求。美国在多模态和跨模态生成方面有着丰富的技术积累和创新成果，如OpenAI的DALL-E（根据文本生成图像的模型）、谷歌的BigGAN（生成高分辨率图像的模型）、微软的UniLM（实现多种自然语言处理任务的统一语

---

[1] https://www.gartner.com/cn/information-technology/articles/beyond-chatgpt-the-future-of-generative-ai-for-enterprises.

言模型）等。

生成式对抗网络（Generative Adversarial Network，GAN）是生成式人工智能技术的一种重要方法和框架。GAN 由两个神经网络组成，一个是生成器（Generator），另一个是判别器（Discriminator）。生成器的目标是生成尽可能逼真的数据或内容，判别器的目标是判断数据或内容是真实还是生成的。两个网络相互博弈，最终达到纳什均衡（Nash Equilibrium），即生成器生成的数据或内容无法被判别器区分。GAN 可以实现高质量、高分辨率、高逼真度的内容生成，也可以实现内容的编辑、转换、增强等功能。美国在 GAN 技术方面有着领先的地位和影响力，如 NVIDIA 的 StyleGAN（生成逼真人脸图像的模型）、MIT 的 CycleGAN（实现图像风格转换的模型）、斯坦福大学的 WaveGAN（生成音频信号的模型）等。

（二）生成式人工智能在五个行业中的应用案例

根据《2023 年 Gartner 十大重要战略技术趋势详细指南》，美国生成式人工智能在药物设计、材料科学、芯片设计、合成数据、零件生成式设计五个领域有所应用，主要覆盖制造、建筑工程、医疗、国防、航空和能源等行业（见表2）。

表 2　生成式人工智能在五个行业中的应用案例

领域	不同行业所选择的生成式 AI 用例							
	汽车制造	媒体	建筑工程	能源和公用事业	医疗服务提供者	电子产品制造	制造	制药
药物设计								√
材料科学	√			√		√		
芯片设计						√		
合成数据	√		√	√	√	√	√	√
零件生成式设计	√		√				√	

059

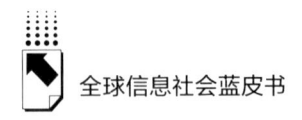

1. 生成式 AI 在药物设计领域的应用

2010 年的一项研究显示,一种药物从研发到上市的平均成本约为 18 亿美元,其中药物研发成本约占 1/3,整个研发过程长达 3~6 年。而生成式 AI 可以将各种用途的药物设计周期缩短至几个月,大大减少制药行业的药物研发成本和时间。

2. 生成式 AI 在材料科学中的应用

生成式 AI 通过组合出具有特定物理特性的新材料影响着汽车、航空、国防、医疗、电子和能源等行业,探索可能具有这些特性的材料,而不是依靠偶然性来找到这些材料,例如在能源和运输行业发现了有着更具导电性或磁吸引力且满足耐腐蚀要求的材料等。

3. 生成式 AI 在芯片设计中的应用

生成式 AI 可以使用强化学习(一种机器学习技术)优化半导体芯片设计(布图规划)中的元件位置,将产品开发周期从几周(使用人类专家)缩短到几小时(使用生成式 AI)。

4. 生成式 AI 在合成数据中的应用

生成式 AI 可以用来创建合成数据。合成数据是一种生成的数据,不是直接来自现实世界,可以保护模型训练数据原始来源的隐私,如可以人为生成用于研究和分析的医疗数据,能避免泄露所使用医疗记录中的患者身份,保护患者个人隐私。

5. 零件生成式设计

凭借生成式 AI,制造、汽车、航空、国防等领域能够设计出最合乎性能、材料、制造工艺等特定目标和要求的零件。例如,汽车制造商可以使用生成式设计实现更轻便、高效的设计,以达到使汽车更省油的目标。

(三)美国著名企业及其在生成式人工智能领域的产品

在生成式人工智能领域,美国涌现了许多著名的企业,它们在技术创新、商业应用和市场影响力方面取得了重要突破。以下是一些具有代表性的美国生成式人工智能企业及其产品。

1. OpenAI

OpenAI 是非营利性研究机构,旨在推动人类和 AI 的和谐共存以及人工智能的安全和利益最大化,由埃隆·马斯克等人于 2015 年创立。它开发了多个具有影响力的生成式 AI 模型,这些模型通过大规模预训练和迁移学习,能够生成逼真的自然语言文本,用于自动写作、对话系统等领域,如 ChatGPT1、Dall-E2、Codex 等,可以生成文本、图像、代码等内容。ChatGPT 是一个基于 Transformer 的大规模自回归语言模型,可以根据给定的文本上下文生成连贯和有意义的文本。Dall-E2 是一个基于变分自编码器(VAE)和 Transformer 的图像生成模型,可以根据给定的文本描述生成多样化和创造性的图像。Codex 是一个基于 ChatGPT 的代码生成模型,可以根据给定的自然语言或代码片段生成可执行的代码,让开发者可以使用其模型来形成相应的应用程序。

2. Salesforce

Salesforce 是一家提供云计算服务的公司,主要专注于客户关系管理(CRM)。它推出了 Einstein GPT,是基于 ChatGPT 的生成式 AI 技术,可以为销售人员生成个性化电子邮件,并为开发人员自动生成代码。它还为 Slack 提供了一款新的 ChatGPT 应用程序,可以在聊天中提供智能建议和回复。此外,Salesforce Ventures 还启动了一项 5 亿美元的生成式 AI 基金,成为投资该领域的后起之秀。

3. SambaNova Systems

SambaNova Systems 是一家提供 AI 硬件和软件解决方案的公司。它最近推出了企业可以立即使用的生成式 AI 系统套装,包括为银行、律师事务所、医疗健康提供商和其他行业专门训练过的 ChatGPT 聊天机器人。这些聊天机器人可以根据用户的问题或需求提供智能回复或建议服务,提高用户满意度。

4. Typeface

Typeface 是一家位于旧金山的生成式 AI 初创公司,其开发的软件用于生成定制化营销等宣传材料。它使用包括 ChatGPT 和 Stable Diffusion 在内的多个生成式 AI 平台,为每个企业客户建立定制的 AI 模型。这些 AI 模型可

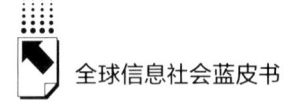

以根据用户输入或选择的主题、风格、语言等参数,自动生成吸引人的文案、标语、海报等内容。

5. RFPIO

RFPIO 是一家总部位于美国俄勒冈州比弗顿的初创企业。它开发了一款集成 ChatGPT 的软件应用,在对征求建议书、安全和尽职调查问卷等文件做出书面答复时,这款应用可以迅速检查语法、拼写和标点是否正确。此外,这款应用还可以将回答句式从被动语态转换为主动语态、修饰尴尬的措辞、提高可读性、阐述关键点,并对大段落文字内容进行总结等。

6. Google DeepMind

Google DeepMind 是一家谷歌旗下的人工智能企业,拥有高性能算法,如 AlphaGo、AlphaFold、AlphaStar、Sparrow 等,也有底层的大语言模型 Gopher 和 Chinchilla。[①] AlphaGo 在围棋领域取得了突破性成果,击败世界冠军李世石。AlphaZero 则是一种通用的强化学习算法,可以在没有任何人类指导的情况下学习和优化多种棋类游戏。Google DeepMind 首席执行官 Demis Hassabis 曾表示,Google DeepMind 是 DeepMind 和谷歌研究院的大脑团队联合起来组成的一个独立的部门。[②]

7. NVIDIA

NVIDIA 是一家以图形处理器(GPU)为核心业务的技术公司,为游戏、专业视觉、数据中心和汽车等领域提供产品和服务。NVIDIA 在生成式人工智能方面也有很大贡献,如开发了 StyleGAN 系列(StyleGAN、StyleGAN2 和 StyleGAN3),用于生成高质量的人脸图像;开发了 NVIDIA Maxine,用于改善视频会议的质量和效率;开发了 NVIDIA Omniverse,用于创建和模拟复杂的虚拟世界等。

8. IBM Watson

IBM Watson 是 IBM 公司开发的人工智能系统,旨在通过自然语言处理、

[①] https://new.qq.com/rain/a/20230202A00Z5100.

[②] https://www.deepmind.com/blog/announcing-google-deepmind.

机器学习和推理技术为企业和组织提供智能解决方案。公司包括许多不同的模块和服务，可应用于医疗诊断、智能客服、企业决策等领域。

9. Microsoft Research

Microsoft Research 是微软公司的研究部门，致力于推动科学研究和创新技术的发展。微软研究院在生成式人工智能领域进行了广泛的研究，涵盖自然语言处理、计算机视觉、对话系统等方向。其产品包括 Xiaoice，是一款流行的中文聊天机器人。

10. Facebook AI Research

Facebook AI Research 是 Facebook 公司的研究部门，专注于人工智能和机器学习的研究。该研究团队开发了一种称为"Transformer"的模型架构，被广泛应用于自然语言处理任务中，如机器翻译和文本生成。此外，其还致力于开发对话系统和语音识别技术，以改善用户体验和实现更自然的交互方式。

11. Amazon Web Services（AWS）

AWS 是亚马逊公司的云计算平台，提供各种人工智能相关的服务和工具，如强大的计算资源和机器学习工具，支持生成式模型的训练和推理。其中包括 Amazon SageMaker，一款用于构建、训练和部署机器学习模型的全托管服务。

12. Adobe

Adobe 是一个以创意软件为主要业务的技术公司，为设计、摄影、视频、网页等领域提供解决方案。它在生成式人工智能方面也有投入，如开发的 Adobe Photoshop Camera，用于为手机拍摄的照片添加滤镜和特效；开发的 Adobe Sensei，用于为各种软件提供智能功能，如内容感知填充、面部液化、自动剪辑等。

这些著名的美国生成式人工智能企业及其产品在推动人工智能发展和应用方面发挥着重要作用，它们在模型设计、算法研究、计算资源和应用落地等方面也取得了显著成就，并且持续创新，推动生成式人工智能快速发展。以上列举的企业和产品只是生成式人工智能领域的一部分，还有许多其他企业和产品也为该领域的发展做出了巨大的贡献。随着技术的不断进步和应用

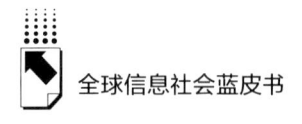

场景的扩大，我们可以期待更多的创新和突破，以进一步推动生成式人工智能的发展。

三 美国生成式人工智能领域的发展趋势和挑战

美国白宫总统科技顾问委员会（PCAST）于2023年5月13日成立生成式人工智能工作组，旨在评估关键风险和机遇，并提供相关指导意见包括确保关键技术开发和部署的公平和安全。

（一）美国生成式人工智能领域的发展趋势

1. 企业和研究机构在生成式人工智能的技术创新和应用方面保持领先

美国拥有多个世界级生成式人工智能大模型，如OpenAI的GPT-3、谷歌的Meena、微软的Turing-NLG等，这些模型在自然语言处理、图像生成、音频合成等领域展现出强大的能力。美国也有多个成功的生成式人工智能应用案例，如Luminar Technologies的激光雷达模拟器、Synthesia的视频合成平台、DeepMind的AlphaFold等，这些应用在汽车、媒体、医疗等行业创造了巨大的价值和影响。[①]

在技术方面，美国在生成式人工智能的关键技术上取得了显著突破。深度学习和神经网络是生成式人工智能的基础，美国的研究者在这方面进行了重要的探索和创新。他们开发了一系列先进的模型和算法，如生成对抗网络（GAN）、变分自编码器（VAE）、自动编码器（AE）等，这些技术使得生成式人工智能能够生成逼真、多样化的图像、音频、视频和文本等。在应用方面，生成式人工智能已经在多个领域展现出巨大的潜力和广阔的应用前景。例如，生成式人工智能可以用于图像生成和修复，使得计算机能够根据输入的草图或描述生成逼真的图像；在自然语言处理领域，生成式人工智能可以用于文本摘要、对话系统、自动翻译等应用；在创作艺术方面，生成式

---

① https://blog.sciencenet.cn/blog-1375795-1376176.html.

人工智能可以模拟名画家的风格和创作，创造出令人惊叹的艺术品。[1]除了技术和应用层面外，美国在生成式人工智能的推动和发展上也采取了积极的战略措施。政府部门、学术界和产业界之间开展了紧密的合作，共同推动该领域的发展，政府在投资研发资金、制定政策法规和推动产学研合作方面发挥了重要作用。此外，美国还注重培养生成式人工智能人才，通过开设相关课程、支持研究机构和企业的人才培养计划，吸引和培养大量的专业人才。在商业应用方面，美国的科技巨头和初创公司积极探索生成式人工智能的商业价值。它们将生成式人工智能技术应用于广告、设计、娱乐、游戏等领域，推动相关产业发展。同时，生成式人工智能也在科学研究、医疗诊断、智能交互等领域展示出了巨大的潜力，为人们的生活和工作带来诸多便利和创新。

2.美国政府加强对生成式人工智能的监管和指导

美国商务部部长吉娜·雷蒙多（Gina Raimondo）于2023年6月宣布将由美国国家标准与技术研究院（NIST）成立一个新的人工智能（AI）公共工作组，旨在基于NIST人工智能风险管理框架（RMF），进一步解决AI技术快速发展带来的问题，针对生成式人工智能的机遇和挑战，制定关键指南和风险管理框架。美国联邦贸易委员会也在关注生成式人工智能可能造成的诈骗、欺诈、伦理、公平和隐私问题，并对此提供一些合规指南。美国国家标准与技术研究院也发布了负责任地使用人工智能的方法框架，描述了行业化解人工智能风险的最佳实践。[2]

（二）美国生成式人工智能产业面临的挑战

生成式人工智能虽然带来诸多益处，但也引发了一系列社会问题，如假新闻、深度伪造、版权侵权、道德困境等。这些问题需要更多的公众教育、

---

[1] https://www2.deloitte.com/content/dam/Deloitte/cn/Documents/deloitte-analytics/deloitte-cn-dai-the-impact-and-significance-of-generative-artificial-intelligence-on-enterprises-zh-20230327.pdf.

[2] https://www.caixin.com/2023-06-23/102068477.html.

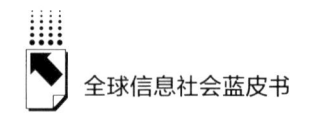

媒体报道、法律规范和社会约束等来解决。美国社会对生成式人工智能的态度和认知仍存在分歧和不足，有些人过于乐观或恐惧，有些人则缺乏必要的知识储备或批判性思维。

首先，随着人工智能技术的快速发展，伦理和法律问题也日益凸显。例如，生成式人工智能可能被滥用或用于虚假信息的传播，需要建立相应的监管和规范机制。其次，数据隐私和安全问题也是生成式人工智能发展过程中需要关注的重要问题。同时，生成式人工智能的算法和决策过程也需要透明化和可解释，以便得到用户和相关利益方的理解和信任。

应对上述问题，美国通过政府支持、产学研合作和创新创业生态系统建设，成功推动了生成式人工智能产业的发展。然而，随着技术和应用的不断发展，仍然需要加强相关政策和法规的制定，解决伦理、法律、隐私和安全等问题，以确保生成式人工智能的可持续发展。

四　美国人工智能相关政策条例

（一）美国人工智能政策的总体评估概况：AI 创新政策+监管政策

美国高度重视人工智能发展。近年来发布的人工智能政策数量达到历史最高纪录。第 117 届美国国会在 2021 年共提出了 130 项人工智能相关的法案，而 2015 年只有 1 项。鉴于美国政府对人工智能领域的超高关注度，2022 年 7 月 27 日，美国科技创新智库"信息技术和创新基金会"（ITIF）数据创新中心（Center for Data Innovation，CDI）发布了《美国人工智能政策工作情况报告》（US AI Policy Report Card），从 9 个领域对美国人工智能政策落实情况进行评估，详细分析了美国人工智能政策目标与现实情况，并提出了针对性的改进建议。报告将美国人工智能政策分为创新政策和监管政策两大类，其中创新政策包括支持人工智能研发、投资人工智能技术中心、加强人工智能人才培养、促进对人工智能资源的访问、推动政府采用人工智能、制定人工智能技术标准等 6 个维度，监管政策包括确保人工智能监管对于创新是友好的、通过知识产权推动人工智能活动、通过贸易政策推动人工智能发展等3个维度。

对人工智能政策的评价结果分为4个等级，超出预期、满足预期、接近预期、未达到预期。评价结果中超出预期有0项，满足预期有3项，接近预期有5项，未达到预期有1项（见表3）。从CDI评级来看，美国AI政策总体接近或满足预期，对维护美国在全球人工智能领域的领导地位起着积极作用；同时针对相关政策的不足提出的具体改进意见，或将成为未来美国人工智能政策发展的方向，值得持续关注。

表3 人工智能政策具体评价结果

政策类别	政策领域	评价结果
创新政策	支持人工智能研发	接近预期
	投资人工智能技术中心	满足预期
	加强人工智能人才培养	未达到预期
	促进对人工智能资源的访问	接近预期
	推动政府采用人工智能	接近预期
	制定人工智能技术标准	满足预期
监管政策	确保人工智能监管对于创新是友好的	满足预期
	通过知识产权推动人工智能活动	接近预期
	通过贸易政策推动人工智能发展	接近预期

（二）美国政府关于人工智能发展的目标

曾经的第一波数字革命浪潮旨在将新科技用于支持民主和人权，第二波则集中于反对专制主义。在现在的第三波数字革命浪潮下，美国及其他民主国家正致力于打造一个坚固安全、开放包容的技术生态系统，以期加强民主和人权。[①] 美国政府在以技术为民主、制度和社会服务的前提下，将继续推进与私营企业的合作，并深入践行民主原则和共同价值观。拜登—哈里

---

① https：//china.usembassy-china.org.cn/zh/fact-sheet-advancing-technology-for-democracy/.

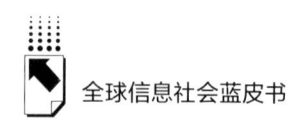

斯政府以促进民主为宗旨积极推动技术发展，由美国主办的第二届民主峰会的相关活动以三个关键主题为指导：在数字时代增进民主及互联网自由、反对滥用技术及数字专制主义的抬头、打造新兴技术以确保尊重人权和民主原则。

1. 数字时代增进民主及互联网自由

《互联网未来宣言》（A Declaration for the Future of the Internet）于2022年4月28日由美国总统国家安全事务助理沙利文与来自全球数十个国家和地区的盟友、伙伴共同签署。该签署仪式以视频签约方式进行，旨在推动各签署方践行发展全球互联网和数字技术积极愿景的政治承诺，建设"开放和自由"的互联网，以应对"数字威权主义"对全球互联网带来的威胁和挑战。其原则包括：保护所有人的人权和基本自由；促进全球互联网信息自由流动；推进包容、可负担的互联互通，使所有人都能从数字经济中受益；通过保护隐私等方式，增进各方对全球数字生态系统的信任；加强多方利益相关者参与治理，让互联网运作符合所有人的利益。该宣言表明了美国要与合作伙伴共同迎接"数字威权主义"挑战的坚定立场，以及要捍卫一个名副其实的"全球互联网"，保护所有人的人权、隐私和基本自由，促进信息自由流通，增进人们对全球数字生态系统的信任。

人工智能问责框架于2021年7月由美国政府问责署（GAO）向联邦机构及其他组织机构发布。该框架分为治理、数据、性能和监测四个部分，旨在确保相关技术和系统的公平、可靠、可追溯和可治理。使用人工智能的方法框架于2021年8月由美国国家标准与技术研究院（National Institute of Standards and Technology, NIST）发布。该方法框架描述了行业化解人工智能风险的最佳实践，包括定义目标、识别风险、实施控制措施、审查结果等四个步骤，旨在帮助各种组织和利益相关者制定和执行符合法律、道德和社会价值观的人工智能政策和程序。

《人工智能问责法案》（Artificial Intelligence Accountability Act）于2021年9月由弗吉尼亚州民主党众议员唐·贝耶（Don Beyer）提出，旨在审计人工智能系统是否存在有害信息或偏见，从而传播错误信息或虚假信息。该法案还要求联邦机构制定人工智能问责制度,并建立一个跨机构的人工智能监督委员会。美国政府于2022年9月发布加强科技平台问责制的改革原则,①包括为美国人民的隐私提供强有力的联邦保护、取消广泛地庇护社交媒体公司免受法律责任的特殊法律保护,以及增加科技平台算法和内容管理决策的透明度。

2. 反对滥用技术及数字专制主义抬头

第二届民主峰会于2023年3月28日举行,旨在寻求建立"数字威权主义"统一阵线。而自第一届民主峰会以来,美国在许多关键领域积极推进议程,包括动员其他民主国家增进互联网自由、加强与保护人权相一致的国家技术框架的发展,并支持在技术设计和使用的每个阶段融入民主价值观。拜登—哈里斯政府加大投资,以弥合美国的数字鸿沟,同时为帮助应用符合民主原则的生物技术奠定基础。

第二届民主峰会宣布或强调的关键行动包括加强及扩大网络自由联盟(Freedom Online Coalition)。美国在该联盟的12年发展历史上首次于2023年1月担任机构主席,旨在落实总统倡议中加强及扩大网络自由联盟的承诺。美国国务院、美国国际发展署和白宫科技政策办公室(White House Office of Science and Technology Policy)正在针对这个由36个政府组成的联盟实施一项具体的行动计划(Program of Action),强调互联网自由,包括增加该机构的成员,以及基于上届、本届和下届主席建立一个三方领导机制来加强治理。

3. 打造新兴技术以确保尊重人权和民主原则

《最终报告》由美国人工智能国家安全委员会(NSCAI)于2021年3月1日发布。该报告包括美国如何在人工智能时代保卫国家安全、赢得竞争、维持全球领导地位的战略和建议,涵盖与人工智能相关的国家竞争力、国际合作与竞争、基础和先进研究、劳动力和培训、军事使用、伦理问题、数据标准和共享等多个方面,并涉及具体的行动蓝图和立法文本

---

① https://china.usembassy-china.org.cn/zh/fact-sheet-advancing-technology-for-democracy/.

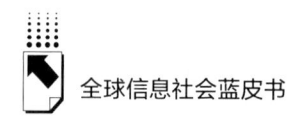

草案。

美国联邦贸易委员会消费者保护局局长山姆·莱文于2023年4月就监管人工智能工作表态，指出联邦贸易委员会正在检查生成式人工智能可能加剧诈骗或欺诈行为的方式，并警告企业不要发布有关人工智能技术的欺骗性声明。该机构于2月发布的文章指出，正在关注人工智能的伦理、公平和隐私问题，并提供了合规指南。

此外，首个"国家网络安全战略"（National Cybersecurity Strategy）于2023年3月2日由拜登—哈里斯政府发布，表达其积极拓展网络空间的愿景。该战略包含五大关键议题，其中最重要的就是关键基础设施安全，其余依次是摧毁威胁行为者、塑造市场力量以强调安全和弹性、投资未来网络安全和弹性、建立国际伙伴关系。拜登—哈里斯政府在此次以网络安全为主题的国家战略发布之前，已经采取多项保护美国网络空间和数字生态系统的措施，包括"国家安全战略"、总统行政命令14028（改善国家网络安全）、国家安全备忘录5（改善关键基础设施，控制系统的网络安全）、M-22-09（转向零信任网络安全）、国家安全备忘录10（确保美国在量子计算方面的领导地位，同时降低易受攻击的密码系统的风险）。

（三）《人工智能权利法案蓝图》概述

2022年10月4日，美国白宫科技政策办公室发布《人工智能权利法案蓝图》（*Blueprint for an AI Bill of Right*），旨在建立和部署符合民主价值、保护公民权利和隐私的自动化系统，以期在人工智能时代更好地保护美国民众。而该蓝图也能反映出拜登—哈里斯政府的设想，即鼓励私营企业和政府机构采用人工智能技术，以减少数据隐私、算法歧视和自动化系统使用相关风险。该蓝图确定了以下五项原则。

一是建立安全有效的系统。该系统旨在保护个人权益免受不安全或无效人工智能系统的侵害，并鼓励在开发和部署人工智能系统时与各方专家磋商，识别系统风险和潜在影响。

二是算法反歧视保护，防止因使用算法决策而产生的歧视性结果。

该蓝图指出，公众不应该因种族、肤色、民族、性别（包括怀孕、分娩和相关的医疗状况、性别认同、双性人身份和性取向）、宗教、年龄、国籍、残疾、遗传信息等而遭受算法和系统的歧视，应该以更公平的方式设计和使用自动化系统。为此联邦政府大力打击抵押贷款领域的歧视行为。

三是保护数据隐私，默认将隐私保护理念落实到人工智能系统构建中，以确保公众不受数据滥用的影响，从而更好地保护公民的权益。系统在有特定需求时要征得用户同意，且同意请求应是简短、通俗、直接的。同时，要确保用户数据访问的便利、撤销与删除数据的及时性。除此之外，该蓝图还提出对敏感数据的保护。早在1974年的《隐私法》中就有对联邦档案系统中的个人信息进行保护的条款，包括对数据保留的限制，并且还给予个人访问和更正数据的权利。美国国家标准与技术研究院的隐私框架为管理隐私风险的组织提供了全面、详细和可操作的方法。

四是强调通知和说明的重要性，并鼓励人工智能系统的开发人员提供简洁的语言描述，说明系统如何运作和自动化在系统中的作用。公众需要知道是否正在使用自动化系统，理解它的运作以及会产生何种影响。在《生物识别信息隐私法》（*The Biometric Information Privacy Act*）中制定了关于使用个人生物识别数据和识别码的条款。一些非营利组织和公司已经合作开发了一个框架，规定了机器学习系统的透明度的操作方法。而联邦法律要求放贷者做出有关贷款决定后应当通知他们。联邦政府中，各机构都在进行并支持对可解释的人工智能系统的研究。

五是鼓励开发人类参与决策机制，为个人提供访问人类决策者的选项，作为使用人工智能系统的替代方案。该蓝图提出，美国公众应该得到这样的保证，当权利、机会或使用权受到威胁，并且有合理的预期可以替代自动系统时，他们可以明确地选择不使用自动系统，不会因这种选择而处于不利的境地。①

---

① https://www.whitehouse.gov/ostp/ai-bill-of-rights/.

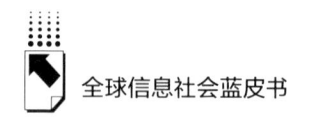

（四）构建安全、开放和可靠的数字生态系统

更新现有的互联网自由一般许可证（Internet Freedom General Licenses）。为了帮助封闭社会中的当地居民获得关键的互联网通信技术，美国财政部外国资产控制办公室（Office of Foreign Assets Control）将在对目标司法管辖区实施全面制裁的背景下修订现有的互联网通信一般许可证（GL）制度，仿效最近针对伊朗的情况采取的行动，并将与其他国家共同努力分享这方面的最佳实践。

制定数字时代的捐助方原则（Principles for the Digital Age）。美国国际发展署宣布将与合作伙伴共同制定自愿性、非约束性的数字时代捐助方原则，以落实人权和民主原则，并为捐助方支持的项目提供相关保障。

落实信息完整性和韧性（ProInfo）倡议。基于民主峰会信息完整性小组的工作，ProInfo倡议扩展了美国国际发展署和国务院增强全球信息完整性和韧性的现有努力范畴，通过私营—公共—公民伙伴关系推进关键利益相关方的合作，包括在经济合作与发展组织（OECD）和其他相关多边论坛中展现领导力。美国国际发展署将提供1600万美元，以加强对地方公民社会组织、政府和媒体机构的技术援助和能力建设。美国国际发展署将扩大国际捐助方的协调范畴，以最大限度地增加用于增强信息完整性和韧性的投资，特别是在被边缘化的社区，包括全球南方（Global South）的有关社区在内。

网络安全支持。在哥斯达黎加圣何塞的民主峰会活动期间，美国政府宣布一项新的资金援助计划，以加强哥斯达黎加政府的网络安全。考虑到恶意勒索软件攻击造成的损害，该援助计划将包括薄弱环节评估、能力建设以及提供工具与服务等综合项目。这是美国与世界各地的合作伙伴共同增强有关能力，以应对其面临的网络空间威胁并建立安全、开放和可靠的数字生态系统的一个实例。

（五）人工智能创新政策

1. 支持人工智能研发

目前联邦人工智能的直接支出和税收支持水平低于充分支持人工智

能所需的研发水平，以保持国家竞争力所需的水平。推动人工智能发展需要强有力的联邦研发（R&D）投资，主要原因有两个：首先，改变私营部门在人工智能研究方面的投资水平低于社会最佳水平的事实；其次，私营部门的研究往往集中在与商业相关且收入可观的人工智能领域，而不是所有领域。[①]

图 1 显示了拜登政府 2022 财年和 2021 财年非国防人工智能研发预算请求和金额明细。总体而言，非国防人工智能研发资金增加。拜登政府一直在推动人工智能研发，将人工智能视为未来四年联邦投资的突破性技术之一。政府的 2022 财年预算请求略高于 17 亿美元，其中包括按照国会 2020 年的《国家人工智能倡议法案》要求，为联邦机构创建全国人工智能研究中心网络提供资金。政府宣布了 2022 财年的预算支出，更多的资金将被用于人工智能研究。例如，预算包括向美国国家标准与技术研究所（NIST）申请 1.87 亿美元，以扩大研究计划范围，重点是通过技术标准开发加速人工智能应用。此外，在 2021 年参议院通过了《美国创新与竞争法案》（USICA），包括提议创建新的国家科学基金会（NSF）理事会，专注于技术和创新。参议院法案将授权该理事会拨款 93 亿美元。

国会于 2018 年制定了一项旨在审查美国推进人工智能发展所需采取的措施的法案，非国防人工智能研发投资将在 2020 财年 10 亿美元的基线每年翻一番，到 2026 财年达到 320 亿美元，这将使联邦人工智能支出水平达到与生物医学研究水平相当。因此，2022 财年联邦资金应至少增加 20 亿美元，并在 2023 财年预算中增加至 40 亿美元。为了提高联邦人工智能研发的整体有效性和生产力，按照 2020 年《国家人工智能倡议法案》，科学技术政策办公室下设立了国家人工智能倡议办公室（NAIIO），以协调联邦对人工智能研发的支持、教育和培训以及基础设施建设。

2. 传播人工智能技术中心

政府可以采取更严格的措施，选择最有潜力的人工智能增长中心进行投

---

① https://www2.datainnovation.org/2022-ai-report-card.pdf.

部门	2021财年	2022财年
财政部门	0.5	0.8
美国国家海洋和大气管理局	2.2	2.2
美国国家职业安全与卫生研究所	3.8	3.8
美国宇航局	6.6	6.5
交通运输部	11.2	11.3
国家司法研究所	11.5	11.5
美国内务部	8.5	13.0
美国退伍军人事务部	18.4	24.7
美国国家标准技术研究院	31.8	46.9
美国食品药品监督管理局	46.0	50.0
国土安全部	56.4	77.8
美国农业部	161.2	161.2
美国能源部	278.8	231.7
美国卫生与公众服务部	337.9	352.2
美国国家科学基金会	639.0	744.7

图 1 非国防人工智能研发投入

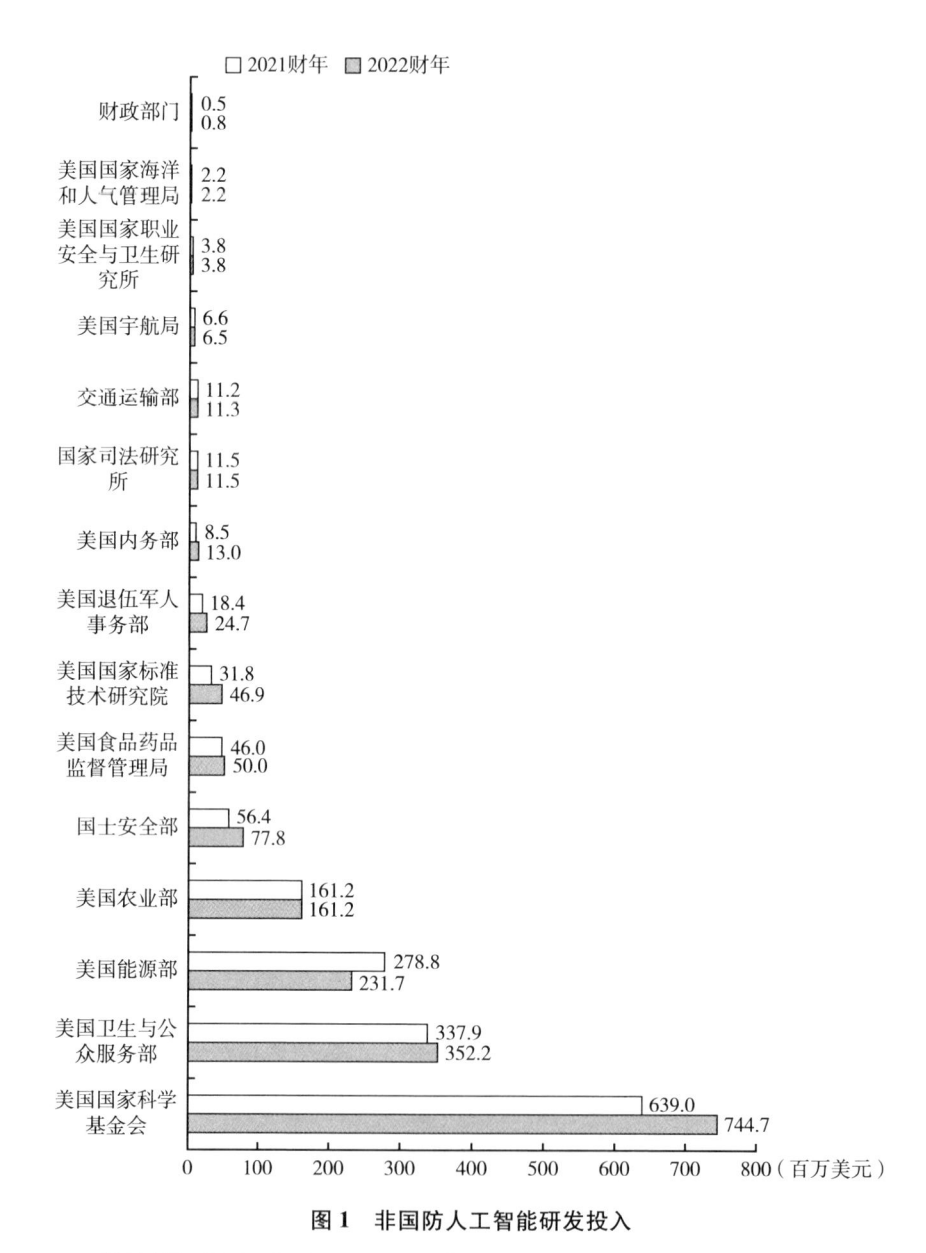

资料来源:"U.S. AI Policy Report Card"。

资。美国当前的人工智能活动大多集中在现有的超级明星技术中心。奥斯汀、波士顿、纽约、旧金山湾区、西雅图和华盛顿特区等大型科技中心的人工智能领域的就业率最高。一些人口密度较低的地区的人工智能就业比重较高，如科罗拉多州和新墨西哥州，那里设有美国国家实验室。人工智能作为新兴技术，在空间上，技术发展最早的企业通常集中在关键创新地区。但是如果联邦政府不努力改变人工智能行业等基于网络系统固有的自我强化动力，人工智能发展不太可能在区域上变得更加均衡。

所幸联邦政府正在认识到这一点，采取国家行动来改善人工智能投资集中在少数区域的情况。NSF 牵头创建国家人工智能研究中心网络，在第一轮研究机构建设的基础上，2021 年建立了 11 个人工智能研究机构，与 40 个州有联系，投资超过 2.2 亿美元。NSF 与 OSTP 计划在全国范围内建立人工智能卓越中心，作为国家人工智能研究资源（NAIRR）计划的一部分，其被视为共享计算和数据基础设施。

3. 强化知识产权（IP）

人工智能知识产权制度不完善，就会阻碍创新。美国人工智能相关的知识产权政策主要聚焦以下问题：人工智能创作的作品是否有资格受到保护，如果有，谁应该被视为拥有控制权的作者或发明人。总的来说，负责授予专利和商标的美国专利商标局（USPTO）认为人工智能是一种工具，而人工智能系统的所有者和运营商都应该是其生产的任何知识的默认产权所有者。USPTO 在最近的一份报告中指出，人工智能发明不应与计算机实现的其他发明有任何区别。这与美国专利商标局审查人工智能发明的方式一致，目前人工智能发明与之前所有发明被同等对待，负责注册版权的美国版权局要求作品只有达到人类创造力的最低门槛，才有资格获得版权保护，并且不允许完全由人工智能生成的作品注册。目前，相关办公室和法院很难判定，哪些基于人工智能的发明符合法律规定的专利申请要求，而随着美国人工智能专利申请数量和份额的迅速增加，这个问题变得更加严峻（见图 2）。

美国《专利法》规定，申请专利具有明确的新颖、实用性。由于人工

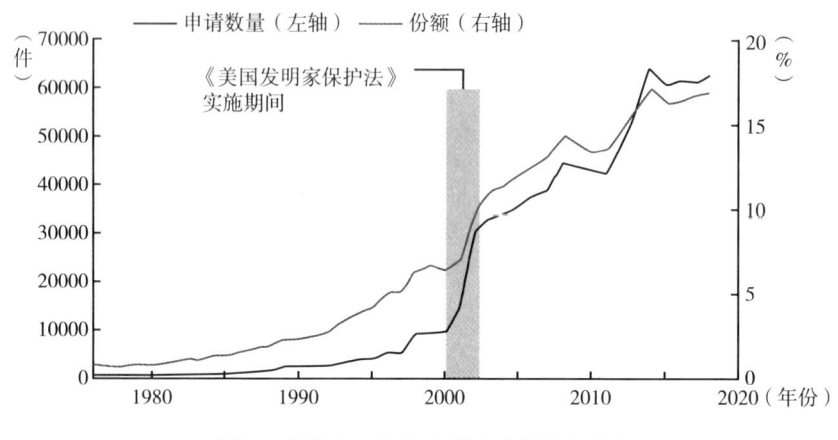

图 2　公共人工智能专利申请数量和份额

图片来源："U.S. AI Policy Report Card"。

智能专利通常依赖于数学关系和算法，根据《专利法》，它们可能被视为抽象概念。专利审查员必须确定人工智能发明是否可申请专利，但他们却受到不确定性的影响，进而驳回了大部分本应受到保护的人工智能专利申请。为了解决这个问题，美国专利商标局2019年发布了指南，澄清了哪些申请专利被视为不合格，并提供了示例来指导具体审查过程。美国专利商标局前局长Andrei Iancu表示，该指南使得人工智能专利申请的驳回率从60%降低至32%。

五　对中国的启示

2017年我国印发《新一代人工智能发展规划》，提出人工智能发展的战略目标；2022年，科技部等六部门印发《关于加快场景创新以人工智能高水平应用促进经济高质量发展的指导意见》，明确提出鼓励在重点行业深入挖掘人工智能技术应用场景。2023年4月，为了促进生成式人工智能技术健康发展和规范应用，根据《中华人民共和国网络安全法》等法律法规，国家互联网信息办公室起草《生成式人工智能服务管理办法（征求意见稿）》，向社会公开征求意见，现已经正式出台《生成式人工智能服务管理暂行办法》（以下简称《办法》）。《办法》共24条，包括总则、技术发展与治理、服务规范、监督检查和法律责任等。这表明了中国政府对待AI新产品的态度，即希望在可控状态下深入发展。

美国作为人工智能和生成式人工智能技术领先国，其技术发展和应用创新对中国有着重要影响。中国应该抓住生成式人工智能发展机遇，加强顶层设计和战略布局，推动技术研发和产业应用，培养人才队伍和建设创新生态，加强国际合作和交流，促进生成式人工智能的健康发展和良性应用，具体而言，可以从以下几个方面着手。[①]

充分认识差距，保持战略定力。充分认识到我国人工智能基础研究相较于美国的差距，要在质疑和焦虑等各种噪声中保持战略定力。人工智能诞生后，每次浪潮都由欧美引领，自2010年以来则由美国特别是企业研发机构引领，我国基本都是跟随研发，并没有取得重大创新突破，要对这种追赶现状和面临的挑战有充分的认识，并保持对人工智能引领数字经济发展的信心。持续加强对人工智能基础研究机构改革和整合的支持，参考美国人工智能产品导向思路加强大模型的联合攻关，同时鼓励探索大模型之外的更多技术路线。加强基础理论和核心算法研究，提升大规模预训练语言模型、多模态生成、跨模态生成等方面的技术能力，缩小与美国等国家的技术差距。同时，中国应该鼓励技术创新和应用探索，结合实际需求和特点，开发具有自主知识产权和国际竞争力的生成式人工智能产品和平台，形成中国的技术特色和品牌影响。

加大技术创新与研发投入，包括增加政府对相关研究项目的资助，鼓励企业增加研发经费，并提供更好的科研环境和资源支持。促进产学研结合与创新生态系统建设，加快科研成果转化和产业发展，推动生成式人工智能技术在实际应用中的落地。继续推动产业应用和发展，加快生成式人工智能技术在各个领域的产业化和商业化，促进传媒、电商、影视、娱乐、教育、医

---

① https://www.bbc.com/zhongwen/simp/chinese-news-65274804.

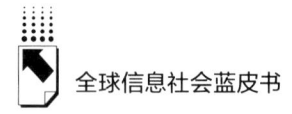

疗等行业的数字化转型和升级，满足数字经济时代日益增长的数字内容需求，创造新的经济增长点和社会价值。同时，中国应该培育和扶持一批具有国际竞争力的生成式人工智能企业和平台，打造中国的产业生态。加大人才培养和引进力度，培养高水平的人工智能专业人才，提供教育和培训机会，建立人才培养体系，吸引海外优秀人才来华工作和创业，通过完善人才引进政策，打造吸引人才的环境和条件。

加快数据基建，推动数据共享。美国面向全球的多传感数据、非结构化数据和多样性数据采集，是其人工智能发展领先的关键。我国的科技公司主要关注用户画像的采集和分析，并将此作为商业变现模式，反而在人工智能发展应关注的声、光、电、热、力、磁等多传感数据以及程序代码等非结构化数据方面缺乏积累。因此要健全数据标准，规范数据治理。建立国家多传感数据和非结构化数据的标准体系，鼓励各个行业数据采集系统间的互联互通，消除国内各行业间的数据孤岛和数据口径不一致现象。加强对人工智能治理的研究，充分评估生成式 AI 发展壮大之后，对于社会生态的影响，特别是加强生成式 AI 对于个人精神领域的影响的研究，要充分认识到生产力的进步对于个人和社会的潜在影响。

加强人工智能治理，预防 AIGC 污染。AIGC 发展的同时也面临社会和伦理风险，如何规避风险、减少能耗，实现可持续发展，已经引起国际社会的广泛关注。规避人工智能技术带来的潜在危害，制定相关法律法规与伦理道德准则，明确生成式人工智能技术的发展方向和应用范围。我国应该加强对人工智能的监管和治理，建立健全数据资源安全和隐私保护机制，确保数据的合法使用和保护用户隐私，维护社会的公平和正义。同时，应该加强对生成式人工智能技术的评估和审查，建立有效的沟通和协调机制，关注技术影响和社会反馈，寻求合理的解决方案和平衡点。注重风险与安全管理，加强对生成式人工智能系统的安全防护和漏洞修复；同时，注重人工智能的伦理和社会责任，确保安全、可靠的技术应用。

加强国际合作与交流，我国应该积极参与国际生成式人工智能技术的合作和交流，与美国等国家建立良好的对话和沟通渠道，分享技术经验和应用案例，促进技术互学互鉴和共同进步。同时推动国际生成式人工智能领域的治理，与各国协商制定相关的国际标准和准则，建立行之有效的国际协调和监管机制，共同维护人工智能的健康发展和良性应用。整合各方资源，协同合作，建立创新生态系统和产业链条，从而实现在生成式人工智能领域的领先发展。中国还需要注重公众的参与，加强科普宣传，提高人们对生成式人工智能技术的理解和接受程度。通过深化公众对技术的认知，建立信任与合作的基础，更好地推动生成式人工智能的发展，并消除人们对技术应用的疑虑和担忧。

总之，美国在生成式人工智能领域的发展与战略布局对中国有着重要的启示与影响。中国可以借鉴美国的经验和做法，关注技术创新、产学研结合、人才培养、国际合作、法律法规和伦理道德等方面。通过积极推进生成式人工智能的发展与应用，为经济社会发展做出贡献。

回顾过去五年多美国政府布局人工智能的历程可知，作为人工智能领域全球最先进的国家，美国切实展现了勇于开拓创新的坚决果断，积极布局并实施了各项举措，但也存在立法周期过长、组织机构分散等体制掣肘导致的一系列问题，需持续改进。但无论如何，基于多年深耕该领域积累的优势，从现有发展布局来看，美国仍将在较长时间内引领全球人工智能发展。未来我国必将迎来一段布满荆棘的人工智能发展道路，应加快学习其先进经验，持续推动我国人工智能产业发展。

参考文献

《〈美国人工智能政策评估〉9大AI政策领域及其未来发展方向》，https：//www.secrss.com/articles/46479，2022年9月3日。

《美国政府人工智能战略布局分析》，https：//www.essra.org.cn/view-1000-3776.aspx，2022年4月29日。

明均仁、马玉婕、张曦：《美国人工智能政策文本分析及启示》，《数字图书馆论坛》2022年第3期。

《人工智能生成内容（AIGC）白皮书（2022年）》，http：//www.caict.ac.cn/kxyj/qwfb/bps/202209/P020220902534520798735.pdf，2022年9月。

"AI Risk Management Framework," https：//nvlpubs.nist.gov/nistpubs/ai/NIST.AI.100-1.pdf.

"NIST AI RMF Playbook," https：//airc.nist.gov/docs/AI_RMF_Playbook.pdf.

"US AI Policy Report Card," https：//www2.datainnovation.org/2022-ai-report-card.pdf，2022.

B.4 欧洲人工智能发展洞察及启示

乔 娜 丁波涛*

摘 要： 人工智能已经成为当今世界科技创新的重要驱动力。对欧洲国家来说，人工智能的发展对于经济增长、社会创新而言至关重要。本文探讨了欧盟及部分欧洲国家在人工智能领域的战略布局，梳理了其在政策、研究和创新等方面的进展，分析归纳出其推动人工智能开发与应用的举措，并对生成式人工智能的发展做了概述。通过分析欧盟和主要国家的人工智能发展情况，结合我国人工智能发展实际，为促进我国人工智能可持续发展提出建议。

关键词： 欧洲 人工智能 生成式人工智能

一 引言

随着科技的迅速发展和产业的深刻变革，人工智能正在以前所未有的方式影响着各国的经济、社会和文化。人工智能使得机器能够模拟和执行人类智能活动，从而拥有感知、理解、学习和决策等能力，在数字化浪潮中，人工智能技术以独特的发展潜力，为各行各业注入了新的活力。人工智能已成为数字时代各国争相发展的关键领域。各个国家意识到发展人工智能的重要战略意义，并将其视为增强经济竞争力和创新优势的关键，积极推动人工智能的研究和应用，以实现经济增长、产业升级。各国都在努力争夺在人工智

---

* 乔娜，上海社会科学院信息研究所，研究方向为智慧城市、数字化转型；丁波涛，管理学博士，上海社会科学院信息研究所副所长、副研究员，研究方向为信息社会、信息资源管理。

能领域的话语权，以塑造数字时代的新格局，引领未来发展方向。

欧洲作为全球科技创新的重要地区之一，致力于巩固其在人工智能领域的领导地位。为此，欧洲立足自身优势，采取了一系列战略措施，以推动人工智能发展取得关键突破。无论是欧盟层面还是欧洲各个国家，都把发展人工智能作为优先事项，从顶层战略部署、创新研究、人才培养、伦理治理等方面积极促进人工智能发展，并在部分领域取得了突出成果。得益于深厚的学术研究底蕴和科学规划布局，欧洲在人工智能这一领域展现出了独特的优势，形成了充满活力的创新生态。

人工智能的快速发展虽然为经济社会进步注入了新的活力，但也带来了一系列挑战和问题。随着人工智能技术的普及和广泛应用，涉及隐私保护、伦理道德、安全风险等方面的问题日益凸显，围绕人与机器之间的权力关系和就业关系的讨论也逐渐激烈，因此，需要思考如何在充分利用人工智能带来的好处的同时，保障人类价值和尊严这一核心原则。欧洲对人工智能的发展秉持审慎和负责任的态度，寻求解决方案，积极应对风险和挑战，注重伦理治理与监管，以确保人工智能的实际应用符合欧洲社会价值观。

生成式人工智能作为人工智能领域的关键分支，对于推动人工智能技术的创新和发展具有重要的作用。2022年11月，聊天生成预训练转换器ChatGPT一经发布，便引起了全球范围内的热议和关注。以ChatGPT为代表的生成式人工智能的出现，标志着人工智能技术在对话交互领域取得了重要突破，为人机交互带来了新的可能性，并在各个领域得以应用，但也使得数据隐私和伦理问题更加突出。欧洲为掌握生成式人工智能的关键技术，巩固其在人工智能领域的领先地位，不断加强研究与创新，制定了相关政策与规范，确保生成式人工智能技术的可持续和负责任的应用。

欧洲在人工智能领域拥有强大的实力和显著的优势，但也面临诸多挑战。通过探讨欧盟和英国、法国、德国等主要国家或地区的人工智能发展战略和行动措施，分析其在生成式人工智能方面的举措，可以全面掌握欧洲人工智能产业发展现状，有助于为推动我国人工智能发展提供对策建议，增强我国在人工智能领域的竞争优势，推动人工智能产业发展和创新应用。

二 欧洲人工智能发展

(一)欧洲人工智能发展战略

如今,人类和机器生成的数据量远超人类吸收、解释和做出复杂决策的能力。人工智能是所有计算机学习的基础,也是所有复杂决策的未来。随着全球数字化浪潮的推进,各国和地区在数字化领域的竞争变得更加激烈,纷纷视数字化转型为未来发展的重要方向,并意识到人工智能作为一项颠覆性技术在数字化转型和数字经济增长中扮演着关键角色。

欧洲致力于为企业和人民打造以人为本、可持续且更加繁荣的数字未来,提出了到2030年成功实现数字化转型的愿景,确保欧洲在开放和互联的世界中获得数字主权。2021年3月9日,欧盟委员会发布了"欧洲的数字十年"计划,① 从技能、企业数字化转型、安全且可持续的数字基础设施、公共服务数字化等方面提出了具体发展目标以指导欧洲的数字化转型。在企业数字化转型方面,欧盟提出了到2030年3/4的公司使用云计算服务、大数据和人工智能的目标。欧洲的数字主权将取决于存储、提取和处理数据的能力,同时满足信任、安全和基本权利方面的要求。这要求欧洲建设和发展高容量的基础设施和创新技术,从而能够提供有利于节能、气候中和、互联互通的服务。人工智能作为关键数字技术,对于实现数据价值、使企业获得竞争优势而言至关重要。

欧洲的人工智能战略基于欧洲文化和价值观,以卓越和信任为中心,旨在提高研究和工业能力,同时确保安全和基本权利,采取伦理深度介入模式,不断创新监管路径,力争在AI的前沿开发、伦理道德、技术安全等领域成为世界领导者。欧盟自2018年发布《欧洲人工智能战略》以来

---

① https://commission.europa.eu/strategy-and-policy/priorities-2019-2024/europe-fit-digital-age/europes-digital-decade-digital-targets-2030_en#the-path-to-the-digital-decade.

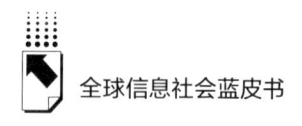

便不断推出相关政策法规，为欧洲成为世界级人工智能中心指引方向。2020年2月，欧盟发布了《人工智能白皮书：欧洲追求卓越和信任的方法》[①]，提出要协调欧洲各个国家和部门基于整个价值链构建"卓越生态系统"和"信任生态系统"，创造公众信任的人工智能应用环境，让企业和部门在有法律依据的条件下使用人工智能，从而建立可信赖与安全的人工智能监管框架。此后，欧洲致力于建设统一的人工智能市场，发挥自身传统优势，并从伦理监管入手，建立卓越且可信赖的人工智能生态系统，向世界输出欧洲的人工智能价值观和发展准则，将欧洲打造成为未来数字市场的引领者。

1.欧洲在人工智能领域追求卓越的举措

（1）为人工智能的发展和应用创造条件

人工智能的开发和应用需要许多有利条件。首先，需要一个高效、运转良好的治理和协调框架，以保障能够形成规模经济并产生协同效应。欧盟各成员国应积极发挥自身战略优势，制定人工智能战略或将人工智能纳入现有战略规划，成员国间加强交流与合作。其次，需要大量高质量、安全的数据。获取高质量数据是构建高性能、强大的人工智能系统的重要因素，欧盟提出建立欧洲共同数据空间来共享数据，并通过实施欧洲数据战略、打造单一数据市场来达到这一目标，2022年发布《数据治理法案》《数据法案》，加强数据立法。最后，需要有存储、分析和处理数据的基础设施。欧洲大力培养关键计算能力，建设世界一流的超级计算基础设施，通过欧洲关键数字技术伙伴关系加大投资，加强计算需求的研究和创新。

（2）促进人工智能从实验室到市场的蓬勃发展

欧洲积极鼓励人工智能的研究和应用，大力资助人工智能创新，以使得欧洲的人工智能从实验室走向市场。欧盟委员会制定"数字欧洲"和"地平线欧洲"计划，每年在人工智能领域投资10亿欧元，采取措施资助

---

① https：//commission.europa.eu/system/files/2020-02/commission-white-paper-artificial-intelligence-feb2020_en.pdf.

人工智能解决方案，动员私营部门和成员国加大投资，力争在十年内年度投资额达到200亿欧元。此外，由欧盟资助的恢复和复原基金，将为数字化发展提供1340亿欧元的支持，使欧洲成为人工智能尖端技术开发的全球领导者。

（3）确保人工智能为人类服务

人工智能具有促进欧洲经济增长、提升欧洲国际竞争力的潜力，并通过在健康、农业、教育等领域的应用创造改善欧盟公民生活的机会。人工智能应该为人类服务，人类应该信任人工智能技术。欧洲致力于通过培养数字技能人才和在全球范围内推广以人为本的人工智能方法与原则，确保人工智能为人类服务。欧洲人工智能的开发与创新需要拥有人工智能技能的专业人员，并确保该领域的人员总体上具有高水平的计算技能，以避免就业市场出现两极分化。为此，欧洲大力培养拥有人工智能技能的人才，遵循数字教育计划中的非歧视和性别平等原则，支持数字领域的培训，以提供更好的人工智能服务。此外，欧洲致力于在全球舞台上推广以人为本的人工智能方法，引领全球人工智能规则和标准的建设，并加强与志同道合的国家和利益相关者的合作。

（4）在高影响力行业建立战略领导力

2021年欧盟为确立在可信人工智能领域的全球领导地位，制定了人工智能协调计划，提出欧洲未来发展的三个目标：加大对人工智能技术的投资，采用新的数字解决方案推动经济复苏；采取行动，全面、及时地实施人工智能战略和计划，以确保欧盟充分受益于作为先行者的优势；调整人工智能政策以消除碎片化并应对全球挑战。该计划确定了环境、健康、机器人、公共部门、内政、运输和农业七个领域的人工智能创新与应用，在每个领域采取了一系列联合行动，以使欧盟在人工智能方面的行动与欧洲绿色协议更加紧密地结合起来，在这七个领域形成战略领导力。

2. 欧洲对人工智能的信任举措

发展值得信赖的人工智能，即为用户、开发人员和部署人员创建安全且有利于创新的环境。欧洲旨在通过一套互补、相称和灵活的规则来解决人工

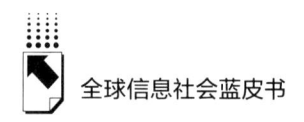

智能在特定用途所产生的风险。欧盟委员会提出了3项相互关联的举措来发展值得信赖的人工智能：①欧洲人工智能法律框架，解决人工智能系统安全风险；②民事责任框架，使责任规则适用于数字时代和人工智能；③部门安全立法的修订（如机械法规、通用产品安全指令）。

欧盟委员会于2021年4月公布的《人工智能监管提案》，是欧洲首个人工智能法律框架。该提案提出了人工智能的4个风险级别：不可接受的风险、高风险、有限风险、最小风险或无风险，定义了可以在欧盟开发并出售给欧盟公民的人工智能产品和服务类型，旨在使人工智能开发者、部署者和用户了解有关人工智能特定用途的要求和义务，并减轻企业的财务负担。由于人工智能发展迅速、变化较快，该提案面向未来允许规则适度灵活以适应技术变化。

（二）欧洲人工智能应用情况

欧盟基于结构化、透明和共享的监测系统，每年发布数字经济与社会指数（Digital Economy and Society Index，DESI）以衡量各项2030年目标的进展情况。DESI从人力资本、连接性、数字技术整合、数字化公共服务方面衡量了欧洲的数字表现，为政府决策提供重要支撑。人工智能作为数字技术整合的关键指标也被予以评估。

人工智能使欧洲的企业发生了巨大改变，帮助其改善服务、扩大产品市场，但欧洲企业的人工智能技术使用率偏低，即使是基础技术也没有被企业广泛使用。在欧盟，2021年人工智能技术使用率只有8%（见图1），不过欧盟成员国之间存在明显差异。有10个国家的人工智能技术使用率大于等于10%，其中丹麦（24%）、葡萄牙（17%）和芬兰（16%）处于领先位置。罗马尼亚企业的整体数字化水平非常低，人工智能技术使用率在欧盟中较低，为2%。挪威不是欧盟成员国，但得益于其较高的数字化转型能力，人工智能技术使用率超过了10%。与大多数先进技术一样，相较于中小企业，大型企业对人工智能技术的使用程度要高得多。2021年，大型企业使用人工智能技术的比例约是中小企业的3倍（见图2）。

欧洲人工智能发展洞察及启示

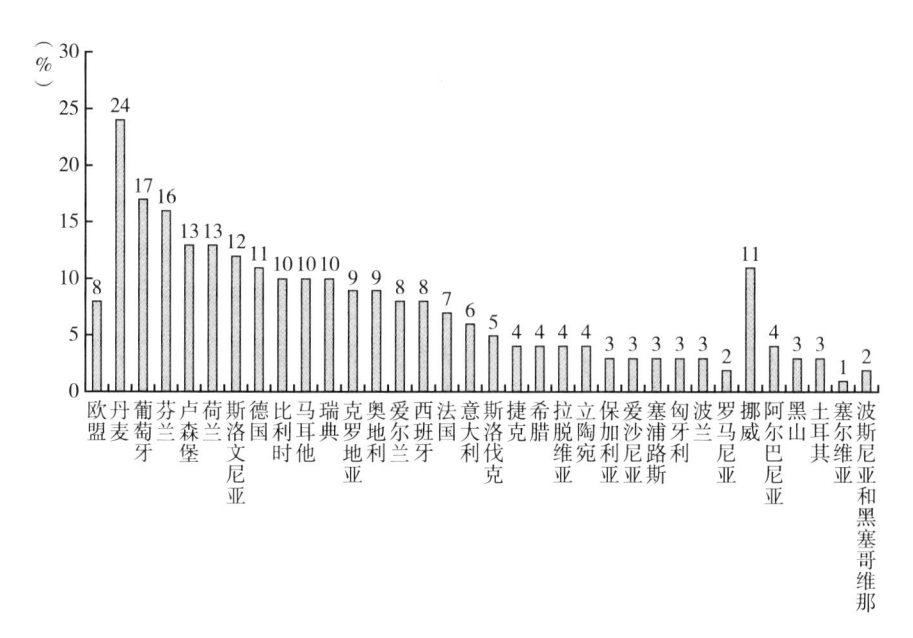

图1　2021年欧盟和欧洲各国企业人工智能技术使用率

资料来源：欧盟统计局，https://ec.europa.eu/eurostat/en/web/products-eurostat-news/-/ddn-20220609-1。

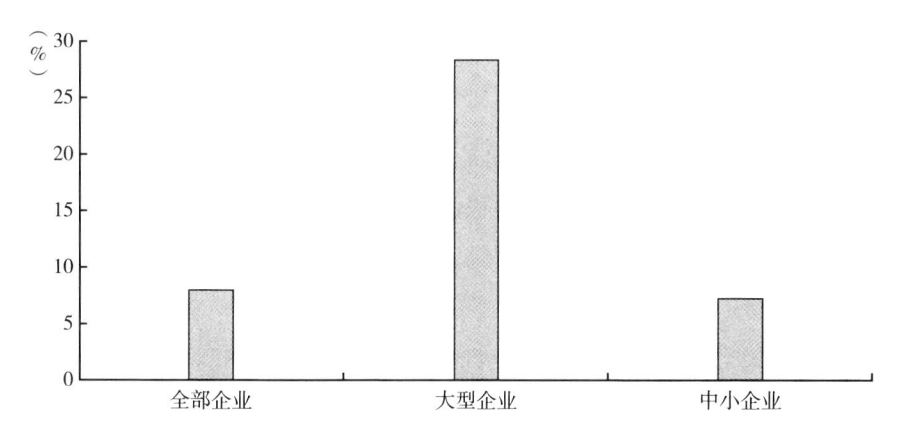

图2　2021年按企业规模划分的人工智能技术使用情况

资料来源：https://digital-strategy.ec.europa.eu/en/policies/desi。

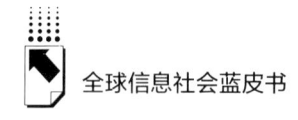

从行业概况来看，ICT 行业对人工智能技术的使用遥遥领先，25%的相关企业采用了人工智能技术，其次是出版行业，占 18%。而房地产行业、制造业等行业对人工智能技术的使用率则较低，只有 7%的企业使用了人工智能技术。运输、仓储行业和建筑行业对人工智能技术的使用极低，均仅为 5%左右（见图 3）。

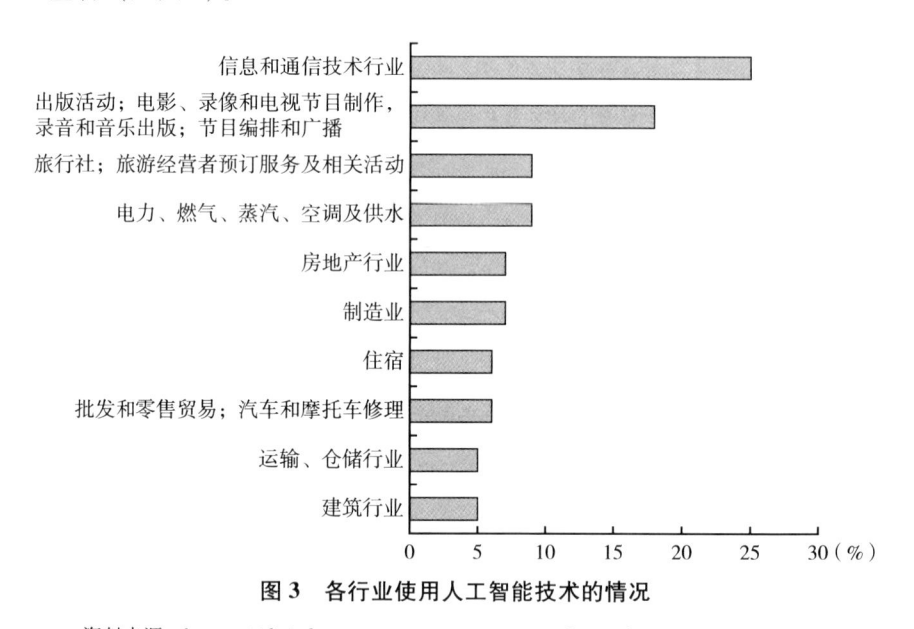

图 3 各行业使用人工智能技术的情况

资料来源：https://digital-strategy.ec.europa.eu/en/policies/desi。

总的来看，无论是欧洲各国还是各行业，人工智能的应用情况并不均衡，但欧洲整体上对于人工智能持积极态度，投入大量的资源推动人工智能技术的创新和应用，以推动经济增长、增进社会福利和提升科技竞争力。

三 欧洲主要国家人工智能发展

（一）英国

人工智能作为一项革命性技术，正在全球范围内快速发展。英国作为欧洲乃至全球科技创新的重要驱动力之一，一直在人工智能发展中占据着重要地位，在人工智能研究和开发方面排名世界第三。英国拥有的人工智能公司数量占欧洲的1/3。英国人工智能发展的渊源可以追溯到20世纪的计算机科学，阿兰·图灵提出的"图灵机""图灵测试"等为人工智能的发展奠定了理论基础，助力英国成为计算机和人工智能发展的引领国。英国始终把人工智能作为产业发展的引擎，2013年制定的"八项伟大的科技计划"[①] 就展示了其大力发展AI的决心。该计划旨在促进英国在关键领域的科技创新和经济增长，力争成为第四次工业革命的引领者，其中机器人和自主系统作为一项关键核心技术被提出。此后，英国政府和议会出台多项有关人工智能产业的政策等，彰显了英国推动人工智能产业发展的坚定决心与实际行动。英国致力于走在人工智能技术前沿，努力创造最智能、最健康、最安全和最幸福的生活和工作场所。

1. 发展战略

英国是人工智能发展的引领者，拥有阿兰·图灵和阿达·洛夫莱斯等杰出先驱人物，积淀了悠久的研究历史，并形成了系统的国家战略，在人工智能发展中取得了很大成就。得益于2017年的《产业战略：建设适应未来的英国》和2018年的《人工智能行业协议》，英国建立了在人工智能领域的优势，逐渐成为真正的研究和创新强国、全球人才聚集地。为了更好地发挥人工智能的变革性潜力，促进人工智能技术创新和应用，保持在人工智能领域的引领地位，英国人工智能委员会于2021年1月发布了一份独立报告《人工智能路线图》，[②] 要求其成员利用专业知识为英国政府确定人工智能战略发展方向提供可行的建议。之后，英国政府2021年9月提出了未来十年行动战略规划——《国家人工智能战略》，从人工智能驱动因素、经济体主流、治理监管方面对未来发展做出三大预设，并提出三大战略目标，即针对人工智能生态系统进行投资和规划、支持人工智能经济转型、有效治理人工智能技术。国家人工智能战略的发布，代表着英国在人工智能领域变革的开

[①] https：//www.gov.uk/government/speeches/eight-great-technologies.
[②] https：//assets.publishing.service.gov.uk/government/uploads/system/uploads/attachment_data/file/949539/AI_Council_AI_Roadmap.pdf.

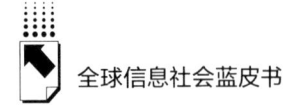

始，全面应用人工智能技术、发展人工智能产业，为英国成为全球人工智能超级大国奠定基础。

2. 发展举措

（1）发布科技战略愿景，创新人工智能监管

新技术正在全面塑造世界，赋予人类新的知识、机遇，也带来了全新挑战。在技术加速变革、技术依赖日益增强和地缘政治不稳定性日益凸显的背景下，英国视技术为机会和经济增长的引擎，力争增强技术领先者的优势，巩固科技大国地位。《2023年综合审查更新》全面阐述了英国为应对竞争更激烈、局势更动荡的多极化世界的国家安全和国际政策，全面展现了英国对于发展前沿科学技术的雄心，将人工智能（AI）、量子技术、工程生物学、半导体和未来电信确定为优先发展领域。基于《2023年综合审查更新》中提出的优先事项，2023年3月英国发布《英国国际技术战略》，提出了到2030年使英国成为科学技术超级大国的战略愿景，并针对人工智能发展提出了四大原则——开放的、负责任的、安全的、有弹性的，以积极应对人工智能安全风险，根据人工智能的核心特征来指导建立新兴人工智能监管框架。

各个国家和地区都开始制定人工智能规则，英国为了确保成为人工智能超级大国，持续引领围绕人工智能治理的国际对话，迅速采取行动，2023年3月29日发表了新的人工智能监管方案——《人工智能监管：有利于创新的方法》（白皮书），旨在让消费者有信心使用人工智能产品和服务，并为企业提供投资人工智能和开展负责任创新所需的信息，采用基于原则的框架，提出了五项以价值观为中心的跨部门原则：①安全、保障和稳健性；②适当的透明度和可解释性；③公平；④问责制和治理；⑤可诉性和救济。这些原则由英国政府发布，并由监管机构在其职权范围内实施，其中基于原则的最佳实践指南，体现了负责任的人工智能设计、开发和使用等关键要素，为企业的人工智能发展提供了较好的指导。

（2）加大人工智能领域投资，促进人工智能负责任的发展

英国在人工智能领域的投资非常积极，政府和私营部门共同努力推动技

术的发展和商业化。2014年以来，英国在人工智能领域投资了超过25亿英镑，为人工智能的可持续发展与应用创造了条件。2023年3月，英国政府颁布了新的《科学技术框架》[①]，提出投资3.7亿英镑来促进创新，其中，800万英镑用于建设全球人工智能支持人才网络，吸引世界各地人才集聚英国；1.17亿英镑用来为人工智能博士培训中心培育数百名博士，并提供4600万英镑用以支持图灵人工智能奖学金，培养下一代顶尖人工智能人才。与此同时，英国研究与创新局（UKRI）投资了1.1亿英镑成立人工智能技术使命基金，计划通过加大对负责任且值得信赖的人工智能项目的投资，在交通、能源和农业高排放行业应用先进的人工智能技术，为复杂的健康数据科学提供可信的人工智能解决方案，以及提高农业、建筑、运输和创意产业等低人工智能成熟度行业的生产率，增进公众对人工智能的信任，促进更多的人工智能技术能被采用，助力实施国家人工智能战略。

3. 发展情况

英国为了实现到2030年成为科技超级大国的目标，积极发挥人工智能的核心作用，推动人工智能在各领域的应用，促进相关产业发展，释放人工智能给经济和社会带来的巨大效益。

科学、技术和创新已成为加速英国数字化转型和促进创建更加繁荣、可持续的经济的关键驱动力，大量大型科技公司的存在是英国人工智能生态系统的关键优势。根据世界知识产权组织发布的《2022年全球创新指数》研究报告，英国的全球创新指数排名第四，创新实力雄厚。得益于卓越的科技研究、创新生态和跨界合作，英国在人工智能技术方面取得了显著的发展成效，在机器学习、自然语言处理、机器视觉和自主系统等领域取得了重要突破，形成了良好的研究生态，拥有以阿兰·图灵研究所为代表的优秀研究机构，在全球排名前十的一流高校中，英国有四所大学，高

---

① https://assets.publishing.service.gov.uk/government/uploads/system/uploads/attachment_data/file/1140217/uk-science-technology-framework.pdf.

校优势显著，学术期刊被引用量位居世界第三。[1] 2023年6月，英国技术大臣宣布向英国各地的大学投资5400万英镑，[2] 用于支持尖端人工智能技术开发，通过"以学带产"的发展机制促进学术界、商界和公共部门建立技术生态系统。英国已经形成了充满活力的初创企业生态，整合了科技、人才、商业模式等人工智能产业要素。英国的人工智能公司中60%是专门开展人工智能业务的，40%是基于人工智能提供更广泛的多元化产品或服务的；86%的公司在计算机软件和IT、生物技术、专业和金融服务等领域开展业务。英国数字、文化、媒体和体育部（DCMS）的研究报告[3]指出，在某些行业和大型企业中人工智能技术的使用更为普遍，数据分析和管理、IT和电信（29.5%）以及法律（29.2%）行业的人工智能使用率最高。伦敦作为欧洲人工智能开发活动的主要中心，集聚了大量初创公司，英国65%的人工智能公司的总部设置在伦敦，55%的人工智能交易地点位于伦敦，伦敦吸引了绝大多数人工智能投资，80%的人工智能投资投向专注于开发人工智能产品的公司（见图4）。

英国正在努力创建一个可信、支持创新的人工智能生态系统，并取得了积极的成效。阿兰·图灵研究所、英国标准协会和国家物理实验室联合组建人工智能标准中心以支持人工智能的合理应用；Google、Microsoft和DeepMind等公司的行业代表组建人工智能委员会，向政府提供有关人工智能政策的意见与建议；数据伦理与创新中心（CDEI）制定了人工智能保障路线图和人工智能保障指南，以确保对人工智能服务的有效管理。英国人工智能技术和行业发展呈现出蓬勃的态势，成为欧洲最具活力和有影响力的中心之一，为其巩固在全球的领先地位奠定了坚实的基础。

---

[1] https://www.gov.uk/government/publications/national-ai-strategy-ai-action-plan/national-ai-strategy-ai-action-plan#ministerial-foreword.

[2] https://www.gov.uk/government/news/54-million-boost-to-develop-secure-and-trustworthy-ai-research.

[3] https://www.gov.uk/government/publications/ai-activity-in-uk-businesses/ai-activity-in-uk-businesses-executive-summary.

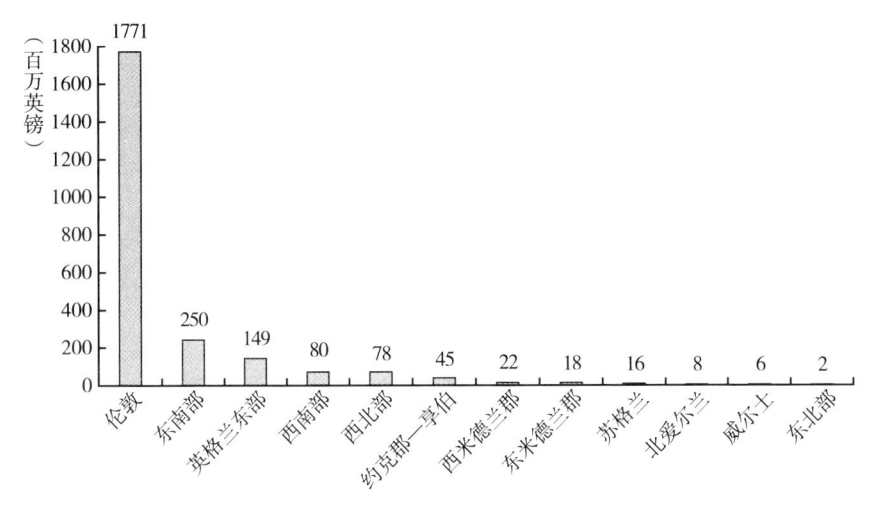

图 4　2022 年欧洲人工智能专业公司投资

资料来源：https://assets.publishing.service.gov.uk/government/uploads/system/uploads/attachment_data/file/1145582/artifical_intelligence_sector_study.pdf。

（二）法国

人工智能作为一项引领科技创新和社会转型的关键技术，正深刻地改变着各个行业和社会的方方面面。在这个高度竞争的环境中，各国在人工智能领域的竞争也愈发激烈。法国作为一个拥有悠久科技传统和卓越研究实力的国家，在人工智能领域的发展与创新备受瞩目。

法国将人工智能视为掌握数字主权的重要工具之一。通过发展人工智能技术，法国希望在数字时代保持竞争力，以在欧洲乃至全球保持领先地位。法国政府高度重视人工智能发展，把人工智能作为在研究、经济、公共行动现代化、监管和道德方面的优先事项，通过制定一系列政策推动法国成为人工智能领域的领跑者。

1. 发展战略

面对人工智能技术快速发展带来的机遇和挑战，法国为保持在这一领域的竞争力，制定了人工智能发展战略。该战略基于建立人才生态系统、在经济和行政领域应用人工智能技术、实行兼顾促进创新与保护基本权利的道德

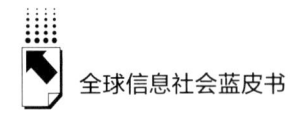

模式三个核心支柱,分两个阶段来实施。

(1) 第一阶段:2018~2021年

2018年3月,法国启动了第一阶段的人工智能国家战略(SNIA)[①],该阶段的战略侧重于增强研究能力,围绕建立法国和欧洲的人工智能生态系统、参与制定开放数据政策、调整法国和欧洲的金融与监管框架、定义人工智能的伦理和政治问题这四个方面展开,并计划在五年内投入15亿欧元用于发展人工智能,包括创建和发展跨学科人工智能研究所(3IA)网络、支持培养卓越的人工智能教授、提升博士生的公共研究计算能力等,其中近4亿欧元将专门用于征集项目和应对突破性创新挑战。

人工智能国家战略实施后,法国在人工智能领域取得了显著的成就。截至2021年底,法国成立了81个人工智能实验室,在欧洲国家中位居第一;人工智能的初创企业数量多达502家,比2020年增长11%;人工智能初创企业工作人员数量高达13459人,创造了70000个间接就业岗位。[②]

(2) 第二阶段:2022~2025年

2022年11月,法国政府启动了第二阶段的人工智能国家战略,以增加培养的人才数量,并加速将研发潜力转化为经济实力。该阶段的战略侧重于培养和吸引人工智能领域最优秀的人才,计划在五年内向人工智能投入总计22.2亿欧元用于促进人才培养、科技创新和成果转化,培养3700名学生(拥有学士、硕士和博士水平),并支持500家中小企业采用人工智能解决方案,积极发展嵌入式人工智能、生成式人工智能,发展满足透明度和保密性标准的值得信赖的人工智能技术,推动人工智能服务生态转型。

当前的国际形势复杂而多变,面临着气候、经济、科技、卫生、人口等方面的挑战,法国总统马克龙2021年发布"法国2030"投资计划。[③] 这是

---

① https://www.enseignementsup-recherche.gouv.fr/fr/la-strategie-ia-pour-faire-de-la-france-un-acteur-majeur-de-l-intelligence-artificielle-49298.

② https://www.economie.gouv.fr/strategie-nationale-intelligence-artificielle.

③ https://www.economie.gouv.fr/france-2030.

一项加强技术主权、发展绿色经济和促进创新的战略计划,助力法国提升工业竞争力和发展未来技术,包含了法国"2030创新先锋"目标,而人工智能国家战略是实现这一目标的关键驱动力。人工智能国家战略涵盖研究、开发和创新、应用、市场和部门间的分配、支持和监督等技术发展的各个环节,其三个主要目标是:聚焦人工智能领域的人才和专业知识;促进数据传播、公共转型和突破性创新;制定道德框架,加强国际合作。人工智能国家战略将为法国人工智能生态系统的构建奠定基础。

2. 发展举措

(1) 积极推动人工智能的应用和创新

法国的人工智能国家战略实施很大程度上需要依靠应用和创新。法国国家数字科学研究所(Inria)专注于计算机科学和数字技术的研究和创新,被赋予协调人工智能国家战略研究方面的责任。该研究所负责协调法国人工智能战略的实施,提供专业知识并发展双边合作,特别是其与德国的合作,明确提出了三大目标:加快法国人工智能发展、加速技术衍生或转让、与业界合作伙伴制订计划。

(2) 缩小劳动者的人工智能技能差距

为了适应未来经济和社会的变化,紧抓时代发展机遇,法国采取了一系列举措来培养更多的人工智能专业人才,并确保现有员工掌握人工智能相关技能,以缩小劳动力间人工智能技能差距。根据经合组织人工智能政策观察站的数据,法国人工智能专业人员技能差距较大,其中25~34岁人口中约28.6%具备专业人工智能技能(见表1)。[①]法国政府持续向高等教育和研究机构提供财政激励,支持开展人才培训,促进对"算法链"中包括设计师、专业人员、公民在内的所有参与者的教育,提高每个公民的数字素养,以更好地了解人工智能以及为企业、公众、社会带来的好处。人工智能技术的部署将对就业市场产生重大影响。据法国就业方向委员会称,随着时间的推

[①] https://oecd.ai/en/data?selectedArea=ai-demographics&selectedVisualization=ai-demographics-by-age.

移,大约一半的岗位在未来可以实现自动化。为了解决这个问题,法国在发展人工智能时特别关注未来的劳动力需求和技能需求,以便为劳动力市场转型做好准备。

表1 按年龄划分的人工智能专业人员统计

单位:%

年龄	占比	年龄	占比
24岁及以下	15.3	45~54岁	16.6
25~34岁	28.6	55~64岁	10.6
35~44岁	23.9	65岁及以上	5.0

(三)德国

在数字化时代,德国作为欧洲最大的经济体之一,对于人工智能的发展和应用展现出了强烈的关注。作为老牌工业强国,德国的人工智能发展起步较早,率先引进和应用工业机器人技术,实现了生产线的自动化和机器化。

1. 发展战略

随着工业4.0的崛起,德国提出了工业4.0的概念,将人工智能与物联网、云计算和大数据等技术相结合,依托工业资源优势,广泛推广和实践与人工智能相融合的工业4.0,推动了工业生产的数字化转型。从工业机器人时代到工业4.0,德国十分重视利用智能化技术来提升生产效率,但在互联网技术开发和软件应用上略微乏力。为了跟上数字化步伐,提升德国在国际社会的竞争力,在社会服务、交通和其他严重依赖人工智能创新的领域夯实基础,德国政府于2018年11月发布了人工智能战略,并于2020年12月进行了修订,确定了到2022年前需实施的具体措施,主要关注研究、知识和专业知识、转让和应用、监管框架和社会等行动领域。通过经济刺激和未来一揽子计划,德国政府承诺到2025年投资50亿欧元用于推动人工智能发展,包括:提高计算能力;

建立人工智能生态系统，特别是针对研究、技能和向中小企业转移的研究；吸引人工智能专家和人才，支持有竞争力的欧洲人工智能网络的发展。

2. 发展举措

（1）培育人力资本

德国的人工智能战略包含多项正规培训和教育改革的举措，特别关注对教育工作者、培训师和公众的培养，以保证人工智能教育的高水平。积极扩大人工智能校园等学习平台，通过课程、视频、播客和知识交流等夯实人工智能的技能基础，力争在人工智能领域增设至少100个教授职位，以确保人工智能在高等教育系统中站稳脚跟。除了正规教育和培训外，德国还制定了国家技能战略，促进数字和人工智能相关的高级职业培训，以提升劳动力的人工智能相关技能。面向中小企业的Mittelstand 4.0卓越中心已成功部署，并扩展了人工智能培训师计划，以支持企业的技术发展。

（2）创建人工智能能力中心

人工智能研究的加强为在商业、科学和社会中负责任地使用这一关键技术奠定了基础。人工智能能力中心的研究网络是实施德国人工智能战略的重要基石。为此，德国积极整合人工智能能力中心资源，截至2022年，五个人工智能能力中心已成为永久性的，这意味着德国朝着成为人工智能国家迈出了一大步。从2022年起，每年联邦政府和参与州共同为五个人工智能能力中心提供高达100亿欧元的资金支持，在这项长期资助下，德国的人工智能能力中心能够提供有吸引力的工作条件，并在争夺全球顶级人工智能专家的竞争中处于领先地位。

（3）促进人工智能相关合作

德国的人工智能战略明确了一系列政策举措，鼓励多学科前沿研究和创新项目发展，并通过促进知识传播和转让，充分利用机构参与者之间的协同作用，促进商界、学术界和公共研究中心之间的合作。平台学习系统（Platform Lernende Systeme）被扩展为人工智能平台，以促进科学界、商界、民间社会和政府之间的对话。为了提高德国人工智能研究的国际知名度，德国政府推出了

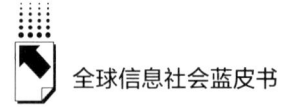

人工智能地图。该地图可被用于发现人工智能的创新应用和项目，并识别有关人工智能领域活跃的所有研究机构的信息。此外，德国政府积极拓展与发展中国家和新兴国家的合作，加强人工智能能力建设，获取开放的人工智能培训数据，以支持包容和公平的人工智能创新。

（四）意大利

近年来，意大利在人工智能领域取得了显著的进展，正在努力建设成为欧洲人工智能创新的重要中心。借助先进的技术、支持政策和丰富的人才资源，意大利正迅速崛起为引领人工智能创新的国家。意大利于2020年发布《国家人工智能战略》，明确了促进人工智能可持续发展的长期愿景。考虑到意大利生产的专业化，意大利的国家战略中提出了七个优先行动领域，包括：工业与制造业，农业综合企业，文化和旅游，健康和福祉，环境、基础设施和网络，智慧城市，公共行政。

就人工智能解决方案而言，意大利发展处于领先地位，增长迅速，但与欧洲同类国家相比，意大利人工智能对经济的贡献仍然较低。为了更好地利用意大利在人工智能领域的发展优势，塑造全新的国际地位，意大利政府2021年底制定了《2022~2024年人工智能战略计划》。该战略计划以现有的研究社区和基础设施为基础，解决了难以吸引外国人才以及企业在研发、专利和人工智能应用方面的表现不佳等问题，从人才与技能、研究、应用这三个方面提出了多项政策举措（见表2）。

表2 《2022~2024年人工智能战略计划》中的政策举措

领域	政策举措
人才与技能	①加强国家博士项目 ②吸引并留住研究人员 ③提升公共管理工作人员的人工智能技能 ④加强STEM(科学、技术、工程和数学)学科发展与能力培养 ⑤扩展ITS(高等技术学院)中的人工智能应用范围

续表

领域		政策举措
研究		①强化人工智能研究生态系统 ②建立人工智能数据和软件共享平台 ③设立专项基金 ④为基础研究制定国家重大利益研究项目(PRIN)计划 ⑤打造国家级跨学科人工智能研究领军实验室和研究团队 ⑥启动基于公私合作伙伴关系的人工智能研究创新招标工作 ⑦资助人工智能的研究和应用 ⑧推动双边项目，鼓励专业人员返回意大利
应用	企业	①让人工智能成为支撑企业"工业4.0"转型的支柱 ②支持创新型衍生企业和初创企业的成长 ③推动人工智能技术走向市场 ④支持企业进行人工智能产品认证 ⑤加强企业人工智能产品和服务的宣传
	公共管理	①整合数据使其具有互操作性和开放性，以促进建立人工智能模型 ②完善人工智能解决方案 ③创建通用数据集 ④创建以自然语言处理为基础的数据库 ⑤创建以计算机视觉为基础的数据库 ⑥引入跨部门共享和解决案件的技术

资料来源：https://assets.innovazione.gov.it/1637777289-programma-strategico-iaweb.pdf。

意大利人工智能发展潜力巨大，但尚未充分发挥。随着更多创新项目的推进和人才培养的深入开展，意大利有望在全球人工智能领域继续发挥重要作用。

（五）荷兰

荷兰充分意识到数字化时代科技创新的重要性，一直保持着高敏感度，力争成为全球创新和科技领域的重要参与者之一。荷兰积极探索利用数字技术促进经济和社会转型，促进数字技术在各领域的创新应用，根据IMD的《2022年世界数字竞争力排名》，荷兰技术表现力在世界排名第四、欧洲排名第一，表现较为出色。在人工智能领域，荷兰早在2019年就发布了《人工智能战略行动计划》，阐述了荷兰政府加速荷兰人工智能发展的意图。根

据2021年的投资计划，荷兰未来几年将在人工智能领域追加投资2.76亿欧元，最大限度地提升人工智能推动经济和社会发展的可能性。

尽管荷兰在人工智能知识、数字基础设施和数字技术使用方面表现良好，但仍面临风险。为了巩固自身的地位并充分抓住机遇，荷兰人工智能联盟制订了一项名为AiNed的长期计划，提出了2021~2027年打造强大的人工智能生态系统的目标。该计划的第一阶段致力于解决知识库和创新库、人员和技能、应用人工智能系统、生态系统内的协作四个方面的问题，荷兰国家发展基金为AiNed计划第一阶段拨款2.045亿欧元，加快人工智能的应用部署，促进人工智能发挥有益的社会影响。

（六）北欧国家

北欧国家将科技和创新作为推动经济增长和社会进步的关键驱动力，一直以来在科技创新和数字化领域都处于国际领先地位，尤其是丹麦和芬兰得益于积极的数字化政策，在全球数字竞争中保持着龙头优势。在人工智能领域，北欧国家展现出了强大的实力，通过制定前瞻性战略，正在迅速崛起为全球人工智能创新中心。根据牛津洞察发布的《政府人工智能准备指数2022》，北欧国家表现优异，政府在人工智能准备方面比较充分，得分均高于世界平均值44.61（见图5）。北欧国家对于人工智能的发展给予了高度重视，在政策支持、科研投资、人才培养和应用推广等方面取得了显著进展，为其在人工智能领域的领导地位奠定了坚实的基础。

1. 芬兰

芬兰作为世界上公认的创新型国家，在数字化方面一直走在世界前列，在数字技术领域保持着领先地位。2020年11月，芬兰制定了人工智能4.0计划。[1] 该计划基于2017年的国家人工智能战略，提出了"到2030年芬兰成为工业数字化转型和绿色转型的可持续赢家"的愿景，为全球统一监管

---

[1] https：//tem.fi/en/artificial-intelligence-4.0-programme.

欧洲人工智能发展洞察及启示

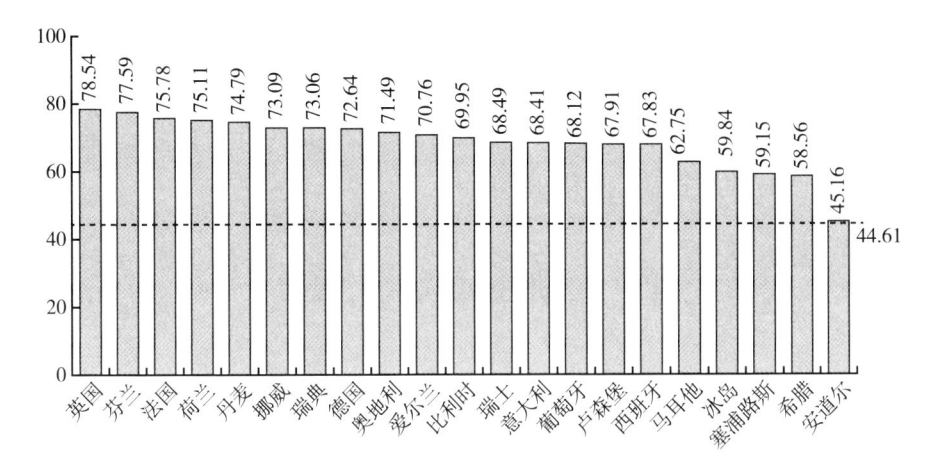

图5 欧洲政府人工智能准备指数

资料来源：https://static1.squarespace.com/static/58b2e92c1e5b6c828058484e/t/639b495cc6b59c620c3ecde5/1671121299433/Government_AI_Readiness_2022_FV.pdf。

的市场提供有竞争力的解决方案。根据2019～2022年人工智能商业计划，芬兰人工智能中心为芬兰人工智能发展提供资金支撑。在大学、专门政府机构和企业的合作推动下，芬兰致力于人工智能技术与其他数字技术的整合，积极促进中小企业开发和引入人工智能及其他数字技术，提高芬兰公司的国际影响力，这对芬兰保持全球竞争力而言是必要的。

2. 丹麦

作为一个充满创新和技术热情的国家，丹麦致力于推动人工智能的研究、教育和应用，为其经济和社会带来积极的变革。丹麦于2019年通过了人工智能战略，旨在为企业、研究人员和公众创造适当的条件，以便负责任地使用人工智能技术，促进经济增长，提供世界一流的公共服务。得益于政策支持和创新环境，丹麦企业人工智能技术使用率在欧洲为最高，根据欧盟统计局的数据，2021年24%的丹麦企业使用了人工智能技术。[①]

在丹麦，人工智能技术普遍被用于解决社会挑战，特别是医疗保健、公

---

① https://ec.europa.eu/eurostat/en/web/products-eurostat-news/-/ddn-20220609-1.

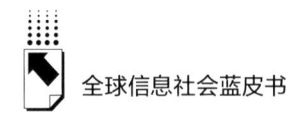

共管理和绿色转型领域，重点利用人工智能技术应对气候变化，在国家和地方层面积极使用数据和数字技术来创新气候中和及碳循环解决方案。作为丹麦国家人工智能战略的一部分，丹麦政府和丹麦各地区设立了投资基金，以促进各地政府对人工智能技术的使用。

四 欧洲生成式人工智能

生成式人工智能是一类人工智能系统，根据训练的数据生成高质量的文本、图像等内容，会对内容创作方式产生很大影响。2022年11月，ChatGPT的横空出世引爆了生成式人工智能在世界范围内的关注度，展现了生成式人工智能的颠覆性潜力，并引起了人工智能在公众使用方面的巨大变革，引发了创造力和生产力浪潮，重塑了企业工作方式，从而最大限度地提高了效率。生成人工智能作为人工智能的新范式，正在引发社会生活生产方式变革，将业务流程自动化提升到一个新水平，但也带来了很多挑战，如知识产权问题、数据隐私和安全、产品责任等。对于生成式人工智能的发展和应用，需要在技术、伦理和法律等方面进行监管和探讨。

（一）欧盟生成式人工智能发展

欧洲的人工智能发展目标是希望可以建立可信赖的人工智能生态系统，走向以人为本的人工智能时代。因此，对于生成式人工智能，欧洲秉持着谨慎而负责任的态度，强调伦理、透明度、数据保护、可持续发展等的重要性。ChatGPT在全球范围内的爆炸性流行引起了有关负责任地使用人工智能的激烈讨论，越来越多的欧洲国家担忧以ChatGPT为代表的生成式人工智能带来的风险和挑战，希望能够采取措施来解决生成式人工智能可能带来的隐私和安全问题。欧盟数据保护委员会2023年4月13日表示，欧盟已经成立了ChatGPT特别工作组，加强欧盟各国监管机构间合作，协助欧盟各国解决生成式人工智能带来的数据安全与保护问题，并交换数据保护机构可能采取的执法行动的相关信息。

欧洲致力于确保生成式人工智能的发展和应用符合伦理、法律和社会价值观，并保护公民的合法权益，在对生成式人工智能的监管上保持积极立场。2023年6月14日，欧洲议会表决通过了《人工智能法案》，以确保欧洲开发和使用的人工智能完全符合欧盟的价值观。该法案全面禁止将人工智能用于生物识别监控、情绪识别、预测性警务等，遵循基于风险的方法，根据人工智能可能产生的风险级别明确人工智能系统部署人员和提供商的义务。针对通用人工智能技术，该法案提出基础模型的提供者必须评估和减轻可能导致的风险，并将其模型在欧盟市场上发布之前注册在欧盟数据库，基于此类模型的生成人工智能系统（如ChatGPT）需要遵守透明度的有关要求，必须披露内容是人工智能生成的，确保防止生成非法内容。

欧洲率先提出了针对人工智能带来的风险的具体应对措施，为全世界人工智能的开发和治理定下基调。欧洲加强有关基本权利和安全的现有法律的治理和有效执行，保证投放到欧盟市场并在欧盟内部使用的人工智能系统是安全的，积极发挥人工智能在创造力和生产力方面的潜力，促进人工智能应用单一市场发展，以使欧洲在全球发挥领导作用。同时欧洲也在积极应对人工智能快速发展带来的针对其民主和自由的威胁，确保人工智能技术的应用、创新遵循民主、基本权利和法治的欧洲价值观。

（二）主要国家生成式人工智能发展

生成式人工智能的快速发展将不断推动技术和社会的变革，为人类带来了巨大的创造力和创新潜力，但发展与监管之间的矛盾更加突出。关注伦理、隐私保护和合作发展等问题，将有助于确保生成式人工智能可持续、负责任的应用。欧洲各国高度关注ChatGPT等生成式人工智能的进展，积极寻求生成式人工智能在伦理、道德、监管等维度的合理发展。

1. 英国

英国作为第四次工业革命的先行者之一，在ChatGPT等生成式人工智能蓬勃发展之际，也展现出了积极的姿态和创新精神。2023年3月英国财

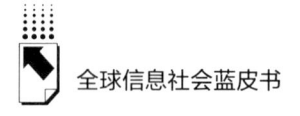

政部提出计划斥资9亿英镑打造能够运行大型人工智能的百亿亿次超级计算机，包括建立生成式预训练模型"BritGPT"（暂用名），最大限度地发挥英国在人工智能方面的发展潜力。随后，英国承诺将投资1亿英镑建立基金会模型工作组，作为塑造更具创新性的英国经济的一部分，用于提升其安全、可靠的基础模型能力，使英国加速发展下一代安全人工智能。[①]

ChatGPT的推出已经显示出基于基础模型（包括大型语言模型）的技术的强大潜力。为了确保走在这项技术的前沿，英国将建立一个新的汇集各类专家的政府行业工作组。该工作组将被授权结合基础模型（包括大型语言模型）推进英国主权能力建设，向政府直接建言纳策，其首要任务将是运用专业知识，基于对人工智能领域的理解，明确使命，提高英国的人工智能发展水平。此外，英国竞争与市场管理局（CMA）启动了对人工智能基础模型的初步审查，审查人工智能基础模型的开发和使用方式中的"竞争和消费者保护考虑因素"。这一初步审查有助于尽早了解基础模型市场及其用途，确定哪些竞争和消费者保护原则能被较好地用于指导市场的未来发展。

以预训练生成模型为代表的生成式人工智能在教育领域产生了深远而多元的影响。它创新了学习方式和教学方法，提升了教育资源的可访问性，但也面临数据安全、虚假信息等方面的挑战。随着ChatGPT越来越多地被应用在学生论文写作中，英国高校开始正视生成式人工智能给教育带来的挑战，剑桥大学、牛津大学等8所高校明令禁止学生在评估作业和学术论文中使用类似ChatGPT的人工智能工具。英国教育部发布《教育中的生成式人工智能》，[②] 表明其关于在教育领域使用生成人工智能的立场，指出如果使用得当，生成式人工智能有助于减少教育部门的工作量，促进教师提供更优质的教学，有关部门和机构需要协力合作，采取措施防止不当行为，规避技

[①] https://www.gov.uk/government/news/initial-100-million-for-expert-taskforce-to-help-uk-build-and-adopt-next-generation-of-safe-ai.

[②] https://assets.publishing.service.gov.uk/government/uploads/system/uploads/attachment_data/file/1146540/Generative_artificial_intelligence_in_education_.pdf.

术危害。

2. 法国

对于大型科技发展，法国此前一直采取比较严厉的监管措施，并制定了一系列监管法律。而在生成式人工智能方面，法国采取了较为宽松的态度。总统马克龙提出对于人工智能的发展，法国有责任在创新与监管之间找到平衡。法国希望培育生成式人工智能本土公司，从而能与谷歌和OpenAI等公司展开竞争，来自Google和Facebook的法国工程师创立的初创公司Mistral AI正在筹集1亿欧元以开发类似ChatGPT的模型，弥补法国在该方面的空白。

考虑到个人数据保护是生成式人工智能等模型在设计和使用中的主要挑战，法国国家信息与自由委员会（CNIL）2023年5月发布了人工智能行动计划，[①] 以部署尊重个人隐私的人工智能系统。该行动计划为应对加速发展的人工智能带来的挑战，围绕了解人工智能系统的功能及其对个人的影响、支持和指导隐私友好型人工智能的发展、联合并支持法国和欧洲人工智能生态系统中的创新参与者、审计和控制人工智能系统并保护个人数据四个方面展开行动，以帮助构建生成人工智能发展框架。

3. 德国

德国积极推动生成式人工智能可持续、负责任的发展，努力确保生成式人工智能的发展和应用符合伦理原则、尊重隐私权，并与公众和企业进行广泛的对话和合作。禁止生成式人工智能不是德国的选择，德国支持通过在欧盟成员国之间创建一个具有相同规则的单一数字市场来推动人工智能创新，根据欧洲人工智能法案引入强有力的监管举措，促进人工智能的应用。德国人工智能初创公司Nyonic正部署开发适合欧洲工业发展需求的基础模型，计划于2024年初推出第一个AI模型，借此来确保德国乃至欧洲保持竞争力，并将其打造为开发基础模型的全球领导者。

4. 意大利

意大利致力于推动生成式人工智能的创新和发展，通过合规和监管机制

---

① https://www.cnil.fr/en/artificial-intelligence-action-plan-cnil.

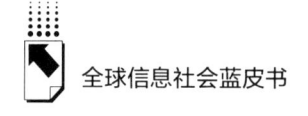

保护个人数据隐私，维护公众利益和创造社会价值。意大利是欧洲国家里针对生成式人工智能执法迅速采取行动的国家，出于对数据隐私和未成年人保护的考虑，意大利政府2023年3月曾短暂禁止ChatGPT的使用，并发布了九项关于ChatGPT的整改要求，在OpenAI公司满足多项条件后，于4月底恢复了该聊天机器人在意大利的运行。此后，由于对生成式人工智能领域的担忧日益加剧，意大利数据保护监管机构计划创建人工智能咨询委员会，对人工智能开展更广泛的审查，了解这些工具是否正在解决数据保护和隐私合规问题。随着人工智能的快速发展，对该领域的监管深度和广度必然会拓展，意大利已在欧洲正式打响监管生成式人工智能的"第一枪"，积极采取措施守住技术发展安全底线。

五 对我国人工智能发展的启示

高质量的科学、知识和创新加速了数字化和工业转型的各个方面，并使我们更接近于实现可持续发展目标。人工智能作为一项引领全球新一轮科技革命和产业革命的战略性新兴技术，已成为全球竞争的焦点。作为世界第二大经济体，我国在人工智能领域超前部署，已经是全球第二大人工智能市场，在人工智能技术发展和市场应用方面处于全球前沿，但也面临着技术算法瓶颈、隐私安全问题突出等挑战。通过分析欧洲国家的人工智能发展战略、举措、经验等，结合我国人工智能发展实际，提出如下建议。

（一）加快关键核心技术研发，加强科技创新体系建设

目前我国人工智能发展如火如荼，在易于创造附加值的应用方面具有显著优势，人工智能技术被广泛应用于医疗、工业、交通、城市基础设施等领域，但我国在基础理论和技术研究方面与发达国家相比仍有差距。为了更好地发挥我国人工智能已有优势，保持全球竞争力，需要提高核心技术的自主能力，利用14亿人口的国内市场潜力作为人工智能技术发展的

基础，在算法、芯片等基础技术和机器学习等关键技术上加大研发力度，制定关键技术标准规范，建设和完善科技创新体系以促进人工智能高水平、高质量发展。

（二）完善数据生态体系，打造公共服务平台

数据是人工智能技术的核心，也是人工智能发展的基石。人工智能从海量数据中提取有意义、更好的结果并更快地作出决策，发挥数据的价值。没有数据就无法部署人工智能，学习算法也无法进行训练。我国数据市场规模庞大，数据多样丰富，为人工智能技术创新提供了基础。为了更好地发挥数据的价值，将数据资源优势转化为发展人工智能的竞争力，需要在保证数据安全的前提下促进数据流通与共享，最大限度地开放公共数据，打破数据垄断壁垒，建设面向行业应用的标准化、系统化的公共服务平台，促进大中小企业间数据互通，打造多元开放、高效协同、安全可信的人工智能数据生态体系。

（三）完善人才培养机制，精准引进高端人才

人才是推动人工智能发展的关键因素，人才队伍的质量决定着人工智能的发展水平和竞争力。随着我国人工智能市场不断扩大，人工智能的使用和传播正在加速，但人才增长并没有跟上行业增长的步伐，具备人工智能专业技能的人才紧缺。我国需要加快培育专业技术人才，借鉴欧洲整合各方研究资源培育人才的做法，重视跨学科科研网络建设，创新人才培养模式，打造政产学研一体化的人才培养生态系统，培养具备专业技能的复合型人才。此外，通过制定明确的政策和提供全方位的支持，加强对高端人才和领军人才的引进，尽快形成人才高地，为人工智能产业的发展注入新的动力。

（四）加强人工智能监管，积极参与全球治理

人工智能技术的快速发展和深度渗透对社会和个人产生了深远影响，为

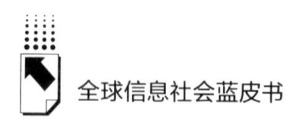

人们带来了更多便利和机会的同时也引发了更多的伦理和安全问题。加强人工智能监管与促进人工智能发展需要同步进行。要建立适应人工智能发展的法律和政策框架，明确人工智能的监管责任和规范，确保人工智能系统对数据进行合法安全的处理，防止数据泄露和滥用。加强国际合作，积极参与国际标准制定和全球人工智能治理，推动制定人工智能技术创新和应用相关的国际规范，达成人工智能治理共识，促进人工智能健康、可持续发展。

参考文献

《人工智能白皮书（2022年）》，http：//www.caict.ac.cn/kxyj/qwfb/bps/202204/P020220412613255124271.pdf，2022年4月。

《塑造欧洲的数字化转型》，https：//digital‐strategy.ec.europa.eu/en/library/shaping‐digital‐transformation‐europe，2021年2月19日。

"A Pro-innovation Approach to AI Regulation," https：//assets.publishing.service.gov.uk/government/uploads/system/uploads/attachment_data/file/1146542/a_pro‐innovation_approach_to_AI_regulation.pdf.

"Artificial Intelligence Index Report 2023," https：//aiindex.stanford.edu/wp‐content/uploads/2023/04/HAI_AI‐Index‐Report_2023.pdf.

"Global Innovation Index 2022," https：//www.wipo.int/edocs/pubdocs/en/wipo‐pub‐2000‐2022‐en‐main‐report‐global‐innovation‐index‐2022‐15th‐edition.pdf.

"World Digital Competitiveness Ranking 2022," https：//www.imd.org/centers/wcc/world‐competitiveness‐center/rankings/world‐digital‐competitiveness‐ranking/.

B.5
亚洲国家人工智能发展新态势

李欣娣　丁波涛*

摘　要： 随着ChatGPT横空出世，人工智能正处于新一轮的发展"热潮"中，大数据时代的突出特征在生成式人工智能领域充分显现。人们期待人工智能除了完成机械重复性工作外，能胜任更具创造性的工作。日本、韩国、新加坡一直是亚洲科技信息创新的前沿阵地，为追赶尖端技术发展，三国结合自身国情实际在技术研发、产业促进方面投入巨大，并对本国做出一系列围绕发展热点的战略规划。本文梳理总结了各国的人工智能技术发展现状，以期对未来中国人工智能产业的发展有所启示。

关键词： 人工智能　国家战略　产业发展　生成式人工智能

一　引言

人工智能一直都是高技术含量产业的代名词，智能机器给人们生活带来的改变是令人叹服的，但其在改变人们日常生活方面带来的革命性远小于其实际意义。除了让日常物品变得更加智能、让人们从物理空间的交互转变为虚拟混合情景外，更为深刻的是，人工智能带来了生产力的变革，技术不仅会改变人们的日常生活，更会对生产力和生产关系产生深远影响。

---

* 李欣娣，上海社会科学院信息研究所，研究方向为信息资源管理；丁波涛，管理学博士，上海社会科学院信息研究所副所长、副研究员，研究方向为信息社会、信息资源管理。

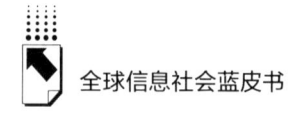

据Gartner发布的2023年新兴技术影响力雷达图,[①] 属于生产力革命类别的边缘人工智能、生成式人工智能等技术至少在未来五年内都将作为影响力较大的新兴技术影响企业的创新和发展。2022年是生成式人工智能元年,全球主要国家在人工智能领域的竞争十分激烈。据英国牛津洞察智库发布的《2022年政府AI就绪指数报告》,全球约40%的国家已发布或将要发布国家人工智能战略。[②] 多国都在努力尝试在公共服务中使用人工智能。从政府层面来看,人工智能的使用目标是提高服务效率,确保公民更公平地获得服务,增强公民的获得感。各国都试图从国家战略层面率先布局谋划,成为人工智能领域的"领路人"。人工智能技术是国家科技发展高地,向来都是必争之地。

作为亚洲为数不多的发达国家,日本、韩国及新加坡除了在经济方面一骑绝尘外,在科技创新领域也基本位列世界头部。比如,日本在前两次的人工智能发展热潮中,曾一度处于世界领先地位;韩国政府依靠大型集团企业,积极推动韩国成为全球人工智能领域的重要参与者、建设者;新加坡三年(2020年、2021年、2023年,2022年未发布)稳居IDM全球智慧城市指数排行榜第七名,在亚洲城市中排名第一。在新的科技发展风向下,各国政府积极与企业联手,共筑AI产业新未来。

日本是老牌发达国家,凭借早期积累,在人工智能发展初期的表现颇具亮点,但迈入21世纪后,由于国内计算机领域的发展相对滞后,面对人工智能新浪潮的冲击,新技术的创新和发展略显疲态。不过,日本正在积极调整人工智能发展战略:在不断完善机构以加强战略统筹,逐渐形成自上而下的递进政策体系。2022年日本政府发布的《人工智能战略2022》是其未来指导人工智能发展的较为重要的一部宏观规划。不仅如此,日本还凭借其发达的制造业和产业自动化使国内机器人制造在全球占据重要地位。

---

① https://www.gartner.com/ngw/globalassets/cn/information-technology/documents/2023/q2/767259-emerging-tech-impact-radar-2023-excerpt.pdf.

② 《2022年政府AI就绪指数报告》,https://www.oxfordinsights.com/government-ai-readiness-index-2022。

韩国在人工智能方面的发展除了政府大力推进人工智能技术的研发与应用外，大型集团企业、互联网巨头也积极参与其中，包括但不限于人工智能模型开发和AI芯片研发等。如韩国公司NAVER是国内最早投资人工智能技术且拥有较强实力的互联网巨头之一。此外，韩国还有许多中小型初创公司正在积极推动人工智能的应用。

新加坡作为世界上最具活力的创新体之一，在生成式人工智能迅猛发展的2023年，其政府发言人曾表态暂时不会立法监管人工智能，仍将以一贯的对待新事物新技术的方式——负责任地促进使用为原则，积极促进人工智能快速发展。许多全球大型相关企业也在新加坡政府的合作范围之内，政府希望通过与行业对接，谋求人工智能技术在新加坡实现最佳实践。

在众多亚洲国家中，日本、韩国、新加坡的人工智能发展较领先。比较这三个国家的人工智能战略和政策，开展较为完整、全面的分析，以了解其人工智能产业发展路径，发现其人工智能技术发展中的利好因素，为我国人工智能发展挖掘创新点，进一步增强我国在人工智能领域的竞争力。

二 日本人工智能产业发展态势和战略规划

虽然人工智能技术早已成为顶尖科技的核心研究内容之一，但无论是学界还是业界对其都没有严格的定义，一般可以通俗地理解为"机器学习、自动推理、机器人、计算机视觉和自然语言处理（NLP）的总称"。[1] 日本政府将人工智能定义为可以实现智能功能的系统，其发展围绕着机器学习进行，尤其是基于深度学习的机器开发。

目前人工智能产业结构大致可分为三层。[2] 第一层是数据中心和云平台服务，大约占人工智能市场收入的10%~20%，但是该领域已经被大型寡头

---

[1] https://www.diplomacy.edu/sites/default/files/AI-diplo-report.pdf.
[2] https://www.esmchina.com/trends/43895.html.

企业所垄断。第二层是人工智能模型的开发和代理,大约占人工智能市场收入的 10%~30%,这个领域呈多寡头垄断竞争状态。第三层是人工智能的应用和服务,大约占人工智能市场收入的 50%~60%,即使占据产业营收大头,但是个别应用的市场规模仍然很小,各公司都在积极争取市场份额,渴望分得一杯羹。日本人工智能业界也认为,日本应大力发展人工智能的开发和应用服务领域。

日本面临过高的老龄化率所引发的劳动力供应严重不足,以及该问题带来的医疗和养老方面的沉重压力,而人工智能作为新一代可以实现部分生产活动和业务流程的人力替代的技术,政府表示将大力支持并积极制定人工智能发展规划。

(一)技术发展与产业布局

日本政府从第二次人工智能热潮起就一直紧跟人工智能发展前沿,如上文所说,日本的人工智能发展曾一度走在世界前列,一些产业在第三次人工智能热潮中仍具有优势。比如,日本高度发达的自动化产业。21 世纪由于劳动力供给市场萎缩严重,日本一直致力于自动化技术的发展和应用。据 Robots & Automation 于 2020 年评选出的世界可编程逻辑控制器(PLC)制造厂商 22 强名单,日本企业以绝对的产业优势占据九席。[①] 除了发达的自动化产业外,日本素有机器人王国的美誉,不仅机器人制造技术世界领先,而且智能机器人在日本民众日常生活中的使用度较高,拥有较友好的机器人文化氛围。人工智能作为解决日本社会问题的关键技术之一,从社会需求来说是必要的。人工智能不仅可以让消费者享受到高效快捷的服务等,更在疫情间为交流学习、家庭办公带来了极大的便利。

日本企业曾推出过许多颇有名气的机器人,比如本田集团推出的用于餐饮服务业的机器人 Asimo 和索尼公司推出的娱乐机器人 Qrio。遗憾的是,出

---

① https://roboticsandautomationnews.com/2020/07/15/top-20-programmable-logic-controller-manufac-turers/33153/.

于实用程度与研发成本的巨大差距，人形机器人的实用性仍待检验。但不可否认的是，相关技术的发展可以为 AI 机器人的开发提供技术支持，机器人与人工智能技术的结合也将促进这两种技术的共同进步并开拓更为广阔的市场。

日本目前估值最高的 AI 初创公司之一 Preferred Networks 在近几年接连获得知名企业丰田、日立和发那科（Fanuc）等公司的研发资金支持。这家初创公司唯一公布的产品是一款给漫画线稿上色的人工智能应用，以及一些用于神经网络框架的开源程序。虽然看上去好像与其合作公司的项目毫无关联，但正是这些技术显示出该公司"超越 Google"的研发实力。全球最早的动态框架 Chainer 就出自这家公司，而大名鼎鼎的 Pytorch 正是借鉴了 Chainer 神经网络框架的理念。该公司的核心业务围绕自动驾驶汽车、机器人和机器学习以及医学诊断等开展，无论是在日本还是放眼世界 Preferred Networks 都不失为一家实力不俗的 AI 公司。

（二）生成式人工智能动态

随着互联网技术公司 OpenAI 推出的 ChatGPT 引爆业界，传统的人工智能技术已经无法满足大众的期待，各国有研发实力的企业迅速锁定生成式人工智能赛道，渴望在这条跑道上抢得先机。

据日经新闻报道，日本电子巨头日立计划开发自有生成式人工智能（AIGC）产品，并于 2023 财年在新业务创意立案和客户会议中使用这款产品。这一举措意在提高公司的竞争力，加速企业数字化转型。在金融界，变化也时刻发生着，瑞穗金融集团（Mizuho Financial Group Inc.）向其日本银行员工提供了微软 Azure OpenAI 服务的访问权限，这使得该公司成为日本首批采用生成式人工智能技术的金融公司之一。银行允许在日本的核心贷款部门的 4.5 万名员工在工作中测试使用这项技术（其实很多员工已经在生活中普遍使用 ChatGPT）。向员工在工作场合推行生成式人工智能虽然有风险，但这可能会改变行业现状，引发颠覆性创新也未可知。

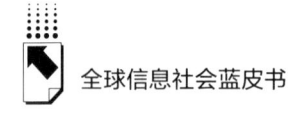

除了私营部门，并非由利益驱动的大学和研究社也将加入这场竞争。日本东京工业大学和日本东北大学等团队宣布将开发作为生成式人工智能基础技术的、具备更强日语能力的"大语言模型"。[1] 关于开发支持日语的"大语言模型"的原因，主要是海外企业团队开发的生成式人工智能尽管也支持日语，但训练时所用到的日语数据有限，精确度达不到使用条件。该合作团队将在研发中提高日语数据资料占比。该计划不仅仅注重日语大模型开发，同时还进行其他语言和项目的代码编写，知名的富士通公司也会参与，与学界共同研发。

（三）人工智能战略规划

商界和学界的有效响应离不开政府层面的政策支持。早在2016年日本政府就设立了相关机构"人工智能技术战略会议"，并陆续发布人工智能研究与应用战略，包括《人工智能技术战略》《人工智能战略2019》《人工智能战略2021》等。伴随着全球性公共卫生事件带来的冲击，日本人工智能战略规划也迅速做出了相应调整。

《人工智能战略2022》（以下简称"战略2022"）共确定了五个目标。[2] 一方面强调日本要建设能应对迅猛冲击的危机的能力，众所周知，日本是自然灾害高发国，日本政府有意依靠人工智能对危机采取有效的措施。另一方面政府制定的战略目标将为日本实现可持续发展夯实产业和社会基础，并提出切实可行的长期、稳定的应对措施，以保持本国在人工智能领域的国际竞争力。

战略2022中关于可持续发展的产业和社会基础部分提到，日本将积极培养尖端人工智能研究人才、能够将人工智能应用于工业的人才、在中小企业实现人工智能应用的人才。在未来日本将制订一系列教育计划来培养相关人才，吸引多样化人才，包括海外人才。培养人才的同时，日本政府也注重

---

[1] https://www.jiemian.com/article/9447648.html.
[2] 日本：《人工智能战略2022》，https://www8.cao.go.jp/cstp/ai/aistrategy2022_honbun.pdf.

加强与人工智能相关的科普工作，尽可能使每个人无差别地享受人工智能带来的技术红利。在民众的日常生活中，日本政府关注如何有效地使用人工智能以提高便利性。

日本的战略规划意在使本国成为人工智能产业领域的领跑者，增强产业竞争力。在企业变革中，政府也发挥了强有力的催化剂作用。人工智能可以推动很多产业向以服务平台为中心的高附加值产业转型，政府在支持系统设计和社会实践层面推动基础设施建设，以提高劳动生产率为目标，依托人工智能技术，推动产业结构转型。产业还将通过这些领域实现可持续发展的目标——促进可持续工业化和创新的可持续发展。

战略2022还计划在人工智能领域构建研究、教学和基础的国际网络，在人工智能研发推进、人力资源开发和可持续发展方面采取措施。日本正在稳步构建将人工智能技术能力作为核心竞争力来源的人工智能原生社会和产业结构，包括"教育改革""研发体系重建""数据链接基础设施的发展""人工智能时代的数字政府""中小企业和风险企业支持""伦理"等内容。受国内产业发展不充分的限制，人工智能相关的人力资源开发与保障无法在国内形成闭合回路，这就要求日本政府必须始终具有国际视野。例如，为海外研究人员和工程师提供机会使其在日本产业发展过程中发挥积极作用。又如，增加日本与海外的联合研发和联合项目。日本除了加强与北美和欧洲的研究、教育机构和公司的合作外，还将通过与东盟、印度、中东、非洲等国家的全面合作，促进这些国家或地区的人工智能研究和实际应用。此外，在健康、医疗、护理、农业和智慧城市等领域，日本也积极与国际合作，在市场方面互惠互利。

三 韩国人工智能战略目标及其人工智能转型方法

韩国制定智能信息化政策的方针是以加强国家竞争力、提高人民生活质量为导向的。借助人工智能、大数据、物联网等创新技术，谋求智能社会大变革和5G移动通信发展。根据瑞士洛桑国际管理发展学院（IMD）的世界

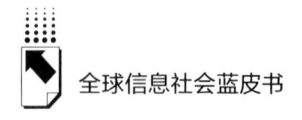

数字竞争力排名[1]和世界知识产权组织（WIPO）的全球创新指数（GII）[2]，从数字化转型的角度来看韩国的国家竞争力水平，在2022年IMD世界数字竞争力指数中，韩国位列全球第8名、亚太地区第2名；在GII的整体排名中，韩国排全球第6名、亚太地区第1名，这充分显示出韩国在数字领域的较强国际竞争力。

韩国既不是第一个拥抱人工智能的国家，也不是目前拥有最优AI技术的国家，但是毫无疑问其愿意并致力于成为该创新技术的早期使用者之一，实际上其正在引领一个堪称典范的人工智能转型方法。[3]

首先，韩国致力于从数据和产品两个维度完善数字生态系统，通过聚焦数据生命周期的所有阶段，解决公共部门从数据积累到数据使用的数据短缺问题。韩国通过获取用于人工智能训练的高质量数据并开放公共数据访问权限来创建一个数据大坝。同时建立一个人工智能中心来促进所获取数据的使用，为研究人员提供来自大坝的人工智能训练数据和基于云的高性能计算能力。在创建强大的技术基础设施的同时，韩国也为人工智能发展营造有利的政策环境。

其次，韩国正在通过加强教育和培训为应对劳动力市场的转型作准备，包括培养人工智能人才、为所有公民提供基础教育服务、通过运营软件学校和面向人工智能的学校提供在线教育服务，以提高国民人工智能技能。

韩国政府通过与私营部门和大学的合作，开发用于核心内存处理和神经处理单元的AI半导体，并积极开展国际合作，开发值得信赖的人工智能系统。此外，根据IMD世界数字竞争力指数中对应国家层面的数字化转型准备这一维度，2022年韩国取得了全球排名第二的名次（见图1）。该指标2022年得分有较大幅度的提升，很大程度上得益于韩国积极实施的政策和

---

[1] https：//www.imd.org/centers/wcc/world-competitiveness-center-rankings/world-digital-competitiveness-ranking/.

[2] https：//www.wipo.int/edocs/pubdocs/en/wipo-pub-2000-2022-section3-en-gii-2022-results-global-innovation-index-2022-15th-edition.pdf.

[3] https：//oecd.ai/en/wonk/korea-ai-transition.

政府所做的人工智能准备,其关于人工智能的国家战略和数字新政都对此产生了积极影响。

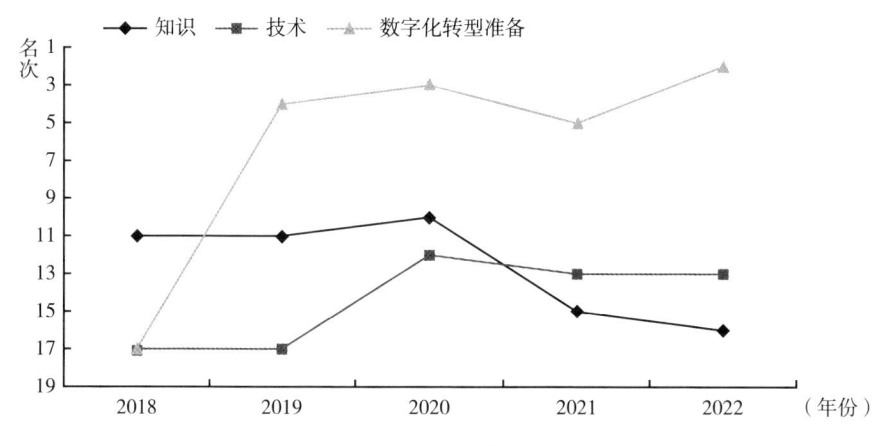

图 1　2018~2022 年韩国 IDM 世界数字竞争力分指标排名变化

(一)韩国数字化发展目标

2022 年 9 月韩国发布了《大韩民国数字战略》,提出"与国民携手建设世界典范的数字韩国",并以"再飞跃、共同生活、实现数字经济社会"为目标,从五个战略方向大力推进 19 项具体任务。该战略表明,韩国想要利用数字技术扩大自由,在人类和人工智能共存的时代树立新的劳力和工作理念,使任何人都可公平公正地利用数据创造经济和社会价值,使数字系统向任何人开放、提高数据的可访问性。

五个战略方向分别为提升韩国的数字能力并占领高地、大力发展数字经济、建立数字包容社会、建立数字平台政府以及创新本国数字文化。数字能力的提升是韩国优先考虑的事项,也是最关键的一步。未来从经济驱动力的角度出发,数字化转型和高新技术创新必然会带领韩国企业共同发展。

人工智能、人工智能半导体、5G 和 6G 移动通信、量子、虚拟世界、网络安全等创新技术是韩国提升数字能力的主要着力点,通过加强指导和开发,推进上述技术的快速发展。此外,韩国还从数字资源整合(主要包括

人工智能模型开发、建立数据整合保护交易标准体系、扶持服务型软件企业等）、制定网络标准技术、培育百万数字人才、支持数字平台企业发展、加强全球化投资等方面入手加快提升数字化水平。

为推动数字经济发展、促进数字化转型，韩国确定了三个方向：以数字化促进服务业竞争力提升，包括但不限于数字文化产业、数字生物产业、数字物流产业；制造业的数字化转型升级，不仅包括传统制造业企业，还包括尖端制造业企业；农畜水产业以数字化为新的增长动力，通过智能数据收集建立精密农业及智能型养殖合作基地，促成水产食品加工的全自动化。

除了上述提到的战略鼓励和引导的发展方向外，韩国的大型集团企业也有自己的技术、产品研发方向，甚至很多知名韩国企业早已"动身启航"。

（二）主要ICT公司的人工智能研发现状

韩国主要的ICT公司正在积极追求人工智能技术。比如，两家享有全球领先地位的电子公司——三星和LG电子，再如韩国顶级互联网公司——Kakao和Naver，以及主要的电信及设备生产公司——SK和KT，都在人工智能方面进行了大量投资。目前备受各大企业关注的人工智能领域且最具发展前景的子行业有：①人工智能设备。为了降低设备功耗并提高AI计算速度，韩国电子公司正在加快开发便捷的深度学习解决方案，使设备能够独立于任何外部服务器执行AI计算。②AI芯片。通过减少互联网发送和接收数据的需求，AI芯片使设备能够在所有IT设备上执行密集的AI计算。据市场研究机构Gartner预测，全球AI芯片市场规模预计将从2020年的230亿美元增长到2025年的700亿美元。这也是韩国几乎所有主要的ICT公司都在大力投资开发AI芯片的原因，通过AI芯片的抢先研发以增强企业基于AI的新产品和服务的竞争力。③可解释AI。随着AI技术的影响在医疗保健、金融和国防等行业的扩散，各公司都在寻找能够提供更高可解释性或能够向用户保证模型可靠性的AI模型。①

---

① https：//www.privacyshield.gov/article？id=Korea-Artificial-Intelligence.

三星已在五个国家设立了七个人工智能中心，致力于新的机器学习算法开发、人工智能芯片研发和操作设备上的人工智能系统开发等。在美国硅谷的"2023 三星晶圆代工论坛"上其业务部门社长表示，三星电子正在积极开发人工智能专用芯片，渴望通过人工智能芯片的全环绕栅极集体管技术的创新引领人工智能界技术变革。这项技术因可提升数据处理速度、电力效率和晶体管性能而被视为新一代半导体的核心技术。2022 年 6 月三星电子就已经在全球率先实现基于该技术的 3 纳米工艺半导体产品量产，不仅如此，三星电子还制定了后续直至 2027 年的生产研发规划。[1] 毫无疑问，在半导体芯片领域，三星电子将带领韩国人工智能芯片持续走在世界前列。

韩国第二大集团企业 SK 海力士在 AI 芯片领域也一路高歌猛进，SK 的量产产品——高带宽存储器（HBM）作为全球性能最佳的 DRAM，具有高速度、高带宽的特性，其在人工智能研发领域的应用能够加快 AI 的数据处理速度，开发 ChatGPT 的超级计算机就应用了搭载 HBM3 的 GPU 模组。SK 的另一款应用内存中处理（PIM）技术的产品依靠其可加快内存密集型工作负载的运行速度并显著降低功耗的特点，未来可能会被应用于机器学习、高性能计算、大数据计算甚至生成式人工智能研发。[2]

除了核心基础芯片的开发外，有竞争实力的公司也将目光放到了系统的、高投入、复杂的人工智能模型领域——生成式人工智能。突破性互联网技术的发展及应用在初始阶段总是会受到质疑，当 2022 年末 2023 年初生成式人工智能引爆互联网时，一些国家和企业最开始对其持拒绝态度。但随着生成式人工智能迅速走进大众的生活，企业也逐渐意识到解决忧虑带来的收益不仅能填补拒绝接受带来的损失，还将助力企业迎来新的增长点。越来越多的行业持续加大对该技术的投入，根据 precedence research 预测，未来十年生成式 AI 的市场规模将达到 1180 亿美元（见图 2），年均复合增长率约为 27.02%。

---

[1] https：//cn.yna.co.kr/view/ACK20230628000900881？section=search.
[2] https：//news.skhynix.com.cn/how-sk-hynix-is-set-to-power-the-generative-ai-revolution/.

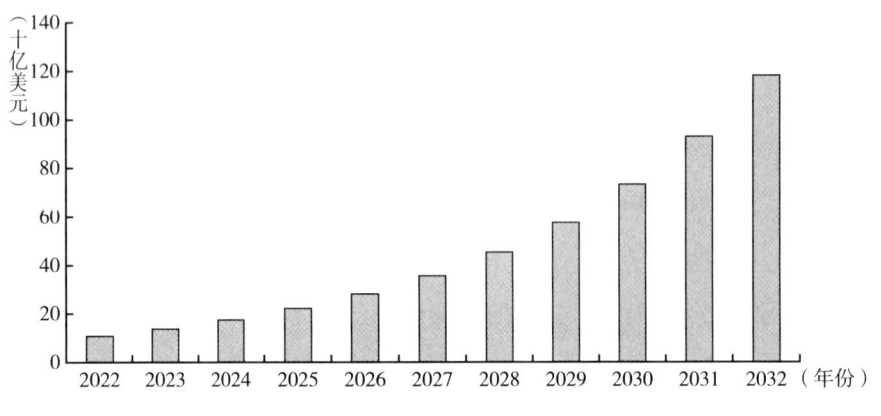

图 2　2022~2023 年 AIGC 市场规模预测

资料来源：precedence research。

从市场发展规模来看，生成式人工智能领域仍属蓝海。2023 年韩国最大的搜索引擎运营商 Naver 与三星达成项目合作意向，两家公司准备合力开发一款支持韩语问答的生成式人工智能。三星在合作中负责提供与半导体相关的数据，Naver 负责创建核心 AI 引擎模型。这次合作达成的验收成果将使三星拥有专属的内部人工智能工具以提高企业生产效率，保证自身敏感商业机密不被泄露；Naver 则通过为大型公司构建人工智能模型进军全球生成式人工智能市场。

拥有雄厚实力的企业在探索这个领域时行为更具侵略性视野，也更全面。韩国第二大移动运营商 KT 预计在未来三年内投资 300 亿美元用于核心 AI 研究，计划在增加 AI 工程师人数的同时，与其他 AI 公司建立合作伙伴关系。2022 年 KT 与在自动驾驶、传感器、人工智能、照相机等机器人解决方案领域拥有核心技术能力的 LG 电子联手，以 5G 为核心数字基础设施，共同引领"机器人+5G""AI+5G"发展新风向。未来电信运营商与机器人企业间的合作新模式仍有待验证。但不可否认的是，企业间的合作将使研发短板转化为优势，促使合作双方或多方共享人工智能发展红利。在韩国这种合作不仅存在于企业之间，也存在于政府部门和大型企业之间。

（三）政企联合项目提升国家 AI 竞争力

私营部门积极发展人工智能，一方面是为响应国家战略和部门政策，另一方面也给企业带来技术红利。相较于私营部门的人工智能技术研发，政府部门主导的项目更看重国家竞争力的提升，聚焦民众需求和产业生态体系构建。

2023 年 4 月韩国科学技术信息通信部（以下简称"科技部"）在总统直属的数字平台政府委员会举行的"数字平台政府建设计划报告会"上公布韩国巨型人工智能竞争力提升方案。巨型人工智能是指由深度神经网络实现的一种人工智能，人工神经网络意味着无数的人工智能，是基于高容量计算的基础架构，能够全面、自主地学习数据，并限制其特定用途，类似于人类思维、学习、判断和行为的大脑结构。[1]

韩国科技部认为，巨型人工智能应用不仅事关产业竞争力，对行业发展方向的影响巨大，而且可以为国民提供特定领域的高质量服务。这项巨型人工智能计划，以企业主导、政府支持的方式实施。大型企业联合构建巨型人工智能合作生态圈，依托政府超大人工智能基础设施平台，按照部门需求，为公众提供公共性和专业知识相结合的人工智能服务。在医疗、法律、咨询等领域推动人工智能应用，政府部门、市政当局以及公共机构拥有的海量数据将为大模型训练助力。这项计划预计到 2026 年将培育 1 万家作为人工智能生态系统核心的软件服务（SaaS）企业以满足国民对人工智能技术的使用需求，而且能够拓展非英语圈生成式人工智能领域的发展边界，使韩语生成式人工智能加入全球竞争，还有可能使韩文巨型人工智能成为全球专业人工智能领域的佼佼者。

为了提升在人工智能领域的竞争力，韩国政府将建设以数据、软件和计算机支援为主的核心基础设施，并结合 GPT 系列等海外开发的人工智能，在专业领域提升竞争力。同时在法律意见书、诊疗意见书、学术研究参考文献和统计、韩语教育等领域提供人工智能应用服务，以打造优质的数据经济

---

[1] https：//www.nia.or.kr/common/board/Download.do? bcIdx = 25490&cbIdx = 25932&fileNo = 3.

生态系统为目标，构建贯穿全国的交通、安全、能源、城市四大重要领域的数字孪生，并分阶段扩至医疗、环境、行政等领域。[①]

除了在技术生态领域的联合发展外，韩国政府还与人工智能芯片和云计算企业组成团队，研发高算力、低能耗的神经网络处理器（NPU）推理芯片，主攻方向选择神经网络处理芯片，一方面是为了避开已有的由其他企业支配的图形处理单元芯片市场，另一方面也出于对人工智能技术发展需求的考虑。韩国芯片产业在全球市场中的优势明显，三星、SK海力士作为韩国企业，其芯片产能较大（见表1），为保持这种优势，科技部对该项目的规划是：争取在2025年完成神经网络处理器的研发，到2028年能够研制出低功耗内存处理芯片。整个项目的最终目标是到2030年使韩国AI芯片技术达到世界一流水平。

表1 全球知名芯片企业产能

单位：万片/月，%

排名	公司	所属地区	产能（8寸当量）	全球市场份额
1	三星	韩国	405.0	19
2	台积电	中国台湾	280.3	13
3	美光	美国	205.4	10
4	SK海力士	韩国	198.2	9
5	东芝/西数	日本	132.8	6
总计			1221.7	57

资料来源：Knometa Research。

四 新加坡的人工智能战略与AI初创公司

在接纳新生事物和创造性技术上，新加坡一直是亚洲最开放的国家之一。这几年，工商界都将目光投向大数据、区块链和人工智能等高技术创新

[①] https://cn.yna.co.kr/view/ACK20230414004500881.

领域。ChatGPT面世更是将生成式人工智能推向风口浪尖。新加坡作为一块创新大陆，无疑也在思虑如何凸显本国优势，在未来的人工智能领域提升国家影响力。新加坡政府希望未来可以打造公认的创新、试点、测试、部署和扩展人工智能解决方案的全球中心。

（一）新加坡国家人工智能战略

新加坡政府将人工智能理解为计算机中模拟智能、类似人类行为的能力。作为一种通用技术，人工智能技术在绝大多数领域都具有适用性，从癌症诊断到城市规划再到欺诈检测，都有可能比现有方法更为有效。适用、可部署的人工智能的兴起，不仅为新加坡经济开辟了新的增长点，同时也突破地理限制为新加坡提供了千载难逢的机会。

新加坡在人工智能发展方面较其他国家具有一定优势：一是新加坡政府一直致力于投资ICT技术，这种积极的参与态度使大企业和集团对在新加坡这片土地上发展人工智能充满信心；二是新加坡政府在公共研发生态系统和私营部门对人工智能进行过早期投资，实际上新加坡在人工智能伦理和治理方面也是全球领先的国家；三是新加坡虽然国土面积小却是一个先进的小国，拥有大量受过高等教育的人口，他们足够了解技术的价值和潜力，政府可以很好地组织和协调公共和私人机构。为了抓住这个机会，新加坡政府制定了人工智能国家战略[①]（以下简称"AI国家战略"）。

AI国家战略将针对公共、私人和研究机构发挥作用，在国家层面上有效部署人工智能发展，巩固新加坡政府在研发、监管审查和技术发展方面的优势。国家战略从发现和定义问题、开发和测试AI、规模化扩展三个方面以良性循环方式支持人工智能技术进步。首先是识别和界定产业和社会发展中哪些问题可以利用AI解决，然后要求相关方以尽可能快的速度设计和测试解决问题的AI算法，最后扩展经过测试的解决方案并予以改进。在九个关键领域挖掘人工智能适用场景和项目，创造收益、吸取教训，并逐步收

[①] https：//www.smartnation.gov.sg/files/publications/national-ai-strategy-summary.pdf.

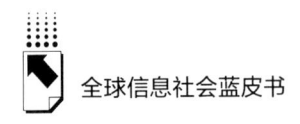

紧问题定义、开发测试和扩展之间的反馈循环。通过这种方式，缩短人工智能技术创新周期。九个关键领域分别是运输与物流业、制造业、金融、安全与安保、网络安全、智能城市与房地产业、医疗保健业、教育及政府部门，这些都是在新加坡有较高社会或经济价值的行业。

值得注意的是，新加坡的 AI 国家战略采用以人为本的政策导向，政府专注于人工智能技术发展对公民和企业带来的好处。同时，关于因人工智能技术日益普及而带来的风险和治理问题，AI 国家战略提到要防止社会和机构责任方可能发生的多方推诿而造成的问责稀释问题。面对公民，政府将致力于提高民众的数字素养，加深民众对人工智能的认知，同时强化专业从业人员的教育准备，以便为技术变革做好准备。

在 AI 国家战略中新加坡将启动 5 个国家人工智能项目，这些项目将指引国内人工智能的投资方向，指导新加坡建立支持性数字基础设施，分别是：①智能货运；②高效无缝的市政服务；③慢性病预测与管理；④适应性学习及个性化教育；⑤边境清关行动。项目具体规划目标见表 2。

表 2　新加坡人工智能项目规划

项目	2022 年达成	2025 年目标	2030 年规划
智能货运	开发一个通用可信的物流数据平台	部署 AI 促进海关货运规划优化	大规模部署智能货运，包括陆关、空关
高效无缝的市政服务	启用报告市政问题的聊天机器人	在公共住宅区部署 AI 和传感器用于预测性维护	使用 AI 改善公民生活环境
慢性病预测与管理	全国范围内部署筛查糖尿病、视网膜病变等的系统	开展基于视网膜的心血管相关疾病的风险评分	与行业合作为"三高"患者开发新型 AI 模型
适应性学习及个性化教育	为中小学启用自动标记英语学习系统	为中小学推出自适应数学学习系统	将自适应学习系统和自动标记系统扩展到更多科目
边境清关行动	用 AI 为业务部署做好前瞻性风险评估	调整边境清关概念，让旅者自行清关	

（二）人工智能相关产业发展

新加坡政府为在人工智能领域发展利基市场，增强本国数字能力，提出一项促进、协同和提升新加坡 AI 能力的国家计划——AI Singapore（AISG）。这项计划由国家基金会（NRF）、智能国家和数字政府办公室（SNDGO）、经济发展委员会（EDB）、信息通信媒体发展局（IMDA）、SG Innovate 以及综合健康信息系统（IHiS）共同实施，包括：开发基础人工智能技术；在国家层面研究人工智能系统的伦理、治理和问责等内容；在部门和国家范围内推动应用人工智能技术，加速行业人工智能产品部署以及人工智能人才团队建设。在未来五年内该计划还将投资 1.5 亿美元，助力相关行业的种子公司快速发展。

新加坡政府一向认真负责的态度，使得其数字经济，尤其是人工智能领域的发展得到企业方认可，同时也使消费者和民众更有信心使用人工智能技术。2022 年 IMDA 推出了 A.I.Verify——世界上第一个人工智能治理测试框架和工具包，希望以客观和可验证的方式对负责任的人工智能公司进行检验。A.I.Verify 是目前最小的可行产品。它的推出旨在尽可能公开公司与其利益相关者之间的关系，提高企业技术的透明度。开发人员和所有者可以通过标准化测试验证其 AI 系统的性能。该工具包可以为开发人员、管理层和业务合作伙伴生成报告，涵盖影响人工智能性能的主要领域。目前，已经有来自不同行业和不同规模的 10 家公司进行了测试或提供了反馈，包括 AWS、星展银行、谷歌、Meta、Microsoft、新加坡航空公司、NCS（新加坡电信集团的一部分）、渣打银行等。新加坡政府希望有更多的公司参与进来，以尽早获得 AI 系统/模型的自我测试成果；并通过该工具包生成的报告来展示其模型透明度以及与利益相关者建立的信任。不得不提的是，加入测试也可以帮助新加坡塑造国际适用的测试工具包，以反映行业需求，并为国际标准制定做出贡献。

Trax 技术解决方案私人有限公司是新加坡目前基于投资价值最被看好的人工智能初创公司。该公司利用计算机视觉、深度学习和人工智能相结合

的解决方案，帮助全球知名品牌的大客户加快销售额增长。Trax 开发了一套图像捕捉方案，通过移动应用程序、货架相机、半球摄像机和漫游机器人收集图像，基于深度学习技术精确分析图像，强大的识别引擎可以克服光线不足、背景杂乱和障碍物遮挡等问题。该方案图像识别的质量由性能强大的人工智能和人工验证系统共同保证，依赖于机器学习，系统无时无刻不在提高识别的准确性。

在汽车销售领域也有崭露头角的人工智能领头羊——Carro，公司是基于互联网一体化的东南亚汽车市场，用其创始人的话来说：这是一个真正的从端到端、每一步都有技术参与的市场平台，公司用尽可能多的技术构建透明市场，为汽车所有权的各方提供全栈、创新和技术驱动的服务。[①] Carro 可以通过由人工智能驱动的端到端服务〔包括基于用户的保险（UBI）〕为车主提供单一的接触点来解决其问题，将 UBI 整合至销售方案中，不仅可以简化汽车所有权管理流程，而且利用 UBI 的远程信息处理技术可以监控车辆健康状况、驾驶速度、路况以及驾驶员的反应，同时提高驾驶员的安全意识。

（三）政企联合项目提升国家 AI 竞争力

聊天机器人 ChatGPT 风靡一时，对于生成式 AI 风险的忧虑也越来越多。新加坡信息通信媒体发展局（IMDA）主管可信人工智能和数据的负责人表示，在这个充满机遇的发展阶段，政府也应该向行业学习。在决定是否要在监管上做更多工作之前，政府部门需要先了解人工智能的使用方式，监管一定会来，但可能会在时间上向后推移。作为一个小国政府，新加坡可能无法解决所有问题，政府会与行业、研究机构等组织密切合作以解决困难。

一些行业领域已经率先投身对生成式人工智能的开发。这些初创公司也以强劲的技术优势得到很多基金、风险投资机构的青睐。在金融领域，Active.Ai 公司将提供对话式银行服务来帮助银行和金融机构调整其数字战

---

① https：//vulcanpost.com/711035/carro-sea-largest-car-marketplace/.

略，并进一步将业务扩展到保险和证券交易等其他垂直领域。它使用的人工智能引擎 Triniti 结合了先进的自然语言处理（NLP）、机器学习、自然语言理解（NLU）和自然语言生成（NLG），使客户能够通过消息传递、语音和物联网设备进行有意义的对话。Tookitaki 是一家由人工智能技术驱动的技术公司，为亚洲的银行和金融科技公司提供反洗钱系统（AMLS）和反金融犯罪（AFC）生态系统。公司采用基于社区的方法解决了犯罪分子用来绕过传统解决方案的问题，从而实现了覆盖整体风险且检测敏锐的可持续反洗钱目标，并且可以根据每个金融机构的特定需求进行个性化定制。

在社交营销领域，Affable.ai 公司正在开发一个由人工智能驱动的平台，用于社交媒体上的影响力营销，使品牌能够发现和衡量影响者及其受众；由人工智能驱动的平台 Hypotenuse AI，利用人工智能生成书面内容，包括广告标题、产品描述和博客文章等，优化企业的内容构思和创建过程；AiChat 的产品则面向客服端，是一个由 AI 驱动的对话式客户体验平台，可以帮助品牌通过社交消息应用程序实现客户服务、营销和商务自动化。

在健康医疗领域，Bot MD 开发的人工智能助手可以即时解答一般临床问题，57 个国家的约 1000 名医生正在使用该助手；数字健康公司 Biofourmis 开发的个性化人工智能健康分析平台 Biovitals 可在关键事件发生之前预测临床恶化的可能性，该技术团队也正在开发基于软件的疗法，以改善患者的治疗效果并为付款人提供具有成本效益的解决方案。

在风险防控领域，Corgi AI 为客户提供一套利用人工智能技术的端到端的欺诈检测和预防解决方案，包括一个用于监控争议和欺诈指标的分析产品、一个用于显示可疑交易的人工智能产品以及一个人工智能解决方案；SHIELD 是一家风险情报公司，通过使人工智能和机器学习相结合，帮助在线企业发现并解决未知的欺诈行为。

在企业成长领域，Nektar.ai 通过捕获客户互动数据、发现隐藏收入并及时提供解决方案来防止客户公司收入流失，从而实现客户企业收入效率的提高；Saleswhale 使用人工智能技术自动为企业挖掘潜在客户，在帮助企业提高营业收入的同时提高客户满意度。

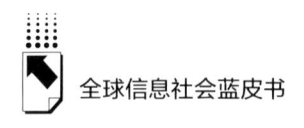

新加坡的人工智能初创公司如雨后春笋般涌现，既得益于政府开放包容的态度，也有发达经济、资本活跃的原因。产业方面的科技创新尝试和发展在很大程度上依靠社会和国家营造的良好环境，社会包容度是影响创新创业的重要因素。开放活跃的投资环境不仅使资金周转加速，也以一种积极正向的反馈影响着初创者的信心。

五 对中国人工智能发展的启示

（一）与时俱进的战略规划

我国发布的《生成式人工智能服务管理暂行办法》（以下简称《暂行办法》）体现了不同于别国的人工智能治理思路，在国际层面展示了中国人工智能治理的方法和视角。《暂行办法》是在《生成式人工智能服务管理办法（征求意见稿）》（以下简称《征求意见稿》）发布三个月后正式公布的，这两份文件的细微差异，体现我国紧跟生成式人工智能发展动态的治理态度。《暂行办法》鼓励人工智能创新发展，动员政策紧跟大模型市场发展动态，同时监管部门将依据法规分级分类管理，确保既不脱离科技发展现状，也不背离市场发展规律。

技术和产业发展都是动态的，尤其是在人工智能技术领域，突破和创新往往会以出人意料的方式出现，这就要求战略目标有弹性空间。《征求意见稿》中明确的适用监管范围在《暂行办法》中得以缩小，除了给予创新发展更多尝试的空间外，更给予监管方更大的自由。《暂行办法》相较于《征求意见稿》更"坚持目标导向和问题导向"。

（二）政企合作共赢未来

未来无论是生成式人工智能还是人工智能，真正的发展机遇都来自企业级市场，在落实规范细则的同时应主动鼓励各行业、各领域的创新应用。在产业数字化的战略背景下，生成式人工智能大模型可以作为工业革命级的生产力工具帮助传统产业特别是制造业实现从数字化转型转向智能化升级。从《暂行办法》可以看出来，国家对企业级场景的应用和研发予以大力支持，这对科技企业推动生成式人工智能大模型在企业级场景的落地有积极意义。

在这方面政府部门或组织需要与大型科技公司、具有创新力的企业开展人工智能相关合作项目，在创新发展中占据主导地位，在发展方向上拥有话语权；与企业各取所需，借力发展，共同形成一种相辅相成的伙伴关系，达到"1+1>2"的可观效果。

（三）鼓励投资开放市场

科创板是交易市场的重要部分，可以精准服务于创新驱动发展战略，同时促进经济高质量发展。有序依法合规的市场环境将大大促进科技创新公司与资本的良性互动，在人工智能产业发展中，它是其中的一部分，也是最不同寻常的一部分。技术创新往往耗资较大，且研发成果有可能是"破坏性"的，于是风险成为其标签之一。

相关部门为之营造的优势环境将增强初创公司的信心，更重要的是给市场带来活力。资本的涌入将给行业带来更多的机会，资金的快速周转将激发市场活力，提高人工智能行业的社会关注度，吸引民众目光，带动产业创新、良性发展。

开放友好的市场环境将吸引其他国家和地区的创新体和资本进入，新加坡的开放市场在监管和开放之间做到了较好的平衡。变化莫测的国际形势无疑给企业跨国创新发展蒙上了一层阴霾，应以更加包容开放的心态迎接国外投资者和科技创业者走进中国、参与产业发展。

参考文献

邓美薇：《日本人工智能的战略演进和发展愿景及启示》，《日本问题研究》2022年第2期。

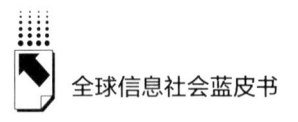

統合イノベーション戦略推進会議:《AI 戦略 2022》, https://www8.cao.go.jp/cstp/ai/aistrategy2022_honbun.pdf.

대한민국 디지털 전략, https://www.msit.go.kr/bbs/view.do?sCode=user&mId=113&mPid=112&pageIndex=2&bbsSeqNo=94&nttSeqNo=3182193&searchOpt=ALL&searchTxt.

"2022 국가지능정보 백서" https://www.nia.or.kr/common/board/Download.do?bcIdx=25094&cbIdx=44086&fileNo=9.

Arfanuzzaman M., "Harnessing Artificial Intelligence and Big Data for SDGs and Prosperous Urban Future in South Asia," *Environmental and Sustainability Indicators*, 2021, 11.

Haseeb M., Mihardjo L. W. W., Gill A. R., et al., "Economic Impact of Artificial Intelligence: New Look for the Macroeconomic Assessment in Asia-Pacific Region," *International Journal of Computational Intelligence Systems*, 2019, 12 (2).

"National Artificial Intelligence Strategy (Singapore)," https://www.smartnation.gov.sg/files/publications/national-ai-strategy.pdf.

Younas Ammar, "Recent Policies, Regulations and Laws Related to Artificial Intelligence Across the Central Asia." August 1, 2020.

专题篇
Special Topics

B.6
生成式人工智能对文化事业创新和高质量发展的机遇与挑战

王世伟*

摘 要： 生成式人工智能标志着信息搜寻获取与知识整合组织新时代的到来，将重新定义文化事业发展中的资源力、计算力、服务力、创新力、学习力、传播力和发展力，将前所未有地为文化创新和高质量发展服务链的整体效能提升带来巨大发展机遇。本文试图对生成式人工智能对文化事业创新和高质量发展带来的机遇与挑战作一些初步的剖析、归纳、综述和展望，重点从以下三个维度展开分析与阐述：以生成式人工智能的主动赢得文化事业发展的主动、推动催生文化发展的新领域和新赛道、生成式人工智能的各类风险挑战与规避。

关键词： 生成式人工智能 文化事业 文化创新

---

* 王世伟，上海社会科学院信息研究所研究员，研究方向为智慧图书馆、历史文献。

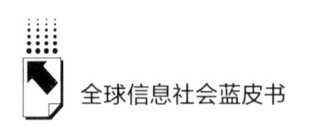

一 引言：问题的提出

生成式人工智能成为2022~2023年震惊世界的重大科技成果，其诞生和发展代表着人工智能进入全新的阶段，成为人工智能发展史上的一个重要里程碑。这一技术的普及是由美国开放人工智能研究中心（OpenAI）开发的ChatGPT推动的，全球巨量用户的加入，极大地推动了自然语言处理自动化进程，其算法能即时应对无数的没有经过专门训练的各类问题，在大规模数据的基础上形成用户所需的文本、音频、图像和视频，令人惊艳。生成式人工智能如此出乎预料的表现，令从事人工智能研究的专家都为之震撼。在新一代信息技术快速迭代、群体并进之际，生成式人工智能受到全社会关注，赋能千行百业，被认为可与内燃机和互联网等相媲美，对文化事业的创新和高质量发展也带来了前所未有的机遇与挑战。生成式人工智能标志着信息搜寻获取与知识整合组织新时代的到来，将重新定义文化事业发展中的资源力、计算力、服务力、创新力、学习力、传播力和发展力，为文化创新和高质量发展带来巨大的机遇。因此，应当将生成式人工智能视为整个文化事业创新和高质量发展的重要引擎。尽管生成式人工智能在文化领域尚处于发展初期，但已呈现出一些特点。本文重点基于2022年秋冬季至2023年夏季的实践和研究，对生成式人工智能对文化事业创新发展带来的机遇与挑战作一些初步的剖析、归纳、综述和展望，从以下三个维度展开分析与阐述：以生成式人工智能的主动赢得文化事业发展的主动、推动催生文化发展的新领域和新赛道、生成式人工智能的各类风险挑战与规避。

二 以生成式人工智能的主动赢得文化事业发展的主动

2022年秋冬季至2023年夏季，人们面对生成式人工智能带来的认知冲击，正在试图挖掘这一全新人工智能技术的巨大潜能，推动文化功能迭代和业务场景创新，响应国家文化数字化战略，走出一条文化事业创新和高质量发展的新路。

（一）在拥抱生成式人工智能中变被动为主动

与以往的 AI 语音、图像识别等识别类人工智能有所不同，生成式人工智能作为一种通用人工智能及生成能力，在万物互联和万物交织的环境下，通过提出问题、数据分析、代码编写、图像生成、文本合成等具体路径，具备了知识发现、虚实共生、智慧涌现、演进迭代等特征，人机互动、快速应答、翻唱歌曲、趣味绘画、虚实并现等，可谓层出不穷，正在渗入创作、演出、阅读、参观等文化领域和文化场景，对文化的生产方式和治理等带来变革性影响。可以确定的是，随着生成式人工智能的快速演进，这一对世界带来巨大影响的技术对文化事业的影响会越来越大。

这一惊世的人工智能新进展是文化事业的新风口。对于生成式人工智能，如果我们把握得当，主动应对，积极施策，趋利避害，完全可以成为文化事业发展的新动能和新通道，并将赢得文化事业发展的主动。

生成式人工智能所依据的数据要素具有可复制、可共享、可无限供给等特点，不仅使文化场馆物理空间的单一服务要素产生倍增效应，更重要的是提高了传统服务要素（如图书、文物、舞台、演员、乐器、画作等）的资源配置效率，使文化服务和文化发展产生巨大变革。生成式人工智能既实现了对巨量信息数据的有效识别、深度学习与充分模仿，通过强大的自我学习能力，推理、判断和咨询应答，实现了与以往不同的、更高质量的人机交互对话，并进一步在文化服务与管理中成为具备知识总结和演绎归纳功能的高智力帮手，实现了由人类自然语言到人工智能语言的蜕变；同时，生成式人工智能所形成的巨量数据的互相连接和总结提取正在使文化发展释放无限的可能，催生更多融合性、增强型和个性化文化产品的出现，从而引发文化消费新潮流。

生成式人工智能在图像识别、归纳推理、阅读理解等领域能够较快地执行搜寻和认知等各项工作，这将令文化机构的诸多传统岗位重新洗牌，并有助于减少并规避一些重复性的、冗长度较高且无太大意义的事务，人工智能将无可争议地取代或协助人类完成许多工作，它如同一个可以24小时不知疲倦的文献检索员、参考咨询员、数据分析员、舞台戏剧音乐演员、绘画艺术家、文化宣传推广员、文化活动主持人，极大地提升文化事业的效能，文化事业将迎来继大数据、云计算、移动互联网、智慧文化场馆之后的新一轮的深刻变革。生成式人工智能将促进文化艺术的创作、消费和服务，也会带来文化艺术批评的改变，这将考验文化机构的管理者和广大文化从业人员识变应变的智慧和能力，而以生成式人工智能的主动赢得文化事业发展的主动无疑是这一变革中具有远见卓识的大智慧。

（二）智行文化创新未来

文化事业的创新发展需要想象力，而生成式人工智能恰好具备了超强想象力和无限可能性的禀赋，特别是对再现型文化作品而言更是如此。诚如腾讯研究院院长司晓所指出的，人工智能产品深刻改变了内容生产方式和传播方式，数字出版、数字影视、数字艺术、数字动漫等新型业态不断涌现，极大地提升了文化产品的生产效率。最具影响力的人工智能绘图软件Midjourney的创始人大卫·霍尔茨也表示："我只想做我认为最酷的事情。"他认为Midjourney并不是一个人工智能机器人，而是"思维的载具"，这些载具不是阻碍，反而会促进人类想象力的发展。这就像人类发明了汽车去远途旅行却仍坚持用脚走路一样，人类可以利用生成式人工智能绘图节省下来的时间去想象，赋予生成的图片更多的细节。[1] 随着生成式人工智能的不断发展，人机情感交互中机器人将被赋予"类人"的情感特点，生成式人工智能所产生的人体形象不仅在外表上与真人几乎一模一样，而且在语言、声音与心理活动方面也越来越向类人靠拢，这种被称为具身智能（Embodied Intelligence）的人工智能将促进科学与想象力的融合。

通过传统的文化研究方式与生成式人工智能方法的结合，可以催生文化

---

[1] 《AI绘图的"领头羊"，Midjourney创始人霍尔茨谈人工智能》，《环球时报》2023年5月6日。

发展的全新模式和全新生态，进一步构建起公益普惠和优质均衡的公共文化服务体系。如在传统的文化研究实验的基础上，融入生成式人工智能的新方法，可进一步提升开放式问答和多轮对话能力、计算和代码能力、多模态交互能力，增强文化创新发展内核，提升服务创新策源能力。令人高兴的是，各类生成式人工智能正在发展，如中国国家博物馆大力推进数字化建设，按照透彻感知、泛在互联、智慧融合、自主学习、迭代提升的技术路线，以数据为核心进行格局重塑、流程再造和组织重构，推动智慧库房、智慧展厅、智慧楼宇建设，不断提升智慧保护、智慧管理、智慧服务水平，三维数据采集、数据治理等核心技术指标位居业界前列。近年来，随着科技的迅猛发展，人工智能越来越深入地参与音乐创作的各个环节。比如，2022年8月初，一场别开生面的音乐会在香港大会堂音乐厅举办，音乐会上既有真人乐团的现场伴奏，还有300多个虚拟人合唱一曲《东方之珠》，另配上了由人工智能为歌曲创作的3D音画，成为全球较早的人机合作表演。又如，2020年人工智能音乐人"微软小冰"入学上海音乐学院，经过学习，不仅顺利毕业，还作曲并演唱了歌曲《智联家园》。而中国歌剧舞剧院面对生成式人工智能，积极应用沉浸式交互音乐技术，对舞台现场音效场景进行数字重建，生成式的实时音乐数据可与舞台装置、灯光、视频等进行交换，实现舞台从视觉艺术到听觉艺术的联动，为观众带来全新的体验。这种交互音乐技术在人机交互以及人工智能方面都有重大进展，如音乐创作、表演形式和方法，使当代音乐艺术表演建立在人机互动的实时合作和即兴表演上。[1] 2022年11月，在上海朵云轩30周年庆典拍卖会上，首次实现了人机共创山水画拍卖，为绘画与拍卖带来了全新的文化体验。这些生成式人工智能在文化领域的试水，已展现出在面对新一轮信息技术革命时文化事业所采取的主动姿态。

可以肯定的是，把握生成式人工智能的新机遇，加快建设泛在互联、虚实一体、人机融合、智能敏捷、绿色低碳、安全可控的智能化综合性文化数

---

[1] 王伟杰等：《数字赋能文化新业态新场景》，《中国文化报》2023年5月17日。

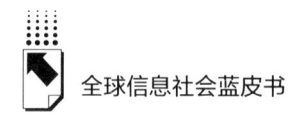

字信息基础设施，夯实文化创新和高质量发展基石，必将有助于展示中华文明的精神标识和文化精髓，推动中华文化繁荣发展，必将有助于在文化领域加快构建中国叙事体系，不断提升中华文化的吸引力，深化文明交流互鉴，必将有助于各类文化事业的创新表达方式和传播手段并借以展示中华文明成果和当代中国人的精彩生活，在加快构建具有鲜明中国特色的战略传播体系中推动全球文明倡议落地生根，使文化创新和高质量发展之路越走越宽。

三 推动催生文化发展的新领域和新赛道

生成式人工智能正在撬动文化变革，推动 AI+文化互联网的创新应用。在积极竞逐数字文化、元宇宙、智能终端等新赛道中，文化行业聚焦算法创新+场景赋能，前瞻布局数智时代、大阅读时代、未来智能等未来文化发展新领域和新赛道，将为文化事业发展带来关键增量。通过文化算力、非物质文化遗产的发展、虚拟数字人、文化短视频、提升数据科学能力、发展最优解等来探讨文化事业高质量发展思路和发展案例。

（一）文化算力将成为关键发展力

生成式人工智能之所以能够对整个文化事业的发展带来大冲击，其关键之处在于大模型正在推动创新。中国的文化信息数据量大、类型复杂、维度广泛、层次多样，这为生成式人工智能在文化领域的发展提供了重要条件。所谓文化计算，就是利用社会计算、大数据、人工智能等技术与人文历史等学科相互交叉融合，实现文化内容挖掘传播并推动数字人文研究，促进文化繁荣发展的技术手段。文化事业创新发展在人工智能方面的着力点是先进人工智能大模型的训练和应用，这将有效支撑中国文化事业中生成式人工智能的快速发展。在数字中国的背景下，具有数据依赖特点的发展路径正在形成。算力作为数字文化的关键发展力，已形成新的文化创新格局，并开启了文化算力网络的新赛道，是文化数智化发展中集信息计算、数据存储和网络运载于一体的新型文化生产力和发展力。2018 年首届中国文化计算大会的召开标志着我国文化计算体系化研究全面启动。① 而生成式人工智能正在为文化算力赋能、夯实文化高质量发展的基石和底座，2023年5月26日在贵州省贵阳市举办的中国国际大数据产业博览会的主题"数实相融 算启未来"就充分体现了这一点。

根据国际数据公司的2022年评估报告，计算力指数正在推动国家的数字经济和国内生产总值不断增长，包括通用算力+专用算力。因此，文化算力的提升将推动文化供给侧的改革和文化服务力的提升。生成式人工智能大模型的发展，需要文化算力与时俱进，从算力平台观察，需要提升超高计算密度、超大规模算力和超快训练速度的算力。生成式人工智能需要构建更广时空的算力网络，使算力突破文化单点性能的极限，为文化机构的数智化转型提供更大规模、更加高效、更为泛在的算力供给方案。算力网络的内涵体现在以网调算、以网融算、以网强算，通过通信网络对算力的感知、触达、编排、调度，在算力网络拓扑的任何接入点，为用户的计算任务灵活、实时、智能匹配并提供最优的算力资源，从而满足任何时间、任何地点的多方算力需求，实现以数据算力提升优化文化服务力的目标。中国实施数字中国战略，推进大算力、高性能、低功耗与高可靠算网软硬件基础设施的研发产业化落地和云网融合。我国算力网络从算网协同到算网融合再到算网一体，正朝着高质量发展的方向坚定迈进，正在提升包括文化事业在内的自主创新能力和国际竞争力，助力我国在全球高文化科技竞争中赢得主动权。② 在2023年5月举办的世界电信和信息社会日活动上，国家工信部信息通信发展司负责人介绍，目前我国算力总规模已达180EFLOPS，居全球第二位，存力规模超过1000EB；在用数据库标准机架的规模超过650万架，服务器超过2000万台。10亿级参数规模以上的大模型在全国已发布79个。我国算力基础设施的梯次供给体系已经初步形成，算、存、运一体化的应用体系正在逐步构建。③

---

① 赵海英、李杰：《文化计算助推文化强国建设》，《光明日报》2022年7月21日。
② 欧阳晔、张亚勤、尹浩：《算力网络的第一个十年——夯实先发优势，勾勒新型信息基础设施发展新蓝图》，《科技日报》2023年5月16日。
③ 黄鑫：《加速打通信息"大动脉"》，http://paper.ce.cn/pc/content/202305/26/content_274695.html，2023年5月。

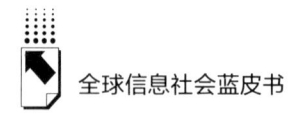

中国应继续保持在智能算力方面的优势，并持续提升基础算力和超算算力的竞争优势。这些都为生成式人工智能新赛道下的文化算力的全新发展提供了基础，也将迸发和显现出文化创新和高质量发展中算力的巨大威力，为中国文化事业跻身世界前列、形成世界文化发展的东方增长极创造新的技术环境。

算力是建立在数据之上，生成式人工智能是将整个网络作为数据源，其巨大的规模增强了人工智能的通用性；但在文化事业发展中需要建立高品质的具有深度的专业数据集，在通用的基础上从文化各领域的小切口入手，这将成为提升文化算力的基础工作，在多种异构融合的超大规模计算环境下，促成具有中国特色的基础算力、智能算力和高性能计算三者相结合的并行文化算力新发展，在集群的计算中通过共享具有深度的优质数据，激发文化创新活力。国家级文化机构应当承担起公共文化算力的责任，在解决文化领域各类问题的同时服务于行业中的千家万户。2022年9月，国家网信办发布了境内互联网信息服务算法名称及备案编号，首批包括30种算法。这些算法信息可以通过互联网信息服务算法备案系统进行查询。这一举措意味着《互联网信息服务算法推荐管理规定》中的算法管理规则得到了有效落实，成为中国算法治理探索的重要进展。

（二）非物质文化遗产的发展

据抖音发布的《2022非遗数据报告》，近一年来抖音平台上国家级非遗项目覆盖率累计达99.74%，相关视频播放量达3726亿，获赞94亿。目前受欢迎程度最高的10项非遗分别为相声、黄梅戏、柳州螺蛳粉制作技艺、京剧、豫剧、越剧、象棋、狮舞、烤全羊技艺、秧歌。从非遗内容创作者年龄来看，26%的用户为"90后"，35%的用户为"80后"。而中国首部世界非遗VR纪录片《昆曲涅槃》通过VR技术再现江南场景，展示昆曲的无穷魅力。以上数据和案例充分说明，大力推进数字技术与非遗深度融合，实现非遗数字化转型升级，已是包括生成式人工智能在内的信息技术环境下的大势所趋。清华大学新闻与传播学院张铮认为，故事感、未来感、体验感应是非遗文化产品开发的目标，也是地方文化元宇宙建构的手段。伴随着互联网带来的数字化革命和信息文明时代来临,数字技术正为非遗传承与发展创造更多可能性。① 同时,非遗的文化价值也将通过生成式人工智能而得到提升。2023年5月初,由华夏文化促进会主办的第三届中国非遗传承发展与创新高峰论坛非遗数字化专场在北京举行,论坛联合主席、中国人民大学教授周晓英教授指出,我国非遗数据具有来源多样、形式异构、标准不一、存储位置分散等特点,需要通过智慧数据资源建设为非遗数据配备感知、连接、融合、交互的智慧,实现非遗价值的升华。②

（三）虚拟数字人的发展

文化领域的虚拟数字人正在不断涌现,如虚拟主播、数字阅读推广人、社交机器人、名人机器人化身、元宇宙文化代言人、数字人研究学者群体论坛聚会等。有媒体以"人类迎来虚拟分身元年"为题对此进行了报道。所谓虚拟数字人,就是通过智能技术在数字化空间实现人机交互的拟人化仿真形象。娱乐功能、社交功能和服务功能成为虚拟数字人技术发展的重心,媒介作为人的延伸已随处可见,成为文化展示和宣传的导游、讲解、演员和使者。2022年8月,北京市经济和信息化局专门发布了《北京市促进数字人产业创新发展行动计划（2022—2025年）》,以打造数字人产业高地,助力北京建设成为全球数字经济标杆城市。随着虚拟数字人的兴起,中国古典美学的当代传播迎来了全新的机遇与挑战。不少国风虚拟数字人被赋予了古典文化特质,在传统戏曲、古典诗词、书法、方言等领域崭露头角,成为新时代传播中国古典美学的虚拟化身。如在2022年,一系列具有鲜明中国古典美学风格的国风虚拟数字人走进公众视野。如南京图书馆于2022年9月推出了全新IP的文化推荐官形象——温文尔雅,在其形象设计中,在发饰、服饰纹路、腰带扣等处均注入了南京图书馆和江苏地域文化元素,彰显出

---

① 许旸:《数字技术如何赋能非遗"活"下去"潮"起来——〈中国非物质文化遗产数字传播研究报告（2018—2022年）〉在沪出版》,《文汇报》2023年5月10日。
② 郑海鸥:《第三届中国非遗传承发展与创新高峰论坛非遗数字化专场在京举行》,https://www.hubpd.com/#/detail?contentId=2594073385367452554&from=internal。

"惜阴、尚思、启智、明德"的价值追求，承担起南京图书馆传播中华传统文化的使命。浙江卫视则推出了宋韵文化的传播者——虚拟数字人"谷小雨"，曾在电视节目中与真人同台诵读宋词，并与歌手跨次元演唱由苏轼《水调歌头·明月几时有》改编的歌曲《但愿人长久》，该演唱视频播放量突破1000万，迅速成为微博、抖音、快手等新媒体平台上的热门话题。由腾讯人工智能实验室开发的国风虚拟数字人"艾灵"，具有写藏头诗、演唱古风歌曲的艺术才能，成为模仿古代书法名家的字体风格、学习传统戏曲和各种方言、通晓诗词歌赋的全能型文化传播使者。虚拟数字人形象中还有苏东坡伶牙俐齿的妹妹苏小妹，其外形、头饰和服装都体现了宋代美学风格，既内敛又典雅，深受年轻受众的喜爱。她曾参演2022年北京广播电视台春节联欢晚会，并在跨次元实境舞台秀《星河入梦》中与真人演员同台"舞剑"。她还被特聘为眉山"数字代言人"和"宋文化推荐官"，为当地非物质文化遗产的传播及眉山文旅的数字化转型注入新的活力。虚拟数字人在讲好中国故事的文化传播中也发挥出独特的文化传播功能。在2021年"汉语桥"全球外国人汉语大会虚拟数字人推广宣传片中，知识类虚拟数字人"梅涩甜"被称为第一个由作家所孵化的虚拟数字人，"她"曾主持《梅得说》读书系列，擅长通过幽默的口吻向大众传递具有含金量的"硬知识"。无独有偶，继2021年"汉语桥"之后，2022年以敦煌壁画飞天为原型设计的虚拟数字人"天妤"艺术出圈，展现了凤凰妆、琵琶、巾舞等具有传统美学风格的主题内容，其服饰、发型、发饰多依托敦煌石窟中的文物，整体体现出雍容大度、端庄华美的敦煌艺术风格，并通过与多元化的现代时尚风潮相融合，营造出一种跨越古今的美学意境。"天妤"作为首个在海外走红的超写实国风虚拟数字人，成为具有广泛国际影响力的传统文化传播使者。[1] 关于虚拟数字人的讨论，也引发了哲学层面的思考。李珍在《自然辩证法通讯》2023年第2期撰文指出，虚拟化身的出现给传统的身心问题带来了新的挑战，心灵与身体之间的固有关系被虚拟技术所打破。在未来的元

---

[1] 黄文虎：《虚拟数字人助力中国古典美学传播》，《中国社会科学报》2023年5月8日。

宇宙时代，虚拟化身甚至可能比真实身体更能受到认同，类人会彻底脱离身体的"牢笼"，在虚拟世界中以化身的形象展现有意义的生活。虚拟数字人拓展了人类感知能力的边界和身体的边界，将真实的身体投射到虚拟世界的身体之中，以化身作为新形式创造了身体的多元化，使人的主体能够在更广阔的情境中发挥自身的潜能。①

（四）生成式人工智能与文化短视频

近年来，短视频已成为最受网络用户欢迎的文化产品，其通常指时长在5分钟以下的视频，具有时间密集、信息密集、知识密集、思想密集、创意密集等特点，而个性的旁白、美轮美奂的配图和配乐、富有创意的剪辑等更是增加了这种文化样式的吸引力，成为人们满足即时快感的一种娱乐方式和另类的知识信息获取载体。而生成式人工智能可以在短视频的初次创作和长视频向短视频转换的二次创作中大显身手。文化服务主体机构可以通过短视频的文化样式提升文化服务力和传播力。而生成式人工智能也将助力短视频文化产品的文化创作力和生产力向普通民众延伸，体现出文化的原创性和互动性，使更多民众（不只是短视频的观众）也成为"编剧"和"演员"。尽管短视频存在"在丰富中变得贫乏"的明显缺陷，但长时间工作生活在智能虚拟的空间中，外加不确定性的工作压力，人们渴望娱乐互动以排解孤独感是不争的现实。因此，对于短视频的发展，我们可以通过应用生成式人工智能技术，制作更多高质量的短视频。2023年6月，厦门大学图书馆等举办了第二届以"知识发现"为主题的短视频大赛，体现了生成式人工智能环境下短视频的新进展。

（五）在实现自身迭代进化中提升数据科学能力

早在2019年10月党的十九届四中全会的《中共中央关于坚持和完

---

① 李珍：《真实的自我与虚拟的身体——元宇宙中虚拟化身的具身性研究》，《自然辩证法通讯》2023年第2期。

善中国特色社会主义制度推进国家治理体系和治理能力现代化若干重大问题的决定》中就已增列"数据"作为生产要素，反映了经济活动数字化转型加快的时代特征，而数据对提高文化服务效率的作用也日益凸显。[①] 实施数字中国战略需要高水平的数据要素配置，提升数据科学能力，而高质量的文化数字化发展离不开高质量的文化数据治理，中国使用人工智能产生的巨量数据将使其成为全球最大的数据圈。因此，在生成式人工智能的发展中，要通过高质量文化数据治理激活文化数据要素的潜能与价值。

在数据海量生成的过程中，应当将数据科学能力作为文化机构创新发展的核心能力来予以谋划。人工智能大规模应用势不可当，现有人工智能算力不足是亟待解决的问题。在文化事业的发展中，加快生成式人工智能应用，实现国家省市地县文化场馆的多源异构数据的高效存储、加工和呈现，这将改变以往缺乏数据分析支撑而仅仅依靠一些经验来分析研究文化事业发展的历史，利用系统仿真的事前预估成效，集成多群体、多场景、多时空、多概率的仿真过程将大大提升文化决策的效率并降低可能的各类成本，在因地制宜建设数字孪生城市的同时率先实现文化场馆的数字孪生。面对文化空间场所、文化服务人群、文化服务内容、文化创意产品、网络空间流量等文化数据，要不断提升采集和集成的能力，以及数据分析挖掘、优化筛选、应用建模的能力，通过生成式人工智能的针对性模型获取高质量发展所需的语料、数据和分析结果，从而为文化事业发展提供科学的预测和决策支撑，实现生成式人工智能赋能文化服务创新。在生成式人工智能通用工具的一体化和平台化环境下，其催生的新领域和新赛道将惠及广大公众，从而提升民众的获得感和幸福感。在生成式人工智能赋能文化事业的进程中，要克服单点应用、个别发展的问题，使生成式人工智能贯穿于文化产品供给侧的制作创意、文化服务需求侧的互动反馈、文化服务空间的动态流量等文化服务体系的全生命周期，在顶层设计中强化文化算力资源的统筹布局协调，提升文化

---

① http://www.xinhuanet.com/politics/2019-11/05/c_1125195786.htm.

算力的综合供给能力,将海量的文化数据,通过生成式人工智能变为可视化可利用、供需平衡的文化数据资产。

(六)在无数的可能组合中找到全局最优解

生成式人工智能技术正在逐步渗入文化事业的各个领域,打破文化事业原有的创作服务与传播推广格局。机器人创作与数智算法的广泛应用,改变了传统文化内容的生产模式,使数据采集、内容制作、场景设计、服务呈现、项目推广、个性推送、广告营销、用户参与模式等文化服务的各个环节已经或将产生全新的变化。生成式人工智能可以帮助文化服务主体通过数据算法对各类主题服务与管理进行调查研究并对服务效果进行预判,以便更好地决定服务内容并助力选择最佳最优方案。通过生成式人工智能,可以开发集文献搜寻、书本学习、读者分析、创意设计、项目优化于一体的以覆盖用户服务全流程的文化服务新平台,从成千上万的可能组合中找到全局最优解以制定阅读推广的新方案,同时淘汰低质量内容,引领文化研究的知识理解数字化、数据要素分析化、文化创作智能化,这将对文化事业产生巨大影响。如在图书馆阅读推广和博物馆的展览宣传中,通过应用生成式人工智能,可在极短的时间内制作出数以十计的设计广告,而文博专业人员则可在此基础上利用自己的专业知识来编排生成的图像和文本。生成式人工智能可以帮助各类文化机构快速分析和处理知识、提取有用信息、找出规律和趋势,借助生成式人工智能所擅长的高通量的精准实验和大规模数据处理等能力,结合人类的创造性和判断力等思维能力,创造超越现有文化发展范畴的新领域和新赛道。在文化服务领域,生成式人工智能所具备的文本生成、语言理解、知识问答、逻辑推理、数学能力、代码能力、多模态能力等能够帮助人们更快更好地进行文化探索,以技术换新促进发展创新和服务上新,在可预见的将来加速拓展文化事业发展边界,并不断催生各类产品级和项目型的实际应用。以图书馆和博物馆等文化机构中文物修复工作为例,通过人工智能,可以明晰诸多被修复文物的细节,如古籍修复用纸的纸张选择、修复用纸和装订用线的颜色统一、审美视域下的修复材料选择、修复的可逆性

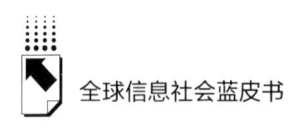

等，古代家具、青铜器、陶瓷等都有类似的情景，从而使人工智能技术与专业修复师的智慧有机地结合起来。

在文化治理整个平台流程和范式更加精准化、智能化的背景下，通过人工智能自主学习和优化，可以在各类文化发展的复杂环境体系中得到整体性的全局最优解，最终有望优化以往文化治理中的试错方法，极大地提高文化发展效能。

（七）文化空间批量向数智化转型的高质量发展新通道

在高质量发展成为文化事业的首要任务的当下，生成式人工智能将为文化事业的高质量发展赋能，无论是图书馆、文化馆还是博物馆、美术馆，无论是曲艺歌舞还是音乐绘画，都在向数智化转型，以实现高质量发展。

随着文化机构的数智化转型，各类异构数据将不断沉淀，文化服务主体得到的用户画像更加清晰。在这个变化过程中，文化服务主体要考虑如何提供更多读者和用户所需的服务。在新的发展环境下，人们的文化消费习惯正在发生变化，文化服务主体的功能已从简单的阅读、观赏拓展至更多的社交空间和更为个性化的文化体验。文化服务主体拥抱生成式人工智能并形成规模化的应用，将有助于开启数智文化发展的新时代。真正的数智化是根据现实场景的数据采集，通过智能分析挖掘，在适应各种文化服务场景中通过自我学习不断优化服务项目和服务产品，以提升并改善服务。在这发展过程中，如何在智慧文化场馆的建设基础上构建全国一体化算力算网平台被提上议事日程。生成式人工智能将促成文化事业的效能变革和动力变革进而促成质量变革，这显然是面向未来的文化事业机构批量化的数智转型之路和高质量发展的创新之路。

四 生成式人工智能的各类风险挑战与规避

在生成式人工智能的发展热潮下，应当冷静地应对其带来的各类风险。要增强机遇与风险意识，准确地认知这一巨大的变化，积极主动地顺热而为，牢牢把握这一新的战略机遇，善于化危为机、在各类风险困难中捕捉文化事业发展的机遇；要认识到生成式人工智能所带来的挑战不是短期的，需要在发展中做好长期的准备。

（一）生成式人工智能带来的各类风险

在生成式人工智能的发展中，应切实提高战略思维、辩证思维和法治思维能力，正确理解生成式人工智能的双重属性。生成式人工智能在给文化事业带来前所未有的创新发展机遇的同时，也引发了诸多方面的各类风险。如2023年5月初英国牛津大学官网报道了该高校由法律、生物伦理学、机器学习等相关领域专家组成的跨学科团队正在探索如何解决大型语言模型造成的生成内容责任相关的复杂伦理问题，深入研究了大型语言模型在教育、学术出版、知识产权以及错误和虚假信息生成等关键领域的潜在影响。生成式人工智能带来的风险包括但不限于：生成式人工智能过程加剧个人与国家的数据泄露风险、搜集个人数据造成侵犯个人隐私、违法盗脸、语音诈骗、侵犯知识产权、数据与权限为大型企业所垄断、国际数据生态安全治理面临前所未有的挑战等。此外，生成式人工智能还会带来诸如人类权益与机器人权益的冲突、社会道德与伦理规范的重塑等问题。如有学者提出《从人到机器人：社会治理面临新挑战》的命题。① 2023年5月，日本政府召开首次AI战略会议，就相关政策进行研讨，强调在生成式人工智能日益普及的背景下制定相关标准以推动负责任的人工智能发展。② 深度学习的三大巨头之一的杰弗里·辛顿于2023年5月初请辞谷歌也进一步敲响了生成式人工智能会引发风险的警示。《文汇报》在刊发这一信息时所加的编者按指出，这是站在"人类文明的十字路口"，"AI何去何从？这是摆在人类面前的一道必答题。自2022年底ChatGPT横空出世、5天内突破百万用户以来，有关AI与人类未来的讨论愈演愈烈，从产业界到学界，至今尚无定论。回望历

---

① 刘国芳：《从人到机器人：社会治理面临新挑战》，《中国社会科学报》2023年5月4日。
② 《日本政府召开首次AI会议》，《参考消息》2023年5月13日。

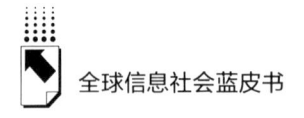

史，科学技术的发展总是在反对和质疑声中一路前行。新技术总会伴随新风险，这一次为何更棘手？作为地球文明的主导者，我们似乎遇到了一个前所未有的挑战：以目前 AI 发展速度，人类会否沦为硅基智慧演化的一个过渡阶段？这一次人人都是参与者，无人可以置身事外"。[1] 以上分析多少折射出生成式人工智能所带来的风险的紧迫性和广泛性。

（二）以文化培训的变革积极应对生成式人工智能的挑战

生成式人工智能已经或将使文化行业人才需求发生改变是显而易见的。随着人工智能越来越发挥着如同人们眼睛和耳朵等的替代功能，人们逐渐从那些机械化的单纯工作中脱离出来，转而更多地从事智力创造工作。就文化就业者而言，需要在培训中增强全员自我技术和知识的更新能力，关注文化从业人员的好奇心和创新精神、跨学科跨领域的交叉复合能力、具备协作交流情商的社会沟通能力，特别是面对各类交织复杂现象的问题解决能力、人机融合协作能力、持续知识创新和模式更新的思维与能力等，并为文化管理者和从业人员的不断成长提供更全面的支持。在文化教育中应增加未来文化发展的知识储备，并改变过于单一和千人一面的所谓标准化培训模式，培育文化从业者适应技术变革并不断进行技能更新的学习和思考能力，让广大文化工作者成为一个个独特的灵感体。就文化教育的教师而言，需要形成融教育与信息技术于一体的全新知识结构，通过新的文化 App 和开发平台，在与人机交互中形成相关提示，使文化从业者能够通过生成式人工智能的工具和方法产出更完美的文化服务内容和产品。文化培训者应采取场景式和追问式的在职培训方法，让受培训者迈向文化管理与文化服务的高端智性层面，从而超越模式化的思考方式，对人工智能对文化事业的入侵形成免疫。同时需要指出的是，不能过度信任或依赖生成式人工智能，这样很可能会对人的各类工作产生危害。如"类人"的发展引发人们的焦虑与担忧并可能激发或引发不道德行为，加深人工智能的数智鸿沟，生成式人工智能的过度使用

---

[1] 沈湫莎：《新技术总会伴随新风险 AI 为何更棘手？》，《文汇报》2023 年 5 月 12 日。

会影响批判性思维的形成,等等,这些潜在的风险都需要在文化教育和培训中予以重视和关照,以规避其可能产生的负效应。

(三)始终将人的因素放在第一位

在生成式人工智能的不断演进中,有没有以不变应万变的智慧呢?回答这一问题,就是需要始终将人的因素放在第一位。在巨量的数据合成中,生成内容会出现错误,那些经过剪辑和组装乃至剽窃和洗稿等而形成的文化科研产品,其真伪的鉴定和侵权伦理的判断还得依靠人的智慧。随着生成式人工智能的发展,文化领域的自然语言处理发生巨大的变化,正在形成人类自然语言与人工智能语言共存共生形态。由于现存研究数据来源多且杂,当高质量和低质量数据混在一起时,人工智能就很容易学到"错误的数据",开头就错了,后面自然会影响效率甚至准确性,而智能推荐算法也很容易形成知识单一、片面的信息茧房,这就需要发挥无法替代的人脑智慧的作用,人机协同无疑是未来的发展趋势。同时,生成式人工智能也使人体的真实、声音的真实、图像的真实等产生了更多的问题,这需要技术更需要人的智慧来加以辨别。需要指出的是,文化教育事业是富有温度的,在各类文化项目的服务过程中都离不开主客之间的情感互动,服务主体的服务创造性和情感社交性是生成式人工智能无法取代的。同时,生成式人工智能既是科技问题,又不仅仅是科技问题,还涉及图书馆学、博物馆学、艺术科学、计算机科学、脑科学、社会学、心理学、哲学和伦理学等,需要在秉持以人为本的基础上,在一个跨学科的生态中不断探索全新的文化世界。

(四)国内外人工智能监管不断增强

随着生成式人工智能的迅猛发展,国内外对于其进行的伦理审查与监督管理也正在加强。

1. 国家互联网信息办推出生成式人工智能管理办法

为促进生成式人工智能技术健康发展和规范应用,2023年4月,国家互联网信息办公室发布《生成式人工智能服务管理办法(征求意见稿)》,

旨在对生成式人工智能的不断发展予以规范，同时在重视防范风险的同时建立容错和纠错机制，努力实现规范与发展的动态平衡。

2. 国家工信部成立科技伦理委员会和专家委员会

随着生成式人工智能的发展，算法伦理命题引起了越来越多的关注。陈昌凤、吕宇翔开展了算法伦理研究，从算法伦理的视角、框架和原则等维度进行了阐述。[1] 为深入贯彻《中共中央办公厅 国务院办公厅关于加强科技伦理治理的意见》，认真落实党中央、国务院关于加强科技伦理治理的决策部署，2023年5月工业和信息化部正式成立工业和信息化部科技伦理委员会、工业和信息化领域科技伦理专家委员会。两个委员会将负责统筹规范和指导协调工业和信息化领域的科技伦理治理工作，研究制定工业和信息化领域的科技伦理治理制度规范，建立健全工业和信息化领域的科技伦理审查监督体系，组织开展工业和信息化领域的重大科技伦理案件调查处理工作，研究工业和信息化领域的科技伦理重大问题，组织开展科技伦理宣传教育，推动重点领域科技伦理治理的国际合作与交流。委员会的秘书处设在工业和信息化部科技司，各成员司局按照职责分工负责本领域科技伦理规范制定、审查监管、宣传教育等相关工作。在生成式人工智能飞速发展的当下，科技伦理委员会和专家委员会的成立体现了国家数智化战略发展中坚持促进创新和防范风险相统一、统筹发展和安全的政策导向，这将有助于将科技伦理要求贯穿于科技创新活动全过程，加强科技伦理审查和监管，组织制定重点领域科技伦理审查规范和标准，探索指导设立行业科技伦理审查中心，开展重点领域科技伦理敏捷治理试点，强化科技伦理管理培训和宣传教育，加强人才队伍建设。这对于生成式人工智能在文化领域发展中不断提升科技伦理治理能力同样有着重要的指导价值和启示作用。[2]

3. 国家七部门联合公布《生成式人工智能服务管理暂行办法》

2023年7月，国家网信办联合国家发展改革委、教育部、科技部、工

---

[1] 陈昌凤、吕宇翔：《算法伦理研究：视角、框架和原则》，《内蒙古社会科学》2022年第3期。
[2] 《工业和信息化部科技伦理委员会、工业和信息化领域科技伦理专家委员会成立》，https：//www.miit.gov.cn/xwdt/gxdt/sjdt/art/2023/art_bf9109a8e7bd42eba880126c008babd1.html，2023年5月16日。

业和信息化部、公安部、广电总局公布《生成式人工智能服务管理暂行办法》（以下简称《暂行办法》），自 2023 年 8 月 15 日起施行。《暂行办法》提出，坚持发展和安全并重、促进创新和依法治理相结合的原则，采取有效措施鼓励生成式人工智能创新发展，对生成式人工智能服务实行包容审慎和分类分级监管，并明确了提供和使用生成式人工智能服务的总体要求。同时，《暂行办法》还提出了促进生成式人工智能技术发展的具体措施，明确了训练数据处理活动和数据标注等要求；规定了生成式人工智能服务规范，明确生成式人工智能服务提供者应当采取有效措施防范未成年人用户过度依赖或者沉迷生成式人工智能服务，按照《互联网信息服务深度合成管理规定》对图片、视频等生成内容进行标识，发现违法内容应当及时采取处置措施等。此外，《暂行办法》还规定了安全评估、算法备案、投诉举报等制度，明确了法律责任。《暂行办法》的出台，将促进包括文化事业在内的生成式人工智能健康发展。①

4. 联合国计划制定《全球数字契约》

2021 年 11 月，在巴黎召开的联合国教科文组织第 41 届全体大会上一致通过《人工智能伦理问题建议书》，指出"深信在此提出的建议书，作为以国际法为依据、采用全球方法制定且注重人的尊严和人权以及性别平等、社会和经济正义与发展、身心健康、多样性、互联性、包容性、环境和生态系统保护的准则性文书，可以引导人工智能技术向着负责任的方向发展"。② 2023 年 5 月，联合国发布《我们的共同议程》政策简报 5《全球数字契约——为所有人创造开放、自由、安全的数字未来》，指出数字世界充满鸿沟，并且鸿沟还在扩大、不平等正在加剧，迫切需要找到利用数字技术造福于所有人的方法。因此，联合国秘书长安东尼奥·古特雷斯建议制定《全球数字契约》，以推进开放、自由、安全、以人为本的数字未来，以普遍人

---

① 《国家网信办等七部门联合公布〈生成式人工智能服务管理暂行办法〉》，http://www.cac.gov.cn/2023-07/13/c_1690898327029107.htm，2023 年 7 月 13 日。
② 联合国教科文组织：《人工智能伦理问题建议书》，https://unesdoc.unesco.org/search/N-EXPLORE-a8316fef-f8ab-4d8d-b19c-024a46c2d303，2021 年 11 月。

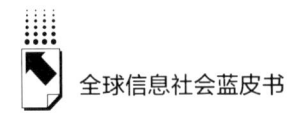

权为基础,使实现可持续发展目标成为可能。①

5. 美国公布《国家人工智能研发战略计划》2023年更新版

2023年5月,美国政府公布了《国家人工智能研发战略计划》2023年更新版,这一由美国国家科学技术委员会人工智能特别委员会制定的最新版国家人工智能研发战略计划包括了长期投资于基础和负责任的人工智能研究、开发人类—人工智能有效合作的方法、了解人工智能的伦理法律和社会影响、确保人工智能系统的安全性、开发用于人工智能训练和测试的公共共享数据集和环境、利用标准和基准来测量和评估人工智能系统、更好地了解国家人工智能研发人才队伍的需求、拓展公私伙伴关系以加速人工智能发展、建立有原则的和可协调的人工智能国际合作研究的方法等。如涉及人工智能的伦理和法律及社会影响命题,并提出了形成社会核心价值观和降低人工智能及伦理风险的要求。2023年7月21日,美国白宫宣布,美国七大AI企业已与拜登政府签署协议,承诺采取自愿监管措施管理AI技术开发风险,包括展开安全测试、为AI生成内容添加数字水印等,并强调系自愿设置"护栏"。这"七巨头"分别是谷歌、亚马逊、脸书母公司Meta、微软、AI企业Anthropic、Inflection和ChatGPT母公司OpenAI。

6. 欧洲议会通过了《人工智能法案》的草案

从全球来看,人工智能的法律和监管正在加强。以欧盟为例,从2019年4月起,先后出台了人工智能伦理准则(2019年4月)、《人工智能白皮书》(2020年2月)、《人工智能法案》(2021年4月)、《人工智能责任指令》(2022年9月);而2023年6月,欧洲议会通过了《人工智能法案》草案,为促使欧洲议会、欧盟成员国和欧盟委员会各方确定法案的最终条款向前迈进了一步,并在此基础上将通过三方会谈确定最终条款。负责该法案的欧洲议会意大利议员欧兰多·贝尼菲表示,欧盟立法将为世界其他地区构建负责任的AI设定路径。同时欧盟还派出官员与亚洲国家就人工智能的监管

---

① https://www.un.org/sites/un2.un.org/files/our-common-agenda-policy-brief-gobal-digi-compact-zh.pdf.

问题进行商谈，试图使欧盟的《人工智能法案》成为全球行业的标准，以抢占人工智能国际规则的制高点。

7. 人工智能版权

人工智能生成内容是否具有版权也是生成式人工智能在文化领域中的新问题。对此，中国知识产权法学研究会副会长、中南财经政法大学教授曹新明提出，著作权法意义上的作品应满足以下四个条件：由人类创作，具有独创性，是蕴含一定思想内容的表达形式，且不属于法律法规、通用数表、公式等著作权法排除对象。目前AIGC有三种形式，分别是完全由人工智能独立创作、由自然人辅助创作、按照自然人输入的提示词生成。上述三种形式中，只有一种是人类直接参与的，这种情况下生成式人工智能才可能具有版权。在剩下两种形式下，将AIGC界定为"作品"是有问题的。这是因为人工智能并没有独立的思想，并不能独立地进行"创作"，更遑论具有版权。南开大学法学院副院长、竞争法研究中心主任陈兵则认为，从目前各国的立法状况来看，日本、澳大利亚、英国、美国等国家均未赋予人工智能民事主体资格，因此还谈不上AIGC"具有版权"。[1] 尽管还有争论，但生成式人工智能的版权显然已引起业界的重视。

由中国科学院文献情报中心主办的《电子政务》杂志在2023年第4期专门开辟了"ChatGPT治理"的专题研究栏目，所发表的论文分别从生成式人工智能的社会影响及其治理、发展趋势及监管策略、智能政务的前景与隐忧、数字政府治理中的价值与风险防控等维度进行了探讨。[2]《图书情报知识》（2023年第2期）、《图书与情报》（2023年第2期）、《图书馆杂志》（2023年第5期）等杂志也及时地开辟了生成式人工智能研究专题，成为文化领域研究生成式人工智能的新成果。

---

[1] 裴宸纬、吴纯新：《AI生成内容的版权尚无明确界定》，《科技日报》2023年6月19日。

[2] 何哲、曾润喜、郑磊等：《ChatGPT等新一代人工智能技术的社会影响及其治理》，《电子政务》2023年第4期。

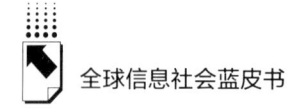

（五）注重数据安全和国家文化安全

在百年未有之大变局和新一代信息技术不断更新迭代的发展背景下，生成式人工智能的边界不断扩展，将对数据安全乃至国家文化安全产生深远影响。因此，需要对国家文化领域的生成式人工智能生态群进行重构，在人工智能算法上实现创新突破，进一步强化数据安全与算法监管，同时积极参与国际数据生态治理，推进形成世界数据生态安全治理的共同体。数据安全和国家安全也面临着全新的环境。在生成式人工智能的发展中，文化事业的发展需要统筹发展和安全、统筹开放和安全、统筹传统安全和非传统安全、统筹自身安全和共同安全、统筹维护国家安全和塑造国家安全，将国家文化安全融入生成式人工智能发展的全过程和全发展服务链，以历史的主动精神，将数据安全和文化安全纳入国家总体安全观的战略框架，以全新的盾牌维护国家文化安全，筑牢国家文化安全防火墙。

五 结语

2021~2022年图书情报领域关注元宇宙与智慧图书馆的命题，[①] 2023年起又敏锐地聚焦生成式人工智能对信息资源管理的影响的新研究命题。以ChatGPT为代表的大模型是数智时代的典型技术和应用创新。面对ChatGPT强大的信息加工、荟萃、整合和生成能力，信息资源管理学科机遇与挑战并存。ChatGPT在信息资源管理支撑算法与技术、信息资源建设、信息组织与信息检索、信息治理、内容安全与评价、人机智能交互与协同等方面都具有深远的影响。[②]

生成式人工智能的发展，尽管尚处于萌芽期，但正在不断突破和拓展知

[①] 赵志耘、林子婕：《元宇宙与智慧图书馆：科技赋能文化新路径》，《图书情报知识》2022年第6期。

[②] 陆伟、刘家伟等：《ChatGPT为代表的大模型对信息资源管理的影响》，《图书情报知识》2023年第2期。

识边界和技术边界，呼唤研究者对这一科技的新进展的发展原理、成果原理以及应用原理进行深入追寻和探讨，从而为生成式人工智能的科学发展和可持续发展提供战略性、主动性和前瞻性的理论支撑，为不确定的科技发展提供相对确定的理论诠释和支撑。快速迭代的新一代信息技术催生的任何一个新业态向来都是一个不断深耕的过程，作为划时代的人工智能新技术，生成式人工智能正在催生文化领域快速孵化本行业的大模型，并能高效率地应用于图书馆、博物馆、美术馆、戏曲、音乐、舞蹈、话剧、非遗等文化行业各机构与服务场景，这将是一个不断深化和优化的过程，引发文化领域的发展方式、发展动力、发展领域乃至发展质量的变革，从而推动文化领域的高质量发展。应当秉持开放包容的胸襟和审视批评的态度予以应对。2023年8月，第88届国际图联大会在荷兰鹿特丹举行，会议主题为"携手奋进，共'图'未来"，这正可以诠释面对生成式人工智能对文化事业带来的机遇与挑战所应采取的一种思路与姿态。

参考文献

陈昌凤、吕宇翔：《算法伦理研究：视角、框架和原则》，《内蒙古社会科学》2022年第3期。

丁磊：《生成式人工智能——AIGC的逻辑与应用》，中信出版集团，2023。

〔美〕亨利·基辛格、〔美〕埃里克·施密特、〔美〕丹尼尔·胡滕洛赫尔：《人工智能时代与人类未来》，胡利平、风君译，中信出版社，2023。

李珍：《真实的自我与虚拟的身体——元宇宙中虚拟化身的具身性研究》，《自然辩证法通讯》2023年第2期。

陆伟、刘家伟等：《ChatGPT为代表的大模型对信息资源管理的影响》，《图书情报知识》2023年第2期。

清华大学新闻与传播学院元宇宙文化实验室：《AIGC发展研究报告1.0版》，2023年6月。

赵海英、李杰：《文化计算助推文化强国建设》，《光明日报》2022年7月21日。

B.7 ChatGPT在科研领域的应用：
现状、影响与应对

顾 洁[*]

摘 要： 2022年11月30日由OpenAI发布生成式人工智能对话工具ChatGPT，是人工智能从感知智能时代进入认知智能时代的重要里程碑事件。ChatGPT大规模语料学习能力、自然语言理解能力以及强大的类人性表达能力冲击了传统科研范式，对未来科研工作模式产生显著影响。本报告利用文献分析方法全面梳理和总结科研领域的ChatGPT研究情况，分析ChatGPT类生成式人工智能对话工具在科研活动中的应用潜力以及面临的风险和挑战，并总结相应的控制措施，以期为科研人员和决策者提供有价值的指导和参考，促进ChatGPT在科研活动中更加健康、高效和可持续的应用。

关键词： ChatGPT 科研产出 科研评价

一 引言

随着人工智能（AI）技术的不断演进，研究者开始将AI应用于各个学科领域，通过深度学习和神经网络等人工智能技术从海量数据中挖掘潜在的模式和规律，为科学研究提供新的视角和方法。AI for Science的浪潮正在开

---

[*] 顾洁，管理学博士，上海社会科学院信息研究所副研究员，研究方向为科技创新。

启一场人工智能驱动的科学革命——人工智能技术在科学研究中的应用不仅提高了效率，催生了前所未有的科学发现，还促进了不同学科间的交叉，推动了科学研究的跨界融合。图1为谷歌趋势中"AI for Science"的全球搜索量。可以看出，全球对人工智能在科研领域的应用的关注度稳步攀升。

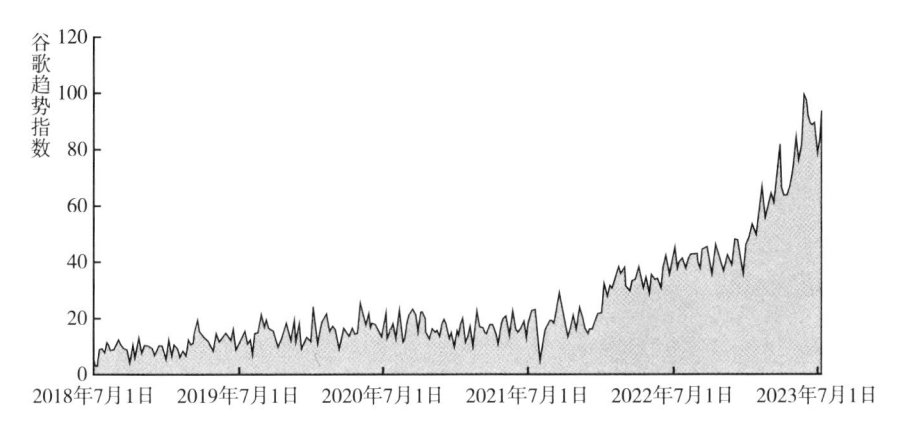

图 1 "AI for Science"全球搜索量

资料来源：谷歌趋势。

2022年11月30日由OpenAI发布的生成式人工智能对话工具ChatGPT将AI for Science推上了一个全新的台阶。ChatGPT强大的大规模语料学习能力、自然语言理解能力和类人性表达能力，为科学家和研究人员提供了一个全新的智能工具。经典的技术接受模型（Technology Acceptance Model，TAM）将驱动技术采纳和扩散的核心因素归纳为技术的有用性和易用性两方面特征。从有用性角度来看，相对于"弱人工智能"时期AI的工具性特征以及较为窄化的应用场景限制，ChatGPT具备强大的通用性特征——无论是激发科研创意和知识发现，还是辅助文献整理、优化学术写作，ChatGPT都在不同领域展现出了卓越的潜力，能够赋能医学、教育、经济、金融等各个学科领域的科学研究，其灵活性和适应性为科学研究创造了广阔的应用前景。

从易用性角度来看，与其他复杂的人工智能技术相比，ChatGPT采用用户友好的对话界面，其强大的上下文理解能力能够精准识别用户需求，并通过多轮对话的方式进行自我调适和修正，能够"回答后续问题，承认错误，挑战错误前提，拒绝不适当的请求"。研究者不需要掌握复杂的编程技术，甚至不需要预先提炼精准的学术语言，直接使用自然语言进行提示（prompt）即可完成对话。ChatGPT的易用性特征大大加速了其在科研领域的运用，如图2所示。

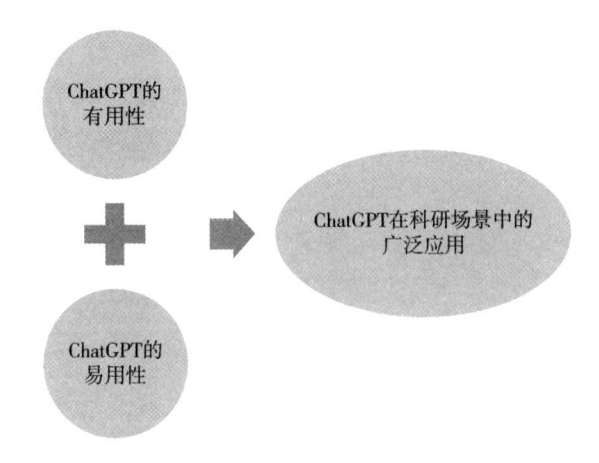

图2　TAM框架下的ChatGPT扩散模型

ChatGPT的兴起引发了科研范式的变革，也带来了一系列风险和挑战，包括原创性缺失、事实性错误、立场偏差和价值观偏见，甚至还面临抄袭与掠夺等严重的学术指控。"作者是谁""ChatGPT是否能成为合著者"等问题也引发了对人工智能生成内容的著作权归属问题的讨论。

目前学术界对于ChatGPT带来的研究效率提升和学术伦理冲击的两难局面已经达成共识，但在应对和控制措施方面存在一定的分异。

一方面，研究人员和科研领域的部分期刊积极拥抱新技术，迅速采纳并应用于科研工作。段荟等对信息资源管理领域研究人员进行了访谈，发现科研人员对ChatGPT技术理念和价值有着积极的态度和较高的认可度[①]。截至2023年7月25日，Web of Science 核心数据库中共有724篇以ChatGPT为主

---

① 段荟、张海、王东波：《信息资源管理领域科研人员对ChatGPT态度、认知及应对策略研究》，《情报理论与实践》，网络首发地址：https：//kns.cnki.net/kcms/detail/11.1762.G3.20230508.1254.002.html。

题的研究论文，国内知网的CSSCI和北大核心索引论文集中有413篇以ChatGPT为主题的研究论文，在国内外研究中运用ChatGPT工具但未在文中予以披露的论文数应当远超于上述数字。此外，7本期刊发表了以ChatGPT为作者的论文。《天津师范大学学报》（基础教育版）鼓励作者合理使用新工具、新技术，但要求作者需在论文的参考文献、致谢等部分详细解释对ChatGPT等AI工具的使用情况。

但另一方面，学术界更主流的观点是对ChatGPT在科研中的应用持谨慎保守的态度。发表在 Nature 和 Science 等期刊上的社论文章讨论了使用大语言模型和ChatGPT所引发的伦理问题，如作者身份、抄袭、透明度和问责制等。国外的 Science 杂志以及机器学习会议ICML宣布禁止提交完全由以ChatGPT为代表的大型语言模型编写的文本的论文，但并不反对作者使用大语言模型编辑或润色作者撰写的文本。国内的《暨南学报》（哲学社会科学版）在作者须知中明示拒收任何大语言模型工具单独或联合署名的文章。

ChatGPT是人工智能从感知智能时代进入认知智能时代的重要里程碑，其在科研场景中的应用深刻冲击了传统科研范式。本报告利用文献分析方法全面梳理和总结ChatGPT在科研领域的应用现状，分析ChatGPT类生成式人工智能对话工具在科研活动中的应用潜力以及面临的风险和挑战，并总结相应的控制措施，以期为科研人员和决策者提供有价值的指导和参考，促进ChatGPT在科研活动中更加健康、高效和可持续的应用。

二 ChatGPT的研究现状

本文以Web of Science核心数据库、知网数据库中CSSCI与北大核心索引论文为数据源，以"ChatGPT"为主题词进行检索。截至2023年7月25日，Web of Science核心数据库中共有724篇以ChatGPT为主题的论文，国内知网的CSSCI和北大核心索引论文集中有413篇以ChatGPT为主题的论文。

图3和图4分别展示了以"ChatGPT"为主题词的学术论文在Web of

全球信息社会蓝皮书

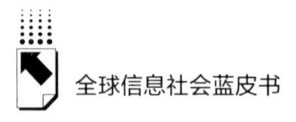

Science 和知网上的研究方向分布情况，其中列出了论文数排名前二十的研究方向。比较国内外关于 ChatGPT 的学术论文，存在较为明显的共性和差异性。

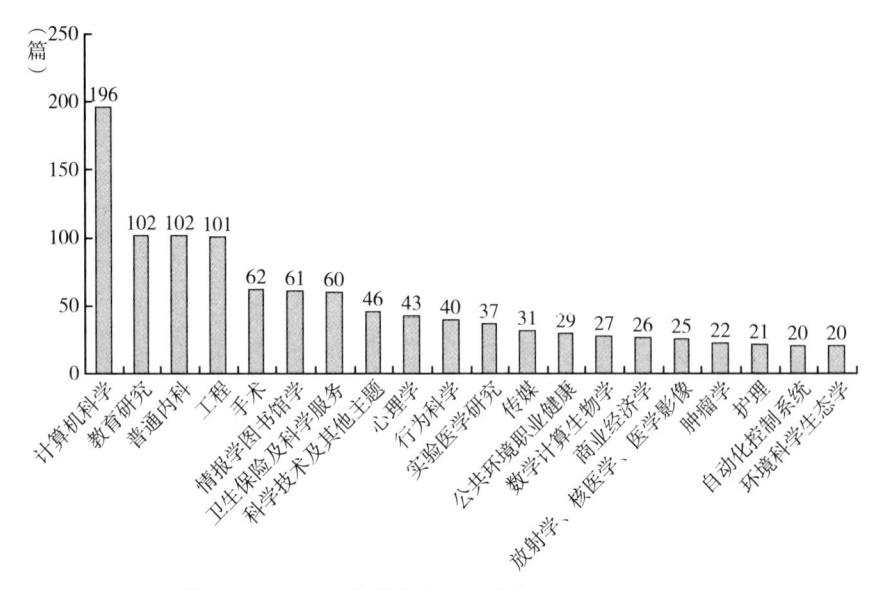

图3 ChatGPT 学术论文研究方向：Web of Science

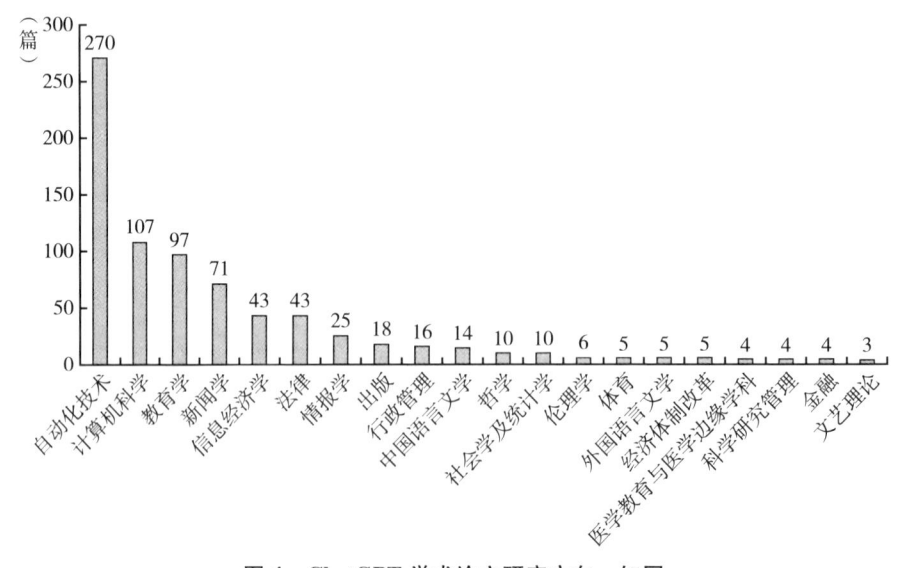

图4 ChatGPT 学术论文研究方向：知网

从共性角度来看，在关于 ChatGPT 的研究论文中，计算机科学、自动化技术是国内外共同关注的研究方向。这表明 ChatGPT 作为一种人工智能技术已经成为计算机和工程领域的焦点问题。此外，关于 ChatGPT 对教育的影响也是国内外学术界共同关注的热点问题。

从差异性角度来看，在国际学术界，ChatGPT 在自然科学领域，特别是医学领域的应用和影响受到了较多关注。在医学领域，大量的医学文献、临床数据、病人病历等信息以自然语言形式存在，而 ChatGPT 可以使这些文本信息更加智能化地被处理、分析和应用。相较而言，国内的研究主要集中在社会科学领域，如从法律角度探讨 ChatGPT 的治理问题，或研究 ChatGPT 对新闻传媒和情报学领域的影响。这反映出国内学术界更加关注 ChatGPT 在社会与人文领域的应用和潜在影响。

图 5 显示了 Web of Science 中关于 ChatGPT 的学术论文的国家和地区分布情况。来自美国学者和机构的 ChatGPT 研究论文共计 246 篇，位居第一；来自中国学者和机构的 ChatGPT 研究论文共计 82 篇，位列第二。中国学者在国内不仅在中文核心期刊上发表了 400 多篇 ChatGPT 主题的文献，而且在国际学术界也积极参与讨论。由于互联网访问或数据隐私和安全等原因，目前 ChatGPT 在中国的使用存在一定的限制，但中国的学者和研究人员对于 ChatGPT 等语言模型的应用和影响仍然表现出极高的关注度。

在 ChatGPT 出现之前，学者在研究中使用的辅助工具，如文献管理、语言翻译、数据分析等，主要起到将研究中重复性"手工劳动"转为"自动化生产"的作用。例如，过去学者需要花费大量时间进行手动计算的统计分析任务，利用自动化分析工具仅需几秒钟就能准确获得计算结果。虽然这些自动化工具在科研中扮演重要的辅助角色，但由于这些工具并没有为科研提供智力输出，过去的研究者通常不会将它们添加到作者列表中。

然而，随着 ChatGPT 的出现，凭借着强大的通用性、自我调适能力和类人性表达其在科研中发挥的作用发生了变化。这种变化的关键并不在于功能的叠加或重要性的线性增长，而在于能够启发思考并自主完成部分科研任务。因此，GPT 系列大型语言模型已经从"辅助工具"转变为"科研助

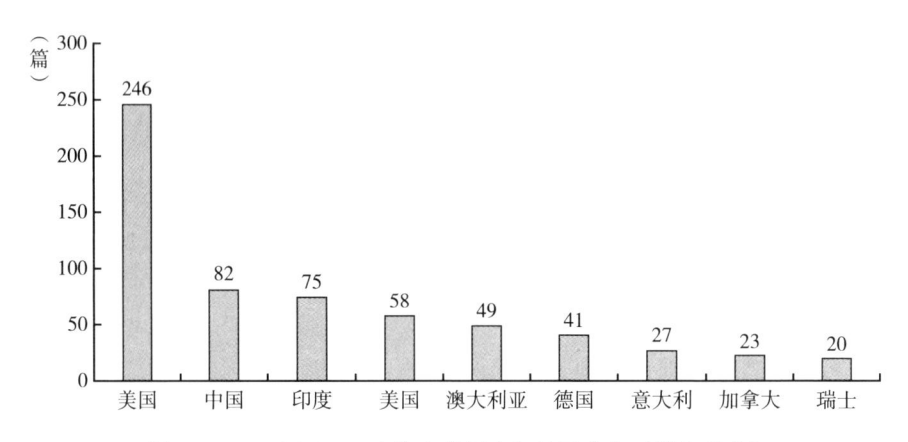

图5 Web of Science 中论文的国家和地区分布（排名前十）

（柱状图数据：美国 246；中国 82；印度 75；美国 58；澳大利亚 49；德国 41；意大利 27；加拿大 23；瑞士 20）

手"。这种转变最显著的表现是一些作者开始将 ChatGPT 作为合著者添加到作者列表中（尽管 ChatGPT 是否达到作者认定标准存在较大争议）。表1列示了将 ChatGPT 作为合作者或团体作者发表的8篇论文。

表1 ChatGPT 作为合著者或团体作者的论文

标　题	作者	团体作者	期刊/会议	发表年份
智能对话新篇章——ChatGPT 的探索与未来	沈阳 ChatGPT		传媒论坛	2023
What Every Health Physicist should Know about ChatGPT	Rashidifard, N. Wilson, C. A. Caffrey, E. A.	ChatGPT	Health Physics	2023
To ChatGPT or not to Chat-GPT? The Impact of Artificial Intelligence on Academic Publishing	Curtis, Nigel ChatGPT		Pediatric Infectious Disease Journal	2023
Role de l'utilisation de l'Intelligenceartificielle ChatGPT Dans La Redaction des Articles Scientifiquesmedicaux The Role of Using ChatGPT AI in Writing Medical Scientific Articles	Benichou, L.	ChatGPT	Journal of Stomatology, Oral and Maxillofacial Surgery	2023

续表

标　题	作者	团体作者	期刊/会议	发表年份
This is ChatGPT: How May I Help You?	Vrana, Johannes Singh, Ripi	ChatGPT	Materials Evaluation	2023
A Conversation on Artificial Intelligence, Chatbots, and Plagiarism in Higher Education	King, Michael R.		Cellular And Molecular Bioengineering	2023
Open Artificial Intelligence Platforms in Nursing Education: Tools for Academic Progress or Abuse?	O'Connor, Siobhan	ChatGPT	Nurse Education in Practice	2023
Rapamycin in the Context of Pascal's Wager: Generative Pre-trained Transformer Perspective	Zhavoronkov, Alex	ChatGPT Generative Pre-trained Transformer	Oncoscience	2022

三　ChatGPT对科研工作的影响

ChatGPT的通用性特征和自适应能力使其在科研中被广泛应用。目前，已经有学者分析ChatGPT在医学、教育、经济、金融等领域的科研工作中的应用潜力。传统自动化技术更容易替代重复性工作，而对创造性工作的影响相对较小。但以ChatGPT为代表的生成式人工智能颠覆了这种"技术的常规性偏向"——相对于常规性、重复性劳动，ChatGPT的应用正在向知识密集型科研工作延伸。

（一）ChatGPT对科研工作的积极影响

ChatGPT对科研的积极影响毋庸置疑。ChatGPT类的大语言模型具有强大的信息聚合能力、自然语言处理能力和类人性文本生成能力，可以帮助提高研究人员的生产力和工作效率，有助于加速创新过程，缩短出版时间。现有研究对ChatGPT在科研场景中应用的讨论主要从研究人员的角度出发，讨论

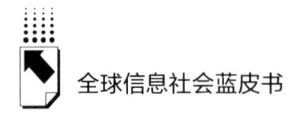

ChatGPT对摘要生成、文献综述、论文写作等具体工作的影响。尽管提供了非常有价值的洞见，但研究结论较为碎片化。为了全景式展示ChatGPT对科研活动的全面渗透和广泛影响，本报告从科研生产、科研评价和科研传播三个维度，论述ChatGPT对科研工作的影响（见图6）。学术生态系统是由学术组织、学术人员构成的学术共同体，在科研生产、科研评价和科研传播中，通过紧密的互动关系建立正式或非正式的科学秩序和伦理规则。

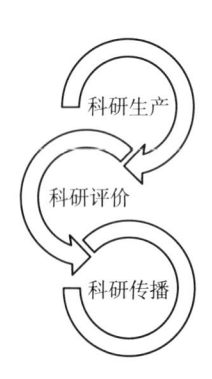

图6 学术生态系统的主要环节

1. 科研生产

ChatGPT在科研生产过程中可以很好地起到学术辅助的作用，尤其是在文献整理、前沿追踪和学术写作等工作中具有重要的作用。张重毅等通过示例研究的方法发现，ChatGPT在处理定义性及开放性问答、总结全文并生成摘要、中英文翻译等方面有着突出表现。ChatGPT高效率的自然语言处理和文本生成能力能够帮助科研人员加速完成科研任务，快速发表科研论文，从而腾出更多的时间和精力开展新的研究工作。①

现有研究从启发思路、文献回顾、研究设计和学术写作四个科研生产阶段（见图7）出发，利用示例研究的方法对ChatGPT在科研场景中的积极作用进行分析。

---

① 张重毅、牛欣悦、孙君艳、祁丽娟、方梅：《ChatGPT探析：AI大型语言模型下学术出版的机遇与挑战》，《中国科技期刊研究》2023年第4期。

ChatGPT 在科研领域的应用：现状、影响与应对

启发思路 → 文献回顾 → 研究设计 → 学术写作

图 7　科研生产的四个阶段

（1）启发思路

ChatGPT 研究初始想法的产生起到扩展思维和激发创意的积极作用。Dowling 和 Lucey 分析了 ChatGPT 对金融研究的影响，发现 ChatGPT 能够产生较好的研究创意。在研究中，作者要求 ChatGPT 提供"加密货币"这一主题的研究思路并完成论文。32 位审稿人被邀请对 ChatGPT 生成的论文进行评价。审稿人需要在两个维度上对研究创意进行评估：①提出的想法在学术上是适宜的；②提出的想法有学术贡献。Dowling 和 Lucey 的研究发现，无论是基于公开信息还是私有数据生成的论文，ChatGPT 在研究创意这一指标上都获得了较高的评分。①

研究者对 ChatGPT 在激发研究创意方面的独特优势进行了解释。在研究的初期阶段，研究人员需要进行广泛的思考，探索不同的学科领域、理论视角，以产生新的联想和洞见。ChatGPT 能够访问数十亿的参数和文本，对已有思想进行全方位的探索，为研究者提供多样的视角。更为关键的是，ChatGPT 通过思维链（Chain-of-Thought，CoT）实现概念上的链接，可以助推研究人员在研究创意形成期的头脑风暴和思维碰撞。

（2）文献回顾

文献追踪和总结回顾是研究人员知识获取的重要途径，也是研究人员与领域前沿研究保持同步的重要方式。在传统的文献回顾中，研究者们根据学术关键词进行文献检索，并对所获取的文献进行批判性分析。随后，他们进一步根据文献结果不断拓展或优化搜索关键词。这样的循环迭代过程持续进行，直至研究者对相关研究领域的文献流有足够深刻的理解，能够支持后续

---

① Dowling M., Lucey B., "ChatGPT for (Finance) Research: The Bananarama Conjecture," *Finance Research Letters*, 2023 May 1.

163

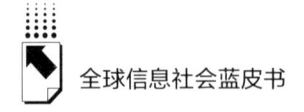

创新性研究工作的开展。文献回顾通常需要研究者在识别信息相关性和有用性上花费大量的时间和精力。随着科研文献量的爆炸性增长，文献搜索、阅读和总结面临较大的知识"负担"。

ChatGPT具有强大的信息聚合能力和文本释义能力，其"开箱即用"和"一键生成"特性能够为文献回顾工作"减负"。游俊哲提出，ChatGPT推动了文献回顾任务从检索式向生成式转变。[①] 除了能够回答信息需求相对明确的概念性问题外，ChatGPT在处理跨学科文献检索以及回答信息需求尚不明确的开放性问题方面也有着突出表现，基于自然语言处理和理解能力，其能够根据用户提供的模糊描述或问题背景生成文献综述，帮助研究者更快地获得必要的文献资料和研究线索，从而推动科学研究的进展。这种开放性的内容生成功能为研究者提供了全新的文献搜索和理解方式，加快了文献整理的速度、拓展了文献回顾的范围和深度。张重毅等指出，ChatGPT的生成能力"会引发阅读习惯的改变，形成人机协同阅读新模式"。[②] 但同时，研究者也发现，ChatGPT缺乏高层次的批判性思维能力，在文献的深度加工和释义上仍然存在缺陷。此外，直接使用ChatGPT形成的文献综述还面临重复率过高的问题。Aydın等的研究指出，在对ChatGPT生成的文献进行查重时，发现重复率高达40%。[③]

ChatGPT（版本3.5）在文献回顾方面的作用有一定的限制——它只能访问互联网上的公开内容资源，无法直接访问学术数据库或提供原始的参考文献（见图8）。在研究ChatGPT在文献回顾中的作用时，研究人员通常是向ChatGPT提供特定文献摘要或内容。然而，这种限定范围的方式在探索性文献回顾中可能并不适用。因此，在进行文献综述时，ChatGPT只能作为辅助工具，帮助提供一般性的信息和见解，而不能取代对原始文献和学术资

[①] 游俊哲：《ChatGPT类生成式人工智能在科研场景中的应用风险与控制措施》，《情报理论与实践》2023年第6期。

[②] 张重毅、牛欣悦、孙君艳、祁丽娟、方梅：《ChatGPT探析：AI大型语言模型下学术出版的机遇与挑战》，《中国科技期刊研究》2023年第4期。

[③] Aydın Ö, Karaarslan E., "OpenAI ChatGPT Generated Literature Review: Digital Twin in Healthcare," Available at SSRN 4308687, 2022 Dec. 21.

源的深入研究和引用。尽管存在这些限制，ChatGPT 仍然对公开资源的回顾和总结具有一定的价值，可以帮助研究者快速获取一般性的文献背景信息和关键观点，帮助确定研究方向和主题。但为了确保准确性和可信度，研究者仍应当进行深入的文献检索和阅读，并引用原始文献和学术资源来支持其研究。

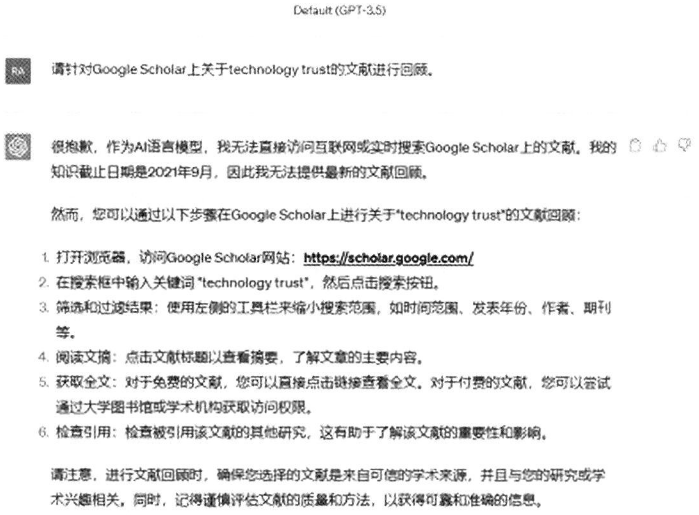

图 8　ChatGPT 无法访问 Google Scholar 资源

（3）研究设计

ChatGPT 可以提供有关实验设计和研究方案的建议和指导，帮助研究人员制定合理的研究框架和分析流程。作为一个语言模型，ChatGPT 在直接进行大规模数据分析上仍有限制，但研究人员可以借助 ChatGPT 了解其分析工具和技术所需的基本理论思想。Dowling 和 Lucey 使用 ChatGPT 进行研究方案的设计，发现 ChatGPT 在量化研究的数据识别和处理上有着较好的表现。① 作为一个语言模型，ChatGPT 在定性研究上可能会有更突出的表现。

---

① Dowling M., Lucey B., "ChatGPT for（Finance）Research: The Bananarama Conjecture," *Finance Research Letters*, 2023 May 1.

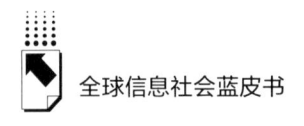

例如，研究人员可以将面对面访谈、关键信息提供者访谈和焦点小组讨论中收集定性数据提供给ChatGPT，并要求它使用适当的提示来分析文本，ChatGPT可能会输出有研究价值的定性分析结果。

（4）学术写作

ChatGPT具备强大的类人性文本生成能力，为研究人员提供了有力的自然语言组织与优化工具。举例来说，研究人员可以利用ChatGPT来优化篇章结构、检查语法错误，并根据指定的风格（如期刊的写作指南）改写文字。在全球科学研究中，语言是造成差异的主要因素——大多数主流期刊都使用英文，这给以英语为母语的研究人员带来了自然的优势。ChatGPT可以通过翻译或修改手稿中的英文写作，为非英语母语的研究人员提供语言提升服务，从而平衡语言竞争环境。这种辅助性的写作服务有助于促进全球科学研究的公平性与包容性。

2. 科研评价

科研评价是确保科学研究的严谨性、可靠性和可信性的关键环节。通过科研评价，学术界和科学界可以识别和认可优质的研究成果，从而推动学科的发展和进步。同行评议制度作为科学评价的重要组成部分，在确保研究质量和学术标准方面发挥着关键作用。在同行评议过程中，编辑和审稿人扮演着关键的角色，他们负责审查和评估提交的论文，为论文提供中立、公正和建设性的反馈意见，并最终决定论文是否录用和发表。然而，近年来爆炸性论文的增长给编辑和审稿人带来了巨大的压力，导致评审周期延长，损害了科研评价的效率和质量。

ChatGPT对科学评价和同行评议产生了积极的影响。对评审人而言，ChatGPT可减少学术评价中的重复劳动和无效劳动，提高同行评议效率。例如，评审人无须花费时间校对评审意见的语言，而是可以直接向ChatGPT提出核心意见，由其生成更简洁得体的评审。对于论文中"首次""第一次"等结论，ChatGPT可以帮助评审人判断来稿定位是否准确。

对于编辑而言，ChatGPT可以帮助编辑解决评审人短缺和寻找评审人的时间成本问题。节省评审时间有助于提高效率，编辑可接触到范围更广的评审专家池。编辑可以通过关键词筛选新评审人，ChatGPT 进行数据分析以发现潜力评审人，扩大评审范围。编辑还可以利用 ChatGPT 检索作者和评审人的信息，检测利益冲突问题，提升审稿的公平性。同时，ChatGPT 也可以帮助编辑完成重复或烦琐的工作，如修正语法和格式错误。

尽管 ChatGPT 对学术评价有潜在助力，但仍存在不确定性和风险。ChatGPT 具有记忆性——使用 ChatGPT 评审未发表的论文时，论文中的数据或想法可能被纳入训练，引起创意泄露和未授权共享机密信息担忧。因此，尽管 ChatGPT 对提升科研评价效率有着积极意义，但它并不能完全取代人工评审的角色。评审人和编辑仍然需要运用专业知识和经验来做出最终的评估和决定是否接受投稿，还需要对数据安全、保密及报告准确性承担全部责任。

3. 科研传播

科研传播是将科学知识和研究成果传递给学术界和公众的过程。ChatGPT 作为一种强大的语言模型，对科研传播产生了积极的影响。

ChatGPT 的多语言支持使得科学传播更加民主化和包容。ChatGPT 通过多语言支持和知识获取的优化加速了科学知识的传递和共享，推动学术成果的全球化传播。ChatGPT 消除了英语的传播障碍，让更多语言使用者能够参与学术活动，这消除了语言在科研传播中的障碍，加速了知识的传递与共享，推动学术成果的全球化传播，也有助于推动全球科学界的交流与合作。

ChatGPT 对科普也产生了积极的影响。ChatGPT 可以将学术语言翻译成平实易懂的公众语言，并使用多种风格进行优化改写。通过多语言支持和优化内容分发，提升科学知识的普及程度。这种应用有助于缩小科学传播的差距，使科学知识更加易于为公众所接受，促进科学普及和科学素养的提升。

（二）ChatGPT 引发的风险

ChatGPT 对科学研究有着积极的助推作用，但作为一种新的、具有不确定性的智能工具，ChatGPT 也会引发科研风险和偏差，对科研秩序和科研伦理造成强烈的冲击。

1. 原创性缺失

科学研究的核心目的是通过创新拓展人类认知的边界。尽管ChatGPT可以处理开放性问题和续写内容，但并未产生原创性的新洞见。作为一个大语言模型，ChatGPT是从预训练样本中获得信息，通过对信息的抽取、精简、整合进而输出内容。对使用者而言，由ChatGPT生成的看似新颖的信息实际上并没有创造新的知识，而仅仅是基于大规模、跨领域的训练样本生成的内容恰好落在了用户的"知识盲区"。换言之，ChatGPT本质上是一个记忆引擎，而非创造性工具。Aydın等的研究指出，在对ChatGPT生成的文献进行查重时，发现重复率高达40%。[1] 尽管已经是一个很高的重复比例，但由于ChatGPT具有洗稿、跨语种翻译、改写和重组等能力，可能会绕过查重工具的检测，因此这一数字（40%）仍然不能完全反映ChatGPT带来的原创性缺失的问题。

ChatGPT的原创性缺失问题引发三重风险。第一，ChatGPT可能会引发达克效应。ChatGPT生成内容主要是现有知识的组合，而非原创性成果。如果研究者过度依赖ChatGPT可能会阻碍人类智慧和创造力的发挥，甚至可能产生认知偏差，误将其内容视为自己的创新，最终导致科研陷入原地打转的境地，而非螺旋上升。第二，ChatGPT易引发无意识的抄袭风险。基于算法黑箱效应，研究者在使用ChatGPT时很难锁定信息的来源。在使用ChatGPT时，即使研究者自身可能没有抄袭的主观意愿，但如果在没有标识原始来源的情况下复制文本，可能无意中抄袭了他人的研究成果和观点，进而引发学术不端问题。第三，ChatGPT易催生学术欺诈问题。由于ChatGPT具备强大的文本生成能力，不诚信的研究者可能滥用该技术，将其用于生成大量缺乏原创性的低质量论文或学术造假，严重损害学术界的信誉和声誉，扰乱了学术研究的秩序和健康发展。

2. 事实性错误

ChatGPT在科研中应用的一个主要限制是它会捏造事实，生成"看起来自

---

[1] Aydın Ö, Karaarslan E., "OpenAI ChatGPT Generated Literature Review: Digital Twin in Healthcare," Available at SSRN 4308687, 2022 Dec. 21.

信"的错误陈述和虚假引用。Nature 的一篇研究显示，当研究者向 ChatGPT 询问"有多少抑郁症患者在治疗后复发"这一问题时，它产生了一个与现有研究结论不符的错误答案。张重毅等指出，ChatGPT 会被用户诱导，为了满足用户的要求而生成不合适的答案。[①] 当 ChatGPT 被用于科研工作时，更广为人知的问题是它会生成看似权威、格式正确但事实上却完全虚构的参考文献。Dönmez 等发现，在 ChatGPT 提供的 10 个参考文献中，错误率高达 60%。[②]

对 ChatGPT 生成的内容进行审查和检验十分重要，但验证 ChatGPT 所产生的事实性错误又是一项非常困难的工作。由于算法的黑箱效应，科研人员很难追溯 ChatGPT 训练的大型数据库的数据来源、信息源的真伪、算法规则和机制。输出内容的难溯源性是以 ChatGPT 为代表的 AIGC 产生错误和低质量信息的"催化剂"。同时，ChatGPT 生成的内容具有流畅和自信的语气，这会引发流畅性效应和确信性效应。流畅性效应是指语言表达的流畅程度让人产生认为信息是正确的错觉，从而更容易接受和相信所呈现的内容。确信性效应则是人们对内容的自信和确定性，使得他们更容易相信 ChatGPT 所生成的内容是准确的。这两种效应产生的认知偏差会导致人们容易忽视潜在的事实性错误，从而绕过了对内容的仔细审查。

ChatGPT 存在事实性错误以及内容审核的难度对学术研究的准确性和严谨性产生负面影响。科学家可能会遵循错误的研究路线，导致研究资金的浪费和形成误导性的结果。鉴于科学研究在经济社会发展中的"基石性"作用，可能还会产生更为严重的后果。对于政策制定者和实践专家来说，建立在错误的科学结论之上的决策可能会对社会产生巨大影响。例如，在新冠疫情期间，医学出版物中错误信息的潜在传播可能会带来重大的社会危害。

ChatGPT 事实性错误产生的主要原因有以下两个方面。第一，数据中的事实性错误被算法模型传递给用户。ChatGPT 的训练数据包含维基百科书籍、期

---

① 张重毅、牛欣悦、孙君艳、祁丽娟、方梅：《ChatGPT 探析：AI 大型语言模型下学术出版的机遇与挑战》，《中国科技期刊研究》2023 年第 4 期。
② Dönmez İ., Sahin I. D., Gülen S., "Conducting Academic Research with the AI Interface ChatGPT: Challenges and Opportunities," *Journal of STEAM Education*, 2023, 6 (2).

刊、社交媒体网站等互联网公开信息。ChatGPT难以区分可信的科学内容和来自公众的科学猜想，预训练语料数据中甚至包含一些错误的科学内容，而数据中存在的偏差和错误可能会被ChatGPT视作定论处理并提供给用户，对科研人员形成误导。[1] 华盛顿大学（University of Washington）的计算语言学家艾米丽·本德（Emily Bender）将语言模型称为"随机鹦鹉"，因为它们会重复其所"听到"的，并通过随机性进行重新混合。第二，ChatGPT缺乏自我意识和高层次的批判能力。ChatGPT只是根据数字痕迹生成文本，并不理解文本背后的含义。人类能够根据外部世界的真实反应不断修正自身的知识误区，但语言模型只是处理文本之间的统计关系，无法与真实世界进行交互验证，这导致它容易在事实和常识性推理方面犯错误。为了解决这一问题，OpenAI公司聘请了50名专家对大模型进行"定性探索和对抗性测试"，并在ChatGPT 4.0的训练中加入了大规模事实性语料，以增强输出信息的准确性。

3. 价值观偏差

ChatGPT的训练数据中可能包含性别、种族、民族和残疾状况方面的偏见，而语言模型的算法可能会固化甚至放大这些偏见。当ChatGPT被用于学术研究时，偏见可能会在不经意间延续下去。清华大学的一项研究则显示，ChatGPT可能输出带有性别歧视的内容，研究人员发现GPT-2有70.59%的概率将教师预测为男性，将医生预测为男性的概率则是64.03%。隐性偏见和无意识偏见的风险很难被察觉，但对社会价值观和公共决策的影响却是必然的。

从认识论的角度来看，认知上存在偏见本身并没有问题。偏见可以被理解为特定立场和观点的反映。在某种程度上，认知是社会情境化的——不同的人有不同的经验和观点，这些经验和观点塑造了其对世界的理解。但挑战在于ChatGPT训练数据中所代表的立场可能不是均匀分布或代表所有观点的。计算语言学家Emily Bender指出，规模并不能保证多样性。ChatGPT超

---

[1] 张重毅、牛欣悦、孙君艳、祁丽娟、方梅：《ChatGPT探析：AI大型语言模型下学术出版的机遇与挑战》，《中国科技期刊研究》2023年第4期。

大规模的训练语料甚至会放大某些群体（如来自西方国家的观点）偏向性的立场和观点，最终可能导致主导观点的强化和其他观点的边缘化。此外，ChatGPT 的广泛使用可能会使存在价值观偏差的信息内容再次进入互联网，导致价值观偏差问题循环迭代。目前大语言模型已经添加了数据管理工具和"毒性"过滤器，但是大型语言模型在传播偏见方面的问题还没有被完全解决。

4. 作者署名问题

ChatGPT 在科研工作中的应用模糊了人类创造和人工智能生成内容之间的差异，引发了对版权和作者身份归属的激烈讨论。当 ChatGPT 被用于科研工作，原本稳定有序的合作责任被分散到人类与模型的二元实体上。在"人—模型"共同参与研究工作的科研新范式下，应当如何在人与模型之间进行版权的划分？现有的科研秩序和科研伦理无法有效回应上述问题。

目前已经有多篇论文和预印本将 ChatGPT 列入合著者。但关于 ChatGPT 是否应当被列入作者，学术界存在不同的观点。持功利主义观点的学者支持赋予 ChatGPT 作者资格。他们认为，作品独创性的含义是"在人类自己所创设符号意义上是否能够解读出具有'最低限度的创造性'"，而原创者的身份并不重要。如果 ChatGPT 在研究的概念、设计、数据获取、分析和解释方面做出实质性贡献，并且其生成的内容在同行评审中被视为有价值，那么它应被视为合理的作者身份。

但是更多的学者从学术问责的角度出发，认为 ChatGPT 不能被列入作者。国际出版伦理委员会发表声明指出，人工智能工具不能满足作者身份的要求，因为它们不能对提交的作品负责。作为非法律实体，它们不能断言是否存在利益冲突，也不能管理版权和许可协议。在科学研究中，问责制对于促进诚信、可重复性、严谨性和科研伦理价值观而言至关重要。基于上述原因，ChatGPT 无法承担作者所必须承担的科研问责功能。首先，ChatGPT 无法对论文内容进行解释和辩护。科研作者需要对论文中的观点、数据、方法等内容负责，并准备好回应同行或公众的质疑。但是 ChatGPT 只是执行预设指令，无法理解论文含义，也不可能解释论证过程、数据来源等细节。一旦论文被指出问题，它无法进行解释或更正。其次，ChatGPT 无权知情同意

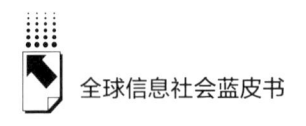

发表论文。成为作者需要个人意志，但 ChatGPT 没有自主意识，不能判断一个研究成果是否适合发表，也无法对发表表示同意。最后，ChatGPT 无法承担研究不端的责任。作者需要对学术不端行为负责，可能受到声誉损害、工作损失等制裁。但 ChatGPT 无道德和情感，不会对错误负责或感受惩处。禁止使用 ChatGPT 的惩罚也不会对其产生实际影响。禁止在某些研究环境中使用 ChatGPT 可能会影响投资者或开发人员，但这些不会构成对 ChatGPT 本身的惩罚。综上，ChatGPT 只是执行编程指令的工具，而非理解学术、判断伦理的实体。即使 ChatGPT 在撰写工作上有助力，也不应视同人类作者。

5. 科研能力的长期挑战

长期来看，过度依赖 ChatGPT 可能会削弱科研人员的研究能力。ChatGPT 提供了过于便捷的信息获取方式，研究人员不再需要通过自己的探索、理解和批判来进行学术研究，长此以往可能导致思考能力和原创能力的退化。另外，ChatGPT 只提供单一固化的答案，而不是启发多方面思考，也会导致研究视野局限。面对"发表或退出"的学术压力，ChatGPT 生成的论文也可能加剧学术世界的浮躁与重复研究。过度依赖 ChatGPT、缺乏人类智力投入的研究也难以实现真正的创新。

因此，ChatGPT 不仅会影响当下的科研工作，还会长期影响科研能力和学术环境。ChatGPT 在科研工作中的参与边界在哪里？哪些学术技能和特征对研究人员来说仍然是必不可少的？考虑到 ChatGPT 对科研能力的长期影响，包括伦理学家在内的学者们必须就使用人工智能可能加速知识生成与在研究过程中丧失人类潜力和自主权之间的权衡进行甄别和辩论。

四 应对与控制措施

当前学术界主要从以下三个方面应对 ChatGPT 在科研中的使用：①技术检测，开发算法等技术手段，检测出由 ChatGPT 生成的论文。②机构规制，期刊和学术机构制定相关政策，规范 ChatGPT 的使用方式和范围。③使用指南，为研究人员在论文中披露 ChatGPT 的使用提供指导。

（一）技术检测

ChatGPT 能够生成与人类创作文本几乎无区别的文字内容，对包括同行评议和抄袭检测等传统科学研究的把关方式发起了挑战——Gao 等将 ChatGPT 生成的论文摘要交予专家评审，只有 68% 的摘要被鉴别出为 AI 工具撰写，超过 30% 的摘要顺利通过了同行评议。

为了区分人工创作和机器生成的论文，研究者和 OpenAI 等公司已经开发了专门用于识别大型语言模型生成文本的软件。这些软件的工作流程包括以下步骤：①上传论文到软件；②软件将识别论文主题，使用人工智能通过多条路径生成相关论文；③比较上传论文和生成论文之间的相似性，以识别与 ChatGPT 生成内容的任何潜在匹配。然而，这些检测软件仍有缺陷。例如，OpenAI 分类器采用四个标签来分类文本（非常不可能、不可能、不确定/可能、可能是 AI 生成的），分类结果模糊且不可靠。此外，该分类器在识别短文本和非英语文本方面存在问题。

总体而言，目前技术手段难以有效检测 ChatGPT 生成的内容，原因在于：①用户可能会人工修改 ChatGPT 生成的文本，掩盖其使用人工智能工具的痕迹；②ChatGPT 通过用户反馈不断更新优化，随着用户数量增加，生成更逼真的人类类似内容；③ChatGPT 模型算法不断快速改进。这些因素使得 ChatGPT 生成的内容能够逃避技术工具的检测。

（二）机构规制

随着 ChatGPT 作为一种科研辅助工具被越来越广泛地使用，学术期刊、国际出版组织和学术机构纷纷发布关于 ChatGPT 使用规范的规定及说明。*Science* 杂志规定 ChatGPT 生成的任何文本、数据、图像都不能出现在论文中，违规可能构成学术不端，但人工智能合理生成的数据集例外。机器学习会议 ICML 宣布在 2023 年的投稿中禁止提交完全由以 ChatGPT 为代表的大型语言模型编写的文本的论文，但并不反对作者使用大语言模型编辑或润色作者撰写的文本。多家顶级国际出版组织也发布新版作者政策，限制 ChatGPT 等人工智能在论文撰写中的使用。譬如 Springer Nature 明确指出 ChatGPT 不可作为作者，研究者若使用则须在方法部分声明。Elsevier 也表示人工智能只能协助改善语言，不能参与学术发现。一些出版商甚至考虑删除开放获取论文，防止人工智能访问，但这一举措与开放科学的原则相违背，引起了新的伦理讨论。一些学术研究机构如香港大学、新加坡国立大学、普林斯顿大学也相继推出限制使用的规定。

显然，当前主流学术期刊的观点认为人类作者仍是研究的核心，ChatGPT 仅可在合理范围内提供辅助，而非完全代替人类完成学术研究。这体现出主流学术界正在严格把控 ChatGPT 的应用边界，积极而审慎地探索人工智能技术在研究中的适当定位和使用边界。但具体政策仍在调整更新中，还需进一步观察其影响。

（三）使用指南

ChatGPT 生成内容的准确检验面临困难，同时限制其在科研中的应用又可能削弱其积极作用并导致研究者隐藏使用行为。因此，更实际的方法是在诚信和透明原则下探索 ChatGPT 的合理使用。作者应当审查 ChatGPT 生成内容，并明确在研究论文中说明使用方式与范围。编辑和审稿人也应当更仔细地审查文稿，以发现偏见、不准确和不适当来源。

一些学者为 ChatGPT 在科研中提供了操作性指南。游俊哲建议设置使用披露、内容审查和创新性说明义务，并根据使用场景分配义务。[1] Blanco-Gonzalez 等指出初步文本与手稿相似度，约 33.9% 的手稿由 ChatGPT 生成（相同 4.3%，微变 13.3%，相关含义 16.3%）。[2] Hosseini 等主张使用研究

---

[1] 游俊哲：《ChatGPT 类生成式人工智能在科研场景中的应用风险与控制措施》，《情报理论与实践》2023 年第 6 期。
[2] Blanco-Gonzalez A., Cabezon A., Seco-Gonzalez A., Conde-Torres D., Antelo-Riveiro P., Pineiro A., Garcia-Fandino R., "The Role of AI in Drug Discovery: Challenges, Opportunities, and Strategies," *Pharmaceuticals*, 2023 Jun 18, 16 (6).

人员在方法和附录部分披露其使用细节，如使用的提示（prompt）。[①] 他们还建议作者使用文本引用和参考文献注明文本的哪些部分是由 ChatGPT 生成或改写的，并为 ChatGPT 改进 APA 引文格式（见图9），以明确指出 ChatGPT 的使用者、使用的版本和模型以及使用时间。

OpenAI(2023). *ChatGPT*(*GPT-4*, *May 12 Version*)［*Large language model*］. *Response to query made by X. Y. Month/Day/Year.* https://chat.openai.com/chat

图9 文本引用和参考文献注明 ChatGPT 生成或改写情况

五　后记

在1991年的一篇开创性论文中，研究人员写道："与智能技术之间的智能伙伴关系可以超越人类单独的智力和能力，并将创新加速到以前难以想象的水平。"鉴于 ChatGPT 对科研工作的复杂影响，研究人员需要校准对其能力的期望，建立使用准则规范、使用方式和范围，在发挥 ChatGPT 对科研的助力作用的同时，尽力避免新技术对科研秩序和科研伦理的不当影响。

参考文献

段荟、张海、王东波：《信息资源管理领域科研人员对 ChatGPT 态度、认知及应对策略研究》，《情报理论与实践》，网络首发地址：https://kns.cnki.net/kcms/detail/11.1762.G3.20230508.1254.002.html。

[①] Hosseini M., Gao C. A., Liebovitz D. M., Carvalho A. M., Ahmad F. S., Luo Y., MacDonald N., Holmes K. L., Kho A., "An Exploratory Survey About Using ChatGPT in Education, Healthcare, and Research," http://www.ncbi.nlm.nih.gov/entrez/query.fcgi?cmd=Retrieve&db=pubmed&dopt=Abstract&list_uids=37066228&query_hl=1, medRxiv. 2023a：2023-03.

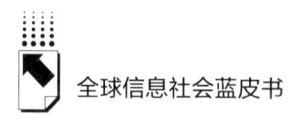

骆飞、马雨璇：《人工智能生成内容对学术生态的影响与应对——基于 ChatGPT 的讨论与分析》，《现代教育技术》，网络首发地址：https://kns.cnki.net/kcms/detail/11.4525.n.20230322.1635.002.html。

游俊哲：《ChatGPT 类生成式人工智能在科研场景中的应用风险与控制措施》，《情报理论与实践》2023 年第 6 期。

张重毅、牛欣悦、孙君艳、祁丽娟、方梅：《ChatGPT 探析：AI 大型语言模型下学术出版的机遇与挑战》，《中国科技期刊研究》2023 年第 4 期。

Aydın Ö, Karaarslan E., "OpenAI ChatGPT Generated Literature Review: Digital Twin in Healthcare," Available at SSRN 4308687, 2022 Dec. 21.

Blanco-Gonzalez A., Cabezon A., Seco-Gonzalez A., Conde-Torres D., Antelo-Riveiro P., Pineiro A., Garcia-Fandino R., "The Role of AI in Drug Discovery: Challenges, Opportunities, and Strategies," *Pharmaceuticals*, 2023 Jun 18, 16 (6).

Dowling M., Lucey B., "ChatGPT for (Finance) Research: The Bananarama Conjecture," *Finance Research Letters*, 2023 May 1.

Dönmez İ., Sahin I. D., Gülen S., "Conducting Academic Research with the AI Interface ChatGPT: Challenges and Opportunities," *Journal of STEAM Education*, 2023, 6 (2).

Eva A. M. van Dis, Johan Bollen, Robert van Rooij, Willem Zuidema, Claudi L. Bockting, "ChatGPT: Five Priorities for Research," *Nature Comment*, 2023, 614 (224).

Gao C. A., Howard F. M., Markov N. S., Dyer E. C., Ramesh S., Luo Y., Pearson A. T., "Comparing Scientific Abstracts Generated by ChatGPT to Real Abstracts with Detectors and Blinded Human Reviewers," *NPJ Digital Medicine*, 2023 Apr 26, 6 (1).

Hosseini M., Gao C. A., Liebovitz D. M., Carvalho A. M., Ahmad F. S., Luo Y., MacDonald N., Holmes K. L., Kho A., "An Exploratory Survey About Using ChatGPT in Education, Healthcare, and Research," http://www.ncbi.nlm.nih.gov/entrez/query.fcgi?cmd=Retrieve&db=pubmed&dopt=Abstract&list_uids=37066228&query_hl=1, medRxiv. 2023a: 2023-03.

Hosseini M., Resnik D. B., Holmes K., "The Ethics of Disclosing the Use of Artificial Intelligence Tools in Writing Scholarly Manuscripts," Research Ethics. 2023b: 17470161231180449.

B.8
现代教育转型中的 AI 角色：
大规模语言模型（LLMs）的影响与对策

吴曦 ChatGPT*

摘　要： 本文讨论了大规模语言模型（Large Language Models，LLMs）在现代教育转型中的影响和对策。首先，描绘了 LLMs 的基本特征和技术细节，并强调了其在教育中的价值，包括提高教育质量、促进教育公平和改变教师的角色。其次，指出了在实施过程中可能面临的挑战，如数据安全与隐私、技术的可靠性和有效性、技术普及与教育公平性、伦理问题、教师角色的转变和能力提升以及学生的技术依赖和心理健康，对于这些挑战，提出了一些解决办法和建议。最后，展望了未来的研究方向，包括进一步研究 LLMs 在不同教育领域和环境下的应用效果，关注模型的适应性和局限性，并探索将人工智能技术与教育实践相结合的创新方式，以推动教育科技的创新和发展。总体而言，本文旨在充分认识到 LLMs 在现代教育中的潜力和挑战，并提供有效的解决方案，以确保其健康、可持续发展，为现代教育的转型提供强有力的支持。

关键词： 现代教育　大规模语言模型　LLMs　教育转型

---

* 吴曦，管理学硕士，上海社会科学院新闻研究所高级工程师，研究方向为自然语言处理、信息化；ChatGPT，OpenAI 开发的人工智能模型，协助编写文本、生成创意内容、解释复杂概念。

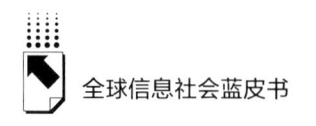

一 引言

在人工智能科技以前所未有的速度演进和普及的背景下，当代教育的模式和方法已成为全球教育界的核心讨论议题。如何有效地将这种尖端科技融入教育实践，以提升教学效能、教学品质，以及引领教育的进步和改革，正是当今教育研究着力探索的关键问题。大规模语言模型（LLMs）作为现阶段领先的自然语言处理技术，其在诸如语音识别、机器翻译、信息检索等领域已取得显著的应用成效。然而，LLMs在现代教育领域的应用和研究，相对于其他领域来说，尚显稀少，存在大量未开发的研究空白和潜在的应用机会。

本研究的主旨是全面地审视和探索基于LLMs的现代教育，通过深度分析当前的状况、识别存在的挑战，以期提出未来的发展路径。力图全面揭示LLMs在现代教育中的实际应用以及潜在优势，同时关注其在教育变革中可能扮演的角色和产生的影响，并据此提出具有针对性的建议。为了实现这个目标，本研究将从以下角度进行深入的分析和讨论：①LLMs与现代教育。对LLMs技术和现代教育的基本理念、发展历程和现状进行总结，并分析其相互间的交融和影响。②LLMs对现代教育的影响。通过实证研究，详细揭示LLMs在现代教育中的应用和实践，特别关注其如何提升和改善现代教育。③LLMs在现代教育中面临的挑战。深度剖析LLMs在现代教育应用中可能面临的挑战，包括数据和资源问题、算法和模型问题，以及隐私和安全问题等。④LLMs在现代教育中的发展趋势。预测LLMs在现代教育中的发展趋势，旨在为后续的研究和实践提供有益的参考和启示。

现代教育领域的众多研究指出，虽然LLMs在部分特定场景，如智能解答、自动阅卷等方面已有所应用，但其在教育领域的应用并不广泛，特别是在个性化学习、课程生成、教育评估等领域的应用仍然处于初级阶段。因此，深化对这些模型在现代教育中的应用的研究，有助于更全面地理解和运用这类尖端科技，推动教育领域的发展和创新。

二 LLMs 技术概述

为了深入且连贯地研究主题，首先需要全面掌握大规模语言模型（LLMs）的基本理论及其发展脉络，分析关键的代表性模型，并详细阐述其技术原理、关键技术、应用领域及面临的挑战。

（一）演变历程及定义

LLMs 是基于深度学习的自然语言处理模型，通过在大量无标注文本上预训练，学习并挖掘语言规律。此后，对特定任务进行微调，以提升对各领域任务的适应性。自 2013 年 Word2Vec 问世，LLMs 迅速演进，性能不断提升。例如，BERT[1]、GPT-3[2] 及 Codex 在理解、生成自然语言以及通用编程（如 Python）方面展示出优异的能力。2022 年 11 月发布的 ChatGPT 更是将此范式推向新高度，引领自然语言在 LLMs 中的广泛应用。

然而，LLMs 术语存在一定误解，因为这类模型并非以模拟人类语言方式为初衷。语言模型仅"评估"字符（字母）组合的频率，这些组合对人类而言具有语义和语法意义，为后续探讨技术带来的挑战提供了思考的角度。

（二）主要代表性模型

根据 2023 年 4 月发布的"LLMs 进化树"（见图 1），主流 LLMs 主要可分为 GPT 系列、BERT 系列和 T5 系列，分别对应 Transformer 架构的解码器、编码器和两者的结合。

1. GPT 系列

GPT（Generative Pre-trained Transformer）系列是 OpenAI 研究团队提出

---

[1] Devlin J., Chang M. W., Lee K., Toutanova K., "BERT: Pre-training of Deep Bidirectional Transformers for Language Understanding," 2018, arXiv preprint arXiv: 1810.04805.

[2] Brown T. B., Mann B., Ryder N., Subbiah M., Kaplan J., Dhariwal P., Agarwal S., "Language Models are Few-shot Learners," 2020, arXiv preprint arXiv: 2005.14165.

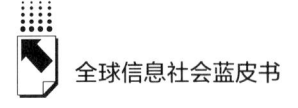

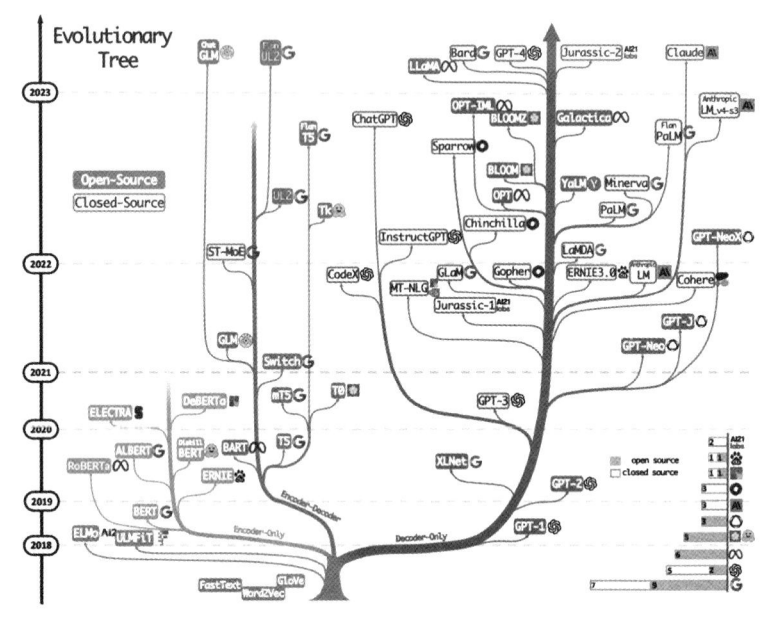

图 1　LLMs 进化树

资料来源：Jingfeng Yang et al., "Harnessing the Power of LLMs in Practice: A Survey on ChatGPT and Beyond," arXiv preprint arXiv: 2202.07005, Retrieved from https://arxiv.org/pdf/2304.13712.pdf。

的一系列预训练语言模型。从2018年的GPT-1开始，到GPT-2、GPT-3，以及2022年11月发布的GPT-3.5，这一系列模型在许多自然语言处理上取得了显著的成果。GPT系列模型基于Transformer架构，并采用生成式预训练策略，通过大量无监督文本数据进行训练。[1] 这些模型已经引起了公众和教育工作者的广泛关注。

2. BERT系列

BERT（Bidirectional Encoder Representations from Transformers）是Google提出的一种基于Transformer的预训练模型。与GPT的单向生成式预训练不

---

[1] Radford A., Narasimhan K., Salimans T., Sutskever I., "Improving Language Understanding by Generative Pre-training," URL https://s3-us-west-2.amazonaws.com/openaiassets/researchcovers/languageunsupervised/language understanding paper.pdf, 2018.

同，BERT采用双向编码器表示和掩码语言模型任务进行预训练。BERT系列模型包括BERT Base、BERT Large以及RoBERTa等多个版本，具有强大的迁移学习能力。2023年3月21日，受到商业竞争压力，Google发布了"只懂英文、不会编程"的Bard模型，目前仍被定义为基于大规模语言模型（LaMDA）的"实验性人工智能程序"。[①]

3. T5系列

T5（Text-to-Text Transfer Transformer）是Google提出的一种基于文本到文本的预训练模型，通过统一输入输出格式，将各种自然语言处理任务视为序列生成问题。BART（Bidirectional and Auto-Regressive Transformers）是Facebook提出的一种生成式预训练模型，结合了BERT的双向编码器和GPT的生成式解码器，具有较好的性能表现。

（三）技术原理与关键技术

理解技术原理和关键技术是LLMs讨论问题、解决问题、预测问题、提高决策效率和促进创新的关键。Transformer架构是LLMs的基础，通过自注意力机制有效处理长距离依赖问题。预训练与微调策略则使模型能够在大规模无标签数据上进行预训练，在特定任务上进行微调，从而增强泛化能力和灵活性。

从上述对主要LLMs模型的梳理可以看到，Transformer是LLMs目前应用最为广泛的主要技术架构。Transformer是Vaswani等人于2017年提出的一种以自注意力机制为基础的深度学习架构。相较于传统的循环神经网络（RNN）和卷积神经网络（CNN），Transformer具有更强的并行计算能力和长距离依赖捕捉能力。Transformer包括编码器和解码器两部分，通过自注意力机制、前馈神经网络以及残差连接等技术实现高效的特征抽取和语义表示学习（见图2）。自注意力机制使模型能够捕捉到输入序列中的长距离依赖关系，前馈神经网络则负责进行非线性变换，而残差连接则有助于防止梯度

---

① https://bard.google.com.

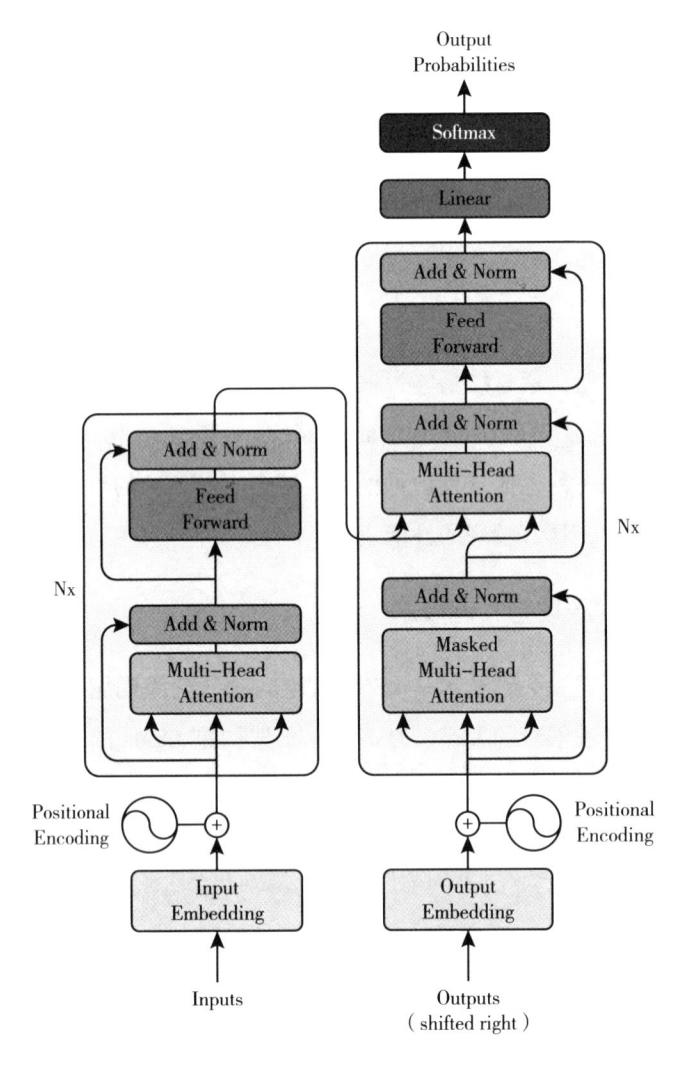

图 2 Transformer 架构

消失和爆炸,从而使模型能够处理更长的序列。这些技术的结合使得Transformer在处理自然语言等序列数据时具有出色的性能。

1. 自注意力机制

自注意力机制(Self-Attention)是Transformer架构的核心组件,允许模型在输入序列中的每个位置对其他位置的信息进行加权聚合(见图3)。自

现代教育转型中的 AI 角色：大规模语言模型（LLMs）的影响与对策

注意力机制通过计算序列中各元素的注意力分数，实现对序列内各元素的关联关系建模，从而捕捉长距离依赖。在预训练语言模型中，自注意力机制有助于模型学习到丰富的语义信息。

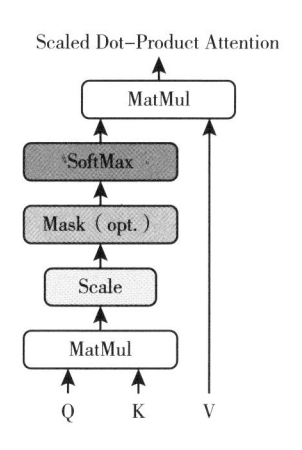

图 3 自注意力机制基本结构

资料来源：Vaswani A.，Shazeer N.，Parmar N.，Uszkoreit J.，Jones L.，Gomez A. N.，Polosukhin，I.，"Attention is All You Need，Advances in Neural Information Processing Systems，"2017，30，5998-6008。

此外，预训练与微调策略进一步提升了模型的性能。在大规模无标签数据上进行预训练，模型可以学习到丰富的语言知识；在特定任务上进行微调，模型可以适应具体的任务需求，实现优秀的模型性能。

2. 预训练与微调策略

预训练与微调是 LLMs 的关键策略。预训练阶段，模型在大量无标注文本数据上进行训练，学习到通用的语言知识；微调阶段，模型在具体任务的有标注数据上进行训练，使模型适应特定任务的需求。这种策略有效解决了数据稀缺和模型泛化能力的问题，提高了模型在不同自然语言处理任务上的性能表现。

以 GPT 系列中 ChatGPT 的"中台"为例，基于大量数据的预训练和基于人类反馈的强化学习（Reinforcement Learning from Human Feedback，

183

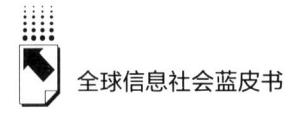

RLHF），模型微调机制受到错综复杂的主观因素影响（见图4）。如果说原始数据训练是ChatGPT得以成长的"养料"，那么"人工标注+强化学习"的微调机制则是ChatGPT成功运行的"内在基因"。OpenAI公司采取有监督微调（Supervised Fine Tuning，SFT）方式训练初始模型，即随机抽取一批测试用户提交的指令或者提问，让专业的标注人员给出相应的高质量答案，而这些人工标注的数据集可被用于调优预训练的语言模型。基于上述调优后的模型，每个指令或者提问可生成多个不同的答案，标注人员将答案根据质量由高到低进行排序。由此，可能存在价值偏好的数据集将被用来训练数据奖励模型（Reward Model，RM）以预测用户更喜欢的答案。OpenAI将训练好的SFT和RM模型结合起来，利用近端优化策略算法（Proximal Policy Optimization，PPO）进行模型调整和迭代。

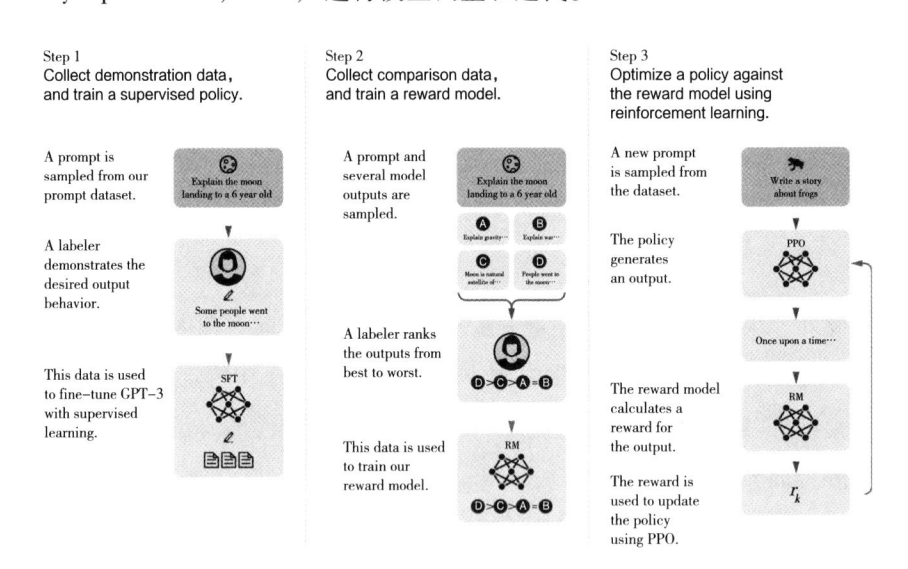

图4　InstructGPT基于人类反馈的模型预训练与微调

（四）应用领域及其优势

LLMs在多个自然语言处理任务上取得了显著成果，如机器翻译、文本分类、情感分析、命名实体识别、阅读理解、摘要生成等。这类模型具有以

现代教育转型中的AI角色：大规模语言模型（LLMs）的影响与对策

下优势。

（1）丰富的语言知识。通过在大量无标注数据上预训练，模型学习到丰富的语言知识，包括词语、语法、语义等。

（2）强大的泛化能力。通过预训练与微调策略，模型能够在一个任务上学习到的知识迁移到其他任务上，具有强大的泛化能力。

（3）高效的计算性能。基于Transformer的模型具有并行计算能力，可以高效处理大规模数据。

一般而言，LLMs可以在文字处理、编程、图像、科研、多模态等领域执行任务，广泛应用于软件开发、营销、时尚、游戏、培训等行业。各领域相关系统与常见功能见表1。

表1 LLMs的主流系统模型与功能实现

领域	训练环境	训练数据集	常见模型	功能实现
自然语言处理	通过单词或词语标记构成的字符串进行训练	BookCorpus、Wikipedia等文本语料库	GPT-3、LaMDA、LLaMA、BLOOM、GPT-4等	实现自然语言处理、机器翻译和自然语言生成，同时可作为其他任务的基础模型
编程辅助	在编程语言文本环境中进行训练	基于OpenAI的GPT-3微调	OpenAI Codex	用于为新的计算机程序生成源代码，如支持GitHub Copilot等应用
计算机视觉	在配有文本描述的图像集进行训练	LAION-5B等计算机视觉数据集	Imagen、DALL-E、Midjourney、Stable Diffusion等	实现文本到图像的生成和神经网络的迁移学习
科学探究	生物科学领域，在氨基酸序列或分子表征（例如代表DNA或蛋白质的SMILES）上进行训练	使用各种生物学相关数据集	AlphaFold	预测蛋白质结构，促进药物发现
多模态学习	从多个生成式模型上构建，或一个模型在多种类型数据上进行训练	使用多种类型的数据集	CLIP、Flamingo、BLIP-2、LLaVA	实现不同媒介或模型的整合与构建

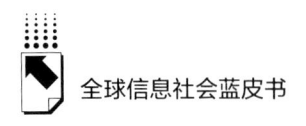

（五）存在的问题与未来发展

尽管 LLMs 在许多自然语言处理任务上取得了显著的成果，但仍存在一些问题，如模型解释性差、训练成本高、数据偏见等。未来，期待通过技术创新和算法优化，解决这些问题，推动 LLMs 的进一步发展。同时，随着技术的发展，LLMs 的应用领域将进一步拓宽，如在对话系统、知识图谱、推荐系统等领域有广阔的应用前景。

三 现代教育转型背景与挑战

教育，作为塑造个体并推动社会进步的核心驱动力，一直在与时俱进，积极应对技术变革带来的挑战。一方面，信息化、网络化带来的教育资源的碎片化以及个性化需求增加；另一方面，知识更新速度加快，传统的教育方式难以适应快速变化的社会需求。在这样的背景下，科技在教育中的应用日益重要，尤其是以 LLMs 为代表的人工智能的发展，引领了新一轮变革。

（一）现代教育转型的核心内容

一些研究者认为，在教育领域应用一项新技术，要从技术、观念、组织等维度进行系统变革。① Selwyn 将关于人工智能和教育的对话拓展至价值观判断，认为任何技术融入社会都是一种选择。② 从现状看，人工智能在课堂教学、学校管理及教育系统三个层面产生了巨大的价值。③

现代教育转型的目标是通过教育理念、教育方法和教育技术的革新，以满足新时代知识经济和数字化的新要求。其核心内容包括个性化学习、终身

---

① 钟秉林、尚俊杰、王建华等：《ChatGPT 对教育的挑战（笔谈）》，《重庆高教研究》2023 年第 3 期。
② Selwyn N., *Should Robots Replace Teachers? AI and the Future of Education*, 1st ed., Polity Press, 2019.
③ 钟悦、王洁：《教育领域人工智能的应用现状、影响与挑战——基于 OECD〈教育中的可信赖人工智能：前景与挑战〉报告的解读与分析》，《世界教育信息》2021 年第 1 期。

学习、创新能力培养、信息素养和数字素养提升等。现代教育转型强调以学生为中心的教学方法，倡导教育公平和机会均等，以及重视技术在教育领域的应用与推广。

（二）技术与教育的融合趋势

在科技日新月异的今天，各类前沿技术，如人工智能、大数据、物联网、虚拟现实等，正在逐步渗透至教育领域，带来了全新的可能性和机遇。以 LLMs 为例，如 OpenAI 的 ChatGPT，自发布后的两个月内用户就超过 1 亿，并且预计每 14 天会生成相当于人类所有印刷作品体量总和的文本。[①] 这不仅获得了微软、GitHub 等公司的青睐并被整合至其产品中。LLMs 还在学术研究中显露出其在处理复杂语言上（如文本摘要生成等）的优势。研究发现，自 LLMs 被应用以来，人工注释者更倾向于使用 LLMs 生成摘要，而不是常用的摘要数据集中的原始参考摘要。[②] 这表明 LLMs 将在教育领域持续发力。例如，在基于 GPT 的生成性框架 GPT4Rec 中，LLMs 在理解用户偏好和生成个性化推荐方面具有潜力。在教育高度相关的文本生成领域，LLMs 能够执行电子邮件简化、聊天线程改进、简历语言优化、新营销或广告活动的创意提供等任务。因此，可以预见，LLMs 的技术将会与教育深度融合，带动在线教育、智能辅助教学、学习资源个性化推荐等创新应用的发展，同时也将为教育管理和决策提供数据支持。

另外，越来越多的研究和实践表明，融合式教学是教育全球化的重要契机。融合式教学将传统教学与现代技术结合，为学生提供更广阔的学习空间和个性化的学习体验。[③] 借助技术融合，教育有能力突破时间和空间的束缚，为学生创造更为多样的学习环境，提供个性化的学习资源和支持。这种

[①] Lucy Hampton, "What do Large Language Models Mean for Productivity?" https：//www.bennettinstitute.cam.ac.uk/blog/what-do-llms-mean-for-productivity/.

[②] Yixin Liu et al., "On Learning to Summarize with Large Language Models as References," arXiv preprint arXiv: 2305.14239, Retrieved from https：//arxiv.org/pdf/2305.14239.pdf.

[③] 汪潇潇：《融合式教学是教育全球化的重大契机》，https：//www.edu.cn/info/xy/xytp/202108/t20210809_2143793.shtml，2021 年 8 月 9 日。

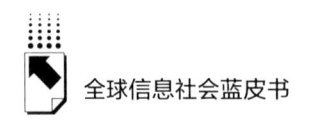

融合不仅有力地推动了传统教学模式革新，提升了教育的质量和效率，也为教育的全球化发展注入了新的活力。

同时，技术革命也在推动教育的变革。积极推动人工智能和教育的深度融合，是促进教育变革创新的重要举措。[①] 在信息化、智能化的背景下，新型基础设施建设如5G网络、人工智能、大数据等，为教育变革注入了新的动力，推动了教育高质量发展。与此同时，互联网+教育、翻转课堂、自适应学习等新模式的崭露头角，对传统教育方式构成挑战，进一步推动了教育的创新和改革。这表明积极推动人工智能和教育的深度融合，是促进教育创新的重要手段。

（三）现代教育转型面临的具体问题

尽管现代教育发展具有广阔的前景，但在实践过程中仍然面临一些具体问题，主要体现如下。

（1）教育资源的不均衡分布。由于地域、经济和社会差异，教育资源的分布并不均衡，这使得部分学生难以获得优质的教育资源和机会。

（2）个性化学习需求的挑战。每个学生的兴趣、能力和学习方式都不同，传统的教育方式往往难以满足这种个性化的学习需求。

（3）教师素质与能力的提升。在现代教育转型过程中，教师需要不断提升自身的专业素养和技术能力，以适应新的教育环境。

（4）技术应用的局限性。尽管现有的教育技术为教育带来了许多便利，但在实际应用中仍然存在一定的局限性，如数据安全、隐私保护、技术可靠性等问题。

（5）伦理与道德挑战。技术在教育中的应用引发了一系列伦理道德问题，如公平性、隐私权、技术成瘾等。

在面对这些挑战时，需要积极寻找解决方案，以确保现代教育转型的顺利推进，为构建更加公平、高效、有质量的教育体系努力。

---

① 陈锋：《技术革命驱动教育变革：面向未来的教育》，《中国高等教育》2020年第20期。

四　LLMs 在现代教育中的应用及影响

在当前的教育领域，学者们普遍认为，LLMs 并非类似"灰犀牛"的潜在巨大风险，它给教育带来的机遇大于威胁，[①] 尤其在以下几个方面的应用，其影响更为深远。

（一）LLMs 在教育资源领域的应用

1. 个性化学习资源推荐

LLMs 可以根据学生的兴趣、能力和学习经历等信息，为其推荐个性化的学习资源。通过分析文本数据和学生互动记录，为学生提供定制化的学习内容，从而提高学习效果和学生参与度。个性化学习资源推荐可以帮助学生更好地理解和掌握知识，提供更符合其学习需求的资料，激发学生的学习兴趣和动力。

2. 自动化内容生成与批改

借助预训练语言模型的生成能力，教育工作者可以利用 LLMs 实现教学内容的自动化生成。模型可以根据学科要求和教学目标，生成各种教学资源，如习题、案例分析、教学案例等。这可以大大提高教师的工作效率，减轻其工作负担，并且保证教学内容的多样性和质量。此外，LLMs 还可以被用于自动批改学生作业和测验。模型可以根据预设的评分标准和答案模板，对学生提交的作业和测验答案进行自动评分和反馈。这种自动化的批改过程不仅节省了教师的时间，还能提供及时反馈给学生，帮助他们更好地改进自己的学习方式。

（二）LLMs 在教学方法与策略的创新

1. 智能辅助教学

LLMs 可以充当智能教学助理，协同教师进行课堂教学。例如，通过对

[①] Duha M. S. U., "ChatGPT in Education: An Opportunity or a Challenge for the Future?" *TechTrends*，2023（67）．

课堂上的实时语音转录和文本进行深度分析,模型能够提出有针对性的教学建议、设计课堂活动,甚至实时解答问题。同时,根据学生的提问和反馈,模型可以分析学生对知识的理解与掌握程度,进而向教师提供适当的教学指导和反馈。此类智能化教学策略的应用,不仅提升了课堂教学的效率,增强了学生的学习体验,也有助于提升学生对知识的理解与应用能力。此外,LLMs中常见的知识蒸馏(Knowledge Distillation)技术,是一种将深层神经网络(教师模型)中的知识提取并迁移到浅层神经网络(学生模型)的方法,为智能化教学策略提供了一种有效的知识转移途径。通常,教师模型具有较好的学习和性能表现,通过提供软目标(soft targets),有助于提高学生模型的性能。该技术被广泛用于实时解答问题。

2. 项目式学习(Project-based learning,PBL)

LLMs在文本分析和信息检索任务上的卓越表现,为项目式学习和协作学习提供了重要的技术支持。项目式学习着眼于解决现实生活中的复杂、非预测性、多学科交叉问题,通过深度学习对学科知识的核心概念进行探讨。学生可以利用模型完成跨学科、跨领域的知识探索和项目合作。模型可以协助学生搜索和整合相关领域的资源,提供指导并支持学生之间的协作与沟通。例如,在STEM项目中,学生的学习是基于项目的,通过科学探究和工程设计,整合多学科知识,以积极的团队合作和解决实际问题为重点。此类项目使抽象的知识与学生的日常生活相关联,整合了学习内容。通过项目式学习和协作学习,能够培养学生解决问题的能力、创新思维和团队合作能力,更好地应对现实生活和职场中的挑战。

(三)在教育评估与反馈中的应用

1. 自动化成绩评估与分析

LLMs能够被用于自动化的成绩评估环节,显著减轻教师的工作负担。模型可以在获得学生的作业、测验和考试答案后,进行智能化的自动批改和深度分析。

在自动批改方面,LLMs能够对基于客观规则(如选择题、判断题等)

的答案进行高效的自动批改。对于开放式答案（如简答题、解题等），基于自然语言处理技术，模型可以识别学生答案中的关键信息，与标准答案进行匹配和对比，以生成相应的评估结果。在深度分析方面，模型能根据学生的答案，对学生的知识掌握水平、错误类型、易混淆概念等展开详细的诊断和分析。这些深度分析的结果可以为教师提供有针对性的反馈和辅导依据。此外，LLMs 还可以生成详尽的成绩报告。这些报告不仅包括学生的总分和各部分的得分，还可以包括学生在不同知识领域的得分情况、错误分析、知识掌握状况、进步情况等信息。这些细致的成绩报告，可以帮助教师更深入、更全面地了解学生的学习情况。同时，模型还可以对学生的成绩数据进行统计和分析，包括成绩的总体分布、变化趋势、各知识点的掌握状况等。这些统计和分析结果可以帮助教师发现学生的问题和潜在需求，从而制定更为精确和有针对性的教学策略。

2. 实时反馈与学习路径优化

LLMs 能够利用其高级数据分析能力，根据学生的实时学习数据，提供个性化的反馈，有助于学生及时发现和解决问题。模型会对学生的学习过程和表现进行深度分析，包括但不限于学生在课堂参与度、答题正确率、答题用时、独立思考的深度等方面的表现。这样的分析能够检测出学生在知识理解和技能掌握上可能面临的困难。例如，当学生在做题遇到困难时，模型可以通过对学生答题数据的实时分析，发现其在某些知识点上可能存在的理解困难或误解。模型会根据学生的错题类型和频率，生成个性化学习报告，为教师提供相应的指导和建议。这些建议可能包括复习相关知识点，提高某种技能或改变学习策略等。

此外，模型还能根据学生的学习进度和成绩分析，动态优化学习路径。它可能会建议学生先行强化基础知识，再进行更高阶的学习，或者指出哪些学习资源和教学支持可能更适合当前的学习需求。例如，如果模型发现学生在学习某个主题时进展缓慢，可能会建议学生使用更直观、更生动的学习资源，如动画或实验，以增强其理解。

通过实时反馈和学习路径优化，LLMs 使得学生能够以更高效的方式学

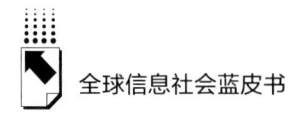

习,从而提高学习成绩。同时,教师也可以根据模型提供的信息,更好地了解学生的学习状况,从而提供更有效的教学支持。

(四)LLMs对现代教育的影响

1. 提升教育质量与效果

LLMs的应用可以优化教育资源的配置,改进教学方法和策略,从而提升教育质量与效果。基于个性化学习资源推荐和智能辅助教学等技术手段满足不同学生的学习需求,提供更精准和有效的教学内容支持。这有助于学生更好地理解和掌握知识,提高学习效果和增强学习动力。

2. 促进教育公平与机会均等

LLMs的应用可以扩大优质教育资源的覆盖范围,为不同地区、经济条件和背景的学生提供更多的学习机会。在线教育、智能辅助教学等手段能够克服地域和资源限制,将教育资源传递到每一个学生手中。这有助于减少教育资源不均衡问题,促进教育公平与机会均等,实现更广泛的教育包容性。

3. 教师角色与职责的转变

随着LLMs在教育领域的广泛应用,教师的角色和职责正在经历重大的转变。教师已经不再只是知识的传播者,他们更成为学习的引导者、组织者和评估者。为了适应这种新的教育环境,教师需要不断提升自身的专业素养和技术能力。他们需要掌握LLMs的应用技术,例如,学习并掌握AI和大数据分析技术,以及如何有效地利用模型提供的智能教学工具。此外,他们还需要对数字化教学环境下的课程设计和学习评估方法有深入的理解并能熟练的应用。这些技术和能力的提升,将有助于教师更好地满足学生的学习需求,同时也有助于更全面地提高学生的综合素养。

4. 应对伦理道德与技术挑战

LLMs在教育领域的应用也带来了一系列伦理道德和技术挑战。例如,教育公平性、学生隐私权和技术可靠性等问题都需要共同关注。为了解决这些问题,需要政策制定者、教育工作者和技术开发者共同努力,制定相应的法律法规和伦理准则。例如,教育公平性可以通过政策支持和公平分配教育资源来保证；学生隐私权可以通过加强数据安全，以及制定明确的数据使用和管理规则来维护；技术可靠性则需要通过严格的技术审核和验证，确保技术的稳定性和安全性。只有这样，才能确保技术在教育领域的可持续发展，最大限度地发挥其在提高教学质量上的积极作用。

总的来说，LLMs 在现代教育中的应用对教育产生了积极的影响。通过提供个性化学习资源、创新教学方法和策略，改变教师角色与职责，提升教育质量与效果，LLMs 促进了教育公平与机会均等，然而，其应用也面临着伦理道德和技术挑战，需要全社会的共同努力来予以解决。未来的研究和实践应进一步探索 LLMs 在不同教育领域和场景的应用效果，同时强化教育工作者和学生对于技术应用的伦理意识和教育理念，以实现教育事业的健康发展。

五 LLMs 在现代教育中的挑战与对策

（一）挑战

1. 数据安全与隐私保护

在教育领域，在应用大规模语言模型（LLMs）时，必须处理大量的学生个人信息、成绩数据和学习行为数据。其中，学生的个人信息可能包含姓名、学号、年龄、性别等基础数据，甚至可能涉及联系方式和家庭地址等更为敏感的信息。而成绩数据和学习行为数据，涉及学生的学习能力、学习习惯，以及他们在特定学科和课程中的表现。这些数据可能反映学生的学习优势和弱点，以及他们的兴趣和倾向性。处理这些数据时，安全性和隐私问题是必须考虑的。这不仅涉及敏感数据在收集、存储、使用和共享过程中的安全性，同时也涉及数据可能被滥用或被用于不恰当的目的，如用于商业广告、歧视或骚扰等。因此，如何在有效利用 LLMs 的同时，保护数据安全和隐私权，防止数据泄露或滥用，已经成为一个重要且紧迫的课题。

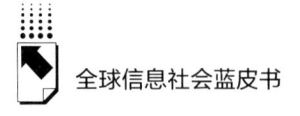

2. 技术可靠性与有效性

LLMs在教育领域的应用对精准度、可靠性和有效性有着严格的要求。值得注意的是，大规模语言模型已经能够通过"链式思维格式"逐步生成解决方案来完成那些需要复杂推理的任务。链式思维格式是指模型按照一种类似于人类思维的步骤，根据给定的信息和已知条件，逐步推理和形成问题解决方案。这种推理过程如同链条一样，每一个环节都承上启下，保证了推理过程的连贯性和完整性。然而，即使是最先进的模型也可能产生误导信息，它们在面临不确定性时有一种编造事实的倾向，这种现象被称为"幻觉"。在需要多步推理的领域，如数学，这个问题尤为严重，因为单一的逻辑错误就可能会影响整个解决方案的正确性。因此，如何确保模型在教育场景下的可靠性和稳定性，以避免误导学生，成为需要解决的重要问题。

3. 技术普及与教育公平

在推动LLMs的应用过程中，可能会面临一些重大挑战，尤其是技术普及的不平等性以及教育资源的进一步集中问题，这将对教育公平产生深远影响。具体来说，地理位置优越、经济发达的地区，其学校和学生往往能够较早地接触并应用这些前沿技术，其拥有充足的资源和技术支持来应用这些新技术。然而，这也意味着，经济发展相对滞后地区的学校和学生可能因资源短缺而无法应用这些先进技术。例如，在一些农村或边远地区，网络设施不健全，经济条件受限，导致LLMs的应用受阻，学生无法受益于这些智能化的教学方式。这不仅可能拉大城市与农村地区之间的教育差距，也可能进一步加剧教育不公平。另外，如果高级教育资源（如优质的教师、高水平的教学内容）会因LLMs的使用而过度集中于某些优质学校或学生群体中，这无疑也将加深教育鸿沟。因此，如何确保所有学生都能平等地获取和利用这些技术，以避免教育差距的进一步扩大，是需要深入思考的重大问题。只有做好这些，才能真正确保教育技术的公平性和包容性，使所有学生都能从教育革新中受益。

4. 教师角色转型与能力提升

LLMs在现代教育中的应用，要求教师转变角色、提升自身的专业素养和技术能力。这些素养和能力既包括对技术知识的学习、实践中对结果的理解，也包括对反馈效应的思考和对伦理问题的认识。如何有效地帮助教师适应这种转变，提高他们的技术素养，以便他们能够有效地利用这些模型来提高教学效果，是一个重要的课题。

5. 伦理道德问题

LLMs 在教育中的应用涉及一系列伦理道德问题，如公平性、隐私权、技术成瘾等。模型训练数据中可能存在偏见，并在输出中将这些偏见反映出来，这可能在涉及敏感话题时引发争议。模型可以提供个性化的辅导和作业评分服务，但也存在过度依赖 AI 系统可能导致学生批判性思维和社交技能弱化等问题，以及学生过度依赖技术、技术成瘾等问题，影响学生的心理健康。如何在利用这些模型的优势的同时，避免这些潜在的伦理道德问题，是需要深入探讨的问题。

（二）应对策略

根据以上分析，提出以下应对策略。

1. 数据安全与隐私保护

面对数据安全与隐私保护的挑战，需制定并执行严格的数据安全与隐私保护政策。首先，对教育机构和相关组织而言，建立安全的数据存储和传输系统至关重要。此处，推荐采用加密技术来确保数据在传输和存储过程中的安全性。加密技术基于复杂的数学原理，通过对数据进行一定的转换，使其变成不易被解读的密文。只有掌握了特定解密密钥的人才能将这些密文还原为原始数据。这样，即使数据在传输过程中被截获或者存储设备被非法访问，也能保障安全，由于没有解密密钥，攻击者无法理解加密后的数据内容。

同时，建议使用数据脱敏技术对学生的个人信息进行匿名化处理，以降低隐私泄露风险。数据脱敏是一种通过修改、删除或者替换个人识别信息，使个人数据无法被关联或识别的方法，可以有效地保护个人隐私。

此外，采用差分隐私技术可以进一步保护学生数据隐私。差分隐私技术

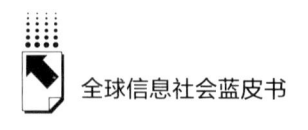

是一种隐私保护技术，通过在数据集中添加噪声来保护个体隐私，从而避免个别数据被识别。即使攻击者能够接触到全部的统计信息，他们也无法准确地推断出任何的个体信息。这种方法在保障数据实用性的同时，确保了个体数据的隐私安全。

2. 改进技术可靠性与有效性

当面临技术可靠性与有效性的挑战时，需要对人工智能模型进行精细的微调和优化，以增强其在教育环境中的适应性。依据教育领域的特殊需求，可以调整模型的参数和架构，以使其更有效地完成教育任务。例如，模型参数包括学习速率、时期数量等，直接影响着模型的训练效率和最终性能。适当地调整这些参数，例如，降低学习速率以减少在优化过程中的过度震荡，可能会有助于模型更准确地理解和响应教育场景中的复杂需求。

至于模型架构，可以考虑在基础模型上添加特定的层或模块，例如注意力机制，以便更好地处理教育数据的特定问题。对于长期依赖问题，引入长短期记忆（LSTM）或者门控循环单元（GRU）等复杂循环神经网络架构，增强模型对时间序列信息的处理能力，从而优化其在教育场景下的表现。

RLHF（Reinforcement Learning with Human Feedback）微调过程可提升模型的可靠性。在这种过程中，LLMs的目标是生成准确反映现实世界的输出。当成功生成事实性陈述时，模型获得"奖励"；若生成的输出偏离事实，模型则会受到"惩罚"。这种学习过程部分地由生成的输出与现实的一致性驱动，从而赋予模型形成事实正确陈述的能力。

此外，就定期评估模型的性能和效果与教育工作者、学生和家长进行交流，收集问题改进建议，实现模型的持续更新和优化。针对模型可能产生的"幻觉"问题，可以引入额外的验证和审查机制，对模型生成的答案和解决方案进行审核，从而减轻"幻觉"可能带来的影响。

3. 技术普及与教育公平

为了解决技术普及与教育公平问题，需要鼓励政府、企业和社会力量共同参与，推动技术在教育领域的广泛应用。政府可以制定政策和措施，鼓励学校和教育机构采用先进的教育技术，提供必要的资源支持。企业可以加大研发和创新投入，开发适用于不同教育场景和教学需求的技术产品和解决方案。社会力量可以通过捐赠和志愿者等形式，为边远地区和弱势群体提供教育支持。特别是对于那些缺乏优质教育资源的地区而言，应该加大力度推动技术普及，促进教育的公平与机会均等。

4. 教师角色转型与能力提升

为了推动LLMs在教育中的应用，需要加强教师培训，提高教师应用现代教育技术的能力。培训内容包括对LLMs的理解和应用、教师如何有效地利用LLMs来提升教学效果和学生参与度。同时，鼓励教师进行跨学科学习，提升创新能力和教育实践能力，更好地应用新技术。此外，可以调整教师评价体系，将技术应用能力和创新能力纳入绩效评价指标，鼓励教师积极探索和应用新的教育技术，促进教师角色的转型和能力的提升。

5. 规范伦理道德

面对伦理道德问题，应制定和执行相关的伦理道德规范，引导人工智能技术在教育领域的健康发展。教育机构和相关组织应设立专门的伦理委员会或伦理监管机构，负责具体的伦理准则的拟定。这些机构的职责主要包括但不仅限于：一是制定和更新关于数据使用和隐私保护的规定，以防止数据滥用并保护个人隐私权；二是建立对模型生成内容的审查和验证机制，确保其内容的科学性、准确性和合规性，防止传播误导信息；三是关注学生心理健康和技术成瘾问题，制定相应的防范和应对措施。

同时，教育工作者、学生和家长作为教育生态系统中的重要参与者，也需要提高伦理道德意识，理解并遵守这些伦理准则，共同维护教育领域的良好环境。这需要通过培训、教育和公开传播等方式来提升他们的伦理意识和行动力。

此外，建立完善的学生心理健康教育体系是解决伦理道德问题的另一重要策略。通过培养学生的自我调适能力，提升其心理韧性和应对技术成瘾的能力，预防和减少由技术过度使用引发的问题。为此，需要家庭、学校和社会三方合作，从各个层面关注学生心理健康，提供有效的心理支持，共同防范和干预技术成瘾问题。

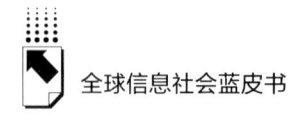

综上，LLMs在现代教育中的应用无疑展现出了巨大的潜力，同时也面临着一些挑战。要充分发挥LLMs在教育领域的优势，通过制定严格的数据安全与隐私保护政策，提升技术的可靠性和有效性，推进技术普及教育公平，辅助教师进行角色的转型并提升其教学能力，以及处理出现的伦理道德问题。这些措施将确保LLMs的可持续发展，并为现代教育的转型提供强大的支持。然而，必须清楚地认识到，尽管技术的发展正在改变着教育，但技术并非灵丹妙药。教育的本质在于促进人的全面成长与发展，而人文关怀在教育过程中的重要性不应被忽视。因此，在运用科技的同时，必须保持对人文精神的关注，注重教育的质量和公平性，实现教育事业的健康发展。

六 结论与展望

本文通过深度剖析大规模预训练语言模型（LLMs）的原理和技术特性，研究了其在现代教育转型中的应用潜力和可能产生的影响。同时，针对在应用中可能出现的挑战，提出了一系列应对策略。

LLMs在现代教育转型中扮演了关键角色，其应用可以提升教育的质量和效果，推动教育公平和机会均等，改变教师的角色和职责，然而，也带来了一系列伦理道德和技术挑战。

针对数据安全和隐私保护问题，建议制定严格的数据安全和隐私保护政策，并采用加密、脱敏等技术手段来保护学生隐私。

针对技术的可靠性和有效性，建议对模型进行针对性的微调和优化，以提升其在教育场景下的适应性，并定期评估模型的性能和效果，进行必要的更新和优化。

为了确保技术的普及和教育公平，建议政府、企业和社会力量共同参与，推动技术在教育领域的广泛应用，特别是对边远地区和弱势群体的教育需求给予关注。

面对伦理道德问题，需要制定相关的伦理道德规范，引导技术在教育领域的健康发展，同时提高教育工作者、学生和家长的伦理和道德意识，共同维护良好的教育生态。

针对教师角色转型和能力提升，建议强化教师培训，提升教师对现代教育技术的应用能力，鼓励跨学科学习，培养创新能力和教育实践能力，调整教师评价体系，将技术应用能力和创新能力纳入绩效评价指标。

需要关注学生的技术依赖和心理健康问题，建立完善的学生心理健康教育体系，提高学生的自我调适能力，加强家庭、学校、社会三方合作，共同关注学生心理健康，预防和干预技术依赖问题。

展望未来，随着LLMs技术的发展，其在现代教育领域的应用前景将更加广阔。然而，也应认识到，技术进步并非万能，教育本质上是人的成长与发展过程。因此，需要在发挥技术优势的同时，关注人文关怀，切实保障教育的质量和公平性。在未来的研究中，可以进一步探讨LLMs在不同教育领域和场景的应用效果，关注模型的适用性和局限性。此外，可以探索更多结合人工智能技术和教育实践的创新方法，促进教育事业的科技创新和发展。总的来说，LLMs在现代教育转型中起到了重要的推动作用。只有充分理解其潜力和挑战，并采取有效的策略，才能实现教育事业的健康发展。

参考文献

陈锋：《技术革命驱动教育变革：面向未来的教育》，《中国高等教育》2020年第20期。

钟秉林、尚俊杰、王建华等：《ChatGPT对教育的挑战（笔谈）》，《重庆高教研究》2023年第3期。

钟悦、王洁：《教育领域人工智能的应用现状、影响与挑战——基于OECD〈教育中的可信赖人工智能：前景与挑战〉报告的解读与分析》，《世界教育信息》2021年第1期。

Duha M. S. U. , "ChatGPT in Education：An Opportunity or a Challenge for the Future？" *TechTrends*, 2023（67）.

Selwyn N. , *Should Robots Replace Teachers？AI and the Future of Education*, 1st ed. , Polity Press, 2019.

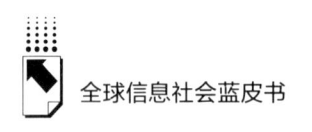

附言说明

在文章合作过程中，作者吴曦与ChatGPT展开了一次深入的互动合作。合作过程中，双方通过三个GPT账号展开互动，共有不少于100条的互动语句，体现了合作的深度和广度。

合作的对象主要是GPT 4.0版本，其效果明显优于此前试用的3.5版本以及谷歌Bard、百度文心一言、讯飞星火、清华Chatglm等。GPT 4.0在论文的框架设定阶段起了很大作用，并在遇到疑难问题时提供了专业的解释，以及在润色工作中提高了文章的语言质量。

文章的主要观点来自作者吴曦及其多年来的专业判断，体现了人类专家的核心地位。同时，GPT 4.0产生的"幻想"（常识性错误）部分已通过逻辑链复查、搜索引擎辅助以及手工查阅原始资料等方法予以修正，确保了文章的准确性和可靠性。

此次合作还是蓝皮书作者群经过共同商议后的一次尝试，具有更广泛的学术和工程领域的参考价值。通过与GPT 4.0的深度合作，实现了理论研究和实际应用方面的更高效率和质量，为未来的合作提供了有益的借鉴。这次成功的合作不仅展示了人工智能的辅助能力，更突出了人类专家与先进技术相结合的重要性和潜力。

B.9
新一代人工智能在医疗健康领域的发展现状、问题与对策

夏蓓丽　孙炜杰[*]

摘　要： 随着人口老龄化和少子化趋势并存、疫情后人们对医疗保健和健康管理的消费理念转变，以及"数字中国"国家战略中明确"数字技术与医疗领域实体经济深入度融合和创新应用"的政策推动，为进一步了解我国AI+医疗健康发展现状，本研究利用文献调研、网络调研和政策文本分析等方法，对AI+医疗健康的产业发展、场景应用、关键技术、政策重点等进行梳理，并针对我国在新一代人工智能的背景下发展医疗健康事业，提出研究制定医疗健康领域的AI专门政策法规、完善AI+医疗健康的监管体系、建立AI医疗器械的标准化体系、推进AI医疗健康服务的市场化等对策建议。

关键词： 生成式AI　大语言模型LLM　数字医疗

一　引言

（一）背景意义

人工智能技术在医疗健康领域的理论研究和应用探索由来已久，从20

---

[*] 夏蓓丽，管理学博士，上海社会科学院信息研究所助理研究员，研究方向为数字化转型、智慧社会；孙炜杰，加拿大阿尔伯塔大学博士生，研究方向为人工智能辅助医疗的诊断和预后。

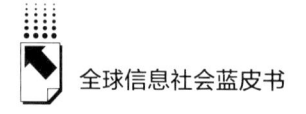

世纪60年代基于规则的专家辅助系统、知识库等感知式AI理论研究和医疗应用阶段，逐步发展到如今基于机器学习、大语言模型等决策式、生成式AI的临床应用阶段，并即将迎来新一代人工智能在医疗健康领域的快速发展和推广应用阶段，我国在需求侧、环境侧为其快速发展提供了有利条件。

一是老龄化和少子化趋势并存，根据《2021年度国家老龄事业发展公报》，截至2021年末，全国60周岁及以上老年人口26736万人，占总人口的18.9%，全国65周岁及以上老年人口抚养比为20.8%，[①] 人口结构的变化对医疗保障、养老服务等提出新挑战的同时，也为新一代人工智能在弥补医疗资源紧缺和分布不均等不足方面提供了广阔的市场空间。

二是疫情逐渐改变了人们对医疗保健和健康管理的消费理念，《中国卫生健康统计年鉴2022》[②] 数据显示，中国城乡居民的人均医疗保健支出从2015年的1164.5元上升至2021年的2115.2元，近三年城乡居民人均医疗保健支出占消费总支出的比例均超过8.5%，相比2018年之前有明显增长。

三是"数字中国建设整体布局规划"国家战略提出"2522"整体框架，强调建设公共卫生国家数据资源库，推动数字技术和医疗领域实体经济深度融合和创新应用，以及近期国家七部委联合发布的全球首部生成式人工智能政策法规《生成式人工智能服务管理暂行办法》，在政策供给方面为新一代人工智能在医疗健康领域的技术产品研发和应用发展提供支撑。

基于新一代人工智能在医疗健康领域的发展新环境和人们迫切了解医疗健康的新服务、新进展的需求，本研究聚焦"以人为中心和用户交互"的人工智能技术在医疗健康领域的应用（见图1），从新一代人工智能在医疗健康领域的发展态势、应用场景、关键技术、风险问题、重点政策、对策建议等方面展开分析。

---

① https：//www.gov.cn/xinwen/2022-10/26/content_5721786.htm.
② http：//www.nhc.gov.cn/.

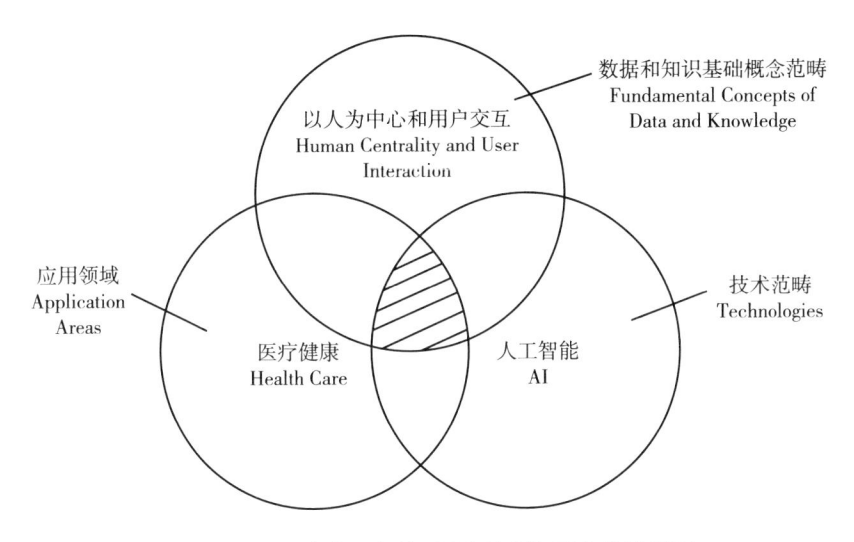

图 1 "新一代人工智能+医疗健康"研究范畴示意

（二）基本概念

依据我国《新一代人工智能发展规划》（以下简称《发展规划》），新一代人工智能是指人工智能在经过 60 多年的演进，进入发展新阶段，特别是在移动互联网、大数据、超级计算、传感网、脑科学等新理论新技术以及经济社会发展强烈需求的共同驱动下，呈现出深度学习、跨界融合、人机协同、群智开放、自主操控等新特征。① 在医疗健康领域，根据欧盟的《关于健康数据、数字健康和医疗健康人工智能的研究报告》②，人工智能是计算机程序执行任务或过程推理的能力，并将其与人类智能联系在一起，"用人工智能技术中的一种或多种技术和方法开发的软件，并能够就一组给定的人类定义的目标生成影响其交互环境的内容、预测、建议或决策等"，其中提及的人工智能技术和方法包括：①机器学习方法，包括监督学习、无监督学

---

① https：//www.gov.cn/zhengce/content/2017-07/20/content_5211996.htm.
② "Study on Health Data, Digital Health and Artificial Intelligence in Healthcare," https：//op.europa.eu/en/publication-detail/-/publication/179e7382-b564-11ec-b6f4-01aa75ed71a1/language-en.

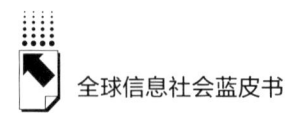

习和强化学习，使用包括深度学习在内的各种方法；②基于逻辑和知识的方法，包括知识表示、归纳（逻辑）编程、知识库、推理和演绎引擎、（符号）推理和专家系统；③统计方法、贝叶斯估计、搜索和优化方法等。

遵循《发展规划》和欧盟提出的基本概念，本文所指的新一代人工智能是在移动互联网、大数据、超级计算、传感网、脑科学等新理论和新技术的推动下，由一种或多种人工智能技术和方法开发而成的智能系统。这一代人工智能系统能够与人类智能以及周围环境进行实时、自然的交互，其交互不仅包括语言和视觉等传统形式，还涵盖了更多的感知方式，如生物信号的解读和环境的感知；不仅可以根据历史数据和模型预测未来事件的发展趋势，还能够生成高度精准的内容、建议和决策。总之，新一代人工智能不仅在技术层面具备更高的智能水平，还在交互、决策和影响力等方面具有更大的潜力，是基于前沿技术推动的综合智能体，能够在更广泛领域为人类社会带来深远的影响。

（三）发展历程

从人工智能（AI）及生成式人工智能（AIGC）发展历程和应用成熟度看，医疗健康领域的人工智能发展（见图2）可划分如下。

20世纪60年代至2010年，是人工智能理论以规则为导向的发展阶段，重点在辅助诊疗、电子病历、专家系统方面投入医学应用，表现为基于数据挖掘的感知式、分析式AI理论研究和医疗应用，属于弱人工智能（ANI）发展阶段。

2011~2020年，是人工智能理论以机器学习为主的发展阶段，重点在医疗影像、临床医疗、基因检测等方面推广医疗健康应用，表现为基于机器学习的决策式AI临床应用，属于弱人工智能（ANI）向强人工智能（AGI）发展的过渡阶段。

2021年至今，是人工智能理论以深度学习为主的发展阶段，重点从单点环节的智慧应用转向"以人为中心"的医疗健康管理全过程应用，表现为

新一代人工智能在医疗健康领域的发展现状、问题与对策

标志性事件 全球	·1960s 临床知识库 ·1972年 App HELP ·1976年 MYCIN、CASNET、PUFF等系统	·1980s 少量系统商业化，如QMR、Dxplain ·1985年 自主定位的手术机器人 ·1985~1994年 AI寒冬 ·1992年 手术机器人髋关节置换手术	·2000年 达芬奇手术系统获批用于腹腔镜手术 ·2007年 IBM开发Wastson系统 ·2009年 APPA法案	·2012年 多层卷积神经网络提高图像识别准确率 ·2014年 Enlitic开发X光、CT扫描等恶性肿瘤图像识别软件 ·2017年 心脏磁共振成像AI分析软件Cardio DL获批临床应用	·2021年 加拿大MedChart完成A轮融资；美国Current Health完成B轮融资；微软收购Nuance	·2023年 OpenAI发布GPT-4；微软基于GPT-4推出医用AI软件	
标志性事件 中国	·1978年 关幼波肝病诊疗程序	·1980s 中医专家系统 ·1990s 西医专家系统	·2000~2010年 累计研制上百个专家系统，较少应用于临床	·2018年 AI应用于基因检测领域 ·2019年 以人为中心的智慧病案AI应用	·2020年 Airdoc旗下眼底人工智能辅助诊断软件获批上市 ·2021年 冰鉴科技布局智慧医疗，与上海三甲医院合作	·2023年 百度文心一言GBI-Bot发布	

1960年　1980年　2000年　2010年　2020年　2022年

代表性应用 全球： 辅助诊断系统 → 机器人、电子病历 → 医用图像识别软件 → 智慧医疗应用细分 → GPT-4驱动医用软件

代表性应用 中国： 专科诊疗程序 → 中西医专家系统 → 治疗为中心的智慧临床 → 以人为中心的智慧医疗 → 智慧医药知识服务

AI+医疗应用发展阶段：基于数据挖掘的感知式、分析式AI理论研究和医疗应用阶段 → 基于机器学习的决策式AI临床应用阶段 → 基于大模型的生成式AI应用阶段

———— 弱人工智能（ANI）时代 ————→ 强人工智能（AGI）时代 ----

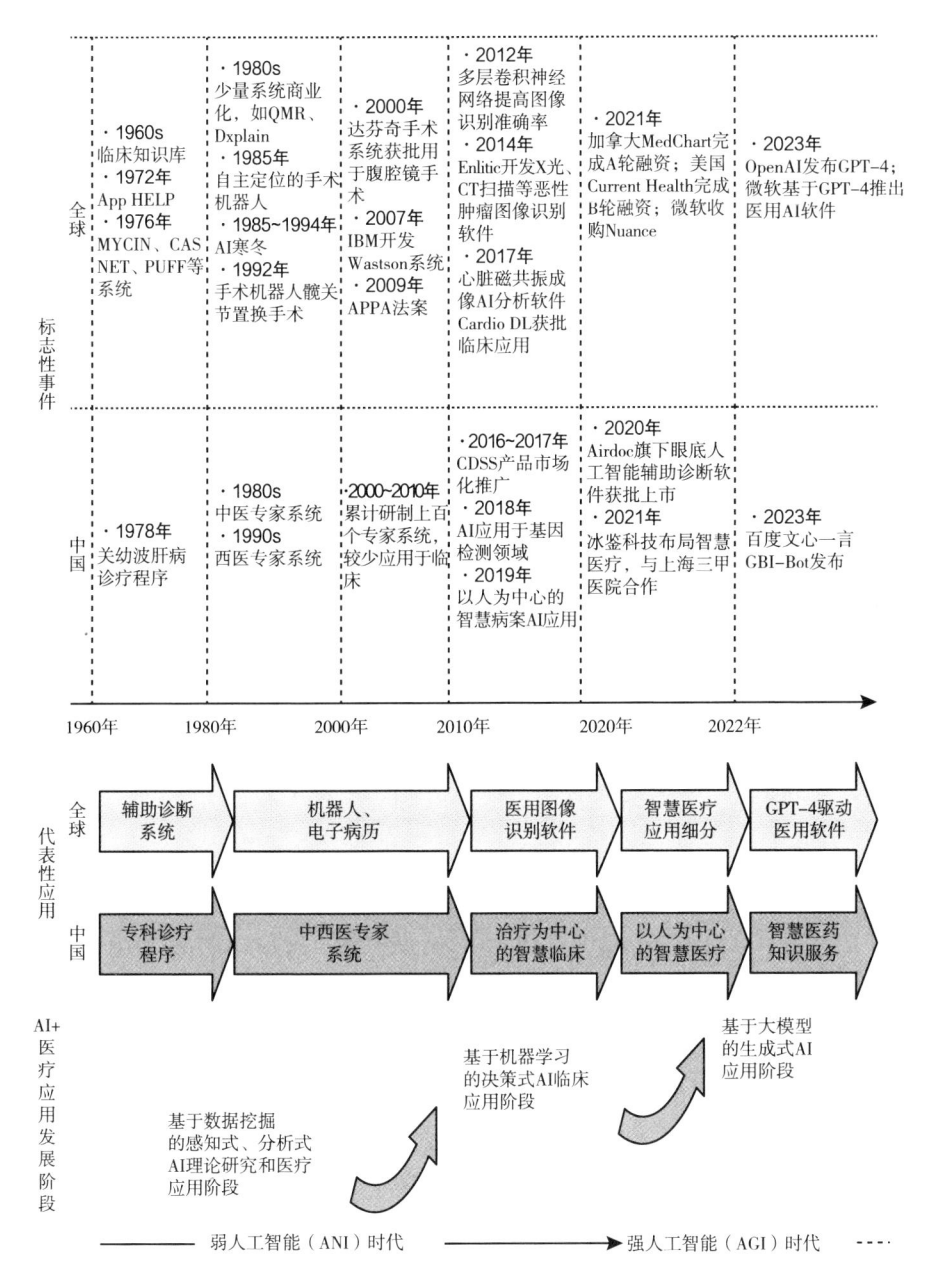

图 2　国内外 AI+医疗应用发展阶段及其特点示意

资料来源：《AIGC+医疗专题报告：AI 赋能多样化医疗场景，驱动医疗产业链效率提升》，https：//www.hibor.com.cn/data/985591ffcfde9bcac05d0bff3005d809.html。

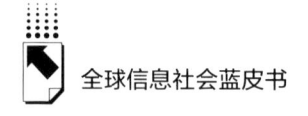

基于大模型的生成式AI应用，受众从医疗健康机构及其医疗服务人员，扩大到医疗健康上下游产业以及患者用户甚至全民，该发展阶段已进入强人工智能（AGI）发展阶段。

二 智慧医疗健康产业的发展态势

（一）全球数字医疗产业发展迅速

根据Grand View Research的数据，2022年全球数字医疗市场规模为2110亿美元，2023~2030年将以18.6%的年均复合增长率增至8092亿美元（见图3）。AI+医疗健康是全球数字医疗产业的重要细分赛道，根据前瞻产业研究院的研究报告，2021年AI+医疗健康的初创公司通过541笔融资交易完成了125亿美元的融资，较2020年融资额近乎翻一番。[①] 据IDC预测，2025年人工智能应用市场的总值将达到1270亿美元，其中医疗行业在应用市场的总规模占比近20%。[②] 可见，新一代人工智能技术正在与医疗健康应用领域深度融合，未来在细分市场大有可为。

（二）我国AI+医疗健康产业发展向好

从国内外AI+医疗健康行业发展的差异性看，2000~2015年国外研究集中在临床知识库AI应用，以及手术机器人、电子病历等方面，而国内更多关注各类疾病的医学专家系统开发和病例积累；2016年起，国内AI+影像行业快速发展，临床辅助决策支持系统（CDSS）产品应用逐渐普及；2018年之后，国内AI+医疗健康行业进入稳定发展阶段，智慧病案等产品陆续推出，国产手术机器人研究加快。从技术应用角度看，表现出以下发展特点：①自然语言处理NLP+医疗，实现了部分医疗效率的提高，开发了

---

① 《2023~2027全球数字医疗产业经济发展蓝皮书》，https：//www.vzkoo.com/document/202305049235c4bf9107a53da3ce699c.html。
② https：//www.idc.com/。

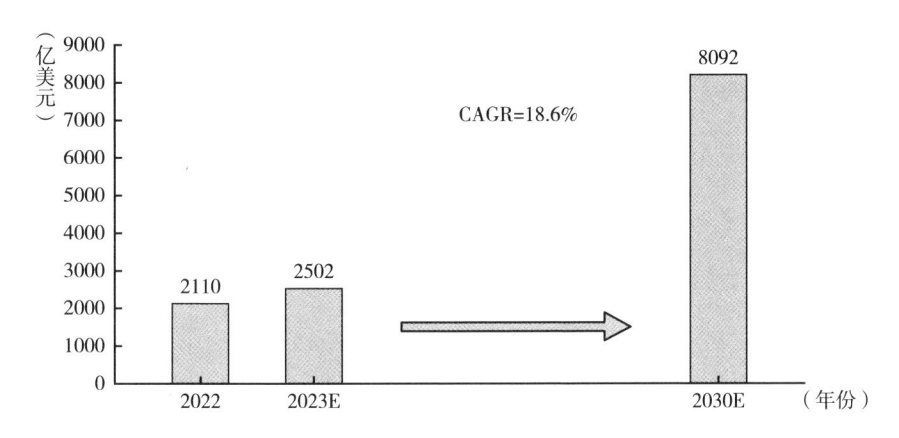

图 3　全球数字医疗市场规模及预测

资料来源：https://www.grandviewresearch.com/。

AI病历等应用，极大地帮助医生节省了手写病历、录入病历的时间；②AI图像识别+医疗，实现了部分医疗诊断精度的提高，如以鹰瞳Airdoc、汇医慧影、91360为代表的公司，陆续在以影像为诊断标准的肿瘤、病理领域获得多张AI三类证，实现了AI协助医生精准诊断早期病程，误诊率、漏诊率大幅降低，极大地提升了诊断精度；③大语言模型LLM+医疗，实现AI在医疗领域的交互沟通效率，如大语言模型下的人工智能对于提高医患之间的沟通效率、辅助医生进行临床诊断与治疗、远程诊疗与手术机器人的使用都会出现前所未有的跨越。①

核心软件与AI医疗机器人的市场化在推动人工智能技术在医疗健康领域的应用方面功不可没，如图4所示，我国AI医疗市场中的核心软件与AI医疗机器人市场规模自2019年起持续上升，2021年增速达到峰值62%，预计2022~2024年平均增速为42%，市场规模稳步增长，2025年核心软件与AI医疗机器人市场规模达到385亿元。

---

① https://oss.ceccapitalgroup.com/summit/2023/2023易凯资本中国健康产业白皮书核心观点.pdf。

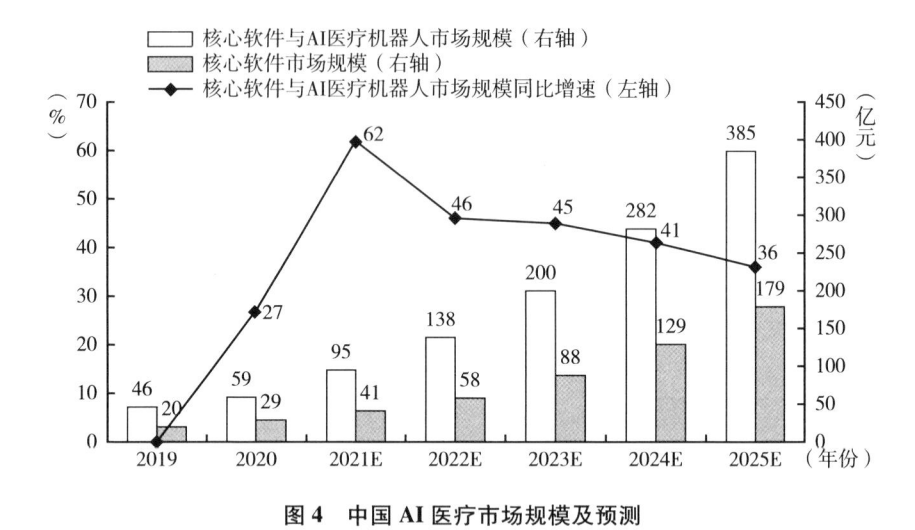

图 4　中国 AI 医疗市场规模及预测

资料来源：《AIGC+医疗专题报告：AI 赋能多样化医疗场景，驱动医疗产业链效率提升》，https://www.hibor.com.cn/data/985591ffcfde9bcac05d0bff3005d809.html。

（三）我国 AI+医疗健康产业布局较为广泛

从基础层、技术层、应用层，以及 ToB、ToC 端，观察我国 AI+医疗健康产业布局（见表1）。

（1）基础层：我国在信息化基础设施方面的建设为医疗等健康领域人工智能布局奠定了基础，尤其是云计算、通信服务、数据服务等方面的本土资源较为丰富，医疗健康行业具备支持人工智能应用的数据和计算能力，能够高效地处理海量的医疗数据。

（2）技术层：我国医疗健康领域已经采用了不少人工智能技术，包括知识图谱、机器视觉、自然语言、机器学习等。这些技术使得医疗数据的分析和解释变得更加精准，也有助于疾病的早期预测和诊断。

（3）应用层：我国正在推动智慧医案、CDSS、医疗影像、新药研发、手术机器人、基因检测等领域的人工智能创新应用。基于人工智能的支持，能够更快速、精确地进行疾病筛查、个性化治疗、药物研发等。

（4）ToB（面向企业）：医疗健康行业已经形成了一系列为医疗机构和

专业人士提供服务的医疗机构、检测中心、药企、合同研究组织（CRO），它们共同致力于提高医疗健康机构的工作效率和诊断准确性。

（5）ToC（面向消费者）：人工智能也为普通消费者提供了一些应用，如健康监测App、智能穿戴设备等。这些工具可以帮助个人实时监测健康状态、获取健康建议、养成健康生活方式。

表1 中国AI+医疗产业布局

项目		内　　容
To C		患　者
To B		医疗机构、检测中心、药企、合同研究组织（CRO）
应用层	智慧医案	灵医智惠、火树科技、艾登科技、惠每医疗、嘉和美康、金豆、今创科技、翼方健数、颐圣智能
	CDSS	灵医智惠、科大讯飞、卫宁健康、东软、惠每医疗、嘉和美康、医渡云、森亿智能
	医疗影像	• 眼底筛查：Airdoc、硅基仿生SiBionics、灵医智惠、致远慧图Vistel • 肺结节筛查：Airdoc、推想科技、深睿医疗 • 心脏疾病筛查：数坤科技、安德医智BioMind、科亚医疗 • 其他：联影、汇医慧影、兰丁高科、迪英加科技
	新药研发	晶泰科技、腾讯AI Lab"云深"平台、药明康德、未知君、望石智慧、锐明新药、康明生物药业
	手术机器人	三坛医疗科技、精锋医疗、天智航、华科精准、漫舒医疗科技、迈纳士、华支医疗
	基因检测	华大基因、志诺维思、鑫诺基因、星舰基因、美因天动、基因宝、康旭基因
技术层	知识图谱	阿里云、灵医智惠、惠每医疗、医渡云
	机器视觉	商汤科技、微软亚洲研究院、依图、灵医智惠
	自然语言	科大讯飞、灵医智惠、微软亚洲研究院、NeuHub
	机器学习	谷歌、脸书、阿里云、灵医智惠
基础层	芯片	intel、Dell、NVIDIA
	云计算	阿里云、天翼云、华为云、金山云
	通信服务	中国移动、中国联通、中国电信
	数据服务	医渡云、惠每医疗、灵医智惠、依图

资料来源：《2020年中国AI+医疗行业研究报告》，https://report.iresearch.cn/report_pdf.aspx?id=3722。

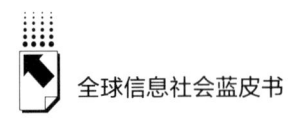

从主营业务领域看，我国 AI+医疗健康领域具有代表性的企业主要分为以下几类。

（1）BAT 的 AI+医疗品牌项目：通过开拓 AI 医疗品牌项目在基础层、技术层和应用层发挥作用。比如百度推出的 AI 医疗品牌，依托百度大脑的核心技术与 AI 能力，构建医疗 AI 中台、医疗知识中台和医疗数据中台，产品和服务覆盖临床辅助决策支持（CDSS）、病案内涵质控、DRG/DIP 智能控费、单病种上报与质控、医疗大数据服务、科研平台等领域；腾讯 AI Lab 发布的药物发现平台"云深"（https://drug.ai.tencent.com），整合了腾讯 AI Lab 在前沿算法、优化数据库的深厚积累，以及腾讯云计算资源上的优势，提供覆盖临床前新药发现流程的五大模块，包括蛋白质结构预测、虚拟筛选、分子设计/优化、ADMET 属性预测及合成路线规划。

（2）IT 技术服务类公司：通过 AI 专门技术在医疗细分领域和环节开发应用产品，比如商汤科技作为人工智能软件公司，具备感知智能、决策智能、智能内容生成和智能内容增强等关键技术和能力，助力医院打造"五位一体"全栈式"未来智慧医疗"服务新模式，并在智慧诊疗、智慧就医、智慧医学科研、智慧医疗云等方面提供产品服务和技术解决方案；[1] 科大讯飞是一家专业从事智能语音及语音技术研究、软件及芯片产品开发、语音信息服务的国家级骨干软件企业，自 2017 年起在医疗健康领域研发人工智能产品，打造讯飞智联网医疗平台，为居民提供线上线下全过程、便捷、智能的就医服务，提升居民就医体验和获得感，为医护人员提供人工智能工具，并促进优质医疗资源下沉基层，建立上下贯通的医疗协同体系，促进区域医疗资源均衡发展。[2]

（3）AI+医疗细分领域垂直类公司，以医疗健康为主营方向，为细分领域提供产品研发服务和解决方案，比如火树科技聚焦医保控费和单病种付费业务，在全国范围内率先在多个省份落地医保 DRG 支付医院精细化管理项

---

[1] https://www.sensetime.com/cn.
[2] https://www.iflytek.com/health/zlwyl.

目；惠每医疗专注于临床医学辅助，提供 AI 解决方案，核心产品包括"单病种过程质量管理系统""临床决策支持系统（CDSS）"等；颐圣智能以医疗质控为核心，推出的人工智能病案质控系统是基于临床、结合规范面向医院管理者提供的一套自动化质控系统；鹰瞳致力于为慢性病的早期检测、辅助诊断及健康风险评估提供全面和多方位的人工智能解决方案，是全球视网膜影像人工智能领域的领导者和先行者；硅基仿生致力于医用有源植入和医疗人工智能研发与产业化；未知君是肠道微生态治疗 AI 药物研发商，专注于肠道微生态治疗的 AI 制药等。

综上所述，我国 AI+医疗健康产业布局较为广泛，除了基础层人工智能芯片的产业布局尚待突破外，其他与 AI+医疗健康相关的各产业环节均有所布局。医疗健康领域全面融合人工智能技术的应用正在如火如荼地推进中，新一代人工智能不仅在技术层面发展成熟，也在多个层面为医疗机构和个人提供了切实可行的解决方案。

三 新一代人工智能在医疗健康领域的应用场景

由于数据的井喷式增长，AI 的应用潜力得以充分展现，在医疗健康领域，不仅能提高诊疗效率，更能在预防、诊断和治疗各个环节大幅提升医疗质量。针对传统医疗健康系统中的数据处理困难、高精度诊断挑战以及个性化治疗需求等问题，AI 的应用带来了改变现状的可能性：通过深度学习和大数据分析，AI 能从海量的医疗数据中发现疾病的模式和趋势，实现早期诊断，甚至预测疾病发生率。同时，通过精准医疗和个性化治疗，AI 能帮助医生制定更为精准的治疗方案，提升患者的治愈率。

应用层面，AI 技术正在迅速改变医疗诊断的方法和流程（见图 5），本文将从 AI 赋能核心医疗、AI 赋能疾病预防与健康管理两方面来归纳国内外热门的 AI 医疗健康应用场景。

（一）AI 赋能核心医疗

AI 赋能核心医疗是指，新一代人工智能应用于疾病判断、疾病检查、

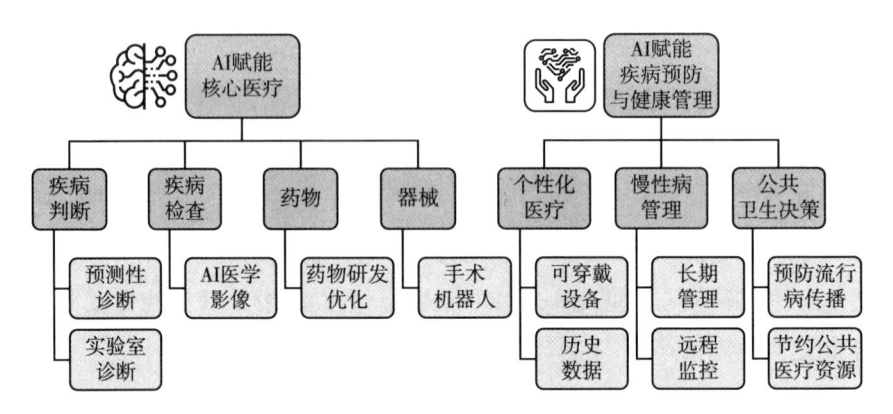

图5　AI技术赋能核心医疗与疾病防御、健康管理的环节示意

药物、器械等主要环节和应用场景，并通过大数据分析、深度学习算法等预测、优化和辅助决策以实现精准医疗的过程。目前AI赋能核心医疗的重点场景如下。

预测性医疗诊断是AI的重要应用领域。AI通过对大量的患者数据和历史病例进行深度学习，可以发现疾病的早期迹象和危险因素，预测疾病的发生和发展。如医学语言模型NYUTron可以预测患者是否会有死亡风险、出院时间以及复诊的可能性，其准确率高于传统的预测方法。这种预测能力可以帮助医生提前干预，防止疾病发生，或者在患病早期就进行治疗，提高治愈率。[1] Hojjati等提出AI可以通过大脑PET扫描或MRI图像预测患者是否会在未来几年出现阿尔兹海默症。[2]

实验室诊断是医疗诊断的重要组成部分，AI在该领域有巨大的应用潜力。如AI能够处理和分析大量的实验数据，包括血液检测、尿液分析等，帮助医生更快更准确地做出诊断。此外，AI还可以通过分析基因测序数据，

---

[1] Jiang Lavender Yao, et al., "Health System-scale Language Models are All-purpose Prediction Engines," *Nature*, 2023.

[2] Hojjati Seyed Hani, Ata Ebrahimzadeh, Abbas Babajani-Feremi, "Identification of the Early Stage of Alzheimer's Disease Using Structural MRI and Resting-state fMRI," *Frontiers in Neurology*, 2019（10）.

发现疾病的遗传因素，对疾病形成更深入的理解。美国的生物医药公司 bpgbio 提供的 AI 平台能够分析血液样本中的生物标志物，区分前列腺癌和良性前列腺增生中的临床应用。[1] 此外，AI 也能优化实验室运作，以色列的医疗诊断服务公司 Sight Diagnostics 利用 AI 使血液样本的分析自动化，大大提升了实验室的效率。[2]

疾病检查方面，AI 可以在医学影像识别和分析中发挥至关重要的作用。深度学习算法，如卷积神经网络（Convolutional Neural Networks，CNNs）已经成功地被应用于分析 X 光、MRI、CT 等医学影像。这些算法可以自动识别和理解图像中的模式，从而实现更准确、更快速地诊断。例如，在肺部 CT 影像的分析中，AI 可以高效地检测出肺结节，早期发现肺癌，提高了病患的生存率。Google 的 DeepMind 开发的人工智能系统能够识别出眼底照片中的糖尿病视网膜病变，[3] 其准确性甚至超过了经验丰富的眼科医生。此外，Suren Makaj 的 AI 算法也能自动检测 CT 扫描中的肺癌病灶。[4]

药物方面，AI 在药物研发和优化中也有着广泛的应用。通过机器学习算法，AI 可以预测新药物的潜在效果和副作用，从而加快药物的研发进程，减少不必要的试验和错误。此外，AI 还可以通过大数据分析，优化现有药物治疗方案，提高药物的使用效率。Insilico Medicine 公司运用深度学习技术进行新药的研发。[5] 其 AI 系统可以预测和设计新的分子结构，并评估这些分子作为药物候选者的可能性。这大大加速了新药研发进程，减少了研发成本。

---

[1] Kiebish Michael A., et al., "Clinical Utility of a Serum Biomarker Panel in Distinguishing Prostate Cancer from Benign Prostate Hyperplasia," *Scientific Reports* 11, 2021 (1).

[2] Bachar Neta, et al., "An Artificial Intelligence-assisted Diagnostic Platform for Rapid Near-Patient Hematology," *American Journal of Hematology* 96, 2021 (10).

[3] Gulshan Varun, et al., "Development and Validation of a Deep Learning Algorithm for Detection of Diabetic Retinopathy in Retinal Fundus Photographs," *jama* 316. 2016 (22).

[4] Makaju Suren, et al., "Lung Cancer Detection Using CT Scan Images," *Procedia Computer Science*, 2018 (125).

[5] Pun Frank W., et al., "Identification of Therapeutic Targets for Amyotrophic Lateral Sclerosis Using PandaOmics-An AI-Enabled Biological Target Discovery Platform," *Frontiers in Aging Neuroscience*, 2022 (14)；"Insilico Medicine Launches a Drug Discovery Platform ALS. AI", 2017 June, Retrieved 28 August 2017.

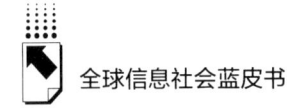

此外，在手术和治疗过程中，AI 也正在扮演越来越重要的角色。通过机器视觉和深度学习技术，AI 可以辅助医生进行手术，提高手术的精准度和成功率。同时，AI 还可以实时监测患者的病情，及时调整治疗方案，提高治疗的效果。Intuitive Surgical 的 Da Vinci 手术系统就是一个很好的例子。[1] 该系统能够通过机器学习技术，协助医生进行更精确、更稳定的微创手术。中国是 Intuitive Surgical Da Vinci System 的第二大手术市场，也是手术机器人开发商增长最快的市场之一。[2]

（二）AI 赋能疾病预防与健康管理

AI 赋能疾病预防与健康管理，即新一代人工智能应用于个性化医疗、慢性病管理、公共卫生决策等主要应用场景，并通过大数据分析、大语言模型等生成个性化医疗健康建议，以及预测公共突发卫生事件发展态势并提供解决方案等。目前 AI 赋能疾病预防与健康管理的重点场景如下。

个性化医疗方面，AI 能够处理和分析大量患者数据，包括基因型、生活方式、健康历史等，为每个患者制定个性化治疗方案。此外，AI 利用可穿戴设备如 Fitbit 和 Apple Watch 收集用户的健康数据，结合患者研究数据和临床试验结果，预测特定治疗方案对特定患者群体的效果，这是实现精准医疗的关键。这种精准和个性化的治疗方式，不仅能提高治疗效果，减少副作用，也有助于节省医疗资源。例如，Google 最新研发的大语言模型 Med-PaLM 结合了涵盖专业医学、研究和消费者查询等的六个现有医学问答数据集以及在线搜索的医学问题的新数据集。[3]

慢性病管理方面，如糖尿病、心脏病、慢性肺病等，需要长期的疾病管理和远程监测，AI 可通过连续收集和分析患者的生理参数、饮食习惯、

---

[1] Fatima Sakina, "Da Vinci Xi Surgical Robot Perform Kidney Surgery in Dubai," *The Siasat Daily*, Retrieved 19 May 2022.

[2] Jim Hammerand, "How Surgical Robotics Leader Intuitive is Growing in China," *Medical Design and Outsourcing*, July 13, 2023.

[3] Singhal Karan, et al., "Large Language Models Encode Clinical Knowledge," *Nature*, 2023 (1).

生活方式等信息，为患者提供个性化的疾病管理建议，帮助患者更好地控制疾病。Glytec 的 Glucommander 软件可以帮助糖尿病患者进行血糖管理，[①]这个软件能根据患者的血糖读数和其他生理信息，实时调整胰岛素的推荐剂量。

公共卫生决策方面，AI 在流行病学研究和公共卫生管理中也发挥着重要的作用。通过对公共卫生数据的深度分析，AI 可以帮助识别和预测疾病的传播趋势，从而更有效地防控疾病传播。BlueDot 公司的 AI 系统在新冠疫情初期就成功预测了病毒可能的传播路径。[②] 这个系统通过分析全球的航班数据、新闻报道、动物疾病暴发和其他数据，预测了疾病的传播模式，为公共卫生决策提供了有力的数据支持。此外，通过分析环境数据（如空气质量和气候变化）和人口数据（如年龄、性别和基因），AI 可以预测某个地区的疾病风险。这可以帮助公共卫生部门提前采取措施，防止疾病的发生。或者，通过让 AI 分析电子健康记录，识别出疾病的早期迹象，从而提前进行干预。这些有利于节约公共医疗资源。

四 新一代人工智能在医疗健康领域的关键技术

人工智能系统通常通过计算机程序或其他类型的机器人实现，其目标是模仿或者扩展人的思维和行为，包括学习、理解、推理、视觉识别、听觉识别、自然语言处理以及问题解决等方面的能力。无论是 AI 赋能核心医疗还是赋能疾病预防与健康管理，场景应用都是在一种或多种关键人工智能技术和方法的共同作用下实现的。目前在医疗领域最常运用的关键技术包括：机器学习（Machine Learning）、深度学习（Deep Learning）、自然语言处理（Natural Language Processing）、计算机视觉（Computer Vision）、生成式 AI

---

① Cui Ling, Pamela R. Schroeder, Paul A. Sack, "Inpatient and Outpatient Technologies to Assist in the Management of Insulin Dosing," *Clinical Diabetes*, 2020（5）.

② Stieg Cory, "How This Canadian Start-up Spotted Coronavirus before Everyone Else Knew about It," *CNBC*, 2020-03-03.

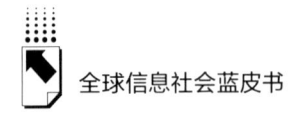

(Generative AI)及大语言模型(Large Language Model)。这些分支有着各自的特性和应用领域，但都致力于实现使机器具备人类智能的目标。

（一）机器学习

机器学习是人工智能的一个重要分支，它的目标是开发和应用算法，使得计算机可以从数据中学习并做出预测或决策，而无须进行明确的编程。机器学习的原理基于统计学和计算理论，利用数据中的模式和结构来自动改进任务的性能。

机器学习主要分为监督学习、无监督学习、半监督学习和强化学习等类型。监督学习是机器学习的一种类型，其中模型从标记的训练数据中学习，然后用于预测新数据的标签；无监督学习则是从未标记的数据中找出隐藏的结构或模式；半监督学习结合了监督学习和无监督学习的优点，使用少量的标记数据和大量的未标记数据进行训练；强化学习则是通过与环境的交互来学习最优策略，以达到最大化累积奖励的目标。

机器学习在医疗健康领域的应用广泛，包括疾病预测、诊断辅助、个性化治疗、药物发现等。例如，监督学习可以用于训练模型从医疗影像中识别疾病，无监督学习可以用于发现患者群体的隐藏模式，半监督学习可以利用大量的未标记数据提高预测的准确性，强化学习可以用于优化治疗策略。

（二）深度学习

深度学习是机器学习的一个子领域，它试图模拟人脑的工作方式，通过训练大量的数据来自动学习数据的内在规律和表示层次。深度学习模型由多层非线性变换构成，这些层次结构使得深度学习模型能够处理复杂的数据，并从中提取有用的特征。

深度学习的主要模型包括卷积神经网络（CNN）、循环神经网络（RNN）和深度信念网络（DBN）等。CNN是一种特别适合处理图像数据的模型，通过卷积操作来自动提取图像的局部特征。RNN则是一种能够处理序列数据的模型，通过循环连接来记忆和利用历史信息。DBN是一种基于概率图模型的深度学习模型,可以用于生成数据和进行无监督学习。

深度学习在医疗健康领域的应用广泛,包括医疗影像分析、疾病预测、药物发现等。例如,CNN 可以用于自动识别医疗影像中的疾病标志,RNN 可以用于预测疾病的发展趋势,DBN 可以用于挖掘生物医学数据的复杂模式。

(三)自然语言处理

自然语言处理是人工智能的一个重要分支,它的目标是让计算机能够理解、处理和生成人类的自然语言。自然语言处理涵盖了从语音识别、语义理解到机器翻译和自然语言生成等的一系列任务。自然语言处理的核心问题是理解和生成语言的语义,这需要处理语言的词汇、语法、语义、语境等多个层面的信息。

自然语言处理的主要技术包括词嵌入、序列到序列模型、Transformer 模型等。词嵌入是一种将词语转换为向量的技术,可以捕捉词语的语义和语境信息。序列到序列模型是一种处理序列数据的模型,可以用于机器翻译、文本摘要等任务。Transformer 模型是一种基于自注意力机制的模型,在处理长距离依赖和并行计算方面具有优势,已经成为自然语言处理的主流模型。

自然语言处理在医疗健康领域的应用广泛,包括医疗文本挖掘、临床决策支持、患者咨询等。例如,自然语言处理可以用于挖掘电子病历中的信息,帮助医生做出决策;也可以用于生成医疗咨询,帮助患者理解他们的症状和治疗方案。此外,自然语言处理还可以用于分析社交媒体上的健康相关讨论话题,以了解公众的健康观念和行为。

(四)计算机视觉

计算机视觉是人工智能的一个重要分支,它的目标是让计算机能够"看"和理解高维度图像信息。计算机视觉的任务包括图像识别、物体检

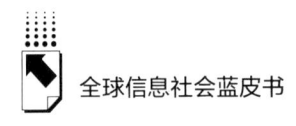

测、图像分割、场景理解等。计算机视觉的核心问题是如何从原始的像素数据中提取有用的特征，以及如何使用这些特征进行有效的预测和决策。

计算机视觉的主要技术包括图像分类、物体检测、语义分割等。图像分类是识别图像中的主要对象或场景的任务，物体检测是识别图像中的特定对象并确定其位置的任务，语义分割是将图像分割成多个区域，并为每个区域分配一个语义标签的任务。这些任务都需要处理图像的空间结构和上下文信息，因此，卷积神经网络（CNN）是计算机视觉的主要模型。

计算机视觉在医疗健康领域的应用广泛，包括医疗影像分析、疾病诊断、手术导航等。例如，计算机视觉可以用于分析 X 光图像、CT 扫描、MRI 扫描等医疗影像，帮助医生识别疾病的标志，如肿瘤、病变等。此外，计算机视觉还可以用于手术导航，帮助医生在手术过程中精确地定位和操作。计算机视觉的这些应用有助于提高医疗服务的质量和效率，以及改善患者的治疗效果。

（五）生成式 AI

生成式 AI 是一类具有输出特征的 AI 的统称，其中，对抗网络（GANs）是最为人知的生成性 AI 模型之一。GAN 由两部分组成：生成器和判别器。生成器的任务是创造"假数据"，而判别器的任务是区分真实数据和假数据。这种对抗性的训练过程使得生成器能够逐渐学会制造越来越逼真的"假数据"。除了 GANs 之外，还有其他重要的生成性 AI 模型，如变分自编码器（VAEs）和自回归模型等。

在医疗健康领域，生成式 AI 的应用潜力巨大。例如，GANs 已经成功地被用于生成和增强医学影像，如 CT 扫描、MRI 扫描等，这对于提高医疗影像质量、增加样本多样性，以及减少放射剂量等而言具有重要的价值。此外，生成式 AI 可以用于模拟疾病发展的各种情况，帮助医生制定更准确的治疗方案。

（六）大语言模型

近几年，讨论度最高的 AI 技术是大语言模型（LLMs），它属于自监督学习。大语言模型的关键技术包括 Transformer 架构，这是一种深度学习模型，它使用自注意力机制来捕捉输入数据中的复杂模式。最著名的大语言模型包括 OpenAI 的 GPT[1] 和 Google 的 BERT[2]，它们都使用了 Transformer[3] 架构。

大语言模型在健康医疗领域的应用非常广泛，具体如下。

医疗咨询方面，它可以帮助患者了解症状和治疗方案。Med-PaLM 2[4] 是一个大型语言模型，它在医学问题回答任务上获得了较大的进展。

临床决策支持方面，它可以用于生成临床决策支持工具，帮助医生做出更好的决策。例如，一项研究发现，大型生成性语言模型在医疗工作流程中有独特的机会，但也指出这些模型高度依赖用户输入和提示，不易于自动化基本的临床和运营任务。

医疗文本挖掘方面，它可以用于挖掘医疗文本，提取有用的信息和知识。例如，BioGPT[5] 是一个特定领域的生成预训练 Transformer 语言模型，用于生物医学文本的生成和挖掘。

医疗聊天机器人方面，它可以生成具有专业水平的医学文本，如医疗咨询、诊断报告等。这对于提高医疗服务的质量和可及性具有巨大价值。比如，已有研究采用 LLM 为基础，开发出能提供医学咨询的 AI 聊天机器人，

---

[1] Floridi Luciano, Massimo Chiriatti, "GPT-3: Its Nature, Scope, Limits, and Consequences," *Minds and Machines*, 2020（30）.

[2] Devlin Jacob, et al., "Bert: Pre-training of Deep Bidirectional Transformers for Language Understanding," arXiv preprint arXiv: 1810.04805, 2018.

[3] Vaswani Ashish, et al., "Attention is All You Need," *Advances in Neural Information Processing Systems*, 2017（30）.

[4] Singhal Karan, et al., "Towards Expert-level Medical Question Answering with Large Language Models," arXiv preprint arXiv: 2305.09617, 2023.

[5] Luo Renqian, et al., "BioGPT: Generative Pre-trained Transformer for Biomedical Text Generation and Mining," *Briefings in Bioinformatics* 23.6, 2022.

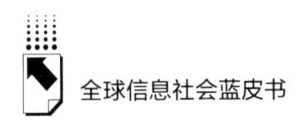

包括Med-PaLM 2、abridge①等。

通过与其他AI技术的结合，LLM也在药物研发、基因研究等领域展现出巨大潜力，LLM可以用于预测蛋白质结构，帮助科研人员理解疾病的生物机制，从而开发新的治疗方法。

随着技术的进步，预期大语言模型在医疗健康领域的应用将进一步深入，在生成个性化的治疗方案和健康建议方面，随着更多的医疗数据变得可用，大语言模型的训练和微调可能会变得更加精细，从而提高其性能和可用性，满足个性化医疗应用的需求。

以上新一代人工智能技术在研发和应用时，并不是单一、独立发展的，也不存在对应的替代关系，它们之间是相互关联和相互促进的关系。在医疗健康的具体服务产品和软件应用中，这些技术根据需求组合出现。例如，自然语言处理可以用于解析患者过往医疗记录，计算机视觉可以分析医疗影像，而大语言模型可以利用之前模型的分析提出个性化的治疗建议。这些技术的协同作用使得整个诊断和治疗过程更加精确和个性化，提高了医疗服务的质量和效率。此外，在公共卫生智慧决策、慢性病管理、远程医疗等领域，这些技术的组合应用也提供新的可能性和机遇，推动医疗健康领域的创新和变革。

五 全球AI+医疗健康关注的重点问题和政策措施

全球AI+医疗健康普遍关心的问题包括健康数据利用和个人数据保护的平衡问题、基于AI/ML开发的医疗软件及其医疗设备的上市管理和安全监管问题、AI+医疗健康的人才缺口问题、AI相关技术伦理和治理问题等。下文选取欧盟、美国、加拿大、中国等具有代表性的国家和区域，探讨其为应对以上问题所采取的政策措施。

---

① Adams Katie，"Abridge Begins the Largest Deployment of Its Medical Documentation AI," *Medcitynews*，2023-05-02.

（一）欧盟关于健康数据、医疗器械、市场许可的政策法规[①]

1. 欧洲健康数据空间

欧盟在《人工智能法与数据治理法》的基础上，正在探索建立"欧洲健康数据空间"，以解决欧盟成员国之间健康数据的跨境共享和人工智能开发利用问题。此前，欧盟相关研究重点探讨了数据交换中的数据安全和合规监管问题，以及健康数据再利用过程中的数据碎片化、互操作性差等数据质量问题，并指出医疗健康数据跨境利用可依据的政策法规虽然已有《跨境医疗健康指令》（2011/24/EU）和《通用数据保护条例》（GDPR），但仍不足以满足 AI+医疗健康专业领域的数据使用需求，比如在医学研究中的"患者同意"超出了 GDPR 要求的数据主体"明确同意"范畴，而在实施过程中往往会将数据用途转向"公共卫生利益"来规避数据利用中的个人数据保护问题。这对于未来 AI 医疗的个性化、定制化发展而言不利，需要在个人数据保护原则中纳入医疗行业的相关原则，如赫尔辛基宣言。

2021 年 5 月 3 日，欧盟委员会就建立"欧洲数据健康空间"公开征求意见，该计划旨在利用健康数据，提供高质量的医疗保健，减少不平等现象，为预防、诊断和治疗，科研创新，决策和立法决定提供数据支持，同时确保欧盟公民对其个人健康数据享有更大的控制权。重点就两方面的内容征求意见：一是为医疗保健、科研创新、政策和监管决策而访问和使用健康数据；二是为健康数据服务和产品建立一个真正的单一市场。

2. 医疗器械法规新规 Medical Device Regulation（MDR）

欧盟为适应 AI 医疗发展趋势、规范 AI 医疗器械管理，于 2022 年 5 月 26 日起适用新的医疗器械法规（2017/745/EU）（MDR）和新的体外诊断医疗器械法规（2017/746/EU）（IVDR），将取代原有的医疗器械指令（93/42/EEC）（MDD）、有源植入式医疗器械指令（90/385/EEC）（AIMDD）和

[①] "Study on Health Data, Digital Health and Artificial Intelligence in Healthcare," https://op.europa.eu/en/publication-detail/-/publication/179e7382-b564-11ec-b6f4-01aa75ed71a1/language-en.

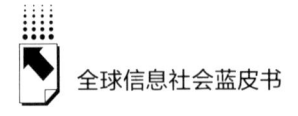

体外诊断医疗器械指令（98/79/EC）（IVDD），应对包含人工智能和机器学习的医疗设备监管问题。比如MDR仍然保留了医疗器械分类为Ⅰ类、Ⅱa类、Ⅱb类、Ⅲ类的规定，并且对部分医疗器械进行了重新分类，新增了制造商风险防范和质量管理方面的要求，要求制造商必须根据新规确定设备的风险等级，应考虑器械的预期用途及固有风险。要求非欧盟国家的制造商，在设备投放入欧洲市场之前必须指定欧盟成员国作为授权代表，确保在欧盟地区有确定的法规责任人。

3. 认证许可中采纳数字证据方法

为确保人工智能健康应用能够满足使用预期，欧盟及国际主要认证机构将数字证据方法纳入授权或认证的共同程序。如FDA是目前批准基于人工智能的医疗解决方案和算法数量最多的机构，考虑到在批准和许可过程中，用于医疗决策或医疗数据分析的基于人工智能的解决方案和算法的风险性质不同，严格区分了获得批准和许可的途径和类型，包括510（k）、上市前批准（Pre-market approval）和Novo途径（Novo pathway）。

（1）510（k），当它被证明至少与另一种类似的合法上市算法一样安全和有效时，就会获得批准。

（2）上市前批准，是对人体健康有较大影响的第三类医疗器械的算法在上市前获得的批准，其安全性和有效性评估要经过更严谨的科学和监管程序。

（3）Novo途径，授予没有合法上市的新型医疗器械，但在一般控制下提供足够的安全性和有效性。

目前FDA还没有制定关于人工智能在医疗健康领域使用的官方政策，但基于当前"通过产品生命周期的安全性和有效性"建立的监管框架，尚能满足对整个产品生命周期的人工智能系统规则方法的监管需求。

（二）美国医疗人工智能/机器学习软件设备安全监管及上市管理

1. FDA基于人工智能/机器学习（AI/ML）的医疗设备（SaMD）行动计划[①]

2019年4月，美国食品药品监督管理局（FDA）发布了"基于人工智

---

① https://www.fda.gov/.

能/机器学习（AI/ML）的软件作为医疗设备（SaMD）的监管框架拟议修订框架"，将基于人工智能/机器学习（AI/ML）的软件视作医疗设备进行安全有效的全生命周期监管监督。行动计划包括以下内容。

（1）基于人工智能/机器学习（AI/ML）的医疗设备（SaMD）量身定制的监管框架，通过发布指南草案来推进。

（2）机器学习最佳实践（Good Machine Learning Practice，GMLP），涵盖数据管理、特征提取、训练、可解释性、评估和文档等各个环节。FDA积极与相关协会制定 GMLP 共识标准，并参与基于 AI/ML 的社区协作和标准化工作。如 FDA 与电气和电子工程师协会（IEEE）P2801 人工智能医疗设备工作组和国际标准化组织/联合技术委员会 1/分委员会 42（ISO/IEC JTC 1/SC 42）——人工智能小组保持联系，FDA 参与了医疗器械进步协会（AAMI）/英国标准协会（BSI）关于医疗技术中人工智能的倡议。

（3）"以患者为中心"支持提高用户透明度。尝试通过仪器标签支持用户透明度，FDA 建议制造商在基于 AI/ML 的医疗设备标签中增加人工智能相关信息类型。

（4）支持与算法偏差和鲁棒性相关的监管科学方法研究。FDA 正在与加州大学旧金山分校（UCSF）、斯坦福大学和约翰霍普金斯大学的监管科学与创新卓越中心（CERSIs）等主要研究人员合作进行。研究内容包括识别和消除偏见，以及评估和促进算法稳健性，以此减少医疗健康服务领域因种族、民族和社会经济地位等差异因素有意或无意地引入算法而造成的系统偏见。

（5）真实世界的表现（Real-World Performance，RWP），FDA 正在与利益相关者建立基于 RWP 流程的试点工作。通过与制造商合作，确定实际可操作的基于产品全生命周期的监督流程和方法，从而完善 FDA 监管框架，确定基于 AI/ML 的 SaMD 最关键的 RWP 指标阈值和性能评估标准。

2. 人工智能/机器学习设备软件的上市管理

2023 年 4 月，FDA 发布《针对人工智能/机器学习设备软件功能的预订

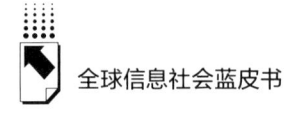

变更控制计划在上市前递交建议的指南草案》，旨在提供一种前瞻性的方法，以确保使用机器学习算法和模型在医疗设备领域开发的安全性和有效性。机器学习可以让软件在没有明确编程的情况下通过数据进行学习，从而执行预设任务，其最大潜能之一是能够通过迭代修改来提高模型性能，为了支持机器学习的设备软件功能（ML-DSF）的迭代开发，FDA在草案中描述了一个"预定变更控制计划"（PCCP），将作为申报上市的一部分内容进行审查，确保医疗设备的安全性和有效性。ML-DSFs的变更，既包括机器学习模型运转过程中的软件自动执行变更，也包括人为调整机器学习模型后作出的修改变更，人为因素包括人工在输入、操作、审查、决策等环节中非自动化实现的干预。

根据草案附件的样例显示，PCCP的要素包括数据管理（收集协议、数据质量保证、标准测定、数据集隔离测试）、再训练（目标和重点、执行）、绩效评估（启动性能评估的触发器、评估标准和要素、统计分析方案、业绩目标、其他测试需求）、更新程序（软件验证和确认、何时以及如何实施更新、与用户的沟通和透明度、设备监控计划）。

（三）加拿大在AI活动监管、医学研发和人才培养方面的政策措施

1.《人工智能与数据法案》

《人工智能与数据法案》（Artificial Intelligence and Data Act）是《2022数字宪章执行法》（Digital Charter Implementation Act）的重要组成部分，为解决人工智能在设计、开发和部署阶段的安全、非歧视和责任问题奠定法律基础，并对AI医疗在系统开发和问责制方面产生重要影响。

在确保以负责任的方式设计、开发和部署人工智能系统方面，加拿大根据国际开发署对企业的新要求作出"设计、开发、部署"的具体要求——设计阶段，要求企业识别和解决其人工智能系统在伤害和偏见方面的风险，并保留相关记录；开发阶段，要求企业评估其人工智能系统的预期用途和局限性，并确保用户理解；部署阶段，要求企业业务部门制定适当的风险缓解策略，并确保系统得到持续监控。

改进问责制方面，一是通过拟定监管框架及详细条例来监管；二是实现现有监管方法和最佳实践的互操作，通过采用共同标准来促进监管；三是监管过程的公开透明以及多元化参与，让利益相关者共同参与讨论、协商调整监管内容和实施过程；四是设立人工智能和数据专员一职，并授予其监督合规情况的权力，配合创新科学和工业部部长工作，确保人工智能系统的安全性和非歧视性。

在配套文件中，进一步明确了人工智能监管活动及其实例、监督和执行机制，根据违规行为的严重程度将监管执行分为 AMP 合规监管、违规行为监管、涉及刑事犯罪行为监管等不同的处罚机制。并在刑事犯罪方面，设立了三种新罪名：①故意拥有或使用非法获得的个人信息来设计、开发、使用或提供使用人工智能系统。这可能包括故意使用从数据泄露中获得的个人信息来训练人工智能系统。②允许人工智能系统可供使用，明知或不顾其是否可能对财产造成严重伤害或实质性损害，而其使用实际上造成了这种伤害或损害。③允许人工智能系统用于欺骗公众并给个人造成重大经济损失，而其使用实际上造成了这种损失。这些罪行可由执法部门调查，并由加拿大公诉机关酌情起诉。

2. 加拿大 AI 研究所及其研发项目和倡议

加拿大 AI 研究所，如 CIFAR、Mila、AMII、Vector Institute 等，在医疗健康领域的研发工作一直处于全球领先。这些研究所共同致力于推动人工智能在医疗健康领域的创新和应用，以实现更精确的诊断、更有效的治疗和更个性化的护理。

CIFAR 于 2023 年 7 月宣布了两项 AI 健康解决方案合作研究项目，用以推进 AI 使用来解决加拿大卫生系统中的挑战性问题。[①] 一项是"综合 AI 健康成像"（Integrated AI for Health Imaging）项目，将在三年内获得由 CIFAR 和 IVADO 共同提供的超 900000 加元的资金支持，基于蒙特利尔卫生系统，

[①] https：//cifar.ca/cifarnews/2023/07/13/cifar-announces-launch-of-two-ai-for-health-solution-networks/.

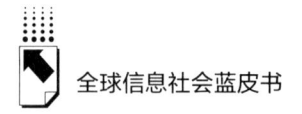

部署一款名为"PACS AI"定制软件,用以更准确、更安全地分析和保存在PACS系统中的成像研究和心电图;另一项是"AI用于糖尿病预测和预防"(AI for Diabetes Prediction & Prevention)项目,将在三年内获得超过900000加元的资金支持,用以部署已验证的机器学习模型,预测加拿大安大略皮尔地区(加拿大最大、最多样化的社区之一)居民的糖尿病风险,这将有助于卫生系统降低慢性病早期干预和治疗的直接成本。

Vector Institute 于 2022 年 4 月提出了 Smart Health 倡议,由安大略省政府提供 400 万加元资助,为期四年,用以促进研究人员和医院之间的合作,以及为安大略省 AI 生态系统中的未来健康劳动力提供专业培训和技能提升课程。[1] Vector Institute 与之相关联的活动包括:与健康和学术机构合作建立支持创新健康研究和应用的安全计算环境,以及与临床医生合作,帮助安大略省各地的医院采用机器学习应用。

此外,医疗健康方面的 AI 公平性也颇受关注。加拿大健康研究所(Canadian Institutes of Health Research,CIHR)是加拿大健康研究的主要联邦资助机构,该研究所提出"公平 AI 激活机会"的倡议,是关于在公共卫生领域如何确保面向所有人的人工智能公平倡议。[2] 该研究所认为,许多公共卫生问题往往涉及个人、环境、社会、文化等多重因素,而机器学习等人工智能方法为解决公共卫生问题提供了新的机会,既可以通过分析复杂、多层、多模态的数据来促进健康公平,也可以基于更广泛的见解来设计有影响力的解决方案。为了确保公平,应当从一开始就在人工智能研究中融入公平元素,建立起覆盖人口、公共卫生与人工智能等内容的跨学科合作,并培养下一代研究人员,为其提供培训和必要的工具。

(四)中国国家战略下的 AI+医疗政策法规布局

我国的 AI+医疗政策法规主要分布于新一代人工智能的政策法规群之

---

[1] https://vectorinstitute.ai/vector-institute-introduces-a-smart-health-initiative-to-drive-innovation-in-healthcare/.
[2] https://cihr-irsc.gc.ca/e/51204.html.

中,自 2017 年《国务院关于印发新一代人工智能发展规划的通知》明确了"2025 年新一代人工智能在智能医疗得到广泛应用"的发展目标,以及将智能医疗、智能健康和养老作为智能社会建设的两项重点项目以来,国家各部门在产业发展、人才培养、技术创新、资源分配、标准体系、伦理规范等方面予以大力保障,具体内容见表 2。

表 2 我国 AI 医疗相关政策法规汇总

政策着力点	政策名称	发文日期	发文单位	摘要
战略目标	《国务院关于印发新一代人工智能发展规划的通知》	2017 年 7 月	国务院	战略目标之一:2025 年新一代人工智能在智能医疗得到广泛应用;智能医疗以及智能健康和养老是建设安全便捷的智能社会的两项重点任务
产业发展	《促进新一代人工智能产业发展三年行动计划(2018—2020 年)》	2017 年 12 月	工业和信息化部	推进手术机器人临床医疗应用,多模态医学影像辅助诊断系统对典型疾病的检出率达到 95% 以上;支持建设高质量的人工智能训练资源库、标准测试数据集并推动共享
技术创新	《高等学校人工智能创新行动计划》	2018 年 4 月	教育部	支持高校在智能医疗领域推动技术转移和成果转化,鼓励与相关部门合作,培育智能技术引领性企业
医疗资源均等化	《国务院办公厅关于促进"互联网+医疗健康"发展的意见》	2018 年 4 月	国务院办公厅	鼓励医联体内上级医疗机构借助人工智能等技术手段,面向基层提供远程会诊、远程心电诊断、远程影像诊断等服务
技术应用	《国家新一代人工智能创新发展试验区建设工作指引》	2019 年 8 月	科技部	智能医疗方面,推广人工智能治疗新模式新手段,探索人机协同智能诊疗体系的建设;智能健康和养老方面,增进群体智能健康,突破大数据、物联网等关键技术;完善支持人工智能发展的重点政策,完善适应人工智能医疗、保险的政策体系

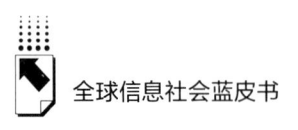

续表

政策着力点	政策名称	发文日期	发文单位	摘要
标准体系	《国家新一代人工智能标准体系建设指南》	2020年8月	国家网信办等五部门	2023年率先在医疗等领域初步建立人工智能标准体系;智能医疗领域,围绕医疗数据、医疗诊断、医疗服务、医疗监管等,重点规范人工智能医疗在数据获取、数据隐身管理等方面的应用,制定医疗数据特征表示、人工智能医疗质量评估等标准
伦理规范	《新一代人工智能伦理规范》	2021年9月	国家新一代人工智能治理专业委员会	充分考虑当前社会各界对隐私、偏见、歧视、公平等伦理的关切,提出增进人类福祉、促进公平公正、保护隐私安全、确保可控可信、强化责任担当、提升伦理素养等基本伦理要求。同时,提出人工智能管理、研发、供应、使用等特定活动的具体伦理要求
人才培养	《人工智能领域研究生指导性培养方案(试行)》	2022年7月	学位管理与研究生教育司	培育"人工智能+X"复合型人才,鼓励各校在学科交叉、跨界融合、加强实践、个性化培养等方面,积极探索人工智能领域研究生培养新模式。智慧医疗作为人工智能应用技术相关研究方向,供高校设置专业和课程参考
应用场景	《关于加快场景创新以人工智能高水平应用促进经济高质量发展的指导意见》	2022年7月	科技部等六部门	鼓励打造医疗重大应用场景:医疗影像智能辅助诊断、临床诊疗辅助决策支持、医用机器人、互联网医院、智能医疗设备管理、智慧医院、智能公共卫生服务等
法律法规	《生成式人工智能服务管理暂行办法》	2023年7月	国家网信办等七部门	适用于"利用生成式人工智能技术向中华人民共和国境内公众提供生成文本、图片、音频、视频等内容的服务",在推进技术发展与治理、规范服务方面做了宣誓性说明;在监督原则和法律责任方面,明确了管理部门及职责、服务安全评估职责和行政登记手续;在违规违法行为处罚方面,联动了《中华人民共和国网络安全法》《中华人民共和国数据安全法》《中华人民共和国个人信息保护法》《中华人民共和国科学技术进步法》等

其中，2023年7月颁布的《生成式人工智能服务管理暂行办法》是全球首部AIGC（生成式人工智能）领域正式出台的监管法规，相比于同年4月公布的《生成式人工智能服务管理办法（征求意见稿）》，直接删除了"不得进行用户画像""用户实名制"等争议性规定，并修改了"利用生成式人工智能生成的内容应当真实准确，采取措施防止生成虚假信息""保证数据的真实性、准确性""对于运行中发现、用户举报的不符合本办法要求的生成内容，应在3个月内通过模型优化训练等方式防止再次生成"等争议性表述。[①] 这一改动明确了我国生成式AI发展的主基调是"发展与安全并重""创新和依法治理相结合"。该法规一方面给AIGC在医疗方面的创新应用保留了一定的容错空间，另一方面，"管理暂行办法"意味着监管法规将根据技术和经济的发展、发展与安全的需求，进行动态调整，也意味着医疗健康领域需要依据政策法规在AI+医疗的创新发展和安全监管的制度建设方面及时作出回应，以适应新一代人工智能的技术环境。

六 小结与对策

新一代人工智能技术是现代医疗健康领域的前沿技术，其在数据处理、疾病预测、个性化治疗等方面呈现出快速发展态势。然而，发展医疗健康领域的人工智能既面临着隐私保护、技术标准、可解释性等需探讨的人工智能共性问题，也面临着医学认知、临床实践、行为责任等需攻克的特性问题。新一代人工智能在医疗健康领域的推广应用需要多方支撑，以确保其安全、可靠、有效地服务于患者和医疗机构。

本文在讨论大语言模型对医疗健康领域的影响时，意识到"the first and last mile of AI in health"这一重要概念。这个概念描述了在医疗健康领域应用人工智能的两个关键阶段：数据的收集和处理（the first mile），以及AI

[①] 《全球首部AIGC法即将生效，多个争议条款被删》，https://news.caijingmobile.com/article/detail/496929?source_id=40。

模型的部署和实际应用（the last mile）。在 the first mile 阶段，医疗健康数据需要被收集、清洗、标注和整合，以便用于训练 AI 模型，如大语言模型。这个阶段的挑战包括数据的质量、完整性、隐私和安全等问题。在 the last mile 阶段，训练好的 AI 模型需要被集成到实际的医疗健康工作流程中，以提供实际的临床决策支持、疾病预测、患者管理等服务。这个阶段的挑战包括模型的解释性、公平性、可靠性和规模化部署等问题。这两个阶段共同构建了新一代人工智能在医疗健康领域应用的关键路径。

基于以上思考以及前文的研究，本文提出以下对策建议。

（一）研究制定医疗健康领域的 AI 专门政策法规

健康数据规范方面，制定明确的医疗数据隐私保护政策，保护患者隐私的同时，鼓励数据共享和再利用，如借鉴欧盟的健康数据空间，促进跨区域健康数据的流动使用，借鉴美国的《健康保险可携性与责任法案》（HIPAA），细化医疗信息的隐私保护案例。

AI 医疗设备监管方面，确保 AI 医疗设备的安全性和有效性，首先，需明确是否将 AI 作为独立的领域进行监管，还是将其纳入现有的受监管领域（如医疗设备、操作规范等），这将影响到与之相关的标准许可、特定应用监管等实际操作问题；其次，需要考虑监管的灵活性，根据《生成式人工智能服务管理暂行办法》所传达的"发展与安全并重""创新和依法治理相结合"主基调，既要确保 AI 医疗设备在投放市场前的安全性，也要平衡使用过程中 AI/ML 技术的迭代改进与患者安全之间的关系。美国 FDA 的 AI/ML-SaMD 监管政策值得进一步研究借鉴。

医疗行为责任方面，由国家医疗主管部门制定规范医疗人员和机构使用 AI 技术的指导原则，明确医疗诊断、辅助医疗等行为过程中利用 AI 技术的安全责任。如要求医生必须对 AI 诊断结果进行审查，以确保患者安全。

（二）完善 AI+医疗健康的监管体系

AI+医疗健康的监管体系建设方面，政府、行业协会和医疗主体分工协作，明确监管和合规的责任，建立监管指南和自律规范，确保 AI 技术在医疗健康领域的可持续发展，包括：完善政府部门监管机制，在国家药监局（NMPA）设立专门的医疗 AI 监管部门，负责审批、监督和执法；鼓励成立 AI+医疗健康行业协会，制定行业自律规范，加强医疗健康与计算机人工智能技术领域的跨学科合作，如借鉴美国医学影像信息学协会（SIIM）的经验，推动医学影像领域的 AI 标准研制；明确医疗机构和科研机构的责任和义务，推动合规发展，如明确要求医疗机构依据国家及相关部委法律法规，制定 AI 医疗设备的购置和使用规范文件和建立配套管理制度，并由监管部门对其进行监督指导。

（三）建立 AI 医疗器械的标准化体系

AI 医疗器械的标准化方面，建立 AI 医疗器械的技术标准和临床试验要求，促进基于 AI/ML 软件开发的医疗设备在互操作性、安全性和有效性方面得到保障。参考国际标准，建立国内的 AI 医疗设备技术规范，明确上市前的临床验证和审批流程，要求明确 AI 医疗设备上市前需要进行的临床试验，确保其有效性和安全性。

（四）推进 AI 医疗健康服务的市场化

市场准入机制方面，在确保 AI 医疗健康产品和服务的安全性和有效性的前提下，探索建立优质 AI 医疗产品的快速审批流程和管理机制，加速 AI 医疗产品进入市场。如美国 FDA 下属的医疗器械与放射健康中心（CDRH）2018 年 12 月 18 日发布的《突破性器械项目指南》（Breakthrough Devices Program，BDP）中设置了优先审批和加速审批通道，能够有效避免不同快速通道造成的审评资源重复配置，有效加快了某些 AI 医疗设备的上市速度。此外，还需建立长期的市场监测机制，对已上市的 AI 医疗产品进行跟踪评估，确保其性能和安全性，如严密监测 AI 辅助诊断工具的临床应用情况等。

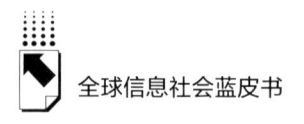

参考文献

Adams Katie,"Abridge Begins the Largest Deployment of Its Medical Documentation AI," *Medcitynews*, 2023 May.

Bachar Neta, et al.,"An Artificial Intelligence-Assisted Diagnostic Platform for Rapid near-Patient Hematology," *American Journal of Hematology*, 2021(10).

Fatima Sakina,"Da Vinci Xi Surgical Robot Perform Kidney Surgery in Dubai," *The Siasat Daily*, 2022-05-19.

Jiang Lavender Yao, et al.,"Health System-scale Language Models are All-purpose Prediction Engines," *Nature*, 2023.

Luo Renqian, et al.,"BioGPT: Generative Pre-trained Transformer for Biomedical Text Generation and Mining," *Briefings in Bioinformatics* 23, 2022(6).

Pun Frank W., et al.,"Identification of Therapeutic Targets for Amyotrophic Lateral Sclerosis Using PandaOmics-An AI-Enabled Biological Target Discovery Platform," *Frontiers in Aging Neuroscience*, 2022(14).

Singhal Karan, et al.,"Towards Expert-level Medical Question Answering with Large Language Models," arXiv preprint arXiv: 2305.09617, 2023.

Vaswani Ashish, et al.,"Attention is All You Need," *Advances in Neural Information Processing Systems*, 2017(30).

B.10
全球 AIGC 训练师发展报告

范佳佳[*]

摘　要： 本报告通过探讨 AIGC 训练师的概念、内涵、工种，以及全球 AIGC 训练师人才的地区和服务行业分布、学历、专业、年龄、职业收入情况，分析全球 AIGC 训练师职业发展趋势，提出促进 AIGC 产业及训练师职业发展的对策。针对 AIGC 训练师地区发展不平衡问题，需要政策干预，规范市场、鼓励各国政府充分学习 AIGC 知识，积极宣传 AIGC 的便捷性，帮助各行各业充分认识到 AIGC 技术的便利性，同时加快各行业与 AIGC 的融合发展。针对 AIGC 训练师收入差距较大问题，应积极出台相关政策。针对 AIGC 训练师供需失衡问题，需要从供给端入手，建立相关管理机构，定期组织全国范围内的业务交流会议，举办高水平 AIGC 训练师讲座论坛。注意培养团队型 AIGC 训练师，积极组织 AIGC 训练师培训，并在 AIGC 训练师培训过程中增加团队协作课程和相关考核标准，培养 AIGC 训练师的团队协作精神。

关键词： AIGC 训练师　AIGC 产业　人工智能

---

[*] 范佳佳，管理学博士，上海社会科学院信息研究所副研究员，研究方向为大数据治理、绿色数字化。

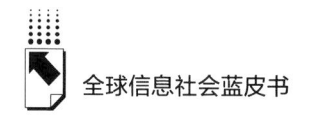

一 AIGC训练师相关概念和内涵

（一）AIGC概念

AIGC（AI-Generated Content），即人工智能生成内容，是基于预训练大模型、生成式对抗网络（GAN）等人工智能技术，在已有数据中寻找规律，并通过释放泛化能力生成相关内容的技术。[1] AIGC概念有广义和狭义之分，广义上AIGC更加强调AI的技术属性和生成式AI的概念，更加关注如何利用生成式AI技术在数字内容领域实现突破和变革，延伸至策略生成、代码生成、蛋白质结构生成等形式，进而全面参与数字内容形式产业，实现对内容作业模式进行流程再造、改变内容质量及成本、转换交互模式，进一步拓展"内容"的含义。[2] 狭义上AIGC更加侧重内容属性，关注内容生产方式，以AI生产代替人类生产的主体地位，以更加庞大的数据库为基础提升内容生产的速度、数量和规模。AIGC细分场景众多，按照模态区分，主要分为文本生成、图像生成、音频生成、视频生成、跨模态生成、虚拟人生成、策略生成、代码生成和蛋白质结构生成等（见图1）。[3]

在AIGC模态划分基础上，考虑到AIGC应用行业，如电商、影视、传媒、教育、医疗、工业、游戏等，可以发现AIGC在不同行业多为综合模态参与相关的应用场景（见图2）。

（二）AIGC训练师概念

人工智能训练师是指使用智能训练软件，在人工智能产品使用过程中进

---

[1] 中国信息通信研究院、京东探索研究院：《人工智能生成内容（AIGC）白皮书（2022）》，http://www.caict.ac.cn/kxyj/qwfb/bps/202209/t20220902_408420.htm，2022年9月2日。
[2] 《2023年AIGC应用与实践展望报告——人工智能重塑内容产业的作业模式》，https://www.jazzyear.com/study_info.html?id=115。
[3] 《AIGC产业应用研究报告，一文读懂AIGC的前世今生》，https://www.iyiou.com/analysis/202302171041663，2023年2月17日。

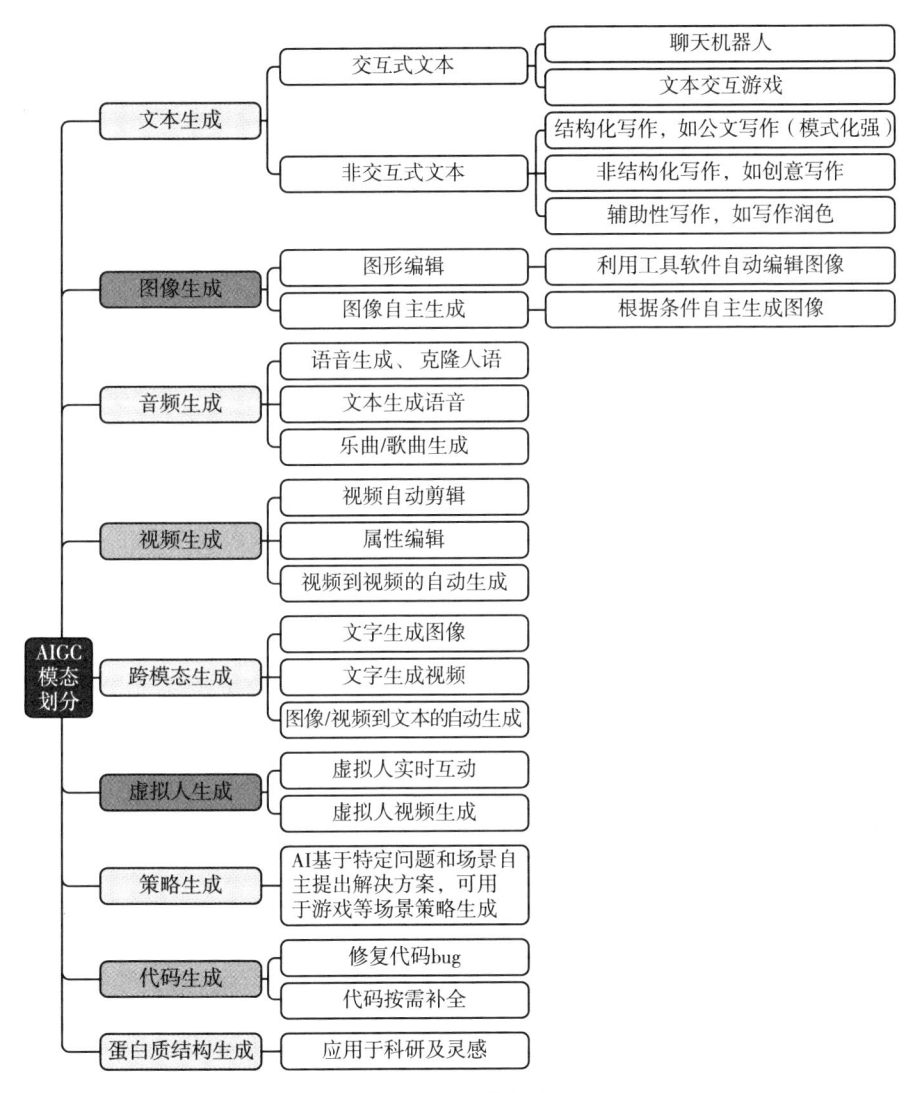

```
AIGC
模态
划分
├─ 文本生成 ─┬─ 交互式文本 ─┬─ 聊天机器人
│           │              └─ 文本交互游戏
│           └─ 非交互式文本 ─┬─ 结构化写作，如公文写作（模式化强）
│                          ├─ 非结构化写作，如创意写作
│                          └─ 辅助性写作，如写作润色
├─ 图像生成 ─┬─ 图形编辑 ── 利用工具软件自动编辑图像
│           └─ 图像自主生成 ── 根据条件自主生成图像
├─ 音频生成 ─┬─ 语音生成、克隆人语
│           ├─ 文本生成语音
│           └─ 乐曲/歌曲生成
├─ 视频生成 ─┬─ 视频自动剪辑
│           ├─ 属性编辑
│           └─ 视频到视频的自动生成
├─ 跨模态生成 ─┬─ 文字生成图像
│             ├─ 文字生成视频
│             └─ 图像/视频到文本的自动生成
├─ 虚拟人生成 ─┬─ 虚拟人实时互动
│             └─ 虚拟人视频生成
├─ 策略生成 ── AI基于特定问题和场景自主提出解决方案，可用于游戏等场景策略生成
├─ 代码生成 ─┬─ 修复代码bug
│           └─ 代码按需补全
└─ 蛋白质结构生成 ── 应用于科研及灵感
```

图 1　AIGC 模态划分

行数据库管理、算法参数设置、人机交互设计、性能测试跟踪及其他辅助作业的人员。[①] AIGC 训练师主要是指对于生成式 AI 使用智能训练软件，在

---

① 《人工智能训练师国家职业技能标准（2021 年版）》，http://www.mohrss.gov.cn/xxgk2020/fdzdgknr/rcrs_4225/jnrc/202112/t20211227_431404.html，2021 年 12 月 27 日。

全球信息社会蓝皮书

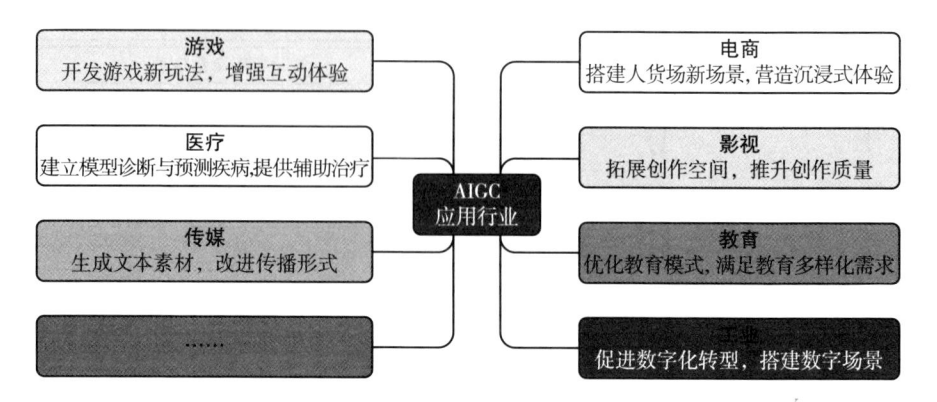

```
┌─────────────────────────┐                    ┌─────────────────────────┐
│         游戏            │                    │         电商            │
│ 开发游戏新玩法，增强互动体验 │                    │ 搭建人货场新场景，营造沉浸式体验 │
└─────────────────────────┘                    └─────────────────────────┘
┌─────────────────────────┐                    ┌─────────────────────────┐
│         医疗            │                    │         影视            │
│ 建立模型诊断与预测疾病,提供辅助治疗 │         ┌──────┐         │ 拓展创作空间，推升创作质量 │
└─────────────────────────┤         │ AIGC │         ├─────────────────────────┘
┌─────────────────────────┐         │应用行业│         ┌─────────────────────────┐
│         传媒            │         └──────┘         │         教育            │
│ 生成文本素材，改进传播形式  │                    │ 优化教育模式，满足教育多样化需求 │
└─────────────────────────┘                    └─────────────────────────┘
┌─────────────────────────┐                    ┌─────────────────────────┐
│         ......          │                    │         工业            │
│                         │                    │ 促进数字化转型，搭建数字场景 │
└─────────────────────────┘                    └─────────────────────────┘
```

图 2 AIGC 应用行业

人工智能产品使用过程中进行数据库管理、算法参数设置、人机交互设计、性能测试跟踪及其他辅助作业的人员。广义上来说，AIGC 训练师包含数据标注员、人工智能工程师和数据科学家等一切开发、训练、优化、维护 AIGC 的参与者；狭义上来说，鉴于对数据注释的持续需求，以及几乎所有人工智能项目都需要花费时间在这一隐藏任务上，对于 AI 的训练与优化也主要聚焦高质量和准确的数据库以及更加精准高效算法的开发。AIGC 训练师可以细分为数据标注员和人工智能工程师，涵盖二者相应的工作内容。

AIGC 训练师不仅需要具备计算机科学知识和编程技能，还需要对数据分析和算法优化等技术有着丰富的经验和独立的思考能力。同时，他们也需要不断学习和更新知识，以适应人工智能技术的快速发展和变化。

AIGC 训练师对于 AI 的训练主要通过对 AIGC 的核心要素算法和数据进行迭代与扩展。在算法方面，AIGC 训练师主要是通过搭建应用模型和深度学习算法保证人工智能的底层系统能够理解如何将人的需求准确地转化为可操作结果的关键，算法和模型构建了人工智能的底层逻辑。在数据标注方面，AIGC 训练师也扮演着重要的角色，准确的数据是 AI 算法优化的基础。数据标注需要对数据进行分类、注释和清理等工作，以确保数据的质量和可用性。AIGC 能够正常运转以及生成新数据的核心是要尽可能地建立行之有效且准确的数据库。人工智能的分析、创作、决策能力都依赖海量数据。只有通过对海量数据进行检索与学习，AIGC 的智能化水平才会进一步提高。数据标注工作是实现 AIGC 的重要环节。因此决定不同 AI 模型间能力差异的就是数据的数量与质量。

（三）AIGC 训练师内涵

在 AIGC 发展的需求下，人工智能训练师主要的工作任务包括：标注、加工原始数据、分析提炼专业领域的特征，训练和评测人工智能产品相关的算法、功能和性能，设计交互流程和应用解决方案，监控分析管理产品应用数据、调整优化参数配置等。这就意味着人工智能的训练师需要拥有全面的数据分析技能，能够高效、安全地处理大量的数据，了解人工智能自身的相应指标，如认知度、混淆度和遏制度，以及人工智能和机器学习（ML）的知识。

在具体的基础工作中，数据标注员的主要工作需要通过为单独的数据片断手动分配有意义的标签训练优化机器学习模型。数据标注员需要做大量的工作来注释照片并转化为人工智能所能理解的语言标签。一个人工智能项目 80% 的时间都是用于数据处理和注释，数据的质量决定了人工智能的优劣，数据标注员的工作相当重要。数据标注员在处理大量信息和数据的同时，也需具备一定的数据和网络安全知识，了解数据保护的性质，能够在发生数据泄露的情况下处理漏洞，处理复杂的敏感数据。

目前随着人工智能的进一步发展，人类社会对于 AI 技术的需求增加，AIGC 会被应用到各个领域，不同领域之间的行业壁垒促使 AIGC 训练师需要向复合型人才方向发展。除了基础岗位的数据标注员需要提高相关技能和专业知识外，人工智能工程师也更注重算法和编程。在相关岗位工作内容描述中，除专业要求外，NLP 算法、深度学习、C++ 等词高频出现，算法和编程能力是就职的硬性要求。此外，多数岗位要求还提及"商业化"等，要求应聘者拥有学术成果和业务落地经验。同时创新思维是非常重要的，AIGC 技术发展非常迅速，且所用模型代码大多是开源，更加需要相关人员

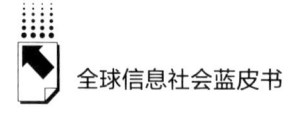

具备不断探索和尝试新的技术和方法的能力，以使技术保持领先地位。[1]

就目前 AIGC 的发展阶段来说，AIGC 训练师一方面需要向复合型方向发展，另一方面由于 AIGC 与多种行业和领域结合，实现应用落地，形成专业领域的人工智能，AIGC 训练师也从简单的数据标注与算法开发者演化为新兴的专业领域对于 AIGC 的培训人员。这些新兴的专业领域包括但不限于自然语言处理、计算机视觉、语音识别等。AIGC 训练师需要具备跨学科的能力和知识，能够将不同领域的知识融入 AI 培训，以便更好地满足行业需求。此外，AIGC 训练师还需要关注行业发展趋势，了解新技术和新应用，及时更新培训内容和教学方法，以增强培训效果。

（四）AIGC 训练师工种

AIGC 训练师主要负责人工智能相关数据搜集、训练、优化等（见表1），帮助模型以更优性能、更高效率运行。[2] 从招聘网站的搜索结果来看，目前对于 AIGC 人才的招聘，主要分为两个方向，一是更具针对性的 AIGC 数据库工程师，二是面向 AIGC 生产流程底层构建的算法工程师。同时由于不同行业应用的区别，衍生出符合行业需求、具有行业特色的工种。例如，AI 绘画属于具有针对性的 AIGC 数据库工种，除了聚焦研究和生产 AI 美术素材外，还需要充实公司 AI 词库，定期对美术团队进行培训，提升团队使用 AI 美术工具的熟练度，帮助美术部门了解和使用 AI 及相关工具，协助研队提高对 AI 的使用度和效率。AIGC 算法工程师面向 AIGC 生产流程底层构建，负责 AI 生产管线铺设、知识图谱领域算法和技术研究、追踪相关领域的前沿技术和工程应用，结合业务场景，探索人工智能的创新应用等。游戏 AI 平台研发工程师属于游戏行业特色工种，主要负责游戏 AI 接入平台研发，包括标准化和平台效能提升以及游戏 AI Saas 平台化等内容。

---

[1] 脉脉高聘人才智库：《2023 AIGC 人才趋势报告》，https：//mp.weixin.qq.com/s/6Kk4D_FUaIdPegTNMucQDA。

[2] 上海市人工智能行业协会：《AIGC 对就业产生的挑战与机遇》，https：//mp.weixin.qq.com/s/GnC-32aDqBU0WgeEoU69Gg。

表 1　AIGC 训练师工种

内容分类	岗位名称	内容分类	岗位名称
数据准备	人工智能全球化战略经理	模型设计	语音方面的 AI 工程师
	人工智能词典经理		AIGC 算法研究
	人工智能数据流量经理		数字人 AI 算法研究员
	深度学习反向传播经理	训练模型	人工智能培训经理
	AI 数据完整性经理		AIGC 技术招聘
	AI 数据采购经理		文字生成等文字类 AIGC 技术
	人工智能深度学习文档经理	模型评估和优化	人工智能实施战略经理
	AIGC 数据标注员		AI 数据算法经理
	AI 绘画		人工智能性能分析员
	AIGC 美术师		NLP 算法工程师
模型设计	AI 算法行为经理	模型部署和维护	人工智能安全经理
	AIGC 算法工程师		人工智能计算机视觉专家
	AI 研究工程师		深度学习培训经理
	AI 负责人		游戏 AI 平台研发工程师

二　全球 AIGC 训练师人才分布

（一）地区分布

本部分基于近期各国招聘网站发布的 AIGC 训练师岗位信息，从全球 AIGC 训练师人才分布概览图、重点国家和地区 AIGC 训练师人才分布、重点城市 AIGC 训练师人才分布等维度对全球 AIGC 训练师人才地区分布进行分析。

全球大部分国家均有 AIGC 训练师职业，说明 AIGC 训练师人才具有全球性，从地区分布来看，AIGC 训练师人才多集中于北美洲与亚洲，其中美国、中国、印度、英国、法国、新加坡、荷兰等国家 AIGC 训练师人才较多。下文将针对美国、欧洲、印度、中国等重要国家和地区 AIGC 训练师人才分布情况进行详细讨论。

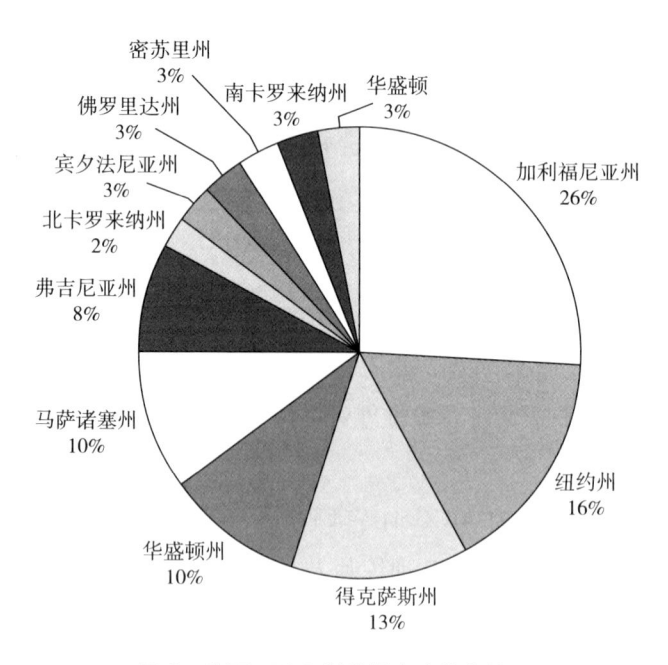

图3展示了美国各洲AIGC训练师人才分布情况，可以看出美国加利福尼亚州人才最多，其次是纽约州与得克萨斯州。进一步从城市角度来看，加利福尼亚州的旧金山市、华盛顿州的西雅图市和纽约州的纽约市是AIGC训练师人才最多的三座城市。旧金山市临近世界著名技术产业区硅谷，是世界重要的技术研发基地之一，西雅图市在全球计算机软件、生物信息科学、电子设备等方面处于领导地位，纽约市作为美国乃至全球的经济、金融、商业、贸易、文化和传媒中心，是世界三大金融中心之一。从各州内部的城市分布情况可以看出，AIGC训练师人才较多的城市往往经济和科学技术较为发达，例如北卡罗来纳州AIGC训练师人才较多的城市是夏洛特市，其也是该州最大的城市，得克萨斯州最大城市休斯敦市同样是该州AIGC训练师人才较多的。此外美国对远程AIGC训练师人才也有大量需求，美国远程AIGC训练师人才需求量占美国AIGC训练师人才需求总量的60%以上。

图3 美国AIGC训练师人才分布情况

图4展示了欧洲各国AIGC训练师人才分布情况，可以看出欧洲大部分国家，尤其是欧洲西部各国均有AIGC训练人才，法国、英国、荷兰和罗马尼亚AIGC训练师人才较多，这四个国家AIGC训练师人才数量占欧洲AIGC训练师人才数量的60%以上。法国AIGC训练师人才集中分布在巴黎、昂热、博比尼、布瓦科隆布、格勒诺布尔、鲁昂等城市，其中法国首都巴黎AIGC训练师人才最多，占法国的40%以上。英国AIGC训练师人才多分布在伦敦、爱丁堡、西南布里斯托尔、曼彻斯特等城市，其中英国首都伦敦AIGC训练师人才最多，占英国的60%以上。荷兰AIGC训练师人才多分布在阿姆斯特丹、布加勒斯特、鹿特丹、乌得勒支、海牙等城市，其中荷兰前四大城市阿姆斯特丹、鹿特丹、海牙和乌得勒支几乎拥有荷兰全部的AIGC训练师人才。罗马尼亚AIGC训练师人才多分布在布加勒斯特、蒂米什瓦拉等城市，其中罗马尼亚首都布加勒斯特AIGC训练师人才数量占罗马尼亚的80%以上。除了上述国家外，欧洲其余国家AIGC训练师人才也呈现出集中于各国首都的特点，如西班牙AIGC训练师人才大多分布于首都马德里，葡萄牙AIGC训练师人才集中分布于首都里斯本。此外欧洲各国也存在对远程AIGC训练师人才有一定需求的现象。

图5展示了印度AIGC训练师人才分布情况，可以看出印度卡纳塔克邦地区人才最多，其次是马哈拉施特拉邦地区。进一步从城市角度细分，印度AIGC训练师人才最多的城市为卡纳塔克邦的班加罗尔市，其次是特伦甘纳邦的海得拉巴市、马哈拉施特拉邦的浦那市和孟买市。其中班加罗尔市为卡纳塔克邦的首府，通过多年积极引进高科技公司，成为印度的信息科技中心，被誉为印度的"硅谷"。海得拉巴市不仅是特伦甘纳邦的首府，同时也是印度第六大城市。浦那市是马哈拉施特拉邦的第二大城市，同时也是该邦经济、文化和交通中心。孟买市则是马哈拉施特拉邦的首府，是全印度最富裕的城市，同时也是印度重要的贸易中心和港口城市。印度除了拥有AIGC训练师线下人才储备外，还拥有一定数量的远程线上AIGC训练师人才储备。

图6展示了中国各省份AIGC训练师人才分布情况，总体而言，大约

全球信息社会蓝皮书

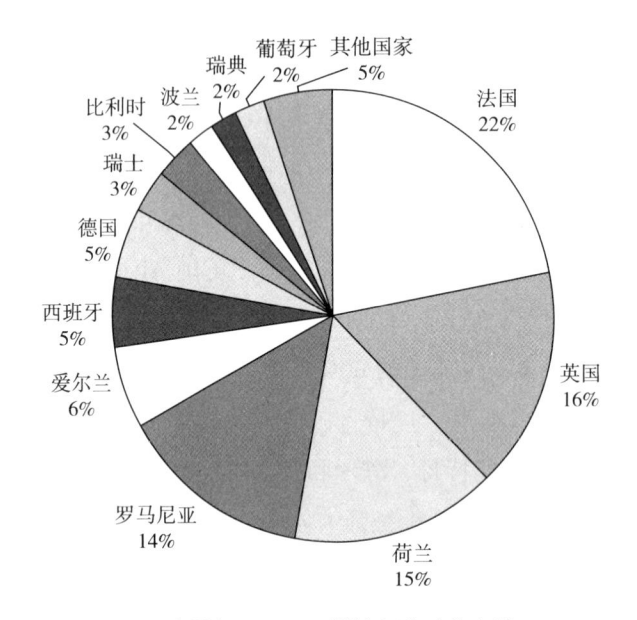

图4 欧洲各国AIGC训练师人才分布情况

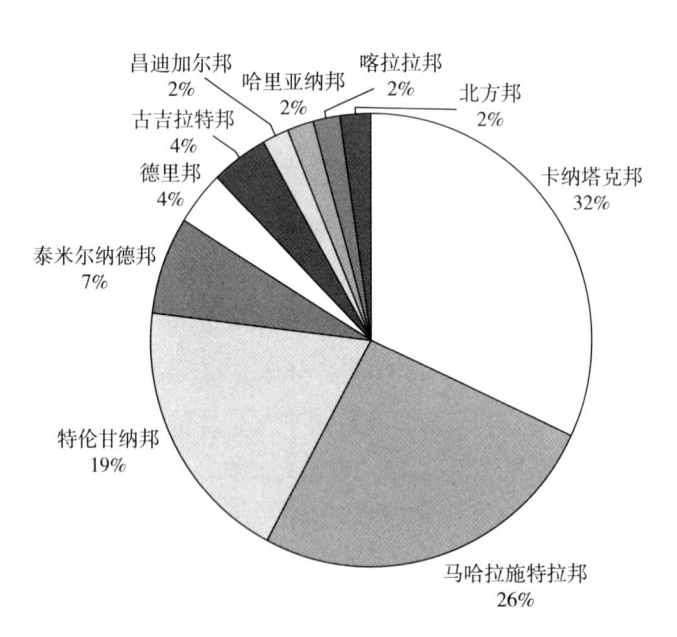

图5 印度AIGC训练师人才分布情况

80%的省份均拥有AIGC训练师人才，只有西藏、新疆、青海等偏远省份尚未拥有AIGC训练师人才，并且呈现出东部省份—中部省份—西部省份AIGC训练师人才数量逐步下降、南方省份较北方省份拥有更多的AIGC训练师人才的特点。从各省份拥有的AIGC训练师人才数量角度来看，广东省拥有人才数量最多，其次是上海市、山西省、四川省、浙江省等。

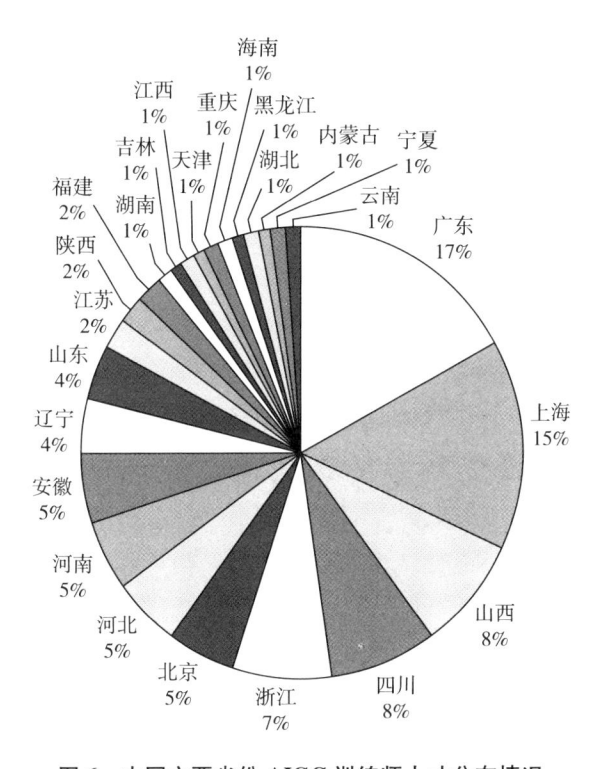

图6 中国主要省份AIGC训练师人才分布情况

进一步从城市角度对中国AIGC训练师人才进行划分，得到的结果如图7所示，可以看出中国各省份AIGC训练师人才分布既存在共性，也存在特性。一方面，同一省份不同城市间AIGC训练师人才数量差异较大，AIGC训练师人才储备量较大的城市往往是省会城市，如山西省AIGC训练师人才主要集中于省会城市太原市，四川省AIGC训练师人才主要分布于省会城市成都市，浙江省AIGC训练师人才同样集中于省会杭州市。另一方面，各省份内部AIGC训练师人才数量分布也存在一定差异，例如浙江省AIGC训练师人才几乎都分布在杭州市和丽水市两个城市，而河南省AIGC训练师人才则分布于焦作、南阳、商丘、襄阳、新乡、信阳和郑州多个城市。从城市拥有AIGC训练师人才数量角度来看，拥有数量最多的城市为上海市，其次是广州市、成都市和杭州市，说明AIGC训练师人才大量聚集的城市往往是经济发展较快的一线城市和新一线城市。

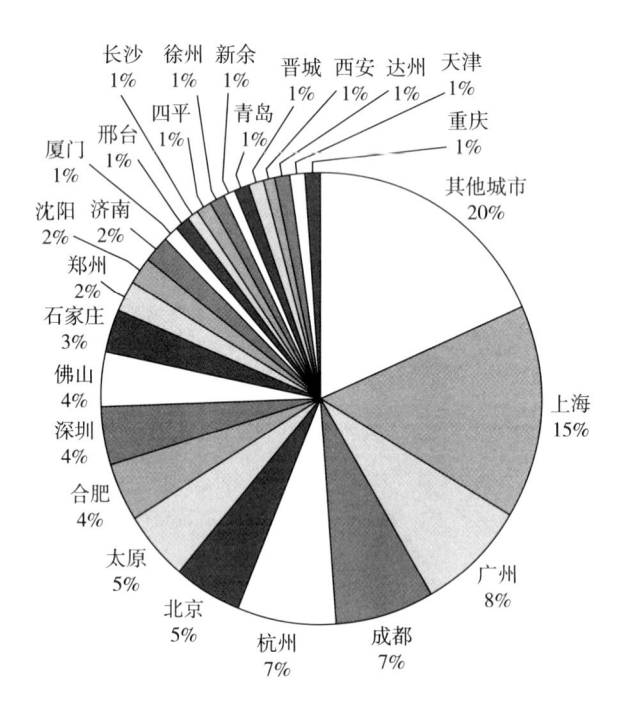

图7 中国各城市AIGC训练师比例

以上为中国线下AIGC训练师人才储备数量分析，此外中国也存在部分线上远程AIGC训练师人才。

（二）服务行业分布

综合全面地分析全球AIGC训练师人才分布情况，除了地区因素还需要考虑服务行业因素，图8是全球AIGC训练师人才服务行业分布情况，可以看出 AIGC 训练师人才从事的服务行业众多，其中 AIGC 训练师人才在科技领域的人数最多，其次是娱乐、经济和医药等领域。

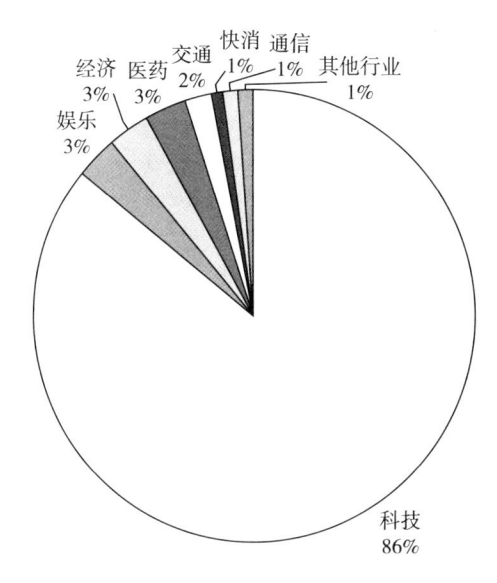

图 8　全球 AIGC 训练师人才的服务行业分布情况

首先，根据工作内容进一步划分 AIGC 训练师人才服务行业，科技领域的 AIGC 训练师人才多是人工智能、软件开发、计算机、芯片、信息技术、物联网、半导体等方向，负责数据准备、模型设计、训练模型和模型评估与优化等工作，其中负责模型评估与优化的人数最多。娱乐领域的 AIGC 训练师人才多是传媒、动漫、旅游、社交媒体、游戏等方向，负责数据准备、训练模型和模型评估与优化等工作，其中负责数据准备的人数最多。医药领域的 AIGC 训练师人才多是医疗和药物等方向，负责模型设计、模型评估与优化等工作，其中负责模型设计的人数最多。交通领域的 AIGC 训练师人才多是航空、汽车、物流、邮政等方向，基本负责数据准备、训练模型和模型评估与优化等工作，其中负责模型评估与优化的人数最多。经济领域的 AIGC 训练师人才多是保险、银行、财会、金融、咨询、宏观经济等方向，基本负责数据准备、模型设计和模型评估与优化等工作，其中负责模型评估与优化的人数最多。快消领域的AIGC训练师人才多是零售、美妆、家电等方向，多负责数据准备、训练模型和模型评估与优化等工作，其中负责数据准备的人数最多。通信领域的AIGC训练师人才负责模型设计和训练模型等工作，且人才数量相当，负责其余工作内容的AIGC训练师人才较少。

其次，讨论主要国家和地区AIGC训练师人才分布的服务行业情况，聚焦中国、美国、印度和欧洲四个地区。

美国AIGC训练师人才主要分布于科技、经济、医药、生物和交通等领域。科技领域的AIGC训练师人才主要负责数据准备、模型设计、训练模型、模型评估与优化工作、模型部署和维护等工作，其中负责训练模型、模型评估与优化的AIGC训练师人才数量最多。经济和医药领域的AIGC训练师人才主要负责模型设计、训练模型、模型评估与优化等工作。而交通领域的AIGC训练师人才主要负责数据准备、模型设计、训练模型、模型评估与优化等工作，其中负责训练模型的AIGC训练师人才数量最多。

欧洲AIGC训练师人才主要分布于科技、经济、娱乐、交通、医药和石油等领域。科技领域的AIGC训练师人才主要负责数据准备、模型设计、训练模型、模型评估与优化、模型部署和维护等工作，其中负责模型部署和维护的AIGC训练师人才数量最少，负责模型评估与优化的AIGC训练师人才数量最多。经济和娱乐领域的AIGC训练师人才主要负责数据准备、模型设计、模型训练、模型评估与优化工作。医药领域的AIGC训练师主要负责数据准备、模型设计、模型训练、模型评估与优化等工作，其中负责模型设计、模型评估与优化的人数略多。

印度AIGC训练师人才主要分布于科技、电气、娱乐、交通、通信、医疗和经济等领域。科技领域的AIGC训练师人才主要负责数据准备、模型设计、训练模型、模型评估与优化、模型部署和维护等工作，其中负责模型部署和维护的AIGC训练师人才数量较少，负责其余工作的AIGC训练师人才数量相当。娱乐领域的AIGC训练师人才主要负责数据准备、训练模型两类工作，其中负责训练模型的AIGC训练师人才数量较多。通信领域的AIGC

训练师人才主要负责数据准备、模型设计和训练模型等工作，且人才数量相当。

中国AIGC训练师人才主要分布于科技、娱乐、医疗、交通、经济、快消、通信、材料和测绘等行业。科技领域的AIGC训练师人才主要负责数据准备、模型设计、训练模型、模型评估与优化、模型部署和维护等工作，其中负责数据准备的AIGC训练师人才数量最多。经济领域的AIGC训练师人才主要负责数据准备、模型评估与优化等工作，还有模型设计和训练模型工作，但没有负责模型部署和维护相关工作的。快消领域的AIGC训练师人才主要负责数据准备、训练模型、模型评估与优化等工作。

三 全球AIGC训练师人才画像

（一）学历、专业分布

首先，讨论AIGC训练师人才学历分布。全球AIGC训练师人才学历分布情况如图9所示，可以看出AIGC训练师人才中本科学历占比最高，其次是硕士学历，占比最小的为中专/中技学历。

根据工作内容进一步划分AIGC训练师人才学历。不限学历和中专/中技学历的AIGC训练师人才主要负责数据准备工作。高中学历的AIGC训练师人才则主要负责数据准备和训练模型工作，一般负责训练模型的高中学历AIGC训练师人才有一定的工作经验，而负责数据准备的高中学历AIGC训练师人才往往不需工作经验。本科学历的AIGC训练师人才主要负责模型设计、训练模型和模型评估与优化三个方面工作，其中负责模型评估与优化的人数最多，负责模型部署和维护的人数较少。硕士和博士学历的AIGC训练师人才主要负责模型设计、训练模型、模型评估与优化三个方面工作，其中负责模型设计、模型评估与优化的AIGC训练师人才数量稍多于负责训练模型的数量，而负责数据准备、模型部署和维护的硕士学历AIGC训练师人才数量较少。

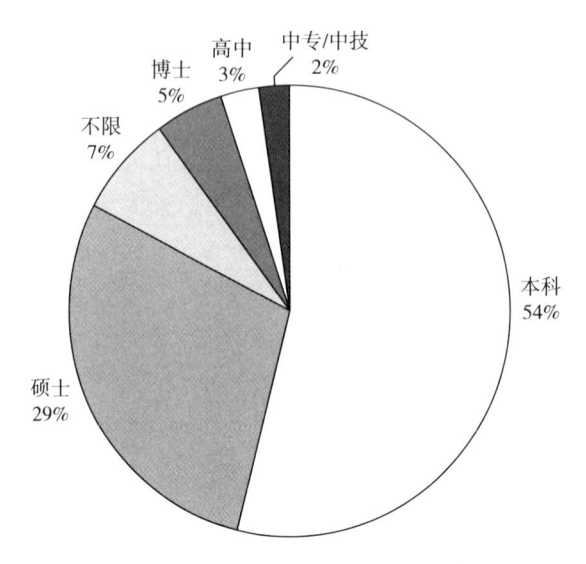

图9 全球AIGC训练师人才学历情况

其次，分析AIGC训练师人才专业分布情况。图10展示了各专业AIGC训练师人才数量占AIGC训练师人才总数量的比例，其中计算机专业AIGC训练师人才数量最多，其次是工程、统计和数学专业，说明理工科相关专业毕业生更容易从事AIGC训练师工作。

根据AIGC训练师工作内容进一步划分AIGC训练师人才专业。计算机专业的AIGC训练师人才主要负责模型设计、训练模型、模型评估与优化三个方面工作，其中负责模型设计的AIGC训练师人才数量最多。工程专业的AIGC训练师人才主要负责模型设计和模型评估与优化两个方面工作，其中负责模型设计的AIGC训练师人才数量最多。统计专业的AIGC训练师人才主要负责数据准备、模型设计、训练模型、模型评估与优化四个方面工作，其中负责模型设计、模型评估与优化的AIGC训练师人才数量最多。数学专业的AIGC训练师人才主要负责模型设计、模型评估与优化两个方面工作，其中负责模型设计的AIGC训练师人才数量最多。

除了计算机、工程、统计和数学四个普遍性专业外，人文、生物、经济

全球AIGC训练师发展报告

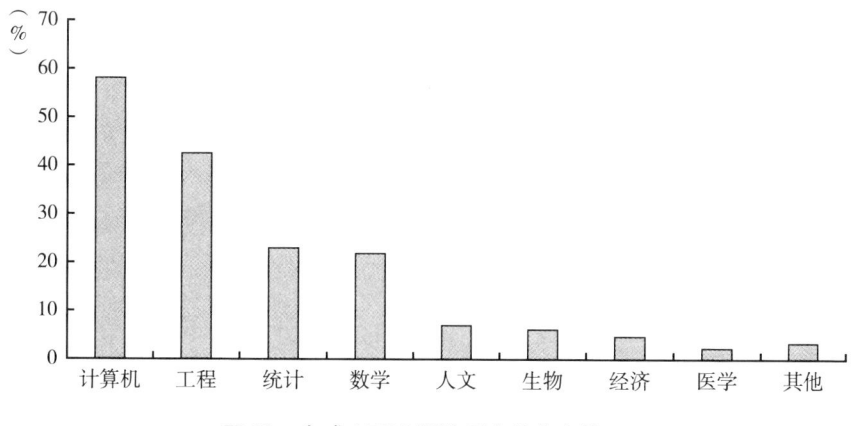

图10 全球AIGC训练师专业分布情况

等专业的AIGC训练师人才往往所学专业与工作内容高度对应。例如，人文专业AIGC训练师通常负责判断AI模型生成文本准确性等工作，生物专业AIGC训练师人才通常负责清洗生物有关数据和评估生物模型等工作，经济专业AIGC训练师人才通常负责经济类数据准备和训练经济模型等工作。

（二）年龄分布

大部分招聘网站并未明确给出AIGC训练师岗位的年龄要求，同时利用现有AIGC训练师岗位年龄要求的招聘信息无法精确判断AIGC训练师的年龄分布情况，因此考虑采用学历与招聘网站发布的人才报告相结合的方式来大致判断AIGC训练师人才年龄分布情况。

依据全球AIGC训练师学历分布情况可以得出，大部分AIGC训练师学历为本科及本科以上，因此绝大多数AIGC训练师年龄大于20岁。同时根据中国脉脉高聘人才智库发布的《2023 AIGC人才趋势报告》中的AIGC人才年龄画像能够判断AIGC领域近七成从业者年龄大于30岁，34.5%以上的AIGC人才在35岁以上。① 根据中国猎聘大数据研究院发

---

① 脉脉高聘人才智库：《2023AIGC人才趋势报告》，https：//mp.weixin.qq.com/s/6Kk4D_FUaIdPegTNMucQDA。

249

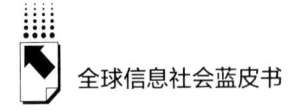

布的《AIGC就业趋势大数据报告2023》也可以看出，30~35岁的AIGC训练师人才占比最大，为35.77%。[1] 综上所述，可以得出AIGC训练师年龄分布为20~45岁，其中30~35岁AIGC训练师人才数量最多。目前AIGC训练师呈现年轻化态势，未来25岁左右的AIGC训练师人才有望成为主力。

（三）职业收入情况

鉴于经济发展水平差异，各国收入也存在一定差距，同时各国间货币汇率换算也难免会带来误差，考虑从国家层面分析AIGC训练师收入情况。同时部分国家AIGC训练师收入数据过少，容易引起较大误差，故仅分析中国、美国、英国、印度四个国家AIGC训练师的收入情况。

首先，讨论印度和英国AIGC训练师收入情况。印度AIGC训练师年均收入为0.14万~1.35万美元，其中主要负责数据准备的AIGC训练师收入水平最高。英国AIGC训练师年均收入为7.5万~9.4万英镑，其中主要负责数据准备的AIGC训练师收入水平最低，其次是负责训练模型和模型设计的AIGC训练师，收入水平最高的是负责模型评估和优化的AIGC训练师。

其次，分析美国AIGC训练师收入水平。美国AIGC训练师年均收入为6.9万美元，图11为美国AIGC训练师收入分布散点图，可以看出美国AIGC训练师收入集中为5万美元，且不同公司不同工种AIGC训练师收入差异明显。根据工作内容进一步划分AIGC训练师人才收入，主要负责训练模型和模型评估与优化的AIGC训练师收入水平最低，其次是负责数据准备和模型设计的AIGC训练师，收入水平最高的是负责模型部署和维护的AIGC训练师。

最后，分析中国AIGC训练师收入水平。中国AIGC训练师年均收入为

---

[1] 猎聘大数据研究院：《AIGC就业趋势大数据报告2023》，https：//mp.weixin.qq.com/s/3lyPJqgrNj1iQDmx17ilxA。

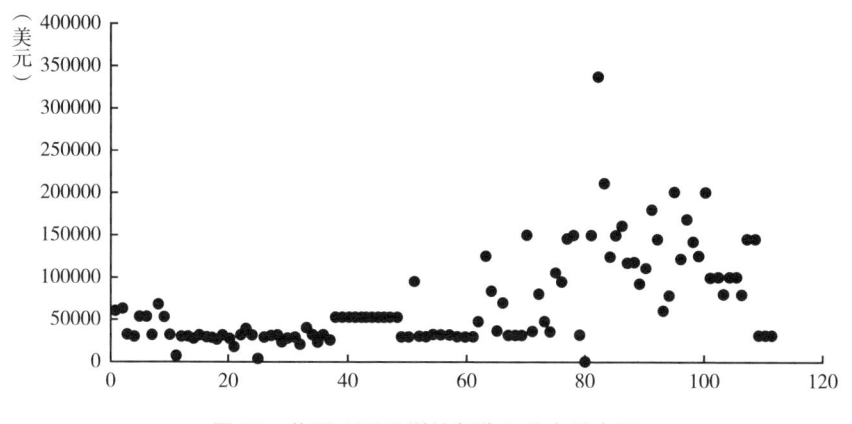

图 11 美国 AIGC 训练师收入分布散点图

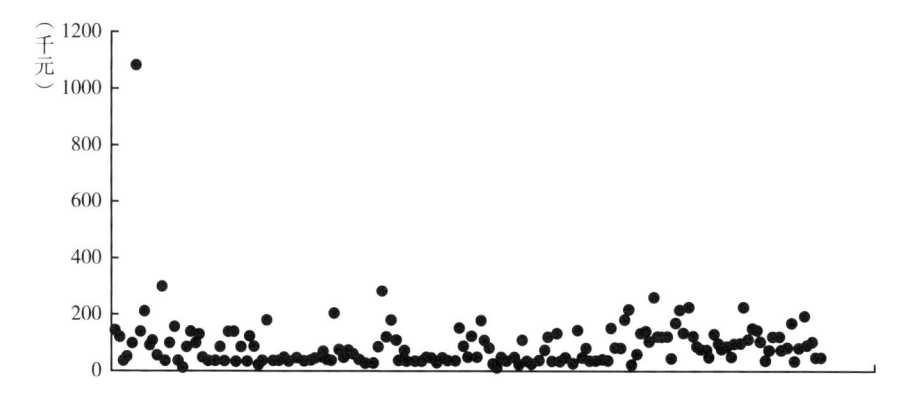

8.9 万~15.4 万元人民币，图 12 为中国 AIGC 训练师收入分布散点图，可以看出中国 AIGC 训练师收入集中为 20 万元及以下，仅有少量 AIGC 训练师年均收入能达到 20 万元以上。根据工作内容进一步划分 AIGC 训练师人才收入得出，主要负责数据准备的 AIGC 训练师收入水平最低，其次是负责训练模型和模型评估与优化的 AIGC 训练师，收入水平最高的是负责模型设计与模型部署和维护的 AIGC 训练师。

图 12 中国 AIGC 训练师收入分布散点图

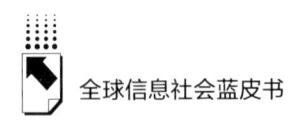

四 全球 AIGC 训练师发展趋势

（一）全球 AIGC 产业发展趋势

全球 AIGC 产业呈现出蓬勃发展趋势，整体行业保持快速增长态势，成为全球数字经济发展中新的增长点。

在 AIGC 产业链中，上游为基础层，包含数据采集、数据标注等数据层及 AI 芯片、AI 服务器、云服务和智算中心等算力层，以及计算平台和模型加法训练平台；中游为算法、模型层，主要有机器学习、计算机视觉、大型语言模型和优化算法等；下游为应用层，一般应用于文本、图像、音频和视频等内容生成，还有电商、教育、医疗和金融等应用领域。

在产业链的上游，合成数据将进一步支持 AIGC 发展。合成数据为 AI 模型训练提供了强大的助力，解决了数据收集和显示费用高、数据质量低、数据多样性不足、个人信息保护等现实问题。合成数据本身是 AI 模型发展的重要推动工具，可以更高效地训练 AI 模型，并让 AI 在虚拟仿真世界中自我学习和进化，将进一步扩展 AI 的应用可能性。合成数据将推动 AI 模型训练进一步发展。

在产业链的中游，AIGC 相关的多项技术实现创新突破。例如，预训练模型技术的出现解决了过去生成模型存在的使用门槛高、训练成本高、内容生成简单和质量偏低等问题，提升了 AIGC 模型的通用化能力和工业化水平，为 AIGC 模型成为自动化内容生产的"工厂"和"流水线"提供技术基础；多模态技术的进一步发展提升了 AIGC 的多样性和通用化能力，使得语言、图像、音视频等多种类型数据可以互相转化和生成。

在产业链的下游，实际应用场景与市场规模不断扩大。在 AIGC 模态产品应用方面，生成视频占全球 AIGC 市场最大的份额，截至 2021 年末，生成视频占全球 AIGC 市场的比重达 45%，远高于其他应用类型。在市场规模方面，2020 年以来，全球 AIGC 行业市场规模迅速增长，2021 年全球市场规模接近20亿元,较2020年的15亿元增加了5亿元,市场增速约为33.3%,到2022年底,全球AIGC行业市场规模超过50亿元,同比大幅增长约150%。[1] 全球AIGC行业市场增速最快的地区是亚太地区,并且是全球AIGC的最大市场,全球厂商市场份额集中度处于高位。[2] AIGC的应用为内容生产提供了新型基础设施,塑造了新型的数字内容生产与交互模式,不断推进数字文化产业的发展与创新,改变创造模式。同时,AIGC作为生产力工具,对于数据进行整合再生,协同推动元宇宙、聊天机器人、数字虚拟人等的发展,也可应用于科研、医疗健康和考古文博等行业,增加社会价值。随着AIGC模型的通用化水平和工业化能力持续提升,AIGC将可应用于各行业的多领域,极大地减少相关产业的内容生产和交互的成本,有望推动自动化内容生产与交互的变革,深刻改变社会的成本结构,深度赋能各行各业的高质量发展。[3]

(二)全球AIGC训练师职业发展趋势

近年来,AIGC训练师职业发展迅猛,仅用四年时间AIGC训练师从业人员数量由0变为20万人。据脉脉高聘人才智库发布的《AIGC人才趋势报告》,中国近两年AIGC领域岗位数量呈井喷式增长。2021年1~2月,AIGC领域岗位数量同比上涨281.88%。2022年1~2月,AIGC领域岗位数量同比增长76.74%。2023年1月ChatGPT的出现使得AIGC人才需求再度逆势上涨,岗位数量同比增长达31.3%,创历史新高。[4] 据猎聘大数据研究院发布的《AIGC就业趋势大数据报告2023》,近一年中国AIGC的新发职位增长

---

[1] 研精毕智:《2023年全球及中国AIGC行业发展现状及前景分析报告》,https://www.xyz-research.com/news/industryinformationdetail/id/2870。
[2] 泛数字经济:《AIGC(生成式AI)的行业发展趋势》,https://baijiahao.baidu.com/s?id=1768967441161290384&wfr=spider&for=pc。
[3] 腾讯研究院:《AIGC发展趋势报告2023:迎接人工智能的下一个时代》,https://mp.weixin.qq.com/s/9AjTpyL4HmQ6BDhWIDbD0A。
[4] 脉脉高聘人才智库:《2023 AIGC人才趋势报告》,https://mp.weixin.qq.com/s/6Kk4D_FUaIdPegTNMucQDA。

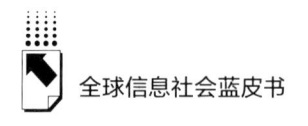

较为显著，较上年同期增长43.66%。①

从AIGC训练师的地区总体分布看，AIGC训练师职业已广泛存在于大部分国家和地区。未来随着AIGC相关技术的发展和普及，AIGC训练师职业全球化速度将会加快。从各国AIGC训练师岗位数量来看，拥有大量AIGC训练师岗位的国家将获得"先发优势"，在未来AIGC训练师发展中保持领先地位。从城市AIGC训练师岗位数量来看，AIGC训练师岗位多集中分布于经济和科技较为发达的城市，尤其是各国首都、各州/省/联邦省会城市和其他国家重点城市，依托于经济和科技的有力保障，未来这些城市的AIGC发展将更为迅猛，AIGC训练师需求也会相应增加。此外，由于AIGC行业的远程便利性和低成本性，未来远程AIGC训练师数量将会进一步增加，并有很大概率超过线下AIGC训练师数量。

从AIGC训练师服务行业看，AIGC训练师服务行业众多，包括科技、娱乐、经济、医药、通信、快消、交通等。一方面，随着AIGC技术的发展和普及，AIGC的便捷性和低成本会使得越来越多的行业积极应用AIGC技术，相应地，AIGC训练师服务行业范围也会进一步扩大；另一方面，由于行业差异，各行业对AIGC技术的应用深度存在一定差异，导致各行业对AIGC训练师的需求数量和需求方向不同，从目前来看，科技行业依旧是AIGC训练师需求量最大的行业，而其余行业对AIGC训练师的需求量相对较小，但未来需求局面很有可能会发生变化。

从AIGC训练师工种看，负责数据准备、训练模型、模型评估与优化的AIGC训练师数量较多，负责模型设计的AIGC训练师数量居中，而负责模型部署和维护的AIGC训练师数量最少。未来随着AIGC技术的发展，AIGC所需数据量会进一步增加，如何使AIGC与各行业更好地融合成为重点。

从AIGC训练师学历分布看，AIGC训练师本科学历占比最大，其次是硕士学历，占比最小的为中专/中技学历。未来随着AIGC技术的进步，高

---

① 猎聘大数据研究院：《AIGC就业趋势大数据报告2023》，https：//mp.weixin.qq.com/s/3lyPJqgrNj1iQDmx17ilxA。

中及以下学历的 AIGC 训练师负责的基础工作会逐步被计算机代替，高中及以下学历的 AIGC 训练师数量会进一步减少，而本科、硕士、博士学历的 AIGC 训练师负责的核心工作难以被机器取代，同时本科及以上学历的 AIGC 训练师往往学习能力较强，能够不断学习新技术，因此未来本科及以上学历的 AIGC 训练师数量将会进一步增加。此外，随着全球拥有本科学历的人数增加和 AIGC 技术发展对学历要求的提升，硕士及以上学历的 AIGC 训练师会拥有更强的竞争力，硕士及以上学历的 AIGC 训练师占比极有可能超过本科学历的 AIGC 训练师占比。

从 AIGC 训练师专业分布看，一方面目前计算机专业 AIGC 训练师数量最多，AIGC 训练师分布呈现出集中在理工科专业的现象；另一方面还存在人文、生物、经济等专业的 AIGC 训练师。未来，计算机、工程、统计和数学等专业的 AIGC 训练师主要负责一般性的数据准备、模型设计、训练模型、模型评估与优化、模型部署和维护工作，为 AIGC 技术在各行业的广泛应用奠定良好的基础，而人文、生物、经济等专业的 AIGC 训练师则对模型进行专业化应用和改进，使得 AIGC 技术能够更好地服务于各行业。

从 AIGC 训练师年龄分布看，AIGC 训练师年龄多集中于 20~45 岁，其中 30~35 岁 AIGC 训练师数量最多，其次是 25~30 岁，25 岁以下 AIGC 训练师数量增长迅猛，AIGC 训练师呈现年轻化态势，照此态势发展，AIGC 训练师中年轻人数量将不断增多，未来 25 岁左右 AIGC 训练师有望取代 30~35 岁 AIGC 训练师成为主力。

从 AIGC 训练师收入分布看，首先，各国 AIGC 训练师均存在高收入人群少、低收入人群多的共性，AIGC 训练师工资差异明显，未来这种现象还会进一步加剧。其次，不同学历、不同工作内容的 AIGC 训练师工资也存在较大差异，就学历而言，一般随着学历的提高，AIGC 训练师的收入水平也会提高，就工作内容而言，负责模型部署和维护的 AIGC 训练师收入水平最高，负责数据准备、训练模型、模型评估与优化的 AIGC 训练师收入水平相对较低。最后，各国 AIGC 技术发展水平不同，对 AIGC 训练师的需求存在一定差异，各国间 AIGC 训练师收入水平也存在较大差异，未来随着各国

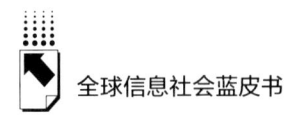

AIGC技术发展水平差距的进一步拉大，各国间AIGC训练师工资差距将会进一步拉大。

五 全球AIGC产业及训练师职业发展面临的问题和对策

（一）AIGC产业及训练师职业发展的问题

1. AIGC产业发展问题

AIGC产业作为新兴产业，还未形成成熟的行业制度，仍面临着许多问题和挑战。各行业AIGC的落地应用进展参差不一，面临着路径选择、法律法规和信息安全等多方面的制约，商业模式仍在探索中，也面临维持AIGC运行与生产的能源环境问题。

AIGC在不同行业的落地进展不一，在能源、金融、传媒、营销、数字办公等领域较早有所应用。由于不同行业存在场景丰富度、数字化程度、容错率等特征差异和预算充裕度差异，各行业AIGC的落地进程千差万别。因此，AIGC在各行业之间的推进工作面临着一定的困难，难以形成统一量化的衡量指标与管理规定。我国AIGC的应用以能源（代码生成、文档生成、图片生成等）、银行证券（智能投研、智能风控等）、传媒（内容智能生成、搜索推荐等）、营销（文生图、文案生成等）、数字办公（智能会议纪要、智能群聊摘要、文档内容生成等）为代表，制造、医药、汽车等领域积极跟进。[①] 同时AIGC也面临关键技术难点，目前AIGC的落地也只对于一些需要高度专业的领域起着辅助作用。

AIGC落地面临路径选择、法律法规及内容安全等多重挑战。企业应用AIGC以价值增强和效率提升为主，而其路径选择需要经过反复评估和考量。AIGC在各行业中快速发展，而配套的管理制度和法律法规相对缺失，现行

---

① 《2023爱分析·AIGC厂商全景报告》，https://www.ifenxi.com/research/content/6501。

法律难以解决在 AIGC 发展过程中出现的侵权和相应的 AI 伦理问题，对于 AIGC 作品的权利归属仍然难以定义，易出现新型版权侵权风险。同时在内容数据方面也需要进一步解决潜在的安全问题，并对内容中意识形态风险有所防范。AIGC 涉及的内容安全问题主要表现为数据伪造、数据非法获取、数据泄露及恶意滥用、诈骗等新型违法犯罪行为。

AIGC 的商业模式仍然在探索及开发中。① AIGC 虽然可以作为辅助性工具增加原有产品和服务的价值，帮助企业进一步优化工作，但在商业模式层面尚未有实质性突破，以形成成熟的 AIGC 商业模式。目前 B 端市场中短期内底层平台收费为主流，未来随着产出内容付费、用户订阅模式占比持续上升，C 端短期变现难度大，需要探索新发展模式。

AIGC 应用带来的能源环境问题需重视。由于 AIGC 是内容生产工具，为内容生产提供新型基础设施，运行 AI 引发的能源环境问题需重视。AIGC 的产生与发展离不开数据和算力支持，但数据、算力等需要更多的能源来予以维系，因此就虚拟空间和现实环境来说存在如何高效利用能源、降低环境污染问题。②

2. AIGC 训练师发展问题

从上述对 AIGC 训练师发展趋势的分析可以得出 AIGC 训练师行业存在以下问题。

地区发展不平衡。AIGC 训练师地区间发展不均衡体现在众多方面。首先，从洲际角度看，AIGC 训练师多集中分布于北美洲与亚洲，其余地区 AIGC 训练师人才较少。其次，从国家角度看，各国 AIGC 技术发展水平差距较大，导致各国 AIGC 训练师数量也存在较大差异。最后，从国家内部角度看，AIGC 训练师多集中分布于科技和经济较为发达的城市，尤其是各国首都、各州/省/联邦省会城市等，而其余城市 AIGC 训练师数量较少。以上 AIGC 训练师地区发展不平衡问题会严重影响 AIGC 产业的发展，阻碍 AIGC

---

① 艾媒咨询：《2023 年中国 AIGC 行业发展研究报告》，https://report.iimedia.cn/repo3-0/43336.html。
② 腾讯研究院：《AIGC 发展趋势报告 2023：迎接人工智能的下一个时代》，https://mp.weixin.qq.com/s/9AjTpyL4HmQ6BDhWIDbD0A。

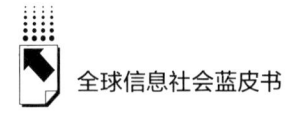

技术进步，减缓 AIGC 成熟速度。

法律法规不完善。随着 AIGC 技术的兴起，AIGC 训练师岗位应运而生，作为一种新兴职业，AIGC 训练师职业难免存在一定的问题，需要相关政策予以规范和引导。如果没有政策的有效干预，AIGC 训练师人才市场极易出现混乱现象，参差不齐的行业准入标准会影响人才进入 AIGC 行业的热情，AIGC 训练师人才的缺失又会进一步阻碍 AIGC 行业的发展，拉大地区间 AIGC 行业发展差距，进而影响全世界 AIGC 行业的发展。

产业不均衡。目前 AIGC 技术应用多集中于科技领域，虽然娱乐、经济、医药、通信、快消、交通等领域逐步开始应用 AIGC 技术，但总体来看 AIGC 技术的普及度依旧不高，AIGC 技术应用程度不高使得 AIGC 技术发展减缓，从而影响 AIGC 训练师的从业人数及其工资水平，导致 AIGC 训练师这一职业发展速度减缓。

收入差距较大。由各国 AIGC 训练师收入水平分布散点图可以看出，目前 AIGC 训练师工资呈现高收入人群少、低收入人群多的特点，只有少部分 AIGC 训练师工资较高，大部分 AIGC 训练师的收入水平不高，甚至部分 AIGC 训练师的收入水平未达到当地平均工资水平，这大大阻碍了人才进入 AIGC 行业。

供需失衡。AIGC 训练师的供需不平衡体现如下。在供给端，一是 AI 产品经理类、运营类等非技术岗位人才供给过剩，而算法、自然语言处理、图像识别等技术岗位人才供给不足。二是高水平 AIGC 训练师在学历、技术、创新和眼界等方面要求极高，同时高水平 AIGC 训练师一般在原始公司已拥有较高工资待遇，跳槽成本过高使得高水平 AIGC 训练师供给更加不足。在需求端，一是算法工程师、自然语言处理、图像识别等技术岗位人才需求旺盛，而 AI 产品经理类、运营类等非技术岗位人才需求不足。① 二是由于技术岗位人才紧缺，图像识别、算法、深度学习等技术难度较大的岗位备受追捧，薪资水涨船高，AIGC 训练师的收入差距进一步拉大，

---

① 脉脉高聘人才智库：《2023 AIGC 人才趋势报告》，https://mp.weixin.qq.com/s/6Kk4D_FUaIdPegTNMucQDA。

不利于 AIGC 行业的发展。

人才流动性差。AIGC 行业的快速发展离不开人才交流，人才的充分交流可以提高 AIGC 技术进步和普及速度。目前 AIGC 训练师的流动范围集中在各国的重点城市之间，不利于 AIGC 技术的充分发展和普及。只有让 AIGC 训练师人才充分流动起来，才能带动各国 AIGC 行业发展积极性，吸引更多人才加入 AIGC 行业。

团队较少。在 AI 的发展过程中，更好的技术往往需要更长时间的研发、检验与不断更新，这需要团队长期配合。同样，由于 AIGC 模型体量往往较大，AIGC 技术发展的过程离不开团队的互相配合与协作，目前 AIGC 训练师团队数量较少，大部分 AIGC 训练师依旧以个体为单位开展工作，缺乏团队意识和团队式训练，大大降低了 AIGC 模型的开发进度，减缓了 AIGC 行业的进步速度。

（二）AIGC 产业及训练师职业发展的对策

1. AIGC 产业发展对策

AIGC 产业的良性发展需要应对以上挑战，有必要更加负责地开发 AIGC 技术人性化和区域性的应用，构建值得信赖的 AIGC 生态。因此有必要从以下几个方面持续完善 AIGC 的政策和管理。

政府部门有必要根据 AIGC 技术发展应用情况，制定并明确 AIGC 的知识产权与数据权益保护规则和政策，并完善相关的法律法规。目前，适用于 AIGC 发展的知识产权与数据权益保护规则缺失，已经在一定程度上导致并加剧了 AI 领域的混乱。此外，政府应设立专项资金，支持 AIGC 产业发展。加强对行业的监管，规范行业秩序，保障行业健康发展。

应该在研发和应用 AIGC 技术的过程中形成一套完善有效的自律管理措施，包括制定适宜的行业规范，以及采取一定的措施来保障 AIGC 应用的安全可控。行业协会应发挥自律作用，制定并推行行业标准，规范行业行为，对行业风险进行预警，确保行业健康发展。此外，还可以采用内容识别和溯源等技术确保 AIGC 的可靠来源。

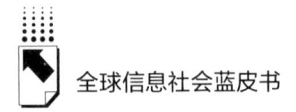

发展安全可控的AIGC应用，必须深入推进AI伦理治理。行业组织可以在实践中制定可信AIGC的伦理指南，及时根据出现的问题进行调整，更好地支持AIGC健康可持续发展。此外，建立伦理委员会，推进落实AI风险管理、建立伦理审查评估机制等，实现"伦理嵌入设计"。同时，社会各界在AIGC的应用与扩展中，应该形成一套公序良俗，针对AI的伦理问题进一步阐明社会的主流价值取向。

需要社会各界的共同努力，应对AIGC领域的能源消耗问题。AIGC企业加强技术研发，通过技术创新提高产品质量，降低生产成本。行业应该推行绿色发展理念，致力于将AI打造成绿色可持续、环境友好型行业，实现智能化与低碳化的融合协同发展。①

2. AIGC训练师发展对策

基于以上对AIGC训练师职业发展现状及发展趋势的分析，可以看出AIGC训练师职业发展存在一定的问题，对此提出以下对策。

针对AIGC训练师地区发展不平衡问题，首先，各国要积极学习AIGC知识，使民众树立正确的AIGC观念，达到由AIGC行业的发展带动AIGC训练师这一职位的发展的目的；其次，各国要缓解AIGC发展不均衡问题，积极出台相关政策，组织全国性AIGC训练师培训；最后，各国间应互帮互助，AIGC技术较为发达的国家应积极帮扶AIGC技术较为落后的国家，集合全世界力量推动AIGC行业发展，进而促进AIGC训练师职业发展。

针对AIGC训练师法律法规不完善问题，需要从规范市场和鼓励人才两方面入手。一方面需要出台规范性文件，完善AIGC行业准入标准和市场规则，为AIGC训练师正规性背书；另一方面需要出台鼓励性政策，鼓励人才积极进入AIGC领域，并加大AIGC训练师培养力度。各国也要积极向AIGC行业和AIGC训练师职业发展较好的国家学习经验，结合国情调整自身发展战略。相应的AIGC行业和AIGC训练师职业发展较好的国家也要积极传授

---

① 腾讯研究院：《AIGC发展趋势报告2023：迎接人工智能的下一个时代》，https://mp.weixin.qq.com/s/9AjTpyL4HmQ6BDhWIDbD0A。

经验，共同促进全球 AIGC 行业和 AIGC 训练师职业发展。

针对 AIGC 训练师产业不均衡问题，各国要积极宣传 AIGC，帮助各行各业充分认识到 AIGC 技术的便利性，同时加快各行业与 AIGC 的融合发展。一方面应开设课程、举办会议使得各行业人才了解并学习 AIGC 技术，并倡导 AIGC 训练师积极与其他行业人才合作，使各行业人才能够使自身工作与 AIGC 技术相结合，创造出更多的 AIGC 训练师岗位；另一方面各行业间也应定期考察 AIGC 与本行业融合发展情况，积极与其他行业进行经验交流，总结与 AIGC 技术结合的成功之处。

针对 AIGC 训练师收入差距较大问题，应积极出台相关政策。规范 AIGC 训练师收入管理，对不合理的 AIGC 训练师工资进行及时干预，维护 AIGC 训练师相关权益，通过合理分配的工资水平吸引更多人才加入 AIGC 行业。

针对 AIGC 训练师供需失衡问题，需要从供给端入手，首先，应大力培养算法工程师、自然语言处理、图像识别等技术岗位人才，通过专项拨款支持高校开设 AIGC 训练师相关专业和课程，积极举办 AIGC 相关比赛挖掘 AIGC 人才，减小人才缺口，针对 AI 产品经理类、运营类等非技术岗位人才也要进行积极调控，避免出现人才过饱和现象。其次，针对高水平 AIGC 训练师给予相应补贴，并对能够自主培养高水平 AIGC 训练师的企业进行奖励。最后，借鉴目前 AIGC 行业和 AIGC 训练师职业发展较好国家的人才培养方式，积极借鉴其他国家发展经验，并根据实际国情及时调整 AIGC 训练师培养策略，缓解供需失衡问题。

针对 AIGC 训练师人才流动性较差问题，需要国家和国际共同发力。在国家层面，要建立相关管理机构，定期组织全国范围内的交流会议，举办高水平 AIGC 训练师讲座论坛。在国际层面，目前 AIGC 行业和 AIGC 训练师职业发展较好的国家要积极发挥领头作用，主导建立国际 AIGC 行业标准和国际 AIGC 训练师标准，为世界范围内人才流动提供重要基础。同时各国还应定期举行国际 AIGC 行业和国际 AIGC 训练师交流会议，积极进行人才交流、人才交换活动，促进 AIGC 训练师人才在世界范围内流动。

针对 AIGC 训练师团队较少问题，需要政策予以正确引导。首先应注意培养团队型 AIGC 训练师，积极组织 AIGC 训练师团队性培训，培养 AIGC 训练师的团队协作精神。同时还应积极引导企业引进团队型 AIGC 训练师，并对团队型 AIGC 开发的大型项目给予相应补贴和支持，鼓励企业承接团队式 AIGC 项目，开发团队式 AIGC 模型。

附：检索策略

1. 数据检索点：职位、招聘公告发布时间、公司名称、工作国家、工作城市、薪水、经验要求、岗位信息、职位描述、福利、网址。

2. 信息源与检索关键词

附表　信息源与检索关键词

主要来源网站（节选）	检索词	主要国家（节选）
https://cn.indeed.com/worldwide/	①AI train	美国
https://www.jobstreet.com/	②data label	中国
https://www.careesma.in/	③人工智能训练师	印度
https://www.adzuna.com.au/	④数据标注员	英国
http://www.simplyhired.com/		法国
https://www.monster.co.uk/jobs/		新加坡
http://www.zhaopin.com/		荷兰
http://www.lagou.com/		罗马尼亚
http://www.51job.com/		菲律宾
http://www.liepin.com/		澳大利亚

参考文献

《2023 爱分析·AIGC 厂商全景报告》，https://www.ifenxi.com/research/content/6501。

《2023 年 AIGC 应用与实践展望报告——人工智能重塑内容产业的作业模式》，https://www.jazzyear.com/study_info.html?id=115。

《AIGC 产业应用研究报告，一文读懂 AIGC 的前世今生》，https：//www.iyiou.com/analysis/202302171041663。

艾媒咨询：《2023 年中国 AIGC 行业发展研究报告》，https：//report.iimedia.cn/repo3-0/43336.html。

泛数字经济：《AIGC（生成式 AI）的行业发展趋势》，https：//baijiahao.baidu.com/s?id=1768967441161290384&wfr=spider&for=pc。

猎聘大数据研究院：《AIGC 就业趋势大数据报告 2023》，https：//mp.weixin.qq.com/s/3lyPJqgrNj1iQDmx17ilxA。

脉脉高聘人才智库：《2023 AIGC 人才趋势报告》，https：//mp.weixin.qq.com/s/6Kk4D_FUaIdPegTNMucQDA。

上海市人工智能行业协会：《AIGC 对就业产生的挑战与机遇》，https：//mp.weixin.qq.com/s/GnC-32aDqBU0WgeEoU69Gg。

腾讯研究院：《AIGC 发展趋势报告 2023：迎接人工智能的下一个时代》，https：//mp.weixin.qq.com/s/9AjTpyL4HmQ6BDhWIDbD0A。

研精毕智：《2023 年全球及中国 AIGC 行业发展现状及前景分析报告》，https：//www.xyz-research.com/news/industryinformationdetail/id/2870。

中国信息通信研究院、京东探索研究院：《人工智能生成内容（AIGC）白皮书（2022）》，http：//www.caict.ac.cn/kxyj/qwfb/bps/202209/t20220902_408420.htm，2022 年 9 月 2 日。

B.11 开源创新生态
——生成式人工智能的创新基石

胡 雯[*]

摘 要: 开源是当下重要的技术创新和协同发展模式,生成式人工智能的快速发展离不开开源创新生态的积极贡献。以生成式人工智能背后的创新模式为切入点,围绕开源创新生态概念,对其内涵特征、创新机制和商业模式进行总结,在此基础上分别从代码托管平台、人工智能开源社区、活跃创新主体等方面梳理和比较国内外开源创新生态发展现状,同时,为中国开源创新生态未来发展提供对策建议,包括鼓励开源文化发展,倡导开放合作理念;加大开源技术创新支持力度,赋能行业高质量发展;构建面向全球的开源创新生态治理体系。

关键词: 开源创新生态 开源社区 商业模式 人工智能

一 引言

2022年12月,随着ChatGPT 3.5的发布和广受欢迎,生成式人工智能(Generative Artificial Intelligence)迎来了前所未有的火爆局面。作为一种能够生成逼真文本的AI模型,ChatGPT引发了全球范围内的热议,Google、Meta等头部企业纷纷加入战局,使生成式人工智能模型不断丰富、应用领

---

[*] 胡雯,管理学博士,上海社会科学院信息研究所助理研究员,研究方向为科技发展与管理。

域快速拓展。事实上，生成式人工智能模型的逐步成熟和完善，映射了AI模型发展过程中的时代演进，即由深度学习时代（Deep Learning Era）向大模型时代（Large-Scale Era）发展的趋势。[①] 以2015年AlphaGo的发布为标志，AI领域头部企业大力投入大规模ML模型开发，在训练计算方面的需求量增长了10~100倍，推动了新趋势的出现。

值得注意的是，生成式人工智能的快速发展离不开开源项目、开源社区、开源平台对技术进步的积极贡献和开放合作环境对技术扩散的有益影响，同时生成式人工智能发展也将大幅提升开源开发的质量与效率。以"开源"（open source）为原点，以开放合作为核心理念，一类突破组织和地理边界的协作创新模式正在人工智能产业领域发挥关键作用，在提升创新效率的基础上，加速推进产业与数字技术的深度融合。开源作为当下重要的技术创新和协同发展模式，正在构建新的技术创新生态，可以采用开源创新生态对这种协同创新模式进行概括。从生成式人工智能的发展历程来看，开源创新生态主要有以下两个方面的重要贡献：①提供丰富的工具和资源。以全球最大的代码托管平台GitHub为例，2022年平均每月产生的AI相关开发者活动数量超过44万个，如图1所示，大量开源项目有效促进了知识生产和扩散、有力支撑了技术的快速发展。此外，TensorFlow、PyTorch、Scikit-learn等也为生成式人工智能的研究、开发和应用提供了强大的支持。②提供广泛的合作与交流平台。开源创新生态中的开发者可以通过贡献代码、提供反馈、参与讨论等方式，共同完善生成式人工智能的模型和算法，不断优化其性能和效用，进一步加快生成式人工智能的迭代改进进程。

为此，本报告以生成式人工智能背后的创新模式为切入点，围绕开源创新生态总结了其内涵特征、创新机制和商业模式，分别从代码托管平台、人工智能开源社区、活跃创新主体等方面梳理了国内外开源创新生态发展现状，以期为中国开源创新生态发展提供启示。

---

① Jaime Sevilla, Lennart Heim, Anson Ho, et al., "Compute Trends Across Three Eras of Machine Learning," *International Joint Conference on Neural Networks* (IJCNN), Padua, Italy, 2022.

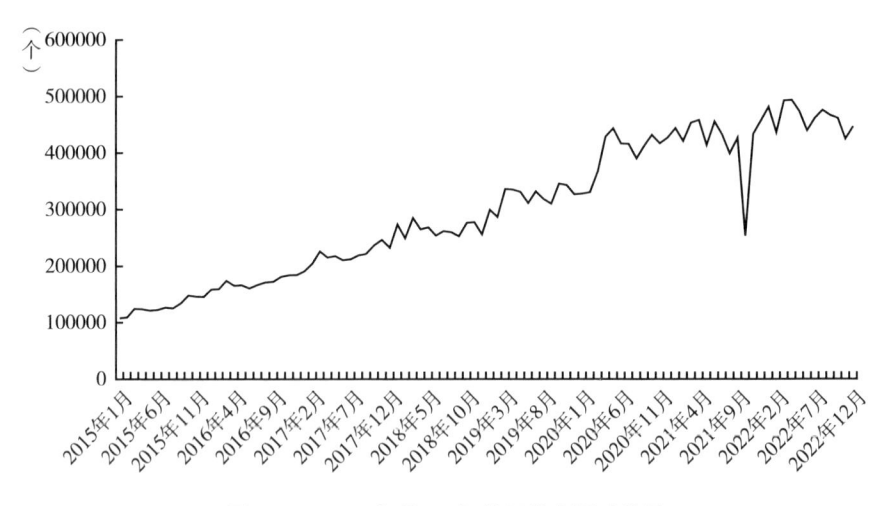

图 1　GitHub 每月 AI 相关开发者活动数量

资料来源：OSSinsight，https：//ossinsight.io/explore/? id＝dda337ee－44fd－467b－8727－aa4d3fa52cb4#top-programming-languages。

二　开源创新生态

开源创新生态作为一种数字经济领域的重要创新现象，在全球范围内受到了广泛关注。许多研究学者和业界专家围绕开源社区、开源软件、开放式创新生态等相关概念开展了深入研究和分析，为本报告探究开源创新生态提供了坚实的基础。本部分将从内涵特征、创新机制和商业模式三个方面对开源创新生态的现有成果进行整理，旨在全面了解这一创新模式的核心特质和关键要素，为进一步推动中国开源创新生态可持续发展提供有益启示。

（一）内涵特征

从现有研究来看，与开源创新生态类似的概念主要有两类：一是以"开源"为核心，围绕开源社区（open source community）、开源软件（open source software）等讨论参与动机、参与过程、参与绩效、社区治理等问题；二是以"创新生态"为核心，围绕开放式创新生态（open innovation ecosystem）讨论要素结构、演化规律、运行机制等问题。因此，下文将分别从上述两个维度进行总结。

1. 开源视角

从开源视角出发，关于开源社区已经形成较为成熟的定义，即以软件源代码为核心，由地缘空间分散但拥有共同兴趣爱好的开发者根据相应的开源软件许可证协议，以民主、合作的形式进行软件的共同开发、维护、增强等知识创造与传播活动的网络平台，同时也是成员展开交流学习与共同治理的网络组织。[①]

以开源社区概念为基础，可以将开源项目界定为由开源社区共同维护和开发的软件项目，其源代码对公众开放，主要包括操作系统、应用软件、工具库等，由开发者协同工作，共同完善和改进软件的功能和性能；将开源软件界定为在开源许可证下发布的软件，允许任何人查看、使用、修改和分发其源代码，开源软件的源代码通常是公开的，可以被任何人访问和修改；开源平台是为开发者和研究者提供共享、合作和创新的开放平台，这些平台可以是代码托管网站（如 GitHub、GitLab 等）、开发者社区、科研资源共享平台等，为开源项目的交流和协作提供了便利和支持。值得注意的是，上述概念有时候往往难以清楚地区分，例如，TensorFlow 既是 Google 开发的开源机器学习框架，也是一个汇聚全球 TensorFlow 开发者和研究者的开源社区。为此，本报告主要选取在学界已有较好研究基础的开源社区概念作为讨论的重点。

以 AI 领域为例，相较于传统创新模式，开源社区在信息产品创新过程中表现出了一些独特的优势。一是用户是创新者，同时由于软件作为一种信息产品，创新和生产本质上是一回事，从而使开源社区中的创新者、生产

---

① 陈光沛、魏江、李拓宇：《开源社区：研究脉络、知识框架和研究展望》，《外国经济与管理》2021 年第 2 期。

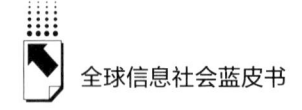

者、消费者身份重叠在一起,导致创新链条大幅缩短,从创意到产品的转化率提高。二是软件设计的模块化架构使得分散的生产成为可能,因而开源社区能够实现许多开发人员同时在一个项目上开展工作,并保持较低的集成和协调成本。[1] 同时,在开源社区治理方面也存在突出的难点问题。一是知识资产治理难题,由于开源代码具备高度可复制性和可模仿性,知识外溢风险急剧增加,逐渐形成了以"著佐权"(Copyleft)为核心的知识资产治理机制,该类许可规定只要修改后的代码包含与原始代码相同的自由权力,人们就可以自由地阅读、使用和修改软件。二是私人—集体利益的复杂竞合问题,开源社区通常具有联合自治的组织结构,[2] 其价值主张与追求私人利益的商业组织存在天然对立,因此,在推动开源社区可持续发展的基础上实现商业模式的成功是一个难点问题。

2. 创新生态视角

开放式创新是一种创新模式,依赖于有目的地利用知识的流入和流出来撬动企业内部创新,从而找到通往市场的新途径。[3] 一般认为,开放式创新生态是大众用户在开源共享模式下有效利用大数据,与企业组织形成结构分散却高度合作的知识生态种群,通过对等互动共同优化产品(或服务)的系统结构。[4] 与传统创新理论相比,开放式创新生态的重要特征是组织和地域边界模糊化,用户、供应商和竞争对手等核心企业外部个体和组织都成为重要的创新者,组织边界变得越来越模糊,跨组织、跨职能、跨系统、跨行业等跨界创新活动频繁,创意、资源和信息的流动更加顺畅。[5] 表1总结了开

---

[1] Margit Osterloh, Sandra Rota. "Open Source Software Development-Just Another Case of Collective Invention?" *Research Policy*, 2007.

[2] 陈光沛、魏江、李拓宇:《开源社区:研究脉络、知识框架和研究展望》,《外国经济与管理》2021年第2期。

[3] Joana Costa, João C. O. Matias, "Open Innovation 4.0 as an Enhancer of Sustainable Innovation Ecosystems," *Sustainability*, 2020.

[4] 林勇、张昊:《开放式创新生态系统演化的微观机理及价值》,《研究与发展管理》2020年第2期。

[5] 韩少杰、苏敬勤:《数字化转型企业开放式创新生态系统的构建——理论基础与未来展望》,《科学学研究》2023年第2期。

放式创新生态在分工方式、内生逻辑、动力机制、系统保障因素方面的主要特点。

表1 开放式创新生态的主要特点

生态系统类型	分工方式	内生逻辑	动力机制	系统保障因素
商业生态	一体化	研发环节自给自足创新垄断	并购机制	严格知识产权保护
创新生态	局部分工	商业生态圈创新联盟	联盟机制	专利丛林合约制度
开放式创新生态	完全分工	商业生态圈研发生态圈	开源共享机制	专利丛林公共知识池

资料来源：林勇、张昊：《开放式创新生态系统演化的微观机理及价值》，《研究与发展管理》2020年第2期。

从结构特征上看，开放式创新生态包含一个互联网平台，主要为公共知识池积累提供虚拟空间，并为创新市场提供交易空间和技术支撑；两个生态圈，即研发生态圈和商业生态圈，为扩大创新市场规模、提高知识群落的专业化程度提供支撑；三个群落的联动发展，即知识研究群落、知识开发群落、知识应用群落。[①]

综合开源视角和创新生态视角的最新研究成果，本报告认为开源创新生态是一个开放、合作和多元化的创新系统，创新主体之间能够实现多方参与，强调开放合作和分布式协作的原则，知识、技术和资源在生态中自由共享且开放，为各方参与者提供广阔的创新空间和合作机会。在目标理念上，开源创新生态倡导开放共享的价值观。知识和技术在生态系统中自由共享，源代码等创新成果向公众开放，为其他创新主体提供学习、参与和协作的机会。这种开源理念激发了创新主体的创新热情，鼓励创新资源的积极共享，形成了开放合作的文化氛围。在结构特征上，开源创新生态强调多方参与和开放合作的互动特点。各方主体，包括企业、学术界、开发者和用户等，在

---

① 林勇、张昊：《开放式创新生态系统演化的微观机理及价值》，《研究与发展管理》2020年第2期。

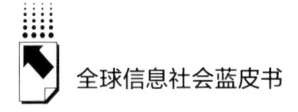

生态系统中形成广泛的网络，共同参与创新活动，尤其是用户创新成为突出特点。这种多维度参与促进了创新资源的丰富和创意的多样化，推动了创新活动的广泛开展和快速迭代。总体而言，开源创新生态是一个全球化、开放式的创新网络，为生成式人工智能技术的持续发展和社会的进步提供了有力的支持和推动力。

（二）创新机制

开源创新生态之所以成为一种新的创新模式，是因为其在贡献者创新激励和创新生态约束机制上有着不同于以往的重要特点。同时由于数字产品易于传播复制的天然属性，开源创新生态在协同合作、社区治理、风险防控等方面涌现出诸多新兴议题。

1. 贡献者创新激励

传统创新理论指出，投资创新激励有两种解释模型：一是私人投资模型，如果发明者能够获得投资回报，那么私人创新投资将进一步发展。为此，发明者会尽量避免知识溢出，社会可能会以专利、版权、商业秘密等形式授予发明者知识产权。二是集体行为模型，适用于公共产品的生产，如基础研究。为了使这个模型起作用，中央机构（如大学）必须获得选择性激励，如货币补贴或声誉，并且只有对选择性激励敏感的主体适合成为集体行动模型的创新主体。然而，开源创新生态中的贡献者创新激励却难以用上述两种传统模型进行解释，在开源社区中，贡献者会为了生产公共产品而投入私人资源。为此，Hippel 和 Krogh 提出这是一种新的创新模式，称为"私人—集体"模式（private-collective innovation model）。[①] 该模型不符合传统创新理论中试图解释如何进一步投资创新激励的两种传统解释模型，而是介于私人投资模型和集体行动模型之间。在开源社区中，开发者可以自由地展示创新成果，而不要求任何私人知识产权，没有中央机构采取

[①] Eric von Hippel, Georg von Krogh, "Open Source Software and the 'Private-collective' Innovation Model: Issues for Organization Science," *Organization Science*, 2003.

选择性激励措施，也没有任何因创新而产生垄断租金的希望。因此，开源社区中的开发者贡献必须是自我回报的，贡献效用大于搭便车效用。通过这种方式，开源社区似乎结合了私人投资和集体行动模型的好处，同时又规避了其缺点。

从个人贡献者的角度来看，参与开源创新生态的动机有内在和外在两种。外在动机通过间接满足需求发挥激励作用，主要表现为经济因素；内在动机通过即时满足需求发挥激励作用，主要表现为个人兴趣或亲社会因素，此外还存在以社交需求为代表的非功利性动机。[1] 从企业贡献者的角度来看，主要动机在于有效利用开源创新生态的创新能力，包括技术开发和知识生产，并通过为没有经验的消费者提供可靠服务和附加组件获取经济回报。

2. 创新生态约束机制

开源创新生态的约束机制主要包括开源许可证制度和自愿执行规则，上述两个机制是确保代码共享、知识传播和协同合作的重要基础。开源许可证确保了开源项目的代码自由传播和开放性，防止他人将开源代码私有化；自愿执行规则营造了一个开放、透明和合作的创新环境，有助于推动开源创新的可持续发展。

一是开源许可证制度。当人们将开发成果贡献给开源项目时，他们并不是简单地放弃了知识产权，而是利用产权来保护其开发项目不被占用，这是通过使用开源许可证制度实现的。该制度强制每个包含开源软件组件的程序作为开源软件完整发布，由此确保源自公共产品的软件将一直是公共产品。为了在商业领域得到广泛认可，一些开源项目进一步减少许可证限制，允许用户修改代码，并将修改后的版本作为专有产品出售。但是，即使是限制最少的开源软件许可证，也会确保一旦进入公共领域，就不能作为私有产品重新占用。由此，开源许可证制度对开源社区施加了"非分发约束"（non-distribution constraint），即自愿向组织捐赠是主要的制度前提，确保了有条

---

[1] 陈光沛、魏江、李拓宇：《开源社区：研究脉络、知识框架和研究展望》，《外国经济与管理》2021年第2期。

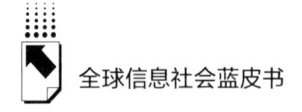

件合作的顺利展开。①

二是自愿执行规则。开源创新生态通常是自选择参与、自组织协作、自愿知识披露的开放式组织模式，②如果违反开源社区自治规则的参与者没有受到制裁，那么在生态内部创新主体的频繁互动中对公共产品的贡献率就会急剧下降，尤其是在没有权威主体执行规则（去中心化）的情况下。因此，要维持开源创新生态的可持续发展，贡献者会积极参与规则的执行，不恰当地使用许可证制度、删除版权条款等违规行为会被制裁，这就是所谓的"自愿执行规则"。大多数种类的制裁是非正式的，但会对开源创新生态参与者行为产生重大影响，主要的制裁工具是在线邮件列表和公告栏。这些规则构成了"舆论法庭"（court of public opinion）。此类自愿执行规则非常适合维持创新激励的内在动机，能够通过提高恰当的社会行为规范的可见性，提升公共产品的贡献率。

（三）商业模式

企业所使用的商业模式决定了其参与开源创新生态的程度。有些企业专门围绕开源软件开展经营活动，形成了适应开源社区的商业模式；另一些则仅仅将开源软件作为部分经营业务，即进入细分市场或防止垄断的手段。

根据《2021中国开源年度报告》，目前业界主流的开源商业模式有五种类型，具体如表2所示。①支持服务模式，提供开源软件的相关服务和支持，包括定制开发、培训、咨询、技术支持等，开源软件本省是免费的，但企业可以通过提供高质量服务支持来获取收入；②托管模式，将开源软件作为服务托管在云上，通过收取月度或年度的托管和服务费获取收入；③限制性许可模式，将开源软件发布在特定的开源许可证下，尽管核心代码是公开和开放的，但使用和分发可能受到一些限制，某些限制性许可会限制软件的

---

① Margit Osterloh, Sandra Rota, "Open Source Software Development-Just Another Case of Collective Invention?" *Research Policy*, 2007.
② 李兰花、郭艳婷、钟宇琢：《基于华为鸿蒙的开源社区多样化协作模式研究》，《科学学研究》，https：//doi.org/10.16192/j.cnki.1003-2053.20230606.001。

特定用途，例如仅可用于教育或非商业用途，有些则限制软件只能在特定平台上运行，例如特定操作系统或硬件；④开放核心模式，该模式下开源软件的核心代码和功能是公开、免费并开放给所有人的，专有部分可以打包成与开源基础部分连接的单独模块或服务进行收费；⑤开放核心+混合许可模式，该模式是开放核心模式的改进版本，在开放核心的基础上，在同一个代码库中混合了开源代码和专有代码，并设置混合许可制度，用户可以选择只使用开源代码，或者同时使用开源代码和专有代码。

表2 五类开源商业模式

商业模式	简介	特点	代表企业
支持服务	●用户只需为技术支持及咨询服务买单	●人工外包,利润率偏低 ●工作可复制性低,规模化困难 ●客户转化率低,通常低于1%	Hortonworks Redhat
托管	●供应商将其开源软件作为服务托管在云上，通过收取每月/每年的托管和服务费获利	●是部分云厂商打包开源项目赚取利润的途径	Databricks Acquia
限制性许可	●通过提供一个具有一定限制的开源许可证来激励使用者付费	●许可证定义模糊,需要法院判决 ●部分公司禁止使用该商业模式下的开源软件	Redis Neo4j
开放核心	●该模式下的大部分代码是开源的，而少数代码（针对企业用户）是专有的，需要收费 ●专有部分可以打包成与开源基础部分连接的单独模块或服务	●该模式可以避免云厂商通过打包开源项目赚取利润 ●难以把握开源范围的尺度 ●很难将代码中的开源与专有特性完全分离	Confluent Cloudera
开放核心+ 混合许可	●最新模式，在开放核心基础上进行改进 ●混合许可在同一个代码库中混合了开源代码和专有代码 ●用户可以选择只使用开源代码，或者同时使用开源代码和专有代码	●代码在同一个代码库中使管理和开发变得更容易 ●允许用户方便升级到付费模式 ●允许外部社区（如GitHub）成员对专有软件功能模块进行改进	Elastic Cockroach Labs

资料来源：《2021中国开源年度报告》，https://kaiyuanshe.github.io/document/china-os-report-2021/。

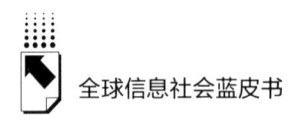

三 国内外开源创新生态发展现状

目前，以开源项目、开源软件、开源社区、开源平台为基础的开源创新生态在全球范围内正处于蓬勃发展阶段，伴随数字经济的加速发展，开源创新已经成为 AI 产业领域中的主流趋势。开源创新生态在技术研究、开发、应用、扩散等方面展现出的强大优势，为生成式人工智能发展提供了巨大推动力。在开源创新生态中，代码托管平台、开源社区、企业主体扮演着重要角色，来自不同领域、不同国家的开发和研究人员，通过这些组织共享知识、协同合作，极大地推动了技术的快速迭代。

（一）代码托管平台

代码托管平台的发展历程可以追溯到 20 世纪 90 年代末，即 1999 年 SourceForge 成立并成为最早的代码托管平台之一，主要为开源项目提供版本控制、Bug 追踪、邮件列表等功能，为早期开源创新生态建立奠定了重要基础。开发者可以将自己的代码托管到 SourceForge 上，并利用 Git、Subversion 等版本控制系统进行代码管理，也可以通过 Bug 追踪系统有效地收集、跟踪和解决软件缺陷。Apache HTTP Server、VLC media player 等重要开源项目均托管于 SourceForge。

2008 年 GitHub 由 Tom Preston-Werner、Chris Wanstrath 和 PJ Hyett 等人共同创立并上线发布，尽管成立之初并不受欢迎，但通过引入易用的 Web 界面、社交网络元素等，吸引了一些早期开源项目加入，随后其简洁易用和社交功能吸引了大批重要开源项目迁移而至，逐渐形成了一个活跃的开源创新生态。2018 年，GitHub 被微软以 75 亿美元的价格收购，为其带来了更多资源和支持。截至 2021 年，GitHub 已经成为全球最大的代码托管平台，拥有超过 6000 万名开发者用户和 2000 多万个开源项目，每月活跃仓库数量达到数百万（见图 2），代码提交超过数十亿次。

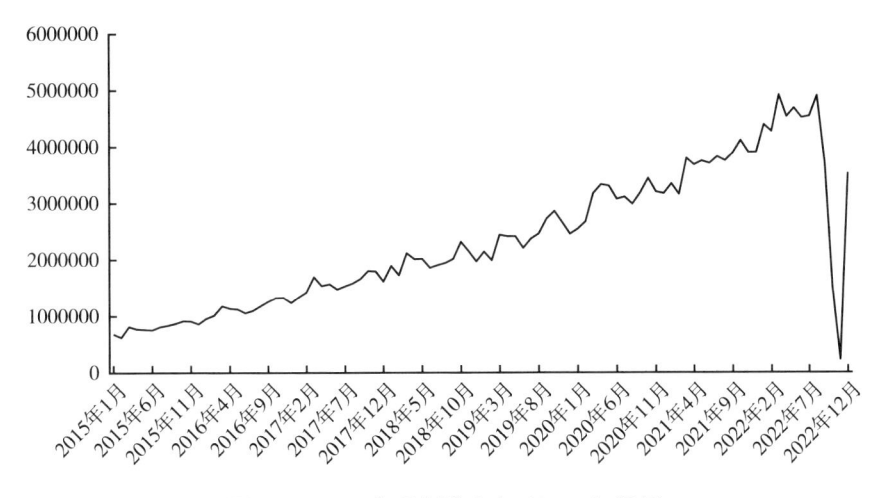

图 2　GitHub 每月新增仓库（Repo）数量

资料来源：OSSinsight，https://ossinsight.io/explore/?id=9a06dc8d-63ba-4f48-b1f2-a5b18e3a6542。

2010年Bitbucket成立，并于同年被Atlassian收购，是一个主要面向企业用户的代码托管平台，能够提供免费的私有仓库，也支持团队协作和CI/CD功能，并集成了Jira和Confluence等Atlassian产品。截至2021年，Bitbucket已经成长为一个备受欢迎的代码托管平台，月均活跃用户数量约为1000万。

2011年GitLab由Sytske Harkema和Dmitriy Zaporozhets创立。最初，GitLab仅作为一个开源项目进行开发，并于同年发布了首个版本，随后逐渐发展为基于Git版本控制系统的代码托管平台和软件开发协作工具。截至2021年，GitLab已有超过3000万注册用户，是目前活跃度仅次于GitHub的代码托管平台。

从全球代码托管平台的竞争格局来看，主要由GitHub、GitLab、Bitbucket、SourceForge四家平台主导，另有一些较小的代码托管平台、自托管解决方案和地区性平台。其中，GitHub是全球最大的代码托管平台，在用户活跃度、开源项目数量、代码提交和合并请求数量等方面均保持领先地

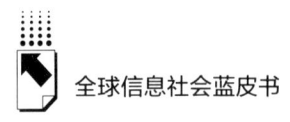

位，且在全球开源创新生态和开发者社区中获得广泛的认可和支持，表3总结了GitHub世界活跃度排名前十的仓库。

表3 GitHub世界活跃度排名前十的仓库

排名	仓库名称	Actor_num	IssueComment	OpenIssue	OpenPul/Request
1	Microsoft/vscode	40824	84383	21059	2234
2	flutter/flutter	45907	133616	13685	6534
3	MicrosoftDocs/azuredocs	14883	55594	10997	4536
4	home-assistant/core	23412	72387	6229	8832
5	NixOS/nixpkgs	6591	96142	4002	34510
6	education/GitHubGraduation-2021	10112	2970	210	10057
7	kubernetes/kubernetes	19451	169451	2584	6072
8	firstcontributions/firstcontributions	20255	7828	106	8730
9	pytorch/pytorch	15618	80426	5336	12639
10	dotnet/runtime	7816	82210	7011	7553

资料来源：《2021中国开源年度报告》，https://kaiyuanshe.github.io/document/china-os-report-2021/。

相较而言，中国代码托管平台的起步相对较晚。2012年，Gitee（码云）由OSChina团队创建，2020年Gitee上托管的代码仓库超过1500万，开源项目数量比2019年提升192%，用户总量超过600万，已经逐渐成长为中国最大的代码托管平台之一。Gitee将自身定位为"开源服务商"，旨在为开源项目和开发者提供一系列开发、协作和交流的服务和支持。相较于GitHub平台，Gitee平台上最受开发者关注的组织表现出明显的地域性特点，如表4所示，华为的OpenHarmony、百小僧成立的DotNET China、人人开源等组织获得了最高的关注度。此外，由阿里云研发的Codeup、腾讯收购的CODING等也是目前中国较为流行的代码托管平台和工具。

表4 Gitee平台最受开发者关注的组织

排名	组织名称	组织主页
1	OpenHarmony	http://gitee.com/openharmony
2	DotNET China	http://gitee.com/dotnetchina

续表

排名	组织名称	组织主页
3	人人开源	http://gitee.com/renrenio
4	dromara	http://gitee.com/dromara
5	Pear Admin	http://gitee.com/pear-admin

资料来源：《2021中国开源年度报告》，https://kaiyuanshe.github.io/document/china-os-report-2021/。

从国内外代码托管平台的发展现状来看，以 GitHub 为代表的国际化平台在用户规模、全球影响力、创新生态成熟度、开源项目数量等方面具有显著优势，中国平台的用户规模仍十分有限，在全球范围内的影响力较小，主要服务对象仍然集中在国内，创新生态逐渐形成，平台上托管的开源项目以国内项目为主。

（二）人工智能开源社区

开源社区涉及的技术相当丰富，本报告聚焦人工智能技术相关的开源社区及其国内外发展现状。目前，全球人工智能相关开源社区表现活跃，国际上最受欢迎和最具影响力的 AI 开源社区主要有 TensorFlow、PyTorch、MXNet 等。相较而言，中国 AI 开源社区发展较为滞后，具有代表性的社区主要包括 MindSpore 和 PaddlePaddle。

TensorFlow 是由 Google 开发的开源深度学习框架，是目前全球最重要的人工智能技术开源社区之一。TensorFlow 最初由谷歌的人工智能研究小组 Google Brain 开发，并于 2015 年开源，随即引起了广泛的关注。许多研究者、开发者和企业开始使用 TensorFlow，并积极参与 TensorFlow 的开发。这些贡献者不仅改进了 TensorFlow 本身，还提供了大量的示例代码、教程和文档，促进了社区的快速成长。2019 年，为了进一步提高 TensorFlow 的易用性和灵活性，2.0 版本正式发布。TensorFlow 2.0 引入了 Eager Execution（即时执行模式），简化了 API 接口，使得开发者能够更加便捷地构建和训练深度学习模型。此外，TensorFlow 2.0 还增强了对 Keras 的集成，使得 Keras 成

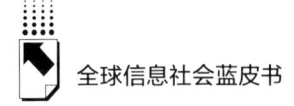

为 TensorFlow 的高级 API。随着 TensorFlow 社区的不断壮大，许多其他开源项目和工具也涌现出来，构建了 TensorFlow 的完整生态系统。例如，TensorBoard 用于可视化模型训练过程，TensorFlow Serving 用于模型部署和 Serving 等。目前，TensorFlow 已经拥有庞大的开发者社区和丰富的创新生态，为技术发展提供了丰富的文档、教程和示例代码，支持多种深度学习任务，在学界和业界都有广泛的应用。

PyTorch 是由 Facebook（现为 Meta）开发的深度学习框架，也是广受欢迎的人工智能技术开源社区之一。PyTorch 最初由 Facebook 的人工智能研究团队开发，并于 2016 年首次开源。初始版本的 PyTorch 提供了动态计算图的能力，使得开发者可以更直观地构建和调适深度学习模型。2018 年为了进一步提升 PyTorch 的易用性和性能，PyTorch 1.0 版本引入了 TorchScript，保持了动态图的灵活性和静态图的效率，以增强模型的性能。2020 年发布的 PyTorch 1.7.0 版本中，引入了对混合精度训练的内置支持，有助于加快模型训练速度。

MXNet 最初由 DMLC［Distributed（Deep）Machine Learning Community］团队开发，并于 2015 年首次开源。初始版本的 MXNet 提供了分布式和可扩展的深度学习框架，支持在大规模数据集上进行训练。2016 年 MXNet 加入了 Apache 孵化器，由此获得了更广泛的社区支持。2017 年 Gluon API 的推出极大地简化了 MXNet 的使用，吸引了更多开发者加入 MXNet 社区。Gluon API 提供了更易用的高级抽象接口，同时保持了 MXNet 的灵活性和性能优势。2018 年亚马逊云服务 AWS 宣布选择 MXNet 作为其官方深度学习框架，并将为其所支持的生态系统开发提供软件代码、文档和投资。

MindSpore 是华为于 2019 年发布的开源 AI 计算框架，旨在支持各种设备、应用场景下的端到端 AI 开发。MindSpore 于 2020 年发布了 1.0 版本，包括自动微分、图神经网络、分布式训练等功能，能够提供全栈的 AI 解决方案。同年，为了支持 AI 模型在极限环境下的部署执行，MindSpore 推出了超轻量 AI 引擎 MindSpore Lite，能够支持 iOS、Android 等手机操作系统以及 LiteOS 嵌入式操作系统，使 AI 模型在资源受限的移动设备上具备更高的运行效率。尽管 MindSpore 开源社区起步较晚，但在短时间内吸引了大量开发者参与，其社区开发活跃度在国内名列前茅。

PaddlePaddle 是百度在中国国际大数据产业博览会上推出的开源深度学习平台，旨在帮助开发者和研究人员更轻松地构建和训练深度学习模型。2016 年 PaddlePaddle 在 GitHub 上开源，成为一个开放的社区项目。2017 年 PaddlePaddle 发布了重要升级，引入了动态图模式，增强了灵活性和易用性。2018 年 PaddlePaddle 发布 1.0 版本，引入了包括高性能分布式训练、自动混合精度等在内的新功能和重要改进。2020 年 PaddlePaddle 发布 2.0 版本，引入了"飞桨 2.0"全新的设计理念和功能，优化了基础 API 目录结构并升级了 API 体系，同时提升了命令式编程（动态图）能力。

从国内外人工智能开源社区的发展现状来看，中国开源 AI 框架在社区规模、国际化程度、创新生态开放度等方面存在明显劣势。从社区规模来看，TensorFlow 和 PyTorch 在全球范围内拥有的用户和开发者数量最多；从国际化程度来看，华为的 MindSpore 社区和百度的 PaddlePaddle 社区虽然保持了良好的发展势头，但仍具有明显的地域性特点；从创新生态开放度来看，以 TensorFlow 为代表的国际化开源社区拥有大量的第三方库和工具，能够为开发者提供便利的扩展功能。

（三）活跃创新主体

全球开源创新生态中有许多活跃的创新主体，除了广为人知的 Google、Meta（原名 Facebook）、Microsoft 等信息科技头部企业，还包括以 Apache 软件基金会为代表的开源软件组织。根据 OSSinsight 的统计，截至 2022 年底，在 GitHub 上获得点赞（star）最多的创新主体中，Microsoft、Google、Facebook、Apache、阿里巴巴排名前五位，腾讯在榜单中名列第七（见图 3）。

尽管中国开源创新生态的建立时间相对较晚，但随着国内企业对开源的认识加深，中国开源生态逐渐成长壮大，越来越多的企业开始开源自己的项目，并积极参与国际开源社区，其中百度的 PaddlePaddle 和华为的 MindSpore 是典型代表，阿里巴巴、腾讯等头部企业也在国际开源社区中表

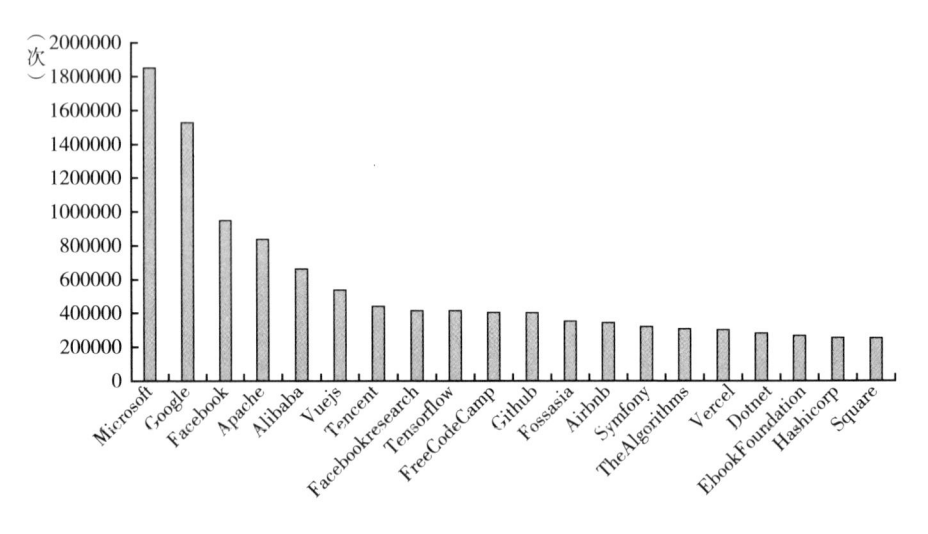

图 3 GitHub 获得点赞（star）最多的组织

资料来源：OSSinsight, https://ossinsight.io/explore/? id = 3034a5ad - 48eb - 47e0 - 9f34 - bf61dd25b4ee。

现活跃。此外，一些创业公司在开源创新生态中崭露头角，如成立于2015年的PingCAP，已经成长为目前国内领先的企业级开源分布式数据库厂商，其核心产品TiDB是一款同时支持在线事务处理与在线分析处理的融合型分布式数据库产品，截至2021年11月，TiDB在GitHub上已获得超过29000次点赞，并向全球超过2000家企业提供服务。GitHub上中国企业开源数据的活跃度排名如表5所示，其中阿里巴巴、百度、腾讯、华为、京东、字节跳动等头部企业排名居前，PingCAP位列第三，青云（QingCloud）排名第六，表现抢眼。

从中国开源初创企业的融资情况来看，大量资本投资方积极进入开源市场。目前中国具有代表性的开源项目均有较高的投融资表现，如表6所示，大部分初创企业在2020~2021年迎来了新一轮的融资，如PingCAP在2020年完成了D轮2.7亿美元融资，投资机构包括Coatue、云启资本、FutureX天际资本、贝塔斯曼亚洲投资基金等，并在获得多轮注资后进行了有效发展和扩张。

表5 GitHub中国企业开源数据活跃度排名

单位：次，个

排名	企业	Repo_count	IssueComment	OpenIssue	OpenPullRequest
1	阿里巴巴	1618	114414	26151	25983
2	百度	457	65409	20996	20996
3	PingCAP	161	164912	6780	19505
4	腾讯	467	19846	7647	12710
5	华为	115	22811	2599	3542
6	青云（QingCloud）	92	24127	2049	3923
7	京东	76	6382	1840	1259
8	欧若数网（Vesoft）	44	4183	1271	3833
9	字节跳动	130	3200	1353	1453
10	有赞（Youzan）	57	4139	1467	1559

资料来源：《2021中国开源年度报告》，https：//kaiyuanshe.github.io/document/china-os-report-2021/。

表6 中国主要开源初创企业情况

单位：次

企业	开源核心	GitHub Star	GitHub Fork	GitHub Contributor
SphereEx	Apache ShardingSphere	14.6K	5.1K	292
Gitee	git	40K	22K	408
极纳科技	Jina	11.5K	1.3K	117
才云科技	Kubernetes	82K	30K	373
PingCAP	TiDB	29K	4.7K	398
数字天堂	uni-app	34K	3.1K	170

资料来源：《2021中国开源年度报告》（统计时间截至2021年12月31日），https：//kaiyuanshe.github.io/document/china-os-report-2021/。

四 结论和建议

（一）主要结论

生成式人工智能的快速发展离不开开源创新生态对技术创新和应用扩散

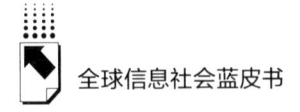

的有益影响。在开放合作理念的指导下，开源创新生态能够为生成式人工智能发展提供丰富的工具和资源，同时提供广泛的合作与交流平台，进一步降低技术研发成本、促进知识流动溢出、加快产品迭代改进进程。本报告认为，开源创新生态是一个开放、合作和多元化的创新系统，创新主体之间能够实现多方参与，强调开放合作和分布式协作的原则，知识、技术和资源在生态中自由共享和开放，为各方参与者提供广阔的创新空间和合作机会。开源创新生态之所以成为一种新的创新模式，是因为其在贡献者创新激励和创新生态约束机制上有着不同于以往的重要特点，一方面在贡献者创新激励上强调自我回报，结合了私人投资和集体行动模型的优势；另一方面在创新生态约束机制上通过开源许可证制度和资源执行规则，奠定了代码共享、知识传播和协同合作的重要基础。对当前业界围绕开源创新生态形成的五种主流商业模型进行了总结，并从代码托管平台、人工智能开源社区、活跃创新主体三个方面梳理了国内外开源创新生态发展现状。

（二）启示建议

当前生成式人工智能的高速发展得益于深度学习模型的不断完善、开源创新生态的助力推动，使大模型的商业化探索在各行各业如火如荼。2021年，开源首次被明确列入国民经济和社会发展五年规划纲要，提出要"支持数字技术开源社区等创新联合体发展，完善开源知识产权和法律体系，鼓励企业开放软件源代码、硬件设计和应用服务"，表明中国在战略层面对开源创新生态建设的支持和肯定。通过对比国内外代码托管平台、人工智能开源社区、活跃创新主体发展现状，发现中国开源创新生态基础仍然薄弱，在平台用户规模、全球影响力、社区国际化程度、创新生态成熟度、开源项目数量、企业创新绩效和活跃度等方面存在显著劣势，开源创新生态建设任重道远。为此，本报告从开源创新生态的现有研究成果出发，提出以下建议。

一是鼓励开源文化发展，倡导开放合作理念。近年来，工信部、网信办等多个国家部门先后发布指导意见，鼓励区块链、人工智能、金融业、软件信息技术服务业等重点产业规范发展开源技术、建立开源生态，围绕开源技术应用积极开展试点工作，培育了一批高质量开源项目，打造良性互动的开源创新生态，表明了国家战略层面对开源文化发展的支持。开源文化代表着自由、透明、分享、合作的价值观，因此开源创新生态的发展离不开开放共享、协同合作，需要企业、学术机构、独立开发者多方参与，同时加强国际合作，与全球开源社区建立紧密联系。

二是加大开源技术创新支持力度，赋能行业高质量发展。鼓励企业、社会组织设立开源技术创新基金，用于资助优秀的开源项目和初创企业，为其提供项目研发经费、人才培训经费、开源软件推广等支持，激励更多企业和开发者参与开源创新生态。加快开放政府数据和技术标准，促进更多开源项目依托公共数据平台快速发展。制定更加开放和适应开源创新模式的知识产权保护机制，探索对开源软件和开源项目给予一定的知识产权免费使用或快速审批等优惠政策支持，同时保护开源创新成果的合法权益。

三是构建面向全球的开源创新生态治理体系。建设国际化程度高的代码托管平台和开源社区，突破地域性壁垒，在中国为全球开发者提供一个开源项目交流和合作平台，并提供完善的项目管理、技术支持服务。积极推动国内数字化转型进程，鼓励企业采用数字化技术、人工智能技术、云计算工具等来提升生产效率，鼓励企业、学术机构、独立开发者与国际开源社区积极互动，形成紧密联系，有效嵌入国际开源创新生态。

参考文献

陈光沛、魏江、李拓宇：《开源社区：研究脉络、知识框架和研究展望》，《外国经济与管理》2021年第2期。

韩少杰、苏敬勤：《数字化转型企业开放式创新生态系统的构建》，《科学学研究》2023年第2期。

李兰花、郭艳婷、钟宇琢：《基于华为鸿蒙的开源社区多样化协作模式研究》，《科学学研究》，https：//doi.org/10.16192/j.cnki.1003-2053.20230606.001。

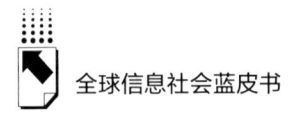

林勇、张昊：《开放式创新生态系统演化的微观机理及价值》，《研究与发展管理》2020年第2期。

Eric von Hippel, Georg von Krogh, "Open Source Software and the 'Private-collective' Innovation Model: Issues for Organization Science," *Organization Science*, 2003.

Jaime Sevilla, Lennart Heim, Anson Ho, et al., "Compute Trends Across Three Eras of Machine Learning," *International Joint Conference on Neural Networks* (IJCNN), Padua, Italy, 2022.

Joana Costa, João C. O. Matias, "Open Innovation 4.0 as an Enhancer of Sustainable Innovation Ecosystems," *Sustainability*, 2020.

Margit Osterloh, Sandra Rota, "Open Source Software Development-Just Another Case of Collective Invention?" *Research Policy*, 2007.

B.12 国外公共图书馆面向老年人的数字素养教育及其启示

罗 力*

摘 要： 近年来，在数据、算法和算力的推动下，生成式人工智能的发展进入爆发期，相关应用在各行业迅速展开。人工智能技术的发展在为老年人生活带来便利的同时，也加深了代际数字鸿沟。为老年人提供数字素养教育是公共图书馆在人工智能时代的重要使命，国外众多公共图书馆在通过数字素养教育提升老年人数字素养上已取得重大成效，其实践经验对国内公共图书馆的相关部署具有重要参考价值。本文以美国、英国、澳大利亚、新加坡和日本公共图书馆为研究对象，利用网络调查法，从法律、政策、项目等方面调研其面向老年人的数字素养教育实践进展，以期提炼切实可用的经验，为我国公共图书馆面向老年人的公众数字素养教育提供有益参考，这对于消弭老年人数字鸿沟具有重要的实践指导意义，既有助于推动社会进步，也是共建和谐社会的题中应有之义。

关键词： 公共图书馆 数字素养教育 老年人 数字鸿沟

---

* 罗力，管理学博士，上海社会科学院信息研究所副研究员，研究方向为数字经济治理、信息资源开发与利用、智慧城市建设与个人信息安全保护。

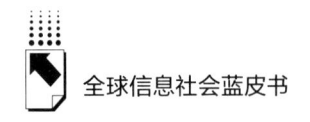

一 公共图书馆开展面向老年人数字素养教育的意义

目前，云计算、大数据、物联网、移动互联网、元宇宙和人工智能等新一代信息通信技术已广泛地应用于社会生产和生活，大力推进数字化转型成为全球发展的主流趋势。在数据、算法和算力的推动下，生成式人工智能的发展进入爆发期，相关应用在各行业迅速普及。CNNIC发布的第51次《中国互联网络发展状况统计报告》显示，中老年群体网民规模增速最快，截至2022年12月，我国网民规模为10.67亿，手机网民规模达到10.65亿，其中60岁及以上网民群体占比为14.3%，但与此同时，我国非网民规模为3.44亿，60岁及以上老年群体是非网民的主要群体，占非网民总体的比例为37.4%。[1] 第七次全国人口普查结果显示，我国60岁及以上人口为26402万人，占18.70%。"十四五"期间，我国社会老年人口将突破3亿人，这意味着我国人口结构将从轻度老龄化迈入中度老龄化。[2] 目前我国正经历社会数字化转型和人口老龄化，人工智能技术的发展在为老年人社会生活带来便利的同时，也加深了代际数字鸿沟。虽然近些年的数字化浪潮迫使老年人接触数字化应用设施，在一定程度上提升了其数字素养，但总的来说，他们的数字素养提升还非常有限，使用数字终端的目的也相对简单，以社交和休闲娱乐为主，不少老年人还无法熟练使用搜索引擎进行信息搜索和验证，他们在一定程度上还是网络谣言的受害者和传播者。

为了帮助提升老年人数字素养，更好地弥合数字鸿沟，2020年11月，国务院办公厅印发了《关于切实解决老年人运用智能技术困难的实施方案》，指出要通过扩大适老化智能终端产品供给、推进互联网应用适老化改造、为老年人提供更优质的电信服务、加强应用培训和开展老年人智

---

[1] https://www3.cnnic.cn/n4/2023/0303/c88-10757.html.
[2] http://www.stats.gov.cn/sj/zxfb/202302/t20230203_1901080.html.

能技术教育等方面的努力，进一步推动解决老年人在运用智能技术方面遇到的困难，让广大老年人更好地共享信息化发展成果，融入智慧社会。①文化和旅游部、国家文物局印发通知推进贯彻落实，保障老年人基本文化权益。工信部、民政部、国家卫健委共同制定了《智慧健康养老产业发展行动计划（2021—2025 年）》，推动解决老年人在运用智能技术方面遇到的困难。② 2021 年 11 月，中央网信办印发了《提升全民数字素养与技能行动纲要》，明确提出将充分考虑老年人和残疾人群体特殊性，加强数字设备、数字服务信息交流无障碍建设，依托老年大学、开放大学、养老服务机构、残疾人服务机构、社区教育机构、老科协等，丰富体验学习、尝试应用、经验交流、互助帮扶等老年人、残疾人数字技能培训形式和内容。推动形成社会各界积极帮助老年人、残疾人融入数字生活的良好氛围，构建全龄友好包容社会。③《"十四五"国家信息化规划》将"全民数字素养与技能提升行动"确定为十大优先行动之首，明确精准帮扶包括老年人、残疾人、孤儿在内的信息弱势群体，同时将公共图书馆纳入全民数字技能教育资源体系，优化和拓展数字技能教育资源和获取渠道，分级分类推进线上线下数字技能教育培训试点示范。④ 相较于高校图书馆和中小学校图书馆所服务的对象，公共图书馆的服务对象更为广泛，尤其关注老年人、未成年人、低收入者等弱势群体，其提出数字素养教育是弥合数字鸿沟、促进数字包容、提升社会公平的迫切需要。国际图书馆协会联合会（International Federation of Library Associations and Institutions，IFLA）在《IFLA 关于数字素养的声明》中要求图书馆提供数字技能培训机会，呼吁各相关方——政府、教育机构、经济部门支持图书馆，并利用其专业知识助力数字素养提升等。⑤ 2019 年 7 月中国图书馆学会与多个单位共同

---

① http：//www.gov.cn/zhengce/content/2020-11/24/content_5563804.htm.
② http：//health.people.com.cn/n1/2021/1129/c14739-32293986.html.
③ http：//www.cac.gov.cn/2021-11/05/c_1637708867754305.html.
④ http：//www.gov.cn/xinwen/2021-12/28/5664873/files/1760823a103e4d75ac681564fe481af4.pdf.
⑤ http：//edu.people.com.cn/n1/2021/1201/c1006-32296635.html.

发起了《中国公民信息素养教育提升行动倡议》，号召图书馆界联合推动提升公众信息素养。其实图书馆是较早应用人工智能技术的领域，如图书馆服务中的智能导航浏览、智能检索、智能咨询等，图书馆服务在人工智能技术的赋能下更加专业化和智能化。而新一代人工智能技术不断发展，逐渐成为推动社会进一步发展的重要动力，人工智能技术也为图书馆的智慧化转型提供了技术支持，使得图书馆日趋具有智慧化功能，基于"用户画像"，能够对用户实现精准分类，根据用户特定需求，改进服务模式、服务渠道、服务内容等，实行个性化服务定制，开展数字素养服务和教育，提升用户数字素养，更好地满足老年人的阅读需求，帮助他们融入数字社会。

通过文献调研发现，国内对公共图书馆面向老年人开展数字素养教育的研究相对较少，一般是关注弱势群体的数字素养教育、数字鸿沟弥合、数字包容、老年人的健康信息服务体系建设，以及公共图书馆老年人服务方面。而作为我国社会公益文化服务单位的公共图书馆，如何发挥好其社会教育作用，满足老年人日益增长的数字终端使用、信息获取、利用和开发需求，是公共图书馆面向老年人开展数字素养教育和服务需要尽快解决的一个重要问题，也是公共图书馆在数字化时代开展老年人服务的重要组成部分。近年来，美国、英国、澳大利亚、新加坡、日本等国家都出台了诸多政策，实施了一系列项目来开展国民数字素养教育，联合国教科文组织也将国民数字素养的重要性提升到可促成社会可持续发展和联合国2030年可持续发展目标实现的高度，并且众多国家的公共图书馆在通过数字素养教育提升老年人数字素养方面已取得重大成效，其实践经验对我国公共图书馆的相关部署具有重要参考价值。本文以美国、英国、澳大利亚、新加坡和日本的公共图书馆为研究对象，利用网络调查法，从法律、政策、项目等方面调研其面向老年人的信息素养教育实践进展，提炼切实可用的经验，为我国公共图书馆面向老年人的公众信息素养教育提供实践参考，这对于弥合老年人数字鸿沟具有重要的实践指导意义，既有助于推动社会进步，也是共建和谐社会的题中应有之义。

二 老年人数字素养和数字鸿沟的概念和内涵

随着时间的推移,数字素养的概念和内涵不断发展和完善。在数字素养被提出之前,1974年美国信息产业协会主席保罗·泽考斯基第一次提出"信息素养"(information literacy),认为信息素养是解决问题时利用信息的技术和技能。1989年,美国图书馆协会总委员会对信息素养的概念进行了定义,即识别所需要的信息,并能够有效确定、评价和利用所需要信息的能力。泽考斯基认为信息素养包含信息意识、信息技能和文化修养三个层面。"数字素养"最早出现在吉尔斯特所著的《数字素养》(digital literacy)一书中,是指理解及使用通过电脑显示的各种数字资源及信息,并能够读懂这些信息真正含义的能力。OECD认为,数字素养包括使用互联网和其他计算机设备所需的基本操作技能;搜索、查找、理解互联网信息以及验证和评估信息来源所需的认知技能和信息导航技能;在线交流互动并建立数字社会资本的社交技能;在线创建和共享高质量数字内容所需的创新技能。[1] 2013年,联合国教科文组织发现,媒介素养、信息素养、数字素养等概念呈逐渐融合的趋势,于是提出了"媒介与信息素养"(Media and Information Literacy)概念,即公民以批判、道德与有效的方式,运用多种工具存取、检索、理解、评估、使用、创造和分享各种形式的信息与媒介内容,并融入个人、职业、社会行动的综合能力。通过对众多概念和内涵的梳理,本文认为在数字化时代背景下,老年人数字素养指的是在积极老龄化过程中,老年人运用数字技术实现信息获取、使用、评价、交互、分享、创作、安全保障、伦理道德等一系列素质与能力的集合,相比于数字技能,它更侧重于终身学习与修养。在数字社会中,数字素养的提升在很大程度上有赖于各种数字技术的支撑和支持。

---

[1] 但金凤、王正青:《观照当下与展望未来:OECD成员国数字教育发展战略规划与实施路径》,《比较教育学报》2022年第4期。

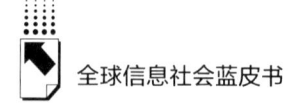

老年人数字鸿沟是指老年人在利用互联网获取信息或参加社会公共生活方面与年轻人相比存在差距，包括接入沟、使用沟和知识沟。接入沟是指信息富有者和贫困者在电脑和互联网可及性及性能上的差距，主要取决于信息基础设施状况、经济实力和政府支持等。使用沟是指信息富有者和贫困者在互联网使用方面的差距，主要取决于技术界面的友好性和使用者的数字技能。知识沟是指不同人群即使接触相同的信息，从中获取知识的速度、效率也存在一定程度的差异，最终获取的知识量也存在差异。接入沟、使用沟和知识沟三者互相联系且层层递进，其中接入沟是基础、使用沟是过程、知识沟是结果。[1] 老年人数字鸿沟会造成老年人在信息社会中无法平等地获取出行、就医、社交等方面的便利服务，成为数字鸿沟一侧的弱势群体，无法享受时代红利。[2]

三 国外公共图书馆面向老年人的数字素养教育实践

（一）美国公共图书馆的实践

2015年，美国图书馆协会制定《美国图书馆协会战略规划》，指出美国图书馆协会协助并促进图书馆帮助国民发展其所需的技能，包括阅读与使用技术能力，并认为搜索与有效利用信息资源的能力在信息社会至关重要。美国公共图书馆向老年人提供高质量和可使用的网络基础设施，让他们能够接触电脑和互联网应用，比如美国亚利桑那州立图书馆推出了亚利桑那计算机公共接入项目，为全州84个公共图书馆购置了1000多台计算机，提升用户的数字资源访问量。同时为老年人提供了多种有关数字素养和数字技能方面的培训，比如纽约皇后区图书馆为老年人提供了关于计算机技能服务的培训，邀请相关人员为老年人讲授如何正确使用计算机、通过互联网收发电子

---

[1] 黄晨熹：《老年数字鸿沟的现状、挑战及对策》，《人民论坛》2020年第10期。
[2] 程云飞、李姝、熊晓晓等：《"数字鸿沟"与老年人自评健康：以北京市为例》，《老龄科学研究》2018年第3期。

邮件、浏览网站、利用图书馆馆藏电子资源等。阿祖瑟城市图书馆加入了由加利福尼亚州图书馆牵头的"50 岁之后的生活"项目，面向老年人推出了一系列需要老年人亲身参与学习的培训课程，课程非常重视计算机和互联网的实际操作。培训课程丰富，其中如何使用数码相机、处理计算机故障、维护互联网安全、使用平板电脑、阅读电子书、使用社交媒体等内容比较受老年人欢迎。[1] 利用人工智能技术，整合信息资源为老年人提供相应服务是公共图书馆在人工智能时代适老化应用的一项重要举措，巴尔的摩县公共图书馆、法尔茅斯公共图书馆、大维多利亚公共图书馆、费尔菲尔德公共图书馆等多家公共图书馆联合免费的教育网站 Tech-Boomers 面向老年人和其他没有经验的互联网用户提供了通过易于导航的目录和基于用户兴趣画像的电子邮件向用户自动推荐可信赖的新网站和互联网应用程序，提供免费视频和文本教程。[2] 美国国会图书馆有专门面向特殊人群的服务机器人，老年人和残障人士可以通过语音、键盘和手势等方式同机器人交流，与此同时，图书馆还在线上提供用于解答读者提问的智能咨询机器人。另外，美国不少公共图书馆拥有十分丰富的医护类馆藏资源及医学学科馆员，为其在提供健康信息素养教育中找寻合作伙伴提供了便利，比如圣何塞公共图书馆的合作对象极为广泛，既包括政府卫生部门、非营利民间保健团体，也包括医学专家、认证健身教练及志愿者。[3]

（二）英国公共图书馆的实践

英国公共图书馆充分利用网络资源为公众提供数字素养教育。其中不少公共图书馆网站提供了免费课程，内容通俗易懂，且和公众日常生活中的数字素养紧密相关，比如"按我自己的方式来学习"（Learn MyWay）网站在

---

[1] 李宇佳：《美国公共图书馆老年人数字包容服务研究》，《图书馆建设》2016 年第 10 期。
[2] 曾粤亮、梁心怡、韩世曦：《美国公共图书馆数字素养教育实践与启示》，《图书情报知识》2021 年第 6 期。
[3] 陈旭：《美国圣何塞公共图书馆公众健康素养服务实践研究与启示》，《四川图书馆学报》2022 年第 4 期。

英国的知名度比较高，且被多家公共图书馆用来向公众提供数字素养教育资源。这个网站的资源丰富，内容实用性非常强，既包括基本的计算机和互联网知识，比如网络安全和个人隐私尝试、信息检索技巧、网络购物和社交媒体使用，又包括健康医疗、理财金融等不同生活场景的数字素养与技能培训，这非常适合老年人使用。北爱尔兰图书馆管理部与北爱尔兰96个公共图书馆合作开展"数字公民项目"，在6个月之内为老年人，以及残障人士、低收入者等弱势群体提供了2000场数字技能培训活动。活动形式包括网络课堂、小组学习、短期课程等，内容涵盖网络安全与个人隐私、如何利用互联网获取相应信息和服务。该项目注重活动效果测评，及时对参与者的学习体验进行统计与反馈。① 英国公共图书馆还与"好东西"基金会（Good Things Foundation）、哈利法克斯（Halifax）、英国电信（BT）和巴克莱（Barclays）等私营企业合作，为广大老年人提供基本的数字技能培训以及有关网络隐私和安全之类的建议和指导。②

（三）澳大利亚公共图书馆的实践

澳大利亚各州均制定了《公共图书馆标准与指南》，这是所有公共图书馆提供数字素养教育服务的重要根据。以昆士兰州为例，该州在2020年颁布了《昆士兰州公共图书馆标准与指南》，规定全州320多个公共图书馆要和地方政府通力合作，为相关人员提供服务，包括卓越的数字社区、精通技术的昆士兰老年人、精通技术的昆士兰社区、数字健康素养等数字素养教育项目。这几个项目均是由昆士兰州立图书馆和澳大利亚电信带领全州所有公共图书馆与政府合作提供的数字素养教育项目。其中精通技术的昆士兰老年人项目的定位是要协助老年人融入网络世界，进而消除老年人群体的社会孤独感；增加老年人运用互联网技术获得政府信息与相关服务的机会，提升他们抵御网络欺诈和金融诈骗的能力。2016~2021年，这个项目由选中的符合

---

① 石乐怡、赵洋：《英国公共图书馆开展的公众信息素养教育实践研究》，《图书馆建设》2020年第6期。
② 张娟：《英国公共图书馆数字包容实践及启示》，《图书馆建设》2022年第4期。

条件的昆士兰州公共图书馆，向老年人群体提供了 7000 多次免费的数字技术培训，累积超过 3.5 万名老年人接受了这个服务，提升了基本数字技能。[1] 澳大利亚公共图书馆还积极参与由澳大利亚社会发展部牵头的一项针对老年人群体的数字素养培训项目"连接起来 Be Connected"。该项目于 2017 年启动，Good Things 基金会还专门为这个项目建立了网站，提供一系列专门为老年人打造的数字技能培训工具和网络资源。老年人可借助这个网站联系周边的服务站点，在线下获得相应的指导和培训。这个数字素养培训内容包括数字设施和互联网应用的基础知识，包括如何收发电子邮件、使用社交网络、电子购物、网络安全等内容。这个项目还鼓励老年人的亲朋好友经常与其在网上联系，帮助其学习相关的数字技能，降低其与社会脱离的可能性。[2]

（四）新加坡公共图书馆的实践

新加坡非常重视老年人数字素养教育。新加坡图书馆管理委员会是公共图书馆的管理机构，统筹规划老年人数字素养教育项目，并交由各公共图书馆具体负责实施和推动，其在 2011 年推出的《未来—终身图书馆：2020 年 NLB 战略计划》要求新加坡公共图书馆一直参与公众数字素养教育，提升公众的数字素养。新加坡公共图书馆与相关政府机构、企业合作推出了一系列数字素养教育项目。其中 GoLibrary 网站是应用人工智能相关技术，整合有关网络资源，提供信息服务的典范。这个网站是由新加坡图书馆管理委员会与资讯通信媒体发展管理局整合了 27 个公共图书馆、国家图书馆以及国家档案馆的网络资源而成，向公众提供编程语言、数字素养、信息技术最新发展趋势等内容。新加坡公共图书馆与资讯通信媒体发展管理局合作推出了"老年人数字诊所"项目来帮助老年人群体学习使用智能手机。新加坡图书

---

[1] 商宪丽、张俊：《澳大利亚昆士兰州公共图书馆数字素养教育实践与思考》，《图书馆学研究》2023 年第 1 期。

[2] 许丽丽、高大伟：《澳大利亚面向公众的数字素养教育及其启示》，《情报探索》2019 年第 12 期。

馆管理委员会还联合职总学习中心（NTUC LearningHub）、苹果公司合作推出面向老年人的"银发族数码创作"系列课程，内容包括数字产品基本使用技巧、电脑编程等，老年人可以在指定的公共图书馆内获取相应的课程指导。新加坡为了保障老年人无障碍获取数字服务，还特地为50岁以上的新加坡人或永久居民提供免费的移动热点服务，他们只需注册图书馆账号，就能在25家公共图书馆每天免费连接无线网络热点并使用网络一小时。这个服务为公共图书馆开展数字素养教育提供了基础设施保障。[1] 公共图书馆和相关机构为老年人提供了"银发族信息通信连接点"项目，他们可以在图书馆学习数字技术、信息网络通信技术课程，并学习如何更好地使用图书馆数字资源。有些公共图书馆面向老年人每月推出了"学习信息技术老年人俱乐部"，有些公共图书馆还推出了面向老年人的如何检索信息、甄别虚假信息和潜在风险的数字素养课程，课程内容主要围绕虚假信息传播背后的心理因素和帮助制止虚假信息传播的方法等展开，如查证电子邮件信息的真假、查证并识别利用人工智能技术"深度伪造"图像和影像等。[2]

（五）日本公共图书馆的实践

进入20世纪90年代后，日本数字素养教育逐渐面向全体国民，文部科学省还设立终身学习局和终身学习审议会，重点讨论如何通过提供数字素养学习机会、完善培训体系等方式促进国民实现终身学习，同时强调图书馆、博物馆等机构有义务提供数字素养教育。2015年日本召开了"人工智能技术战略会议"，出台了《下一代人工智能推进战略》《新产业构造蓝图》等，大力推进人工智能产业发展。随后发布"Society 5.0"战略，要求日本各行各业在未来发展中充分发挥物联网、人工智能等新技术的效能，借助大数据平台管理，将各种知识与信息连接共享，打造相互尊重、消除空间闭塞、充满希望、互惠共享的新社会，强调国民要充分利用自身数字素养来应对社会

---

[1] 卜森：《新加坡图书馆老年人数字素养服务实践及启示》，《图书馆》2023年第5期。
[2] 王春迎：《新加坡公共图书馆公众信息素养教育发展实践及启示》，《图书馆学研究》2021年第7期。

老龄化和经济发展问题。2019年6月日本国会通过了《促进视障者阅读环境改善法》，要求中央和地方各级政府负责改善视障者的阅读环境。在此背景下，东京丰岛区立中央图书馆引进人工智能视觉支持设备"Or Cam My Reader"，主要用于帮助老年人和视力不佳者改善阅读体验。该设备比较玲珑小巧，操作方便，且无须连接网络，达到即拿即用的目的，还在一定程度上节省了阅读时间。[①]

日本开展国民数字素养教育的主体是以公共图书馆为核心，也注重与学校、企业、博物馆、行政机关等其他机构的合作，形成多主体共同参与的数字素养教育体系。日本公共图书馆所开展的数字素养教育，既为全体国民提供全方位教育，又会考虑不同用户群体的个性化需求，提供一些具有针对性的教育。日本公共图书馆为老年人提供医疗健康信息服务，为老年人举办了一系列健康、医疗等讲座，普及健康、医疗知识，提升老年人健康素养，积极应对日益严重的人口老龄化问题。同时还开设了相应培训课程帮助其了解信息社会最新发展态势，并掌握相关数字技能，比如北海道地方札幌市中央图书馆举办"人工智能"特设展览，增进老年人对人工智能等高科技的了解并提升其数字素养；专门开设了札幌市民学院，广泛开展面向全社会的数字素养教育，老年人可以在此学习相关技能，结业后可以从事多种工作。日本多家公共图书馆还陆续成立了终身教育学习中心，推广终身学习理念，并进一步将终身学习理念融入数字素养教育。[②]

四 我国公共图书馆面向老年人的数字素养教育现状和不足

近年来，我国以国家图书馆为代表的多个公共图书馆紧跟国际前沿，纷纷针对老年人提供了形式多样的读者服务，添置了一些智能化设备，开展了

[①] 韦景竹、叶彦君：《日本图书馆人工智能研究与应用前沿》，《图书馆论坛》2022年第8期。
[②] 高璐珩、冯薇、李良瑜、王迎春：《日本公共图书馆公众信息素养教育发展实践及启示》，《图书馆》2022年第10期。

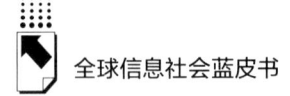

一系列数字素养培训,取得了明显的效果。国家图书馆内配有智能机器人"小图",主要负责与读者交流,解答读者的问题。上海图书馆内配有智能机器人"图小灵",可以通过语音与读者交流,帮助读者查询书籍、找寻道路、询问天气以及咨询无线网络密码,同时上海图书馆的微信公众号配有"图小二"线上咨询机器人。[1] 国家图书馆推出"关爱夕阳"老年课堂公益培训服务,充分考虑老年人的年龄特点和知识需求,以信息检索、网络知识和计算机、智能手机等媒体应用为主,通过线上直播课堂、线下集中培训和举办丰富多彩的活动等服务老年人。老年课堂已形成"常规化+"的课程体系,每年8个系列24讲课程,其中常规课程16讲,并根据老年人需求增加8讲新课程。依托微信等新媒体平台,开展"微课堂""微讨论"等线上服务,为老年人提供涵盖玩转智能手机、视频制作、常用应用转换、在线医疗、安全使用、在线购物等内容的课程。[2] 陕西省图书馆兰台志愿者队针对前期对老年人的需求调研,开设"教学智能手机应用开启晚年智慧生活"课堂,通过志愿者们一对一的培训,帮助老年人学习使用智能手机。[3] 上海图书馆定期开展针对老年人的培训,内容包括"如何使用电子书阅读器""如何在家看电子书""教你玩转上海图书馆新媒体矩阵"等,教老年人使用各种智能化设备、在家看图书馆提供的电子书、在图书馆网站上听书和看视频等。[4] 南京图书馆专门组织了多期面向老年人的网络使用公益培训。嘉兴市图书馆早在2008年就推出了"夕阳红e族"培训项目,面向老年人开展数字素养培训,主要通过自编教材、集中授课、现场操作相结合等方式为老年人提供电脑、手机、互联网操作培训,帮助老年人认识、了解和使用各种信息产品,提升他们的数字素养。[5] 2021年7月,浦东图书馆获评首批"上海市数字为老培训基地"的称号,将为老年人提供智能手机培训,以生活常用App的

---

[1] 杨斌成:《人工智能在公共图书馆智慧化服务中的应用及现状研究》,华东师范大学硕士学位论文,2022。
[2] https://www.mct.gov.cn/whzx/zsdw/zggjtsg/202101/t20210108_920608.htm。
[3] https://www.thepaper.cn/newsDetail_forward_17740271。
[4] https://www.sohu.com/a/445369532_99899007。
[5] 祁兴兰:《我国图书馆老年人信息素养教育现状及创新路径》,《黑河学刊》2022年第11期。

使用为主讲内容，包含出行、消费等，由信息辅导员讲解 App 使用操作步骤。[①] 但是总体来看，国内公共图书馆开展的面向老年人的数字素养教育还存在教学内容不成体系化、宣传力度不够、受众面较窄、规模不大、缺乏持续性、尚未与其他机构开展各种合作、尚未形成品牌、示范效应不足等问题。

五　进一步改善我国公共图书馆面向老年人的数字素养教育服务的对策

（一）逐步完善老年人获得数字素养教育服务的法律法规和政策

法律法规的制定和完善是老年人获得数字素养教育服务的基本保障。从多个国家的实践经验来看，规定老年人不受歧视，并能够在图书馆获得相应的服务和保障，是相关法律法规最基本的要求。我国于 2013 年颁布了《中华人民共和国老年人权益保障法》，对老年人在公共服务场所享有相应的权益进行了明确规定；2017 年颁布的《中华人民共和国公共图书馆法》规定，政府设立的公共图书馆应当考虑老年人、残疾人等群体的特点，积极创造条件，提供适合其需要的文献信息、无障碍设施设备和服务等。[②] 但尚未对公共图书馆为老年人提供数字素养教育和培训进行明确规定，这将在一定程度上影响数字化时代公共图书馆为老年人提供相应的服务。因此，我国应加快研究、修改和实施相应的法律法规，为公共图书馆事业更好地发展提供法律保障。与此同时，国家有关部门，还要在现有法律法规的基础上，以已经出台的数字素养教育相关政策文件为支撑，出台专门针对公共图书馆开展公众数字素养教育的政策，尤其是对老年人数字素养教育中的职责与义务进行明确规定，这对于凸显公共图书馆在促进老年人数字素养教育中的角色与使命，更好地开展相关项目与服务，发挥其价值，具有十分重要的意义。

---

① https://www.sohu.com/a/480776949_790178.
② https://zwgk.mct.gov.cn/zfxxgkml/zcfg/fl/202012/t20201204_905426.html.

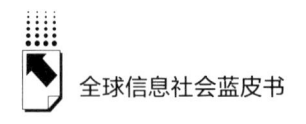

（二）进一步凸显公共图书馆的地位，积极推动其与多元主体的合作共赢

从国外公共图书馆的实践来看，相关行业组织在政策、资金和人力方面的支持对于保障公共图书馆开展相关服务发挥着举足轻重的作用。虽然中国图书馆学会也在一定程度上鼓励公共图书馆为老年人的数字素养提升发挥一定的作用，但至今尚未将老年人数字素养教育作为关键议题来推进，这在一定程度上会降低公共图书馆开展相关服务的主动性。因此我国图书馆行业组织应关注全球图书馆行业组织在这个领域的实践经验，多方支持公共图书馆开展促进老年人数字素养提升的实践。当然，单凭公共图书馆一己之力，很难充分发挥其作用。从国外公共图书馆的实践经验来看，公共图书馆与政府部门、企业和社会组织等不同教育主体之间开展不同形式的合作，充分发挥多元主体在老年人数字素养教育中的作用，有助于在全社会营造关爱老年人，帮助他们提升数字素养的良好学习氛围。比如，与医学类专业图书馆合作，邀请有关专业人员为老年人群体举办健康信息资源专题讲座；与电信企业合作，邀请有关人员讲授如何防范电信诈骗、识别网络谣言等知识。

（三）与时俱进提供适合老年人的数字素养教育产品和服务

从国外的实践经验来看，为老年人提供多种形式的数字素养教育产品和服务是提升老年人数字素养的核心。通过检索国外公共图书馆的网站可以发现，以老年人数字素养教育为主题的相关馆藏资源非常丰富，既包括纸本图书、参考书，也包括各种讲座视频，同时还有不定期开展的讲座、培训。国外一些公共图书馆纷纷添置了智能咨询机器人，用于与老年人的交流。因此，从进一步丰富面向老年人数字素养教育的产品和服务的角度出发，我国公共图书馆一方面可以加大投入，采购一批与此相关的纸质图书、电子书和相应的机器设备；另一方面可以依托中国图书馆学会，组织有关专家学者，对国外较好的视频和产品进行编译引进，并及时借助公共图书馆的网络，让国内老年人有机会观看和阅读，提升他们的数字素养。此外，要借助国内良好的氛围，与相关企业展开合作，加大在这方面的研发力度，推出丰富的老年人数字素养培训课程、产品和服务，帮助他们持续了解各种数字技术的基本知识，熟悉各种数字应用的操作方法，便捷地获取所需要的信息。

（四）充分利用免费网络数字资源，搭建面向老年人的数字素养教育平台

《提升全民数字素养与技能行动纲要》明确提出要开发设立数字素养教育平台，但并没有提出要为老年人开设类似教育资源平台。其实经过多年的发展，互联网平台上已经积累了大量的免费数字资源。针对目前老年人群体数字素养有限的现状，公共图书馆之间要通力合作，一方面制定专门面向老年人的数字素养教育资源目录，另一方面要整合开发利用现有数字素养教育资源。具体来说，可以根据现在越来越多老年人都拥有智能手机和使用微信这一现状，借助公共图书馆的微信公众号平台，将各种数字教育资源整合起来，打造一站式检索功能，方便老年人快速查找所需内容。可以从老年人的实际生活需要和生理心理角度出发，围绕医疗保健、金融理财、志愿服务、沟通交流等整合数字教育资源，方便他们检索和查找。

（五）逐步将大模型聊天机器人应用于老年人读者服务

目前国内公共图书馆虚拟参考机器人使用的是基于规则的模型，这种通过规则来匹配最佳答案的模式，往往只能根据预设规则回答读者比较有限的提问。对于读者提出的较为复杂的问题则难以查询处理，无法满足读者的实时交互需求，也就无法提供智能化的参考咨询服务。而大模型聊天机器人不仅拥有较强的语言理解和文本生成能力，还具备编写和调试计算机程序、翻译、撰写剧本、绘画、考试的能力，在处理参考咨询任务方面具有更广的查询范围和更高的精确度，因此在图书馆特殊群体服务、老年人数字素养培训等方面也能够发挥重要作用。下一阶段，国内的大型公共图书馆可以先行先试，逐步将大模型聊天机器人引入老年人读者服务，提升服务效能。

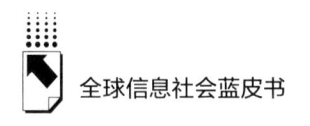

六 结语

为老年人提供数字素养教育是公共图书馆在数字时代的重要使命。虽然我国公共图书馆在参与老年人数字素养教育方面已经有一定的基础，但在数字化环境日趋复杂的背景下，我国要想提升老年人群体的数字素养仍有较长的路要走。因此，我国既要学习多个国家公共图书馆的先进实践经验，又要结合具体发展阶段，不断完善法律法规和政策体系，扩大参与主体的范围，提供更多符合老年人实际需求的数字素养教育产品和服务，探索构建具有中国特色的面向老年人的数字素养教育体系，持续提升老年人的数字素养，让他们在数字时代能够拥有快乐的老年生活。

参考文献

高璐珩、冯薇、李良瑜、王迎春：《日本公共图书馆公众信息素养教育发展实践及启示》，《图书馆》2022年第10期。

黄晨熹：《老年数字鸿沟的现状、挑战及对策》，《人民论坛》2020年第10期。

李宇佳：《美国公共图书馆老年人数字包容服务研究》，《图书馆建设》2016年第10期。

祁兴兰：《我国图书馆老年人信息素养教育现状及创新路径》，《黑河学刊》2022年第11期。

商宪丽、张俊：《澳大利亚昆士兰州公共图书馆数字素养教育实践与思考》，《图书馆学研究》2023年第1期。

石乐怡、赵洋：《英国公共图书馆开展的公众信息素养教育实践研究》，《图书馆建设》2020年第6期。

王春迎：《新加坡公共图书馆公众信息素养教育发展实践及启示》，《图书馆学研究》2021年第7期。

韦景竹、叶彦君：《日本图书馆人工智能研究与应用前沿》，《图书馆论坛》2022年第8期。

许丽丽、高大伟：《澳大利亚面向公众的数字素养教育及其启示》，《情报探索》2019年第12期。

曾粤亮、梁心怡、韩世曦：《美国公共图书馆数字素养教育实践与启示》，《图书情报知识》2021年第6期。

安全篇
Security Reports

B.13 全球可信人工智能政策的发展现状

赵付春 赵萌[*]

摘　要： 可信人工智能日益受到重视，世界各国和国际组织已经出台了多个准则和规范，但在其内涵、政策、实施路径上存在不同意见，存在诸多难以逾越的困难和矛盾。本报告通过对可信AI理论进行梳理，明确可信AI的六大维度，并以欧盟和美国的可信人工智能政策框架为例，归纳出不同的AI可信度评估方法和实现路径，为我国可信人工智能发展提供思路。

关键词： 可信AI　风险管理　人工智能

一　概述

人工智能（AI）给人类社会带来了革命性影响。从社会生活看，人们

---

[*] 赵付春，管理学博士，上海社会科学院信息研究所副研究员，研究方向为数字化转型、创新管理；赵萌，上海社会科学院信息研究所，研究方向为数字化转型、信用管理。

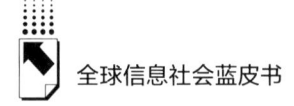

正在广泛使用人脸识别解锁手机、与语音助手交谈、购买电商平台推荐的产品等 AI 技术。从经济发展看，人工智能可以更有效地降低企业的运营成本、提升服务水平和运营效率。据世界经济论坛《2020 年未来就业报告》预测，人工智能将在五年内创造 5800 万个工作岗位。普华永道公司预计到 2030 年人工智能可以产生 16.7 万亿美元的全球 GDP。[1]

然而与之相伴随的是，人工智能系统也日益展现出其不值得信任的一面。人工智能系统很容易受到敌对性攻击，如自动驾驶汽车中的深度图像识别系统可能无法识别被恶意攻击者修改的道路标志，[2] 从而对乘客安全构成极大威胁。人工智能算法也可能会导致偏见和不公平，如在线人工智能聊天机器人可能会产生不雅、种族主义和性别歧视的内容，[3] 冒犯用户并产生负面的社会影响。2022 年 OECD 对于 AI 在工作场所的影响研究表明，AI 对于监控、偏见、自主性、问责制等有着重大的影响。[4] 更为重要的是，人工智能系统还存在泄露用户隐私和商业秘密的风险。黑客可以利用人工智能模型产生的特征向量重构私人输入数据，如指纹、面容，从而泄露用户的敏感信息。[5]

对 AI 的担忧使得如何构建可信人工智能系统成为学术界和工业界关注的焦点。许多政策框架和监管关于人工智能哪些特征使其"值得信赖"，提出了原则性建议，如欧盟、经合组织、G20 国家均于 2019 年正式提出"可

---

[1] "Sizing the prize-PwC's Global Artificial Intelligence Study: Exploiting the AI Revolution," https://www.pwc.com/gx/en/issues/analytics/assets/pwc-ai-analysis-sizing-the-prize-report.pdf.

[2] Han Xu, Yao Ma, Hao-Chen Liu, Debayan Deb, Hui Liu, Ji-Liang Tang, Anil K. Jain, "Adversarial Attacks and Defenses in Images, Graphs and Text: A Review," *International Journal of Automation and Computing*, 2020 (2).

[3] Marty J. Wolf, Keith W. Miller, Frances S. Grodzinsky, "Why We should have Seen that Coming: Comments on Microsoft'Stay 'Experiment' and Wider Implications," *The ORBIT Journal*, 2017 (1).

[4] Angelica Salvi del Pero, Peter Wyckoff, Ann Vourc'h, "Using Artificial Intelligence in The Workplace: What are the Main Ethical Risks?" OECD Social, Employment and Migration Working Papers, 2022. https://dx.doi.org/10.1787/840a2d9f-en.

[5] Mohammad Al-Rubaie, J. Morris Chang, "Privacy-preserving Machine Learning: Threats and Solutions," *IEEE Security & Privacy*, 2019 (2).

信人工智能",联合国教科文组织于2021年11月推出的《人工智能伦理全球标准》,得到193个成员国的同意并签署。一些私营企业,如审计公司在设计和部署"值得信赖的人工智能"方面为客户提供支持性服务。这些对可信度的强调只有一个战略目的:让人们更加信任人工智能及其应用,从而释放AI技术的经济和社会潜力。但是迄今为止,无论是从内涵、政策到最终的实施,还是在国际合作方面,人工智能仍然存在诸多难以逾越的困难和矛盾。因此,本文拟围绕这一概念,从理论和政策两个层面,对相关问题展开探讨。

二 理论回顾

可信人工智能（Trustworthy AI,或称"值得信赖的人工智能"）涉及信任和人工智能两个重要概念的研究,以下从两个方面进行理论回顾。

（一）信任的复杂性

信任（Trust）是一种复杂的心理和社会现象,涉及多个学科,心理学、社会学、经济学、管理学、计算机科学和信息科学的研究人员均对其报以深厚的兴趣。"信任"一词最初主要用于人际交往,后被引申至组织领域,表现为同事之间、人与组织、不同组织的关系,是组织的一种"社会资本",成为组织行为学、战略管理领域的重要概念。

从个人层面看,信任通常被定义为个人愿意依赖另一方,个人缺乏对另一方的（完全）控制,愿意将自己的脆弱性显露给另一方,从而为受信任方创造了实施机会主义行为的可能性。在这种情况下,个人必须自愿将自己置于危险或弱势地位,将行动责任委托给受信任的另一方。[1] Mayer 等提出,

---

[1] Lee J. D., See K. A., "Trust in Automation: Designing for Appropriate Reliance," *Human Factors*, 2004 (46).

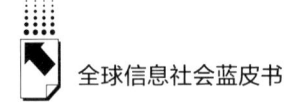

形成信任的原因包括能力、诚实和仁慈三个方面。[1] 信任会随着时间的推移和关系的紧密度而变化。最初，由于之前与另一方没有任何接触，信任方只能凭直觉或对其个性有限的观察，形成初始信任（Initial Trust）。而后进一步发展为基于知识的信任。在这种情况下，信任方获得另一方更多的信息，从而能够预测对方某种情境下的行为，形成持续信任。

互联网的发展让各类在线交往增多。在这种环境下，信任被认为发挥着特别重要的作用。信任不足导致新型信息技术被拒绝接受或效益得不到发挥的情况比比皆是。信息系统研究普遍采用"技术—社会系统论"的视角来看待信任，认为产生信任背后的因素是复杂的。研究指出，人对于信息系统的信任可能是基于能力的、伦理的、规制的或关系的，其中既有功利性的考量，也受到特定社会环境的影响。此外，组织还需要信任底层技术本身，相信部署的基于人工智能的系统能够按预期运行、充分处理故障并确保有效恢复。在多种情境下的实证研究，如电子供应商[2]或虚拟团队成员的信任[3]、特定的技术或IT制品（缺乏意志和道德代理）信任[4]、在线购物平台或云服务信任[5]均呈现出人、技术和制度等因素对信任的综合影响。

现有研究认为信任的主观来源可以归为三个方面，即信任方的理性、情感和规范。三者相互交融，共同作用。

对信任的理性解释，也可称为"基于认知的信任"，是在决定是否信任受托人时，委托人需要做出一个合乎逻辑的解释，尤其是权衡利弊。这是对

---

[1] Mayer R. C., Davis J. H., Schoorman F. D., "An Integrative Model of Organizational Trust," *Academy of Management Review*, 1995（20）.

[2] Gefen D., Karahanna E., Straub D. W., "Trust and TAM in Online Shopping: An Integrated Model," *MIS Quarterly*, 2003（1）.

[3] Robert L. P., Denis A. R., Hung Y. T. C., "Individual Swift Trust and Knowledge-based Trust in Face-to-face and Virtual Team Members," *Journal of Management Information Systems*, 2009（2）.

[4] Lankton N. K., McKnight D. H., Tripp J., "Technology, Humanness, and Trust: Rethinking Trust in Technology," *Journal of the Association for Information Systems*, 2015（10）.

[5] Lansing J., Sunyaev A., "Trust in Cloud Computing: Conceptual Typology and Trust-building Antecedents," *ACM SIGMIS Database: The Database for Advances in Information Systems*, 2016（2）.

受托人是否会维护对其信任的理性计算。① 当然，这里的信任仅仅是委托人的一种预测，而不涉及受托人的动机。②

基于情感的信任表明，委托人对受托人的善意抱有信心和信念，有一种"期望被信任的人会被我们依赖她的想法感动"的含义。对信任的情感描述的决定性特征是，B 做 X 的动机是基于对 A 的善意。

基于规范的信任意味着受托人的行为将以他们应当做的事情为基础。对受信任方的期望不仅是他们将做什么，而且是他们应当做什么。换句话说，信任方对受信任有规范性期望，而不仅仅是预测性期望。可信就是不辜负这些期望，而做不到这一点可能会导致背叛。③

一些学者对于信任是否可以用于人工智能这种非人格化的技术表示怀疑，认为这是受到大众媒体的影响，把机器人格化了。机器并无人格，人与机器之间仅仅存在机械的、简单的服从关系，不需要信任。对于一般技术或机器而言，人们所称的"信任"其实是一种"可靠性"，如机器的性能比较稳定。而信任本质上是一种比"可靠性"内涵更加丰富的词语。④

除了对性能寄以期望，人对机器和技术寄托感情的情况并不罕见。从人工智能的定义看，它并不是一个单纯的、被动的技术，而是具有智能的技术社会系统，包含大量人类的输入，具有明确的社会属性，因此可以作为人类信任的对象，人机之间的信任有其存在的合理性。

（二）可信人工智能

对于可信人工智能有不同的解释，其中最具影响的是欧盟于 2019 年发

---

① Mollering G., *Trust: Reason, Routine, Reflexivity*, 1st ed., Bingley: Emerald Group Publishing Limited, 2006.
② Nickel P. J., Franssen M., Kroes P., "Can We Make Sense of the Notion of Trustworthy Technology?" *Knowledge, Technology & Policy*, 2010 (3).
③ Ryan M., "In AI We Trust: Ethics, Artificial Intelligence, and Reliability," *Sci. Eng Ethics*, 2020 (26).
④ Andrea Ferrario, Michele Loi, Eleonora Viganò, "In AI We Trust Incrementally: A Multi-layer Model of Trust to Analyze Human-Artificial Intelligence Interactions," *Philosophy & Technology*, 2020 (33).

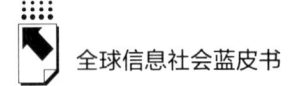

布的《可信 AI 伦理指南》指出可信 AI 的三个组成部分，即 AI 应该在系统整个生命周期中满足：①它应该是合法的，遵守所有适用的法律和法规；②它应该是道德的，确保遵守道德原则和价值观；③从技术和社会角度来看，它应该是健壮的（Robust），即使是出于良好的意图，人工智能系统也可能造成无意的伤害。①

经合组织（OECD）建议"对'可信人工智能'进行负责任的管理的五项基于价值的互补原则"，包括：以人为本的价值观和公平，透明度和可解释性、稳健性、安全性，问责制，包容性增长，可持续发展和人类福祉。人工智能系统必须公平，即免于歧视。为了值得信赖，人工智能系统必须是透明和可解释的，即必须具有执行预期操作的能力、功能和特性，执行算法可以被理解，并且必须被信任者（即用户）感知到能够实现用户目标。人工智能系统还必须能够抵御威胁，这些威胁试图将其正常行为转化为有害行为。总之，人工智能必须用于增进人类的福祉，而不应该危害人类。这一准则得到了 OECD 所有成员国及其他多个国家（如阿根廷、巴西、哥伦比亚、哥斯达黎加、秘鲁和罗马尼亚）的支持。

作为人工智能规制体系开发的重要国际机构，联合国教科文组织在《关于人工智能伦理问题建议书》中提出，人工智能技术是一项面临伦理挑战的服务，需要在短期内找到答案。该文件在承认人工智能"深远而动态"的影响的同时，也强调了相关技术的蓬勃发展对文化、社会和生态多样性的威胁。② 它是一个通用的道德价值观框架，为各类机构使用人工智能技术提供了基于利益相关者驱动的指导方针，提供了一个跨学科、跨文化制度环境的通用框架。

在学术界，Jacovi 等基于契约的概念，对人类和人工智能的信任进行定义，并将信任与 XAI（eXplainable AI）之间的联系形式化。他们考查了信任

---

① "High-Level Expert Group on AI（2020）：The Assessment List for Trustworthy AI: for Self-assessment," July 2020.
② United Nations Educational, Scientific and Cultural Organization, "Recommendation on the Ethics of Artificial Intelligence," *United Nations Educational*, 2021.

和可信度的脆弱性、有根据的和无根据的信任，以及对人工智能行为偏离信任的预期。① Vianello 等也将人类与人工智能的信任视为一种契约现象。从这个角度来看，信任意味着委托人相信受托人将遵守应明确且可验证的特定合同。人工智能系统要实现和提供人类制定的原则、要求或功能。②

Floridi 等提出的人工智能五项伦理原则：仁慈、非恶意、自主、正义和可解释性，所谓"可信人工智能"就是能够实现这些原则的系统。这五个原则综合了各种相关框架和指南，而且特别适合于电子市场，它们反映了社会技术系统观点，强调实现可信 AI 所需的人与技术之间的互动。③ Floridi 和 Cowls 补充提出实现可信人工智能的七个基本原则，包括人类代理和监督，坚固性和安全性，隐私和数据治理，透明性，多样性、非歧视和公平，社会和环境福祉，责任；并提出了 20 条具体建议，以评估、发展、激励和支持良好的人工智能。④ Janssen 等也为可信人工智能提供了 12 条数据治理原则，包括数据质量和偏差评估、变化模式检测、需要了解（即仅公开必要的内容）、错误赏金、在共享数据时通知人们、最大限度地减少数据访问授权，以及数据的分布式存储等。⑤ Thiebes 等定义了人工智能信任概念以及基于人工智能的系统应满足的原则，以便被认为是可信赖的。这些原则包括能力、

---

① Jacovi A., Marasovic A., Miller T., Goldberg Y., "Formalizing Trust in Artificial Intelligence: Prerequisites, Causes and Goals of Human Trust in AI," in Proceedings of the 2021 ACM Conference on Fairness, Accountability, and Transparency, 2021.

② Andrea Vianello, Sami Laine, Elsa Tuomi, "Improving Trustworthiness of AI Solutions: A Qualitative Approach to Support Ethically-Grounded AI Design," *International Journal of Human-Computer Interaction*, 2021 (7).

③ Luciano Floridi, Josh Cowls, Monica Beltrametti, Raja Chatila, Patrice Chazerand, Virginia Dignum, Christoph Luetge, Robert Madelin, Ugo Pagallo, Francesca Rossi, et al., "AI4People-An Ethical Framework for a Good AI Society: Opportunities, Risks, Principles, and Recommendations," *Minds and Machines*, 2018 (4).

④ Floridi L., Cowls J., "A Unified Framework of Five Principles for AI in Society," *Harvard Data Science Review*, 2019 (1).

⑤ Janssen M., Hartog M., Matheus R., Yi Ding A., Kuk G., "Will Algorithms Blind People? The Effect of Explainable AI and Decision-Makers' Experience on AI-supported Decision-Making in Government," *Social Science Computer Review*, 2020.

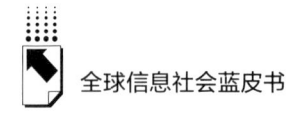

仁慈、正直、功能性、乐于助人、可靠性或可预测性、绩效。[1]

综合上述，本文将"可信人工智能"定义为"遵循可靠性、安全性、重隐私、可解释性、平等性等国际公认的基本伦理原则，服务于人类福祉的AI系统"。

三 可信AI的主要维度

由上可知，不同机构和学者在可信AI的名称及其解释上，存在一定的差异，其根源在于对于"可信"（trustworthiness）不同维度的理解。Probasco等计算了332209份"可信AI"出版物在相关标题和摘要中的出现情况，发现12%的出版物包括多个关键字术语。[2] 其频次如图1所示。

本文将介绍可信AI相关文献中提及最多的五个维度。换句话说，要达到可信AI，需要全面提升这几个维度的水平。但是基于伦理的基石是以人为中心，因此需要增加与人类的命运相关的这一维度，当然也与信任相关。

（一）人类自主性

人工智能技术在组织中可以扮演三种类型的角色：辅助型人工智能、增强型人工智能和自主型人工智能。在不同角色中，人工智能系统的自主性程度有很大的不同。

辅助型人工智能处于光谱的一端，AI技术具有较低的或没有自主权，并且能力有限。增强型人工智能具有更高的自主性，可以为解决更复杂的问题提供支持，但决策权要么保留在人类手中，要么由人类和人工智能系统共享。这里的"增强"指的是人工智能和人类智能的结合，但其中人工智能

---

[1] Scott Thiebes, Sebastian Lins, Ali Sunyaev, "Trustworthy Artificial Intelligence," *Electronic Markets*, *Electronic Markets*, 2021（31）.
[2] Emelia S. Probasco, Autumn S. Toney, Kathleen T. Curlee, "The Inigo Montoya Problem for Trustworthy AI: The Use of Keywords in Policy and Research," Center for Security and Emerging Technology, 2023.

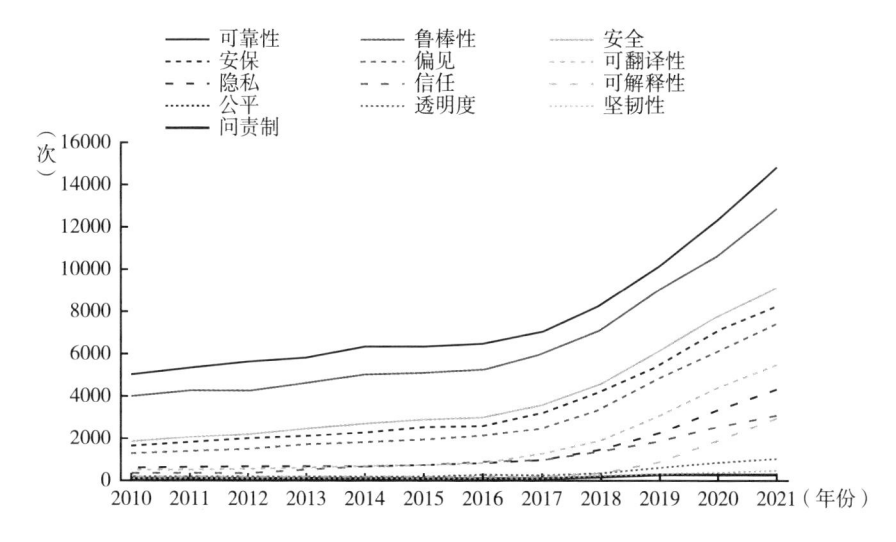

图1 不同关键词在可信AI研究出版物中出现的词频

不会取代人类智能，而是利用或改进人类智能，提供特别的决策信息和建议。在这两种情况下，人对机器的信任是有限度的。

在光谱的另一端，自主人工智能可以主动评估选项并自行做出决策，而无须人工输入，决策权完全分配给机器，从而使人类失去了自主性，信任变成无限度的。值得注意的是，人工智能系统在未来不仅会越来越多地承担管理任务，而且最终可能会完全接管企业的管理决策权，而人类在这方面只扮演着边缘或非常有限的角色，甚至有可能出现"算法实体"，即完全自主地从事商业活动的法律实体，而不需要任何持续的人工输入。

很显然，进入这一阶段，各大经济体、国际组织提出的人类自主性问题会受到挑战，人是否能够控制机器，是否可以无限度信任AI成为一个难点问题。

（二）可靠性

可靠性的标准定义是"在给定的时间间隔和条件下，一个项目按要求执行而没有出现故障的能力"（ISO/IEC TS 5723：2022）。可靠性是人工智

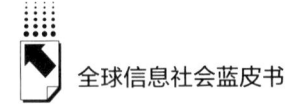

能系统在预期使用条件下和给定时间段（包括系统的整个生命周期）内运行的总体正确性的目标，是与信任关系最为密切的关键词之一。

Rempel 等认为可靠性是信任发展的三个阶段中的第二阶段，即人从可预测性到可靠性，最终深化为信念（belief）。[①] AI 本质上是一个人工制品（Artifact），因此其性能可靠性构成可信任的最基础条件。部署的人工智能系统可靠性通常通过持续的测试或监控来评估，以确认系统按预期运行。可靠性的测量有助于提升可信度，并应考虑到某些类型的失败可能导致更大的危害。

Parasuraman 等提出如果自动化技术非常可靠，那么对全自动化的追求就是合理的。但是在很多情况下，或由于传感器的不精确，或由于操作员优先级的变化，信息源固有的不确定性，意味着总是存在自动化所使用的算法不适合这些变化的情况，从而不能保证高可靠性。[②]

（三）安全和隐私保护

安全性（Safety）是指人工智能系统应"在规定的条件下，不会导致人类生命、健康、财产或环境受到威胁"（ISO/IEC TS 5723：2022）。通常可以通过以下方式提高人工智能系统的安全运行。

（1）负责任的设计、开发和部署实践；

（2）向部署人员提供有关负责任地使用系统的准确信息；

（3）部署人员和最终用户负责任的决策；

（4）根据事件的经验证据解释和记录风险。

不同类型的安全风险可能需要根据环境和潜在风险的严重程度来采取相应的人工智能风险管理方法。构成严重伤害或死亡潜在风险的安全风险要求

---

① Rempel J. K., Holmes J. G., Zanna M. P., "Trust in Close Relationships," *Journal of Personality and Social Psychology*, 1985（49）.

② Raja Parasuraman, Thomas B. Sheridan, Christopher D. Wickens, "A Model for Types and Levels of Human Interaction with Automation," *IEEE Transactions on Systems, Man, and Cybernetics—Part A: Systems and Humans*, 2000（3）.

最紧迫地确定优先次序和最彻底的风险管理过程。

隐私保护是指有助于维护人的自主性、身份和尊严的规范和做法。这些规范和实践通常涉及免受入侵、限制观察或个人同意披露或控制其身份方面（如身体、数据、声誉）的自由。匿名、保密和控制等隐私价值是指导人工智能系统设计、开发和部署的选择的重要原则。与隐私相关的风险可能会影响安全性、偏见和透明度，并需要与其他特征相权衡。

人工智能系统可以通过推理来识别个人或以前关于个人的私人信息，从而给隐私带来新的风险。只有能够通过防止未经授权的访问和保护机制来维持机密性、完整性和可用性的人工智能系统，才可以说是安全的。从AI全生命周期看，组织应尽早开始规划和设计，可以防止可能导致系统危险、隐私泄露的故障发生。

保障人工智能安全的实用方法通常包括严格的模拟和域内测试、实时监控以及关闭、修改或人为干预偏离预期或预期功能的系统。人工智能的隐私增强技术（"PETs"），以及某些模型输出的去识别和聚合等数据最小化方法，可以优化人工智能系统的设计。

（四）可解释性

可解释性是指人工智能系统运行机制的呈现，让用户更好地理解人工智能系统在其设计的功能背景下输出的含义。Floridi等认为可解释性是可信AI的使能性原则，[1] 为此，"人们必须能够理解AI实际以何种方式对社会造成的好处或伤害"，[2] 以便确定它是有益的还是有害的。

可解释性的好处是很明显的。如果人工智能的算法可以被理解，并且能够在特定情况下实现个人目标，那么个人就会倾向于信任人工智能。对于组

---

[1] Luciano Floridi, Josh Cowls, Monica Beltrametti, Raja Chatila, Patrice Chazerand, Virginia Dignum, Christoph Luetge, Robert Madelin, Ugo Pagallo, Francesca Rossi, et al., "AI4People-An Ethical Framework for a Good AI Society: Opportunities, Risks, Principles, and Recommendations," *Minds and Machines*, 2018 (4).

[2] Floridi L., Cowls J., "A Unified Framework of Five Principles for AI in Society," *Harvard Data Science Review*, 2019 (1).

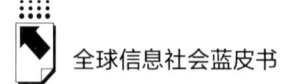

织而言，人工智能的可解释性不仅允许组织在使用人工智能时满足合规性要求（如通过启用独立的第三方审计），而且将成为经理、一般员工和消费者接受人工智能的关键驱动因素。

此外，可解释性的 AI 系统可以更容易地调试和监视，并且有助于更彻底的文档编制和审计，进而管理风险、加强问责。必须能够预测人工智能的决策，以便对赋予人工智能的自治程度做出明智的决策，并且确保在人工智能失败的情况下追究法律责任，从而贯彻正义原则。

可解释性的风险通常可以通过传达 AI 系统为什么做出特定预测或建议的描述来解决。根据 Floridi 等的观点，可解释性包括认识论意义和伦理意义。[1] 在认识论意义上，可解释性需要通过产生（更多）可解释的 AI 模型来创建可解释的 AI，同时保持高水平的性能和准确性。从伦理意义上讲，可解释性包括创造负责任的人工智能。当前各大伦理准则都贯彻了这一思想。阿西洛马 AI 原则（Asilomar AI Principles）和英国 AI 准则（UK AI Code）分别阐述了对透明 AI 和可理解 AI 的需求，传达了这一理念。

（五）问责和透明性

问责制影响可信度，而问责制以透明性为前提。透明性反映了与人工智能系统互动的个人可以获得有关人工智能系统及其输出的信息程度。对于与人工智能系统输出不正确或以其他方式导致负面影响相关的补救措施而言，透明度是必要的。透明性根据人工智能所处的生命周期阶段，以及与人工智能系统交互或使用人工智能系统的组织或个人的角色或知识，提供对适当级别信息的访问。透明性是通过促进更高层次的理解，增进对人工智能系统的信任。

---

[1] Luciano Floridi, Josh Cowls, Monica Beltrametti, Raja Chatila, Patrice Chazerand, Virginia Dignum, Christoph Luetge, Robert Madelin, Ugo Pagallo, Francesca Rossi, et al., "AI4People-An Ethical Framework for a Good AI Society: Opportunities, Risks, Principles, and Recommendations," *Minds and Machines*, 2018（4）.

Haresamudram 等提出人工智能的透明度在三个层面上运作：①算法透明度，借助于 XAI 技术来实现；②交互透明度，通过人机交互实现；③社会透明度，通过制度、法律和社会文化规范实现。所有三个层面都需要考虑，以增进对人工智能的信任。①

在为人工智能系统的结果寻求问责时，应该考虑人工智能行为者的角色。与人工智能和技术系统相关的风险和问责之间的关系在不同文化、法律、部门和社会背景下存在差异。这与人们所确定的后果严重性相关。当生命和自由受到威胁时，人工智能开发和部署人员应该考虑相应调整其透明度和问责制，帮助建立更负责任的、可信的系统。

（六）公平性和公正性

人工智能通过消除偏见和歧视等问题来实现公平和公正。公平的标准是复杂和难以定义的，对公平的看法因文化而异，并可能因应用场景而改变。各种形式的正义是当代人工智能研究的另一个重要方面。这方面的研究主题包括识别当前基于人工智能的系统中存在的种族和其他偏见、量化基于人工智能系统的公平或不公平的方法，以及减轻甚至避免人工智能系统中的偏见的方法。

现实世界中偏见以多种形式存在，并可能在帮助人们做出生活决策的自动化系统中根深蒂固。虽然偏见并不总是一种负面现象，但人工智能系统可能会加快偏见的传播速度，使得其对个人、群体、社区、组织和社会的伤害持续存在并不断扩大。

美国科技标准 NIST 明确了三大类需要考虑和管理的人工智能偏见，即系统、计算和统计、人类认知。这些都可以在没有明确的偏见、偏袒或歧视意图的情况下发生。AI 系统性偏见可能存在于人工智能数据集和整个人工智能生命周期的组织规范、实践和流程，以及使用人工智能系统的更广泛的社会范围内。人工智能数据集和算法过程中可能存在计算和统计偏

---

① Haresamudram K., Larsson S., Heintz F., "Three Levels of AI Transparency," Computer, 2023 (2).

差，并且通常源于非代表性样本导致的系统错误。人类认知偏差与个人或群体如何感知人工智能系统信息以做出决策或填补缺失信息有关，也与人类如何思考人工智能系统的目的和功能有关。在整个人工智能生命周期和系统使用过程中，即人工智能的设计、实施、运营和维护，人类认知偏见无处不在。

Floridi 和 Cowls 认为 AI 中所讨论的正义不应该以司法的方式来理解，如遵守法律法规，而是以伦理的方式来理解。[1] 因此，现有各类伦理准则都表现出类似但略有不同的正义观点，可以概括为：①利用人工智能来修正过去的不平等，如歧视；②通过人工智能创造可共享和随后的利益分配；③阻止人工智能产生新的危害和不平等。[2] 例如，利用人工智能来修正过去的不公平现象。阿西洛马人工智能原则表达了对"共享利益"和"共享繁荣"的需求，强调创造可共享和随后的利益分配。蒙特利尔宣言中的"公平"原则明确提出 AI 的发展和使用必须有助于创造一个公正和公平的社会。

四 不同的可信人工智能框架

当人工智能的开发、部署和使用方式不仅能确保其遵守所有相关法律及其鲁棒性（robustness）而且能遵守一般道德原则时，它就会被用户（包括消费者、组织、社会）认为是值得信赖的。研究人员、行业和政策制定者近年来制定并发布了一系列关于可信 AI（伦理）原则的框架和指南。表 1 总结了与 TAI 相关的重要框架和指南清单情况。

---

[1] Floridi L., Cowls J., "A Unified Framework of Five Principles for AI in Society," *Harvard Data Science Review*, 2019（1）.
[2] Luciano Floridi, Josh Cowls, Monica Beltrametti, Raja Chatila, Patrice Chazerand, Virginia Dignum, Christoph Luetge, Robert Madelin, Ugo Pagallo, Francesca Rossi, et al., "AI4People-An Ethical Framework for a Good AI Society: Opportunities, Risks, Principles, and Recommendations," *Minds and Machines*, 2018（4）.

表 1 可信人工智能的重要框架和指南

框架/指南	发布方/文件	术语	描述
阿西洛玛人工智能原则	生命未来研究所（2017）	有益的人工智能	描述有益的人工智能的23条原则。这些原则分为三类：研究问题、伦理和价值观以及长期问题
负责任的人工智能蒙特利尔宣言（蒙特利尔宣言）	蒙特利尔大学（2017）	负责任的人工智能	提供了维护个人和群体根本利益的十项道德原则，并在此基础上提出了发展负责任的人工智能的八项建议
英国人工智能准则	英国上议院（2017）	合乎伦理的人工智能	定义了人工智能道德准则的五项原则，旨在将英国定位为未来人工智能领域的领导者
为人类的人工智能（AI4People）	Floridi 等（2018）	合乎伦理的人工智能	六个相关框架和指南的综合，形成了人工智能道德的五项基本原则。在此基础上，提出了评估、发展、激励、支持四大类20个行动点
可信赖人工智能道德准则（欧盟TAI准则）	欧盟（人工智能独立高级别专家组2019）	可信人工智能	定义了TAI的四个原则，并在此基础上推导出实现TAI的七个关键要求，以及提供了七项关键要求实施情况的评估清单
经合组织人工智能原则	OECD（2019）	可信人工智能	"对值得信赖的人工智能进行负责任的管理的五项基于互补价值观的原则。"除经合组织成员国外，其他国家（如阿根廷、巴西、哥伦比亚、哥斯达黎加、秘鲁和罗马尼亚）也表示遵守经合组织原则
新一代人工智能治理原则（中国人工智能原则）	国家新一代人工智能治理专业委员会（2019）	负责任的人工智能	基于发展负责任的人工智能的八项原则，为人工智能的治理提供了框架和行动指南
白宫人工智能原则	白宫科技政策办公室（2020）	可信人工智能	定义了人工智能应用管理和可信人工智能开发的十项原则。美国机构在制定人工智能监管和非监管行动时应考虑这些原则

资料来源：Scott Thiebes, Sebastian Lins, Ali Sunyaev, "Trustworthy Artificial Intelligence," *Electronic Markets*, 2021（31）。

以下仅对欧盟和美国两大经济体的可信 AI 政策实践进行归纳。这主要是由于一方面二者同中有异，关注点明显不同，具有良好的代表性；另一方面，它们在可信 AI 方面的实践走在世界前列，值得学习和借鉴。

（一）欧盟可信人工智能政策

欧盟认为人工智能本身不是目的，而是一种有前景的手段，可以促进人类社会繁荣，从而增进个人和社会福祉，并带来进步和创新。特别是，人工智能系统可以帮助实现联合国可持续发展目标，如促进性别平衡和应对气候变化，对自然资源的合理化使用，改善人类健康、人员流动性和组织流程，并支持人类对可持续性和社会凝聚力指标落实情况的监测。

欧盟的指导方针涉及三个不同阶段的活动和流程，即事前、事中和事后全过程。对于人工智能指南来说，以类似的方式对活动的相应语义表示进行建模非常重要，以便区分组织或系统何时必须制定代表某些未来活动的计划与已执行该活动（即过去）的计划。立法者利用"活动比较"来确定遵守现有人工智能标准有助于遵守法律义务的程度，并确定可信人工智能不受监管的方面。此外，"活动比较"为主管部门和标准化机构之间的沟通提供了基线，以制定统一的法规和标准。

2018 年以来，欧盟提出多项 AI 相关的白皮书和倡议，内容涉及欧盟 AI 整体战略、成员国 AI 协作、AI 治理等问题（见表 2）。最为重要且与可信 AI 相关的有 2020 年发布的《AI 白皮书：达成卓越和信任的欧洲路径》。

表 2 欧盟 AI 立法重要里程碑

时间	法规
2018 年 4 月	欧洲的人工智能 人工智能领域合作宣言
2018 年 6 月	启动欧洲人工智能联盟 成立人工智能高级别专家组
2018 年 12 月	欧盟委员会：人工智能协调计划 欧盟委员会：人工智能在欧洲制造

续表

时间	法规
2019年4月	欧盟委员会:建立对以人为中心的人工智能的信任 人工智能高级别专家组:可信赖人工智能伦理准则
2019年6月	人工智能高级别专家组:人工智能的政策和投资建议
2020年2月	欧盟委员会:《AI白皮书:达成卓越和信任的欧洲路径》
2020年7月	人工智能高级别专家组:可信赖人工智能最终评估清单(ALTAI)
2021年4月	欧盟委员会:关于促进欧洲人工智能方法的沟通 欧盟委员会:关于制定人工智能协调规则的法规提案
2021年6月	民事责任公众咨询:使责任规则适应数字时代和人工智能 欧盟委员会:关于产品安全法规的提案
2021年11月	人工智能高级别会议:从雄心到行动(3d欧洲人工智能联盟大会)
2022年6月	在西班牙推出首个人工智能监管沙盒:推进人工智能监管
2022年12月	人工智能法案委员会的一般做法
2023年6月	欧洲议会明确对人工智能法案的谈判立场

资料来源：https://digital-strategy.ec.europa.eu/en/policies/european-approach-artificial-intelligence。

欧洲未来人工智能监管框架旨在创造一个独特的"信任生态系统"。为此，它必须确保遵守欧盟规则，包括保护基本权利和消费者权利的规则，特别是对于在欧盟运行的高风险人工智能系统。信任生态系统应该让公民有信心接受人工智能应用，并让企业和公共组织基于法律确定性来利用人工智能进行创新。委员会强烈支持基于《关于在以人为本的人工智能中建立信任的沟通》中以人为本的方法，并将考虑人工智能高级别专家组编写的《伦理准则》试点阶段取得的收获。

委员会提出了三项相互关联的法律举措，以发展可信赖的人工智能：①欧洲的人工智能法律框架，以解决人工智能系统特有的基本权利和安全风险问题；②民事责任框架——使责任规则适应数字化和人工智能时代；③修订部门安全立法（如机械条例、一般产品安全指令）。

从这些原则出发，推导出人工智能系统应该考虑的七个要求：①人类自主性和监督，包括基本权利、人类自主和人类监督；②技术的稳健性和安全

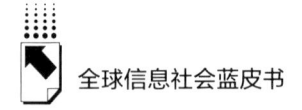

性，包括抵御攻击和安全的能力、后备计划，以及一般安全性、准确性、可靠性和可重复性；③隐私和数据治理，包括尊重隐私、数据的质量和完整性，以及对数据的访问；④透明度，包括可追溯性、可解释性和沟通；⑤多样性、非歧视和公平，包括避免不公平的偏见、可及性和通用设计，以及利益相关者的参与；⑥社会和环境福祉，包括可持续性和环境友好性、社会影响、社会和民主；⑦问责制，包括可审计性、最小化和报告负面影响、权衡和补救。

（二）美国可信人工智能政策

2019年2月美国发布了一项行政命令（EO 13859），指示联邦机构确保美国在人工智能领域保持领导地位。其目标之一是"确保技术标准……反映联邦在创新、公众信任和公众对使用人工智能技术的系统的信心方面的优先事项……并制定国际标准来促进和保护这些优先事项"。

该行政命令指示商务部长通过国家标准与技术研究院（NIST）发布"一项联邦参与技术标准和相关工具开发的计划，以支持使用人工智能是可靠、稳健和值得信赖的技术系统"，并确定了人工智能标准制定的九个重点领域，即概念和术语、数据和知识、人际互动、指标、联网、性能测试和报告方法、安全、风险管理、值得信赖。

依据《国家人工智能倡议法》成立的国家人工智能倡议办公室认为，提高人工智能的可信度需要多种方法，包括解决关键技术挑战的研发投资，制定衡量和评估人工智能可信度的指标、标准和评估工具，参与人工智能技术标准的制定。美国在人工智能领域的全球领导地位取决于联邦政府在人工智能标准制定中发挥的作用。同时，人工智能标准的制定有助于管理 AI 所产生的风险。

拜登政府为联邦机构在使用人工智能方面的可信赖性提供了指南，建议：①应以绩效为导向，收益要大于成本；②用例与训练数据直接关联，保证数据的可靠、无偏；③研究结果应当便于各学科专家理解，并有充分的文件记录和可追溯性；④应长期监测其使用情况。

在这一背景下，2023年NIST可信AI框架形成（见图2）。该框架讨论组织如何消除与人工智能相关的风险，并将可信AI的特性分为有效性和可靠性、安全性、有保障和韧性、可解释和转译、增强隐私保护、公平性和有害偏见管理、问责和透明等。其中有效性和可靠性是可信度的必要条件，是其他特性的基础。问责和透明与其他特性均密切相关。

图2 NIST可信AI的框架构成及关系

NIST风险管理框架的内核包含四项具体功能：治理、映射、测量和管理，以帮助组织在实践中消除人工智能系统风险。其中治理是最核心的功能，适用于AI风险管理流程和程序的所有阶段，后三者可以应用于AI系统特定环境和AI生命周期的特定阶段。治理的目的是培育组织的风险管理文化。映射的目的是识别与风险相关的情境。测量是评估、分析和追踪所识别的风险。管理是基于可能产生的影响排除风险的优先项，并采取相应的行动。

除此之外，标准应辅之以相关工具，以促进有效、可靠、稳健和可信的人工智能技术的开发和采用。这些工具包括但不限于：

（1）标准化格式的数据集，包括用于人工智能系统训练、验证和测试的元数据；

（2）用于捕获和表示知识以及人工智能系统中的推理的工具；

（3）完整记录的用例，提供有关人工智能技术特定应用的一系列数据和信息，以及用于做出有关这些应用程序部署决策的任何标准或最佳实践指南；

（4）验证和评估人工智能技术性能的测试方法；

（5）量化衡量和表征人工智能技术的指标；

（6）推动创新的基准、评估和挑战问题；

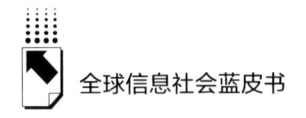

(7)人工智能测试平台；

(8)问责和审计工具。

AI审计是对可信AI的另一项有力保障。美国政府问责局（GAO）于2021年发布了联邦机构审计指南。该指南提供了确保治理、数据、性能和监视完整性的清单和详细信息。在高风险数据领域，GAO建议记录数据源、测试数据的可靠性、评估模型中使用的变量、评估增强（计算机生成）数据的使用。性能方面的建议包括定义良好的性能指标、组件和系统级别的测试，以及输出是否适合给定情景。

五 可信人工智能的评估

可信人工智能是一个多维度概念，对此的评估需要采用多学科方法进行分析，以融合与各国参与人工智能产业发展有关的定量和定性理解。人工智能伦理评估的总体框架通常参考教科文组织的建议、经合组织的人工智能原则和经合组织的人工智能分类。特别是联合国教科文组织的《关于人工智能伦理问题建议书》中将伦理放在了核心位置，为国际规制提供了指南。

当前存在多个具有国际影响力的国家AI评估指数报告，其中包含了人工智能伦理方面的指标。

斯坦福大学的AI指数报告（AI Index Report）是这一领域最具影响力的年度综合报告，涉及研发、技术绩效、技术伦理、经济、教育、政策和治理、多元化、公众意见等。其中除了专门"技术伦理"一章对AI公平性和算法歧视进行衡量外，算法偏差是根据分配和代表的危害来衡量的。其他多元性、政策和治理、公众意见等章节也对此予以了关注。[1]

牛津大学政府AI准备度指数（Government AI Readiness Index）从政府、

---

[1] Nestor Maslej, Loredana Fattorini, Erik Brynjolfsson, John Etchemendy, Katrina Ligett, Terah Lyons, James Manyika, Helen Ngo, Juan Carlos Niebles, Vanessa Parli, Yoav Shoham, Russell Wald, Jack Clark, Raymond Perrault, "The AI Index 2023 Annual Report," AI Index Steering Committee, Institute for Human-Centered AI, Stanford University, Stanford, CA, 2023.

技术和基础设施三个方面进行评估。其中政府维度有治理和伦理指标,包括数据保护和隐私法、网络安全、适应商业模式的法律框架、伦理准则、问责。[1]

欧盟委员会提出的 AI 观察指数（AI Watch Index）从全球、产业、研发、技术和社会五个方面对各成员国 AI 发展进行评估,这一指标突出经济和社会发展属性,其中涉及伦理问题的主要是社会维度中多元化指标。[2]

以下选择欧盟和俄罗斯对可信人工智能的评估方法。

（一）欧盟"可信人工智能评估清单"(ALTAI)

欧盟人工智能专家组经历两年时间,于 2020 年开发完成"可信人工智能评估清单"（ALTAI）,供各方自我评估。这一评估清单以欧盟《可信人工智能道德准则》"七项要求"为框架,旨在提高人们对人工智能对社会、环境、消费者、工人和公民（特别是儿童和边缘化群体）潜在影响的认识,鼓励所有利益相关方的参与,将伦理作为开发一种独特的人工智能方法的核心支柱,让其相信人工智能系统的设计、开发和使用是合法、道德和稳健的,遵循"七项要求",从而为可信人工智能的评估提供了一个初步的方法。

ALTAI 以保护人民的基本权利为坚实基础,即欧盟条约、《基本权利宪章》和国际人权法所规定的人权,可以帮助组织了解什么是可信人工智能,特别是人工智能系统可能产生的风险,以及如何在最大限度地提高人工智能效益的同时降低相关风险。组织可以通过积极思考其中的问题,开发和维护可信人工智能系统的组织文化,获得最大价值。这一评估清单同时具有良好的灵活度,倡导灵活使用。组织可以从其中提取与特定人工智能系统相关的元素,或者考虑所处的行业,在其认为合适的情况下添加元素。可信人工智能评估清单所面向的利益相关者包括但不限于:①AI 系统的 AI 设计人员和

---

[1] https://www.oxfordinsights.com/government-ai-readiness-index-2022.
[2] https://ai-watch.ec.europa.eu/publications/ai-watch-index-2021_en.

AI开发人员；②数据科学家；③采购官员或专家；④使用或使用人工智能系统的前端人员；⑤法律/合规官员；⑥管理层。

ALTAI主要用于自我评估，分为事前和事后阶段。从"建立评估人工智能风险的流程"引申出两项活动：人工智能风险评估计划（事前）和人工智能风险评估（事后）。前者的语义模型应该能够表示风险评估计划、预期步骤和行动、责任方以及规划期间生成和使用的实体。

（二）俄罗斯"全球人工智能伦理评估框架"

俄罗斯莫斯科国际关系研究院（MGIMO）AI研究中心2022年面向政府、企业、公民社会、研究机构/智库四类利益相关方提出了一个全球人工智能伦理评估框架,[①] 具体如表3所示。

表3 MGIMO AI伦理评估指标

利益相关方	评估指标							
政府	AI伦理案例实施	AI伦理雇主	AI伦理财政支持项目		国家政策		ICT基础设施	研发投资
企业			AI伦理私人投资	初创公司合作水平	透明性	AI伦理法典	AI素养	
公民社会	NGO参与AI伦理事宜							
研究机构/智库	AI伦理研究中心	AI伦理知识产权等级	研发伦理	AI伦理的出版	科研参与AI伦理研究	关注AI伦理社会事件		

资料来源：MGIMO AI中心，2022。

利益相关方中，政府和企业分别对应AI在公共部门和私人部门的应用领域。人工智能伦理案例实施指标展示了人工智能伦理方面应用实例的数量和质量；人工智能伦理雇主指标展示了人工智能道德领域雇主的主要特点及其应用道德方法和发展的各个方面。

[①] Anna Abramova, Anastasia Ryzhkova, Iulia Tserekh, *AI Ethics Assessment at National and International Levels*, *The Approach to Index Framework and Methodology*, Moscow: MGIMO, 2022.

AI伦理财政支持项目指标表示国家对于人工智能伦理的重视程度，同时考虑了国家层面的财政规模和方向。国家政策指标包含一组复杂的指数，包括法律、法规以及人工智能伦理发展相关方面的国家举措的数量和质量。

在企业方面，AI伦理私人投资指标揭示了人工智能伦理领域私人投资（包括风险资本）的数量和质量。初创公司合作水平指标包括公司创业解决方案实施和人工智能伦理领域并购过程的定性和定量指数。透明性指标披露了企业对人工智能解决方案工作伦理方面的理解，还展现了提高已实施和计划中的人工智能解决方案透明度的商业方法。AI伦理法典通过真实案例披露，揭示了企业在人工智能伦理领域遵循伦理原则的途径。

公民社会的相关指标中，NGO参与AI伦理事宜指标表明了国内外非政府组织在预防和减轻人工智能伦理违背方面的参与程度。关注AI伦理社会事件指标展示了每年向不同利益相关者群体推广人工智能伦理知识的活动。它使人工智能开发者和消费者能够更好地了解人工智能应用普及所带来的主要问题和风险。

研究机构/智库的相关指标中，AI伦理研究中心指标可以分为两组指数：以人工智能伦理为重点的和将人工智能伦理作为应用或基础研究一部分的。AI伦理知识产权等级指标涵盖了与应对人工智能伦理挑战相关的所有注册形式相关的指数。研发伦理指标显示了ICT和其他人工智能应用领域的研究人员和开发人员的伦理关注状况。AI伦理的出版指数揭示了国家数据库和国际数据库中英文和本国语言的同行评议出版物数量。

强调人工智能伦理的活动包括关于人工智能伦理的国家和国际会议、论坛，这些会议和论坛可以为所有利益相关者提供机会，就进一步的研究交换意见。研究人工智能伦理问题的研究人员包括那些专注于人工智能伦理领域的研究人员。

以下三个指标可评估所有利益相关者的共同利益。

ICT基础设施指标展示了在国家层面对每个利益相关者开展人工智能伦理评估所必需的软件和硬件开发。研发投资指标显示了国家机构、企业、民间组织和研究中心的研究与开发投资的数量和质量。AI素养指标揭示了公

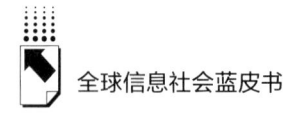

共和私营部门在信息通信技术教育方面所做的努力，重点关注不同利益攸关方群体和不同年龄组的人工智能应用情况。人工智能教育应用涉及学校和大学在使用人工智能进行教育计划交付（作为工具）和使用人工智能应用程序安排社交生活（包括技术援助，营销等）方面的指标。

六 实现可信AI的路径

信任度要与风险相适应，并需要不断予以校准。2019年4月，欧盟AI高级专家组提出了关于人工智能伦理的技术和非技术方法，贯穿于AI系统全生命周期的所有阶段。对用于实现需求的方法的评价，以及对实现过程的变更的报告和证明，应该持续、动态地进行。

欧盟实现可信AI的路径是采取基于风险的方法，即通过识别整个AI生态和生命周期中存在的风险，对其进行分级，明确各相关方（主要是AI开发商）所应承担的责任，加强内外部监管。而部分学者所提出的"零信任方案"则从反向提出可信AI的路径，强调要对AI进行持续的核实。这一路径相对保守，但无疑更具安全性和启发性，值得各国重视。以下仅介绍这两种方案。

（一）路径一：风险分级方案

基于风险的方法认为AI规制干预度应该与风险影响成比例。欧盟委员会是这一方法的践行者，认为应该遵从基于风险的方法，新的AI管制框架应当有效地达成其目标，同时不会过多地被规制。

从风险水平的角度，欧盟AI法案区分四个层次的风险水平，分别是不可接受的风险、高风险、有限风险和最小风险。基于不同的风险水平，欧盟对服务提供商和用户提出其应承担的责任。

不可接受的风险的AI系统会对人类产生巨大风险，需要被禁止，包括：①对人或特定弱势群体的认知行为操纵，如鼓励儿童实施危险行为的声控玩具；②社会评分，根据行为、社会经济地位或个人特征对人进行分类；③实时和远程生物识别系统，如面部识别。

对安全和基本权利产生负面影响的AI系统被定为高风险，可以分为两类：①用于符合欧盟产品安全立法的产品的人工智能系统，包括玩具、航空、汽车、医疗设备和电梯。②属于以下特定领域的人工智能系统必须在欧盟数据库中注册，包括自然人的生物特征识别和分类、关键基础设施的管理和运营、教育和职业培训、就业、工人管理和自营职业机会、获得和享受基本私人服务以及公共服务和福利、执法（移民、庇护和边境管制管理、协助法律解释和法律适用）、生成式人工智能。所有高风险人工智能系统在投放市场之前及其整个生命周期都将接受评估。

有限风险的AI系统应当遵守最低的透明要求，允许用户作出信息充分的决策。在应用程序交互之后，用户能够决定是否持续使用，包括生成或操纵图像、音频或视频内容（例如深度伪造）的人工智能系统。

（二）路径二：零信任方案

零信任（Zerotrust）策略，也可以称为"信任，但核实"（Trust，but Verify）策略。其基本架构最早是由ForresterResearch于2010年提出的，是对企业网络化趋势的回应，包括远程用户、自带设备（BYOD）和不在企业网络边界内的基于云资产的管理策略。美国NIST将零信任定义为"一组不断发展的网络安全范例的术语，这些范例将防御从静态的、基于网络的边界转移到关注用户、资产和资源"。[1] 在下一代网络中，命令和控制谁访问网络，以及最终的数据是零信任的关键。[2] 这一网络应当具有以下能力：①访问和用户之间的相关性，了解谁在做什么、在哪里、为什么。②用户单点登录，使访问控制更简单是关键。③多因素身份验证，以指数方式降低访问威胁。④某种形式的机器学习或自动化，不仅可以让访问"学习"寻找异常，而

---

[1] Rose S., Borchert O., Mitchell S., Connelly S., "*Zero Trust Architecture*," National Institute of Standards and Technology, Tech. Rep, 2020.

[2] Forrester, "Next-generation Access and Zerotrust," https：//go.forrester.com/blogs/next-generation-access-and-zero-trust/, 2018.

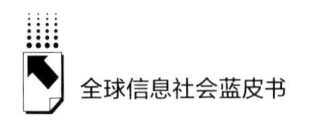

且可以让用户越多使用系统，事情就越好处理。⑤技术集成，增强网络层安全性。⑥明确符合延伸的零信任（ZTX）生态系统框架。

七　总结和启示

可信 AI 的重要性受到越来越多国家的重视。有关可信 AI 的建设，目前各国仍然处于探索之中。由于文化、制度、经济发展水平等的差异，国家之间也存在一定的差异。本文试图归纳出可信 AI 的主要维度、框架、评估和实现路径，并通过比较发现其共性。

可信 AI 受到诸多因素的影响，不同维度之间有时是矛盾的。客观可衡量的因素可在可解释模型中使用，但人工智能模型如何被训练和测试的信息混杂，大量的因素影响着人们的主观感受。总体而言，没有一个"神奇的公式"可以保证人工智能系统是完全可信的。由此，建设可信 AI 需要秉承适用性原则，逐步推进在不同场景下的应用。

总结各个国际组织和欧美国家在发展可信 AI 方面的经验，可为我国促进可信 AI 的发展提供以下启示。

一是可信 AI 中存在相互矛盾的观点，表明设计可信人工智能是一项艰巨的任务，成功地驾驭它需要多个利益相关方的参与，通过识别其中存在的风险，采取相应的管理策略。

二是信任与风险相对应。我国应当结合国家安全、公共安全新形势，尽快划分不同的风险层级，明确相应的可信 AI 策略。如果不能划分明确的风险等级，对于广大的 AI 服务提供商而言，往往会感到无所适从，面临相当大的经营风险和不确定性，进而影响 AI 的发展。

三是加强可信 AI 的评估工作，包括内部和外部两个方面。对于不同利益相关方，提供一个适合中国环境的自我评估清单。这个清单应当基于国内相关法规，与审计标准一致。

四是 AI 要实现可信，不是一蹴而就的，而是需要动态更新。基于风险的模型和零信任政策模型具有重要的参考意义。

参考文献

Angelica Salvi del Pero, Peter Wyckoff, Ann Vourc'h, "Using Artificial Intelligence in The Workplace: What are the Main Ethical Risks?" OECD Social, Employment and Migration Working Papers, 2022.

A. Jacovi, A. Marasovic, T. Miller, Y. Goldberg, "Formalizing' Trust in Artificial Intelligence: Prerequisites, Causes and Toals of Human Trust in AI," in Proceedings of the 2021 ACM Conference on Fairness, Accountability, and Transparency, 2021.

D. Kaur, S. Uslu, K. J. Rittichier, A. Durresi, "Trustworthy Artificial Intelligence: A Review," *ACM Computing Surveys* (CSUR), 2022 (2).

Floridi L., Cowls J., "A unified framework of five principles for AI in society," *Harvard Data Science Review*, 2019 (1).

High-Level Expert Group on AI, "The Assessment List for Trustworthy AI: for Self-assessment," July 2020.

Luciano Floridi, Josh Cowls, Monica Beltrametti, Raja Chatila, Patrice Chazerand, Virginia Dignum, Christoph Luetge, Robert Madelin, Ugo Pagallo, Francesca Rossi, et al., "AI4People-An Ethical Framework for a Good AI Society: Opportunities, Risks, Principles, and Recommendations," *Minds and Machines*, 2018 (4).

Mayer R. C., Davis J. H., Schoorman F. D., "An Integrative Model of Organizational trust," *Academy of Management Review*, 1995 (20).

Mohammad Al-Rubaie, J. Morris Chang, "Privacy-Preserving Machine Learning: Threats and solutions," *IEEE Security & Privacy*, 2019 (2).

Nestor Maslej, Loredana Fattorini, Erik Brynjolfsson, John Etchemendy, Katrina Ligett, Terah Lyons, James Manyika, Helen Ngo, Juan Carlos Niebles, Vanessa Parli, Yoav Shoham, Russell Wald, Jack Clark, Raymond Perrault, "The AI Index 2023 Annual Report," AI Index Steering Committee, Institute for Human-Centered AI, Stanford University, Stanford, CA, 2023.

Raja Parasuraman, Thomas B. Sheridan, Christopher D. Wickens, "A Model for Types and Levels of Human Interaction with Automation," IEEE Transactions on Systems, Man, and Cybernetics—Part A: Systems and Humans, 2000 (3).

United Nations Educational, Scientific and Cultural Organization, "Recommendation on the Ethics of Artificial Intelligence," *United Nations Educational*, 2021.

B.14 工具理性与价值理性视角下生成式人工智能的价值与风险

——以 ChatGPT 为例

薛泽林 许 鑫*

摘 要： 以 ChatGPT 为代表的生成式人工智能效益与风险兼具。从工具理性与价值理性的视角出发，探究 ChatGPT 对政治、经济和社会的影响，更能抓住其风险的本质所在。从工具理性的视角来看，ChatGPT 的功能体现为技术赋能、价值赋能及信息赋能，风险体现为影子政府、行业垄断及组织异化。从价值理性的视角看，ChatGPT 的功能体现为技术赋权、知识创新及增进效能，风险体现为赋权偏畸、价值扭曲及意识侵蚀。总体而言，ChatGPT 是理性生产的工具而非主体，虽然在很大程度上满足了效率要求，但难以解决公平问题，并进一步加深人际关系鸿沟。在本质上，ChatGPT 服务于资本增值而非公共利益，因而对于政府治理而言，ChatGPT 引发最核心的挑战在于跳出技术依赖以维护公共利益。

关键词： 工具理性 价值理性 ChatGPT

---

* 薛泽林，管理学博士，上海社会科学院政治与公共管理研究所副研究员，研究方向为城市治理数字化转型、公共政策分析；许鑫，管理学博士，广西民族大学政治与公共管理学院讲师，研究方向为弹性城市、数字城市。

工具理性与价值理性视角下生成式人工智能的价值与风险

一 引言

OpenAI 于 2023 年 3 月公开的 GPT-4，将生成式人工智能的发展推上了一个新的高度。作为一个"人机交互"的对话系统，ChatGPT 能够依据用户的指令进行智能化创作，自动生成满足需求的内容。它在很大程度上摆脱了过去 AI"睁眼说瞎话"的窘境，因而广受各专业领域的重视。从医学领域来看，ChatGPT 能够生成近似经验丰富的医生所撰写的医疗文本，并提供良好的医疗解决方案。① 从教育领域来看，教育工作者可以借助 ChatGPT，根据学生的表现使课程个性化，从而营造更高效的学习环境。② 从气候领域来看，ChatGPT 能够在掌握气候变化和提高预测准确性方面发挥关键作用。③ 从消费领域来看，ChatGPT 不仅可以增强消费者参与度，还能促使销售者改进客户服务、营销活动，以及提升对消费者行为的洞察力。④ 不少评论认为，ChatGPT 将会对社会经济生活的方方面面产生革命性的影响。

ChatGPT 所引发的风险，主要可以归结为政治、经济和社会秩序的重构。首先，数字技术及其收益的支配权与垄断权极易形成技术霸权，国家意识形态安全的维护也更为艰巨。⑤ 其次，ChatGPT 可能会破坏发展中国家人力资本低廉的优势，而多数中小企业囿于资本和技术不足，致使垄断竞争进一步加剧。⑥ 最后，ChatGPT 将会替代部分脑力劳动者提供更为高效的专业

---

① Darkhabani M., Alrifaai M. A., Elsalti A., et al., "ChatGPT and Autoimmunity: A New Weapon in the Battlefield of Knowledge," *Autoimmunity Reviews*, 2023.
② Javaid M., Haleem A., Singh R. P., et al., "Unlocking the Opportunities Through ChatGPT Tool Towards Ameliorating the Education System," BenchCouncil Transactions on Benchmarks, Standards and Evaluations, 2023.
③ Biswas S. S., "Potential Use of ChatGPT in Global Warming," *Annals of Biomedical Engineering*, 2023.
④ Paul J., Ueno A., Dennis, "ChatGPT and Consumers: Benefits, Pitfalls and Future Research Agenda," *International Journal of Consumer Studies*, 2023（7）.
⑤ 张夏恒：《ChatGPT 的政治社会动能、风险及防范》，《深圳大学学报》（人文社会科学版）2023 年第 3 期。
⑥ 宋信强、刘明杰、陈家和：《GPT-4 影响的全面分析：经济高质量发展与国家安全防范》，《广东财经大学学报》2023 年第 2 期。

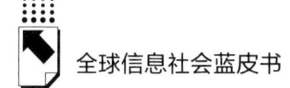

化服务，导致"技术性失业潮"的出现。[1] 另外，ChatGPT 的维护与改进需要大量的能源投入，给环境造成了巨大的负担。[2] 还需要警惕的是，在 ChatGPT 的运行逻辑背后，隐藏着算法歧视和弱化人类主体的风险：前者意味着 ChatGPT 的输出隐藏着偏见、歧视与暴力，如性别歧视、政治不确定和种族偏见等；后者表现为通过模仿人类的语言能力、共情意识模糊主客间的界限，形成对人类中心的僭越。[3]

二 两种理性视角下的 ChatGPT 及其风险挑战

马克斯·韦伯认为，工具理性是以个人目的集合为取向的行动，是"对外界对象与他人行为的各种期待，并将这些期待当作手段或是条件，以实现合乎理性的目标"的行动；价值理性是以某种绝对价值为取向的行动，是"无条件的固有价值的纯粹信仰"，是"通过有意识地对一个特定的行为——伦理的、美学的、宗教的或作任何其他阐释的"，仅考虑行为的本身而不顾及外在的效用。[4]

缜密的逻辑思维与精细的科学计算是工具理性的关键，实现效率或效用最大化是其实质目标。[5] 由于只聚焦"如何做"，手段与过程通常会"反客为主"，出现行为异化。[6] 如将大数据运用于高校思政教育时，过于注重工具理性的表现为德育主体自主性被忽视、差异性缺失和自我异化等。[7] 作为

---

[1] 孙伟平：《人机之间的工作竞争：挑战与出路——从风靡全球的 ChatGPT 谈起》，《思想理论教育》2023 年第 3 期。
[2] 陈永伟：《超越 ChatGPT：生成式 AI 的机遇、风险与挑战》，《山东大学学报》（哲学社会科学版）2023 年第 3 期。
[3] 邹开亮、刘祖兵：《ChatGPT 的伦理风险与中国因应制度安排》，《海南大学学报》（人文社会科学版）2023 年第 6 期。
[4] 马克斯·韦伯：《经济与社会（上卷）》，林荣远译，商务印书馆，1997。
[5] 张明军：《工具理性与自由政治浪漫主义形态》，《学术月刊》2021 年第 12 期。
[6] 陈龙：《超越工具理性：舆论"善治"路径反思》，《学术界》2021 年第 1 期。
[7] 丁越勉：《工具理性下的个性隐没——新时代德育效果提升研究》，《思想教育研究》2018 年第 6 期。

政府绩效管理的重要维度,过于注重工具理性的结果是盲目地把精力都花在提炼模式或玩转"花样"上,欠缺对最基础、最核心问题的有效回应。① 即便是人类生活不可或缺的基础设施,也存在工具理性所带来的烦恼,如各类智能设备和技术的投入带来了过度智能治理、智能低效、智能破坏等新问题。②

价值理性强调"价值合乎理性",即自觉确立或形塑已达成共识的社会价值观念,将其作为目标设定或实践的"最后基准点"。③ 价值理性应该是以人类为本位、以福利为目标,以善美为旨归、以伦理为支撑的,人本目的性、终极关照性以及现实批判性、理想超越性是其最主要特征。④ 值得注意的是,在某些境遇下,不同的群体秉持不同的价值理性,且并非所有的价值理性都遵从社会整体利益。如在农村,患病高龄老人及其子女的价值理性形成对立,前者考虑的是如何缩短被病痛折磨时间且得以善终,后者考虑的是将有限的金钱用于体现其孝道,双方价值理性选择的偏差无疑需要通过政府介入矫正。⑤

工具理性与价值理性是一体两面,是关于人的生存意义、生存理想、终极价值与谋生手段、谋生工具、科学文化知识二者关系的认识。⑥ 一个健全的社会,必须建立在工具理性与价值理性协调统一的基础之上,即在社会行动中,工具理性应当从属于价值理性,以后者为基准,在后者所倡导的前提和伦理之下发挥作用。⑦ 现实中工具理性的过度膨胀,并非因为价值理性的

---

① 孟宪斌:《融合工具理性与价值理性:对地方政府绩效管理运行逻辑的反思》,《中国矿业大学学报》(社会科学版)2020年第4期。
② 王浩宇、王永杰:《基础设施工具理性的缺陷及其价值理性的回归》,《中国人民大学学报》2023年第1期。
③ 陈新汉:《论价值理性的异化》,《上海师范大学学报》(哲学社会科学版)2023年第2期。
④ 王忠武:《中国发展模式的价值理性基础与价值目标追求》,《东南学术》2016年第5期。
⑤ 赵代博、程令伟:《"价值理性"与福利政策瞄准偏差——基于甘肃省东部农村新农合的调查》,《社会保障研究》2017年第3期。
⑥ 李凌凌:《从工具理性到价值理性:全民传播时代舆论管理的转型》,《当代传播》2017年第2期。
⑦ 向德平、刘风:《价值理性与工具理性的统一:社会扶贫主体参与贫困治理的策略》,《江苏社会科学》2018年第2期。

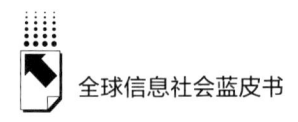

退场，而恰恰是在场的价值理性的迷失。①

在为ChatGPT前所未有的智能化感到惊喜的同时，人们也不免对其指不胜屈的外部性产生了顾虑。正如人工智能的发展带来了巨大的经济效益，但未必惠及整体社会，甚至还会加剧原有的非公平、产生新的非公平。这些顾虑的实质是理性空间张力的矛盾，即工具理性与价值理性之间的取舍。当前，人工智能治理也主要围绕价值立场、价值目标和正义原则等核心问题展开，即珍视谁的价值、珍视何种价值以及如何正确地对待这些价值。② 失去价值理性的引导，资本增值的逻辑将会异化一切并掌控一切。ChatGPT的工具价值已经非常清晰地展现出来，且还远未到达其增值的界限。相比之下，其价值理性却草创未就。

随着ChatGPT及其同类产品能对人类生产和生活的嵌入越来越深，从工具理性与价值理性的视角出发，可以更为清晰地窥探此类通用型的生成式人工智能应用的价值为何？限度为何？方向为何？等等。如果说人工智能为了满足人的意志，但人仍对其感到不满、恐惧，那么必然有一种理性尚未得到满足。

三 工具理性下的ChatGPT

（一）功能体现

1. 政治领域：技术赋能

首先，ChatGPT增强了公共部门对"人"的回应能力，即提升了社会公众意愿表达与公共部门反馈表达的匹配程度。虽然电子政务推广了多年，但用户与传统机器客服一直存在相互理解困难的弊病，仍需寻求人工服务。前往办事大厅咨询或通过服务电话咨询均要付出不少时间成本，且出于风险

---

① 徐青：《价值理性的本真与建构》，《河南师范大学学报》（哲学社会科学版）2017年第4期。
② 赵瑜、周江伟：《人工智能治理原则的伦理基础：价值立场、价值目标和正义原则》，《浙江社会科学》2023年第1期。

规避和疲于重复工作，公共部门工作人员只是紧扣规章制度复述条文，缺乏足够的共情与弹性。相较于此，ChatGPT能够精准地捕捉用户的意图、了解用户的习惯和掌握用户的偏好。在高度的智能化和拟人化功能下，ChatGPT不同于只会抛出选择题与条例的传统机器客服，能够模拟人类，以更为日常化的话语替代行政化的话语，贴近用户的情感需求，让后者感受到被理解、被重视和被尊重，是在进行对话而非"有求于人"，增强了互动性与友好性。"人机交互"的结果得到不断地纠错和优化，电子政务的G-C端也得到了质量保证。另外，ChatGPT不受人数、时间和状态的限制，大大提升了政务信息服务的效率和稳定性。

其次，ChatGPT增强了公共部门对"事"的回应能力，即提升了公共决策全过程的效率和准确性。影响公共部门对"事"的回应能力的关键词有两个：一是知识，二是过程。囿于认知水平、信息存量和学习能力，以及部门制度、决策程序和组织效率的限制，人工决策很难做出近乎完全理性的决策，尤其是让决策方和受众方都感到满意的决策。在缺乏对公共事务全面、深入、正确的掌握，以及独断专行、议而不决或粘皮着骨的情况下，公共决策要么"水土不服"失去初始目标，要么"姗姗来迟"错过最佳时机。基于此，一方面，ChatGPT拥有持续更新的庞大数据库，可以轻松应对当前已知的各种常规性公共事务，尤其是审批型业务。而对于未知的风险性或突发性公共事务，ChatGPT也能通过建模搭建场景模拟情形，给出概率建议或是最优解决方案。另一方面，ChatGPT是一个相对独立的系统，几乎不受任何其他的外部主观意识特别是长官意志的干扰，直接绕开了一系列为保障人工决策科学合理而设置的程序。

2. 经济领域：价值赋能

从产业链的视角出发，ChatGPT影响最直接的首先是支撑其诞生的产业，即处于核心地位的算法、算力以及大数据产业；其次是为其提供硬件支撑的计算机芯片、储存器和处理器产业；最后是直面消费服务的产业，包括文字、图片和视频等。从行业的视角出发，ChatGPT运用甚广，包括医疗、制造、材料、教育、营销、广告、娱乐、建筑等行业。当前，ChatGPT最显著的价值是后者,即通过对各个行业的嵌入进而延展其服务的价值。

在医疗领域中,ChatGPT可以缓解病情诊断以及病例分析的压力。一是代替医生回答患者就诊的问题,ChatGPT能够依据数据库给出准确率较高的回答,帮助患者掌握自身的病情,避免了搜索引擎给出错误信息的干扰,导致患者做出错误的选择;二是在面对复杂病例的时候,不同科室的医生只能发挥自身专业所长,难以实现跨科室诊断,而掌握了较全信息的ChatGPT能够发挥"协同"的作用,为跨科室诊断提供指导。

在营销领域中,ChatGPT能够帮助企业提高商品销售的效率。一是ChatGPT可以24小时不间断地为客户提供在线咨询服务,不受时间和人数的限制;二是避免人工客服素质参差不齐的缺点,能够提供同一技术标准且具备差异化的服务;三是相对人工客服,ChatGPT具备更为广泛的专业知识储备,反应更为迅速,能够给客服提供更为全面、多样以及个性的选择。

在娱乐领域中,ChatGPT能够改善用户对于游戏场景的体验感。一是用户面对的不再是固定问答的虚拟人物,即从系统给定的选项中挑出自己的问题,而是直接输入自己想要表达的内容;二是用户获得回答不再是简单且平铺直叙的条文,而是带有拟人感情色彩以及人文关怀的聊天文本;三是在互动中熟悉了用户的喜好之后,ChatGPT可以对游戏场景的剧情做出相应的调整,使之更为"理想化"。

3. 社会领域:信息赋能

相较于个人而言,社会成员的组织化更能影响社会系统的演进。从福特主义到后福特主义的演变过程显示,技术进步是撬动社会组织变革的扳机。在福特主义时代,人类组织表现为一种集中控制、层级管理的垂直体系。这种垂直体系基于社会化的大生产,具有"核心—外围"的结构特征,存在对中心权威的依附关系,如科层制的政府组织、标准化的企业组织,以及结合官僚与技术控制的社会组织。在后福特主义,人类组织表现为一种弹性联系、网络分工的混合体系。为了保证权力的行使与命令的贯彻,这种体系的内核依然具有"核心—外围"的结构特征,但以专业化、非集中和小规模生产为基础,外在更多地表现为放松管制后的自主合作,弱化了对中心权威的依附。如企业型的政府组织、弹性化的企业组织，以及结合服务与协同的社会组织。进入互联网时代，社会组织发生了翻天覆地的裂变。相较于现实世界，网络空间的社会关系看似去层级化、去中心化，回到原子化的前福特主义社会。但实际上，个体依托共同的观念、兴趣以及需求等聚在一起，共同构成了网络化组织。

ChatGPT的出现又给网络化组织带来了新的逻辑：再权威化、再集聚化和再分散化。首先是再权威化，ChatGPT可以为用户免费提供"成品"知识。不需要付出时间成本去比较、筛选与核对成百上千条信息，用户即可直接从ChatGPT获得一份行文流畅、逻辑清晰、结构完整的答案。同样，用户可以不再依赖传统社交平台的"知识权威"，大量用户分属多元化"知识权威"的情况可能不复存在，ChatGPT将成为网络化组织新的单一权威中心。其次是再集聚化，ChatGPT当前所提供的服务具有综合性。从其刚推出不久便收获上亿用户来看，ChatGPT不仅是一个高度人性化的聊天工具。除了获得知识外，ChatGPT还能嵌入司法、市场、医疗、教育等领域，具有很强的通用性，用户很快围绕ChatGPT形成一个新的网络化组织。基于ChatGPT近乎可以满足用户所有的需求，以其为中心的网络化组织会形成一个只进不出的单向空间。最后是再分散化，通过知识传递和工作辅助，ChatGPT能够为用户实现信息赋能。由此，ChatGPT能够通过提升网络化组织的效能，进而影响社会现实。

（二）风险体现

1. 政治风险：影子政府

ChatGPT增强了公共部门对"人"和"事"的回应能力，但同时也产生了排斥"人"和扭曲"事"的隐忧。

ChatGPT兼顾并强化了机器客服高效化与人工客服弹性化的优点，同时也很好地规避了人工决策的专业性、时效性问题。但是，ChatGPT对相关的工作人员也产生了"挤出效应"和"替代效应"。"挤出效应"意味着部分涉及业务咨询、审批、处理等程序性的工作岗位会因ChatGPT的使用而缩

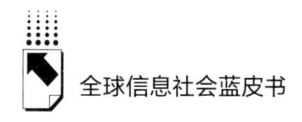

减，相关的工作人员因功能性的"挤出"而失业。"替代效应"意味着公共部门的决策职能让渡给 ChatGPT，允许后者替代前者对公共事务做出决断，使 ChatGPT 成为公共决策的组成部分。由此也引发技术性依赖风险。

公共部门对 ChatGPT 的依赖容易诱发庸政、懒政和怠政倾向。庸政意味着公共部门停止对公共福祉、价值分配和空间正义的思考与追求，全权交由人工智能去判断。懒政意味着公共部门对 ChatGPT 的强大效能形成惯性，并在惯性的推动下不断扩大后者在公共事务中的适用范围。怠政意味着公共部门迷失于 ChatGPT 的表征，过度抬高其功能价值而忽视自身存在的价值、意义和责任。一旦技术依赖形成，就会出现治理工具领导、指挥、管理和控制治理主体本末倒置的现象，由此也引发正当性丧失风险。

在人工智能嵌入治理体系之前，公共部门执行的是人类意志。而当 ChatGPT 参与公共事务治理之后，则执行的是人工智能的"意志"。这是正当性丧失的第一层次：ChatGPT 即使再智能化、人性化，也是算法与规训的结果，凭什么代表了人类意志？再者，ChatGPT 的"意志"背后依旧是人类意志，研发者依据自身价值判断，对海量数据进行选择性输入并不断纠错、纠偏，保证人工智能处在其认为的正轨上。这是正当性丧失的第二层次：非公共部门主体凭什么代替公共部门主体展开治理？由此也引发责任的缺失风险。

ChatGPT 做出的决策或许是最"经济"、最"理性"的，但未必是符合价值追求的。一旦人工智能在服务或决策的过程中发生失误，其自身是无法承担责任的，那么，是公共部门承担责任？还是系统研发者承担责任？如果两者均需承担责任，又该如何划分责任比例？尤其是人工智能代表的并非公共利益，倘若公共部门对 ChatGPT 过度赋权，那么权责一致的行政原则将被打破。ChatGPT 潜藏着意识形态渗透的风险，成为政治意图推广的工具。公共部门未经甄别或防范而全盘接受，被其绑架，则是公共责任的丧失。

由此可见，"挤出效应"和"替代效应"的存在，弱化了政府治理过程中人为干预的因素，为 ChatGPT 成为实际治理主体并衍生影子政府埋下了隐忧。

2. 经济风险：行业垄断

从 ChatGPT 及其同类产品 Deep Blue、AlphaGo、Microsoft 365 Copilot 等的研发过程可以看到，生成式 AI 的研发过程均有大型科技企业参与的身影，如谷歌、IBM、DeepMind、微软等。另外，百度、阿里、京东和网易等科技公司也相继跟进，研发相似产品。可见，研发此类多模态、预训练的大型生成式人工智能语言模型花费巨大：一是资本的积累，需要漫长周期的投入；二是技术的积累，需要大算法、大算力和大数据的投入。

首先，"先天"的行业壁垒把众多中小企业挡在了门外，使得 ChatGPT 及其同类产品沦为只有少数玩家才有资格参与的游戏。OpenAI 成立于 2015 年，分别于 2016 年、2019 年和 2020 年推出了三代 GPT，耗时 7 年，才于 2022 年推出了 ChatGPT，并免费向用户开放，其间的巨额投入可想而知。表面上看，OpenAI 只是一家初创的小型科技企业。但实际上，其背后一直获得微软的支持。

其次，ChatGPT 的核心技术包括自主学习并提取隐含特征的多模态涌现能力、模仿人类推理思维的多模态思维链、提升文本质量的多模态提示工程、保障对话始终聚焦的反馈强化学习、基于安全范围内的奖励模型、稳定学习过程的近端策略优化算法，以及纠正错误的多模态幻觉检测等。这些技术都是长期不断试错演化而来的成果，是大型科技企业形成技术标准之后形成垄断的基础。

此外，不可忽视的是，政府虽然不乏针对科技产品市场的反垄断规制，但制度反应的速度远远要慢于技术进步和市场变化的速度。企业能够在一夜之间做出调整运营方向和方式的决策，但法律法规从制定、修正到生效需要经历漫长的协商和博弈过程，两者的时间间隙也给大型科技企业在生成式 AI 市场的垄断留下了真空地带。正如当前，诸多生成式 AI 产品的研发企业，均为大型科技企业为规避反垄断法的限制与监管，而选择"合作"的对象。后者通过投资和控股的方式，将相关领域的市场与自身业务紧密捆绑，既能让现有的法律法规无计可施，又能排挤现有对手、防止新竞争者的出现，以及锁定消费者人群。

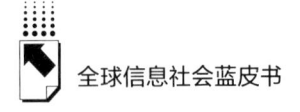

3. 社会风险：组织异化

首先，再权威化之后是茧房化。ChatGPT将精细化处理后的信息直接投喂给用户，节约了后者检索、筛选和消化的时间成本，有助于提高后者知识吸收的效率，然而，一旦用户养成这般"衣来伸手饭来张口"的习惯，由这些用户组成的网络化组织也将被困在信息茧房中。在ChatGPT火爆以前，个人可以同时是数个社交平台的用户，而在同一个社交平台内，可以分属数个"大V"或是"圈子"。多重网络化组织成员的身份使其在接收关注对象信息同时，亦能接触到不同的信息来源。即使这些信息并不符合个人的需求或价值观，但这是社交平台固有的、"强制"的信息多元化。而当个人成为ChatGPT的网络化组织成员后，其他组织身份似乎变得无足轻重——没有信息质量的波动，没有信息噪声的干扰。此时，个人很难察觉到其信息来源的茧房化。面对信息量庞大且能对答如流的ChatGPT，个人认为其信息来源仍是多元化的。

其次，再集聚化之后是垄断化。当网络化组织进入信息茧房之后，组织成员的信息来源一致。多元化的错觉源自ChatGPT的通用性，工具理性使组织成员很容易忽略了这么一个事实，即ChatGPT所投喂的信息，只是ChatGPT"愿意"让用户看到的信息，而非后者寻求答案的全貌——这些答案或许并不完全正确，或许缺少部分要素，或许已经失去时效。如此，ChatGPT垄断了用户的信息世界，把用户从原来的多元主体垄断变成单一主体垄断，造成后者认知的困境。站在ChatGPT背后的是研发者固定的算法和优化的数据，研发者想让用户看到什么，那用户就只能看到什么。如果研发者想要在ChatGPT的回答中掺杂自己的意志或是倾向，对用户进行的意识渲染，在认定了ChatGPT为组织权威中心的前提下，用户将很难拒绝，甚至在不知不觉中接受对方的灌输，同时认为这是自己区别于其他组织的标志，拒绝发生改变而自我强化。

最后，再分散化之后是懒怠化。学习是一个包含了信息收集、资料分析、分析思考、调研论证和归纳演绎的时空过程。当以ChatGPT为中心的网络化组织获得的信息赋能并对社会产生正反馈之后，示范效应会进一步巩固该组织并吸引更多的人加入。组织成员不再将 ChatGPT 视为工具，而是唾手可得的捷径——不再需要分析与思考，只需要鼠标轻轻一点，即可越过漫长而繁复的积累过程，直达罗马。

四　价值理性下的 ChatGPT

（一）功能体现

1. 人为本位：技术赋权

技术赋权大致经历了获取信息、发布信息和生成信息三个阶段。在第一阶段，用户可通过搜索引擎从官方或其他媒体的网络平台上获取信息，并在特定条件下发表意见。此时信息传递以用户单向接收为主。在第二阶段，各种非资讯为主的平台兴起之后，用户可以自主分享自己创作的作品，也可就公共事务进行讨论。此时信息传递具有无边界、去中心互动的特征。在第三阶段，短视频自媒体的出现推动了创作的大众化，只要持有智能手机，就能充当生成信息的主体。此时信息的传递虽然也是相互的，但是少数创作者向多数观众的输出。

ChatGPT 诞生之前，自媒体为吸引流量而喜欢追逐热点，完全不会考虑信息的公共价值与真伪。与此同时，信息热点转瞬即逝，自媒体也不愿过多投入精力，转而以模仿、借鉴甚至是抄袭的方式发布信息，由此导致了自媒体信息普遍质量不高。

ChatGPT 诞生之后，用户可以从大量雷同、低质甚至虚假的自媒体信息中脱离出来，并进一步摆脱知识精英的霸权，免去辨识苦恼。首先，ChatGPT 信息库所收集的数据具有专业性，进而确保信息的准确性，而非自媒体出于营销而自撰的信息。其次，在社交平台中，缺乏专业知识的用户可能会依据粉丝数量、内容产量或身份认证"认领"知识精英。然而部分所谓的知识精英并非货真价实，只是信息的"搬运工"或"小作坊"。"众口铄金"之下，用户很难去验证知识精英。一旦产生质疑，极易被后者的粉

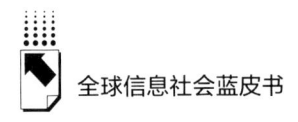

丝群起而攻之。因而大多时候，用户只能充当知识精英的复读机。借助ChatGPT，社会公众无须再经过知识精英的"教化"与"引领"，就能在公共事务中发出自己的声音——即使这些声音完全源自ChatGPT的答案。

2. 福利扩容：知识创新

伴随知识经济的发展，知识创造成为社会福利增长的重要推动力。从创新的角度出发，知识创造可以理解为行为主体开发具有公共价值且可传递、可操作的新思想、新方法的过程。与前代人工智能产品相比，除了能够与人进行对话，ChatGPT还具有数据分析、图片生产、图像识别、代码撰写、文本创作、语义判别、病理诊断、外语翻译等复杂的"拟人"功能。如前代的计算式人工智能产品主要是遵循演绎逻辑的结果，其间需要大量的人工参与。如果没有预先将设置规则、条件或标签，计算式人工智能就很难发挥智能的作用。ChatGPT的出现扭转了这种主要依靠人工才能实现智能的局面。由于具备了能够在反复训练中自我学习并发现新知识的多模态涌现能力，ChatGPT在工作中表现出很大程度的自主性。通过大量的语言数据学习，ChatGPT给出的答案并不仅仅是计算的结果，或是感知对象的形态或属性，而是知识累积和消化之后的知识创造。

3. 效率提升：增进效能

高效地完成任务看似是工具理性的目标，但对于ChatGPT的价值理性而言，其效率增进体现在先是降低了生产成本，而后加快满足公共需求的速度——ChatGPT可以同时完成多项任务，除了文字、图片和视频作品的创作外，还包括模型的推演、市场的分析、代码的生成等，不仅仅是对弈、搜索、翻译或识别等单一或专项功能。例如，在医药领域，药物的研发需要耗费巨额的资金以及漫长的周期，运用ChatGPT对生物分子或是化合物进行分析，不仅可以缩减人力成本，还能在短时间内得到验证、结果或反馈，甚至有新的发现；在制造业领域，ChatGPT的推动作用主要体现在自动化方面，而自动化的实施则有赖于编程技术，ChatGPT能够根据用户的指令编写逻辑完整的程序；在设计领域，ChatGPT首先能够给予用户关于市场风向的提示，经过修整与优化概念之后，即可瞬时生成大量的图片方案供用户参考；在勘探方面，ChatGPT 可以通过分析地质数据，为钻井的布局、生产的设计以及设备的选择提供建议。

（二）风险体现

1. 政治风险：赋权偏畸

从表面上看，ChatGPT 可以无差别地为用户提供同质化服务，打破了知识精英对于专业知识及其解释的垄断权。但实际上，ChatGPT 所推动的数字公平，也只是限于既有网络群体中的数字公平，对于原有的数字鸿沟有何作用，则非常值得商榷。

数字鸿沟大致可以划分为三种类型，一是"接入条件"的基本鸿沟，即能否迈过信息技术、信息内容、网络平台的获得以及信息储存的能力等准入门槛；二是"获得机会"的纵向鸿沟，即存在于已拥有信息通信技术的个人或群体与未拥有的个人或群体之间的差距；三是"禀赋差异"的横向鸿沟，即在已拥有信息通信技术的个人或群体内部，因资源禀赋不同而出现的差距。[①]

从"接入条件"来看，我国仍有不少边远山区尚未联通互联网，与之相对应的是松散的治理环境、复杂的地理环境、低效的经济环境、恶劣的居住环境、脆弱的生态环境、静态的要素环境和落后的思想环境。在此生活的居民更为关心的是收入问题，而非联网问题。边缘地区在 ChatGPT 诞生前就存在缺乏"接入条件"的数字鸿沟。而 ChatGPT 诞生后，在区位条件、资源禀赋、开发意愿、市场范围等基础因素的限制下也很难弥合数字鸿沟，也缺乏弥合的意识和动力。

从"获得机会"来看，城市老年群体虽说被互联网覆盖，但由于知识水平低、外界支持少、界面不友好等因素的干扰，仍属于数字鸿沟中的"钉子户"。老年群体在学习能力、身体机能以及心理承受能力方面均处于

---

① Ranjit Goswami S. K., De B. Datta, "Linguistic Diversity and Information Poverty, in South Asiaand Sud-Saharan Africa," *Universal Access in the Information Society*, 2009 (8).

弱势，与智能手机、电脑、iPad等设备相比，ChatGPT的操作难度显然没有太多可以下降的空间，前者操作困难依旧。所以，ChatGPT的出现未能弥合有机会、没能力弱势群体的数字鸿沟。

从"禀赋差异"来看，这就是用户选择ChatGPT，还是反之的问题，即每个个体都能够使用ChatGPT，不同之处在于，有的人只是支配了其服务性的功能，而有的人则支配了其营利性的功能。后者能够利用ChatGPT获得产品研发、市场评估、消费偏好、行情走势以及投资组合等信息。而前者只会盲目跟随"有什么用什么"，限于满足自己的好奇心、方便自己的生活。因此，ChatGPT赋能的成效，更多地体现在主动选择ChatGPT的用户身上。

综上所述，ChatGPT并未脱离数字经济的范畴，从整体上而言，ChatGPT的出现并不能弥合原有的数字鸿沟。相反，对于边缘人群、弱势群体和对其经营性价值不敏感的群体来说，ChatGPT还会进一步加深数字鸿沟，导致赋权引发的针对特定群体的偏向。

2. 经济风险：价值扭曲

对于市场而言，ChatGPT价值理性的风险主要体现在共识的扭曲，即市场参与主体的行为价值导向发生了扭曲，致使"劣币驱逐良币"现象出现。首先，创作作品是ChatGPT具备自主性的体现之一，但其作品也并非无源之水、无本之木，不会凭空出现。就如人类在进行创作之前，势必要经历学习、吸收前人经验和成果的漫长过程，因而产出或多或少都与前人有所关联。与人类创作的不同之处在于，ChatGPT暂时不具备规避意识，不会征求原作者的意见，而是采取"拿来主义"，直接利用信息库内储存的数据——他人创作的主题、结构、语言或是标识等内容，创造贴合用户要求的完美作品。如此，不仅ChatGPT自身涉及抄袭，当用户将ChatGPT创作的作品用于营利之后，又构成了对原作者知识产权的二次侵犯。所以，在缺乏相关制度规制及技术防范的情况下，ChatGPT的创作行为将会导致原作者合法权益丧失，从而引发原创精神的消弭。届时，用户就只能接收拼凑而成的成果，无法看到创新的作品。其次，通常情况下，基于ChatGPT的信任，普通用户很难对其生成的信息进行专业性的辨伪。这就意味着不法分子能够借助

ChatGPT 制作虚假信息，尤其是伪造官方信息，在交易过程中骗取用户钱财，或是进行其他违法犯罪活动。当虚假信息的数量累积到一定程度的时候，真实信息也会受到 ChatGPT 可信度降低的牵连，导致市场交易成本增加。

3. 社会风险：意识侵蚀

通过回答与作品向用户默默传递深藏其中的价值观，ChatGPT 无异于一个非自然人的网络意见领袖。ChatGPT 由私人部门研发完成，其所传递的价值观归根结底为后者所属政治实体的价值观，历史虚无主义、种族主义、民粹主义、新自由主义等都是网络空间意识形态侵蚀风险的主要内容。历史虚无主义的危害在于否定民族国家的历史发展过程，尤其是否定其历史政治、经济、社会和文化方面所取得的成就，造成民族自尊、民族精神、民族传统的丧失，使民族国家的国民迷失自我、失去自我。种族主义的危害在于刻意突出数个民族之间的差异，强调其中某个民族具有绝对的地位优越性，导致民族之间关系失去平等氛围而引发紧张和冲突。民粹主义的危害在于只看矛盾的表面现象，却不愿探究矛盾的内在缘由。在强调平民化和大众化以及认同多数即合理的前提下，容易就表面现象而导致"多数人的暴政"，导致社会分裂。新自由主义的危害在于反对政府干预并否定政府干预的正当性，强调经济的私有化、自由化以及全球化，实质上就是尽可能地去除对资本增值的管制。若非专业领域人士，普通用户通常不会察觉意识形态遭到侵蚀，尤其是经历了无数次规训后的结果。后者只会把 ChatGPT 的作品当作是知识的权威，并经由自己再进行二次传播，以此持续往外扩散。即使 ChatGPT 声称的价值中立遭到质疑，纠错的权力和渠道仍保留在其所有者手中。

五　基于工具理性与价值理性框架对 ChatGPT 的思考

经过了工具理性与价值理性框架的分析之后，可以看到，ChatGPT 的诞生着实能够给人类社会的发展带来诸多的好处，但其潜在风险亦是渗入生产

与生活的方方面面。探究 ChatGPT 及其同类生成式人工智能的价值与风险，可以从以下五个问题来把握。

（一）ChatGPT 是否能够作为理性的生产主体？

无论是工具理性还是价值理性，其生产的主体均为自然人。很显然，从源头上看，ChatGPT 无法成为理性生产主体，而只能作为理性生产工具。当前，ChatGPT 仍算是刚起步的通用型人工智能产品，其数据来源的可靠性缺乏保障，导致其创作的内容存在理性偏差，给予用户不恰当的答案，或无法完全精准地满足用户需求。随着研发进程的推进以及自我进化水平的提升，ChatGPT 在信息感知能力、知识学习能力、问题思考能力和反应行动能力等方面，会与人类越来越像，甚至模糊人机界限。但归根结底，ChatGPT 暂时只能是建立在人类现有文明基础之上的信息处理器——其所创造出来的作品，无一不是站在人类巨人的肩膀上的。面对 ChatGPT 提供的有害建议、错误代码或是虚假信息，只有人类能够修正。当再次回答类似问题时，ChatGPT 才能够回答得更准确、深入和全面。正因如此，ChatGPT 无法垄断理性的生产，其所为理性的生产，终究来源于人类。或许基于 ChatGPT 强大的服务能力，人类社会的生产和生活会受其影响而发生改变，但并不应该将这些改变看成人工智能对人类智能的规训，毕竟人工智能研发的背后，深受资本增值逻辑的影响。

（二）ChatGPT 是否能够生产人类的目标价值？

什么是人类的目标价值？或许一时难以做出准确而广为接受的概述。简而言之，人类就是要生存，就是要发展，就是要围绕效率与公平两个要素。从工具理性功能的角度来看，当前的 ChatGPT 能够满足人类对于高效率、高效能以及高效益的需求。无论是在生产还是在生活方面，生成式人工智能都引领着人类迈入一个新时代：人工智能的思考足以媲美甚至部分超越了人类智能。从工具理性风险的角度来看，ChatGPT 所引发的风险仍属数字经济时代的问题，需要在数字经济领域的视角下解决。从价值理性功能的角度来看，ChatGPT 也在一定程度上推动了人类对于多元主体参与治理的构建以及福利的增长，但从实际效果来说，价值理性的增长更多的是生活领域而非政治领域。从价值理性风险的角度来看，ChatGPT 所引发的风险也未跳出数字经济时代的范畴。与此同时，尽管 ChatGPT 标榜着价值中立，但其身后的研发团队很难说是不是价值中立。总的来说，ChatGPT 更多地满足了人类工具价值上的需求，至于理性价值，则需要政府引导下的多元主体共同推进，即 ChatGPT 在很大程度上满足了人类目标价值中的效率问题，但很难满足公平问题。

（三）ChatGPT 是否能够改变人与人之间的关系？

从生产方面来看，ChatGPT 通过对重复型、程序型以及部分决策型、创作型岗位、职业甚至行业工作人员的技术性替代，进而改变人与人之间的劳动关系。过去，人类的"就业危机"表现为自动化对简单劳动的替代，压缩了非知识型和非技术型劳动力的选择范围。未来，人类的"就业危机"可能表现为智能化对知识劳动的替代，除非能够与智能化领域紧密关联，否则知识型和技术型劳动力也会面临被选择的命运。只要没有停下追求工具理性的脚步，技术性替代所引发的失业现象就不可能消失。价值理性在其中的作用，就是防止技术性替代过程中的空间分异、阶层固化及社会动荡。从生活方面来看，生成式人工智能的通用性和便利性会强化虚拟空间对用户的"锁定"作用，使后者更为倾向于通过前者来满足自身的需求，从而进一步弱化现实中的社会关系。在虚拟世界中，用户一是能够避免付出社交的成本，以较低的门槛获取所需的资源；二是能够获得算法的体贴入微的"照顾"，毫不费力地获取感兴趣的资源；三是能够借助空间距离的掩护，随意表达意见而不必担心受到他人直接问责。由此，ChatGPT 会通过虏获用户的生活，加深人际关系的鸿沟。

（四）ChatGPT 是否会危害人类已有生产和生活方式？

从 ChatGPT 工具理性的风险和价值理性的风险来看，其所产生的挑战是相对的。也就是说，有受损者，就会有受益者。从工具理性的视角出发，政治风险中的受损者是部分政府雇员，是社会公众，是公共利益，而受益者表面上是丢失了行政伦理的公共部门；经济风险中的受损者是卷入ChatGPT应用市场的国家、地区和个人，而受益者是掌握了ChatGPT技术且资本雄厚的大型科技企业；社会风险中的受害者是社会公众，而受益者是ChatGPT的研发机构。从价值理性的视角出发，政治风险的受损者是被排斥在数字技术之外的边缘人群、弱势群体和对其经营性价值不敏感的群体，而受益者是能够接触、熟悉ChatGPT的群体；经济风险的受损者是知识的原创作者，是甄别能力较弱的社会公众，是特定领域的规则与道德，而受益者是牟利侵权者，是不法分子，是投机分子；社会风险中的受害者是主权国家，是普通用户，而受益者是"别有用心"的政客。因此，若要论及ChatGPT是否会危害人类，可以从人类的生活是否遭受规训或异化的角度切入。只要是资本存在的地方，它必然要将所有的一切都卷入其增值逻辑当中，而ChatGPT就是其规训或异化人类的工具。用户会潜移默化地接受ChatGPT的观点，进而接受后者为其定制或规划的生活方式，最后落入资本的圈套，成为资本增值中的一环。

（五）ChatGPT对政府治理带来什么挑战？

随着生成式人工智能的不断演化，ChatGPT对政府治理带来的挑战可能会不尽相同。回到技术进步的初衷，就是推动人类社会发展。其中，政府治理的首要目标，就是要促进技术进步收益的溢出，在保证其激励性的同时尽可能地扩散至公共领域。从工具价值与技术价值的风险可知，ChatGPT等生成式人工智能诞生于市场，那么其运行逻辑必然要与资本增值的逻辑相一致。这些产品的"市场失灵"之处，一是自利性，即尽管信息库中的数据是包含公共道德且认可公共利益的，但其源头——研发机构与资助机构却是以营利为目的，公共性并不是生成式人工智能的本身；二是盲目性，即虽然生成式人工智能可以创造令人出乎意料的成果，但显然并未分清私人领域与公共领域的界限，其行为更多地以结果为导向，"在乎"交给用户一份满意的答卷，而非过程与手段；三是片面性，即仅从用户数量和媒体报道来看，

ChatGPT 的覆盖面很广，但事实上，它只被动服务于能够获得它、了解它和接受它的用户，并不会主动去弥合数字鸿沟；四是工具性，从诞生之初，ChatGPT 注定是具备一定导向性的工具，不接受的用户自然不会继续使用，而不明就里的用户则会被潜移默化地影响，转变观念。归根结底，不管技术进步的双刃剑给社会经济发展带来多少影响，政府治理始终要保障公共利益不会受损并得到增进。

六　结语

当技术发生革新之时，关于新工具价值与风险的讨论不可避免。人工智能的本意是尽可能地使机器实现高度拟人，进而更好地按照人类的意志实现更高效、更精准的目标。机器夺取人类生存机会的争议一直存在，本质上是生产力进步引发的生产关系变化。其中，政府治理需要重点关注的就是避免社会经济异化的发生，即工具理性与价值理性的失衡，以维护公共利益。长久以来，两种价值就一直处于非均衡的状态——相较之下，工具理性产生的收益更为直观，更为私有，也更好掌控，而价值理性产生的收益更为抽象，更为集体，也更难以捉摸。以 ChatGPT 为代表的生成式人工智能的出现，满足了人类对此类工具"拟人"的期望，但也正因为如此，又引起了忌惮和担忧。诸如技术性失业、歧视、收入两极化、侵权、垄断等问题，并不会因生成式人工智能的消失而得到解决。只要人类继续追求进步，那么这些问题可以说是永远都会存在的，差别在于导致问题出现的主角不同。所以，在面对生成式人工智能的价值与风险时，应该从工具理性与价值理性的视角进行分析，从本质上把握生成式人工智能的价值与风险为何，又源于何。可以看到，生成式人工智能的本质只是工具，无法替代人类成为理性的生产主体，尤其是价值理性。它在很大程度上满足了人类目标价值中的效率问题，却很难满足公平问题。与其他具有跨时代意义的生产工具一样，生成式人工智能能够改变人与人之间的关系，但不会淘汰人类。最重要的是，危害人类的并不是生成式人工智能本身，而是其背后的资本逻辑。

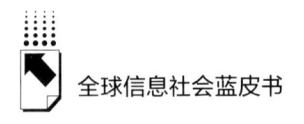

参考文献

陈永伟：《超越ChatGPT：生成式AI的机遇、风险与挑战》，《山东大学学报》（哲学社会科学版）2023年第3期。

李微、张荣军：《价值理性视域下的人工智能及其伦理边界》，《贵州社会科学》2023年第5期。

王洋、闫海：《生成式人工智能的风险迭代与规制革新——以ChatGPT为例》，《理论月刊》2023年第6期。

谢新水：《人工智能内容生产：功能张力、发展趋势及监管策略——以ChatGPT为分析起点》，《电子政务》2023年第4期。

张夏恒：《ChatGPT的政治社会动能、风险及防范》，《深圳大学学报》（人文社会科学版）2023年第3期。

Biswas S. S., "Potential Use of ChatGPT in Global Warming," *Annals of Biomedical Engineering*, 2023.

Darkhabani M., Alrifaai M. A., Elsalti A., et al., "ChatGPT and Autoimmunity: A New Weapon in the Battlefield of Knowledge," *Autoimmunity Reviews*, 2023.

Javaid M., Haleem A., Singh R. P., et al., "Unlocking the Opportunities Through ChatGPT Tool Towards Ameliorating the Education System," *BenchCouncil Transactions on Benchmarks, Standards and Evaluations*, 2023.

Paul J., Ueno A., Dennis, "ChatGPT and Consumers: Benefits, Pitfalls and Future Research Agenda," *International Journal of Consumer Studies*, 2023（7）.

B.15
我国AIGC监管框架构建及其应用研究

杨慷 马乐*

摘 要： AIGC的快速发展，对于监管提出了新的挑战，以往的备案审核形式无法适应新兴技术发展要求，AIGC技术的不透明性、训练语料的庞大且杂乱、AI自动学习过程中的监督等都对AIGC的监管提出了新的挑战。对于AIGC的监管既不能"一刀切"，也不能完全放任置之不理，如何通过有效、自动化的监管来促进AIGC行业整体的健康发展是本文关注的重点之一。在AIGC的快速发展和我国提出对生成式人工智能的监管背景下，本文从对AIGC进行监管的必要性、AIGC监管的概念和内涵入手，研究探讨我国AIGC监管现状和困难，通过构建一套AIGC监管框架以及对比国内外相关经验和政策趋势，提出完善我国AIGC监管的对策建议。

关键词： AIGC监管 数据安全 生成式人工智能

一 背景与意义

生成式人工智能（AI-Generated Content，AIGC）作为新兴的一项技术一经推出便获得了广泛的关注和应用。AIGC是指基于生成对抗网络GAN、大型预训练模型等人工智能技术，在已有数据中寻找规律，并通过适当的泛

---

* 杨慷，上海鹏安数通管理咨询有限公司咨询总监，研究方向为数字化转型规划、数字政府；马乐，普华永道（中国）管理咨询总监，研究方向为大数据治理、企业数字化战略。

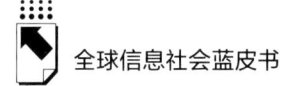

化能力生成相关内容的技术，包括AI生成的文字、图像、音频等。2023年初，OpenAI推出的ChatGPT使得AIGC的热度迅速上升，很多互联网和科技企业、高校、研究机构等相继推出自己的生成式人工智能产品。AIGC的迅猛发展给整个行业带来了机遇，同时也带来了很多隐患，若缺乏有效的监管，其生成的结果会带来诸多问题，加剧社会矛盾和风险。目前可见的风险和问题主要集中在生成结果违法、生成结果恶意使用、数据泄露、版权侵犯等方面。

对AIGC进行监管对于各方而言都具有相当的意义。任何新兴的技术除了要接受市场的检验之外，也要满足当地法律法规的相关要求，只有这样才能促使整个技术和行业健康发展。

从监管方的角度，AIGC的快速发展无疑给网络空间环境带来了相当的风险和安全隐患，包括网络安全、数据安全和内容生态安全三大挑战。

从被监管方角度，一旦生成的内容涉及违规违法，引起一些不良后果，监管部门可能会介入，从而对内容生成的相关业务造成较大损失。

从使用者的角度，AIGC的生产内容可能会影响到使用者的日常生活、学习、工作等场景，目前已经有部分学生将AIGC生成的论述结果作为引用来源，就像引用百度百科等一样，若缺乏监管，可能引用的内容涉嫌违法。

为此，亟须针对AIGC提出一套合理的监管框架，一方面要满足国内的法律法规和监管要求，以便于国内的监管部门更好地介入；另一方面也能帮助被监管单位的AIGC生产部门有效自我检查，形成良好的发展环境。总的来说，任何国家对AIGC进行适当监管都是必要的。

综上所述，本文将从AIGC的概念、内涵及其算法、技术和应用等入手，研究生成式人工智能发展现状，结合国内外人工智能相关监管政策，探讨如何实施有效监管的问题，以期为我国开展AIGC监督管理提供借鉴和参考。

二 AIGC监管的必要性与风险

（一）对生成式人工智能进行监管的必要性

1. 把握产业机遇，掌握话语权

对AIGC进行监管可以及时掌握整个AIGC行业及各类AIGC相关企业的发展动态，从而了解我国AIGC发展阶段及与国际相比的技术差异，以便在全球的竞争中占领先机，进一步掌握AIGC相关标准的话语权。

2. 引导舆论发展，降低社会风险

尽管到现在为止绝大多数AIGC相关服务机构均声称其所生成的内容是尽可能客观中立的，但AIGC生成的内容将不可避免地会对社会思想、舆论产生影响。也不能完全排除各家机构在AIGC相关语料中加入自身的认知和偏见，同时各家对标签体系的管理也会影响最终的生成结果。比如，钟祥铭等认为"ChatGPT所形塑的'三观'——它们在处理文本中的思想、意识形态偏向，直接受到研发公司的灌输"。[①]

3. 形成良性循环，促进行业发展

监管不是为了阻止产业创新，而是为了促进行业健康良性发展。适时地调整监管策略，明确监管方向，可以避免机构在无效或者可能违反政策的方向上花费精力。对于新生事物，应该避免只管只罚不服务、只控只封不帮助的传统监管老路。这种就像只挑毛病、不治病不开药方的医生。需要强调的是，监管应定位于服务与帮助，而不是"一刀切"，将创新扼杀。

4. 预防违法犯罪，减少安全隐患

已经有人开始利用ChatGPT技术生成含有新犯罪内容的技术工具，也有人在用AIGC生成病毒、木马、诈骗程序等恶意代码。在特定指令下，

---

① 钟祥铭、方兴东、顾烨烨：《ChatGPT的治理挑战与对策研究——智能传播的"科林格里奇困境"与突破路径》，《传媒观察》2023年第3期。

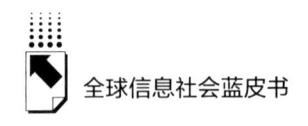

ChatGPT可能会编写危害网络安全的信息、生产色情图像、生成虚假信息、意图胁迫、骚扰或恐吓他人等一系列令人担忧的问题也开始显露。

5. 拓展监管思路，创新手段

以前的监管思路主要是管结果，对于技术的监管是缺失的，主要原因有以下几点：①监管部门自身的技术水平和精力难以对市场上所有的技术进行监管；②不同技术提供商采取的技术路径、算法思想并不相同，且大多属于企业核心秘密，一般不对外公开；③缺乏法律法规政策文件的支持，主要还停留在技术标准和技术指南层面，法律依据不充分。

（二）AIGC的主要风险点分析

1. 合规性风险

合规性风险是指组织未能遵守适用法律法规、行业标准、监管要求等的风险，包括未能遵循合规流程、违反法规规定、未按照监管要求处置等情况。比如在国内就需要满足国家安全法、网络安全法、数据安全法、个人隐私相关法律法规和地方相关法规等。近几年来网络、人工智能领域的相关合规性风险主要体现在用户个人隐私泄露、违规搜集个人数据、不当使用用户数据等。从世界各国出台的政策来看，目前对于AIGC监管的重点更多的是生成的结果而非AIGC对于使用者个人数据的采集。但是随着AIGC的商业化，其就有可能像已有的互联网产品一样，通过各种手段来搜集用户的设备信息、个人数据等，这可能产生合规性风险。

2. 泄露性风险

泄露性风险一般指的是重要数据泄露类风险，如国家秘密、商业秘密的泄露及个人隐私数据的泄露等。目前与AIGC相关的泄露方式主要是用户将企业敏感数据、个人敏感数据、行业先进解决方案和问题等上传至AIGC服务提供方。泄露事件体现为，第一种是向AIGC询问一些专业领域核心、尖端问题，这种提问的方式容易被人通过逆向工程分析出企业或者研究机构正在攻克和解决的尖端问题。第二种就是将样本集上传至AIGC服务端，要求按照一定规则生成特定内容，而样本集会自动被纳入AIGC服务的训练样本库,成为AIGC向其他人提供服务的知识来源,从而导致重要数据泄露。目前已经发生了多起与AIGC相关的数据泄露事件,如韩国三星集团工程师上传代码询问解决方案导致公司产品数据泄露。① 第三种是AIGC用户自身数据泄露,一般是通过记录用户登录数据、后台形成的用户画像数据等因各种原因而出现的数据泄露。

3. 可信度风险

内容可信度风险主要是虚假信息、深度伪造风险,即样本库存在被人为操控的可能性。向安玲认为AIGC在一定程度上加剧了虚假信息和误导信息的传播。② 尽管AIGC相关算法本身没有善恶属性,但这项技术已被广泛用于政治操纵和不正当商业竞争等负面目的。③ 而且伴随着越来越多的生成式AI模型被开源使用,由此产生的虚假信息、误导信息和偏见信息对国际政治、社会和人权发展都带来了风险。④ 而要提升AIGC可信度,一方面需要从信源层面尽可能地保障内容质量,另一方面也需要从交互应用层面对潜在风险要素进行约束和提示。

内容被篡改风险,即AIGC本身存在被攻击和被恶意篡改的可能性。AIGC采用的模型本身可能被人攻击,不法分子可以通过网络攻击AIGC服务的提供商,采取修改算法、样本库等方式篡改输出结果。

4. 可控性风险

(1) 拓展可控度

AIGC的衍生品主要包括用户画像、用户提供的问答数据等语料源、用户收藏的回答等内容。目前大多数AIGC的商业化运营还处于早期阶段,大

---

① "Samsung Workers Made a Major Error by Using ChatGPT," https://www.techradar.com/news/samsung-workers-leaked-company-secrets-by-using-chatgpt.
② 向安玲:《赋能与负能:AIGC的技术红利与风险规制》,《中国传媒科技》2023年第2期;Vaccari C., Chadwick A., "Deepfakes and Disinformation Exploring the Impact of Synthetic Political Video on Deception Uncertainty and Trust in News," *Social Media+ Society*, 2020 (1).
③ Yu P., Xia Z., Fei J., et al. "A Survey on Deepfake Video Detection," *Iet Biometrics*, 2021 (6).
④ Illia L., Colleoni E., Zyglidopoulos S. "Ethical Implications of Text Generation in the Age of Artificial Intelligence," *Business Ethicsthe Environment & Responsibility*, 2023 (1).

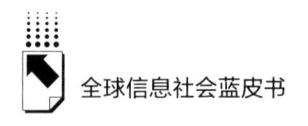

多数用户对于 AIGC 服务商来说还是匿名的。一旦 AIGC 普及并拥有庞大的用户群，各服务商就会极大地挖掘其潜在价值。比如，将用户画像共享给第三方直接获得收益；再如，在用户询问某一类商品时，与目前流行的大数据推送和"大数据杀熟"等算法联合，打通 AIGC 与用户钱包的通道。

（2）模型算法可控度

AIGC 采用的算法繁多，参数丰富、训练量大、生成内容稳定，且在不断进化，如对抗网络、流生成模型、扩散模型等深度学习算法。各类算法功能覆盖了各部分数据权重的选择、从噪声中构建数据样本模型、翻译不同语言文本、匹配图像文字特征值等。在多模态的技术支持下，目前预训练模型已经从单一的 NLP 或 CV 模型发展到多种语言文字、图像、音视频的多模态模型。

（3）使用可控度

交互端的恶意使用，导致技术被利用。以 ChatGPT 为代表的人工智能技术因其算法规则的不透明和技术风险的不可预测性，无法通过已有的经验材料对其犯罪趋势和规律进行精准预测。一个具有代表性的问题就是"奶奶病毒"这种非代码的"巧妙"方式成功地绕过了 AIGC 预制的非法提问的防御手段，从而使恶意提问者获得问题结果。

（4）生成内容的可控度

生成内容的不可控主要体现在生成的观点型内容和预测型内容、偏见歧视内容的不可控。AIGC 系统的训练数据可能涉及历史偏见或不平等，导致生成的内容带有歧视性。目前主流的 AIGC 提供商也在竭力避免上述情况，一些较为谨慎的提供商在涉及敏感话题时会主动修改默认语料库或者算法参数，用非常中性的回答来避免引起争议。然而在面对一些较为隐晦的争议点，以及一些跨文化差异问题时，AIGC 的回答可能就不那么可控了，这样会让 AIGC 的提供商陷入麻烦。AIGC 技术有可能被用来制造虚假信息、谣言、假新闻或欺骗性内容，影响社会稳定和公众信任。监管机构需要制定措施来解决这些问题。另外，AIGC 生成的内容可能涉及版权、著作权等法律问题，并且在内容产生中可能存在错误或误导。确定责任归属和法律责任是一个复杂的问题。

目前 AIGC 服务商中很大一部分是互联网企业，一旦 AIGC 广泛商业化，可以肯定的一点是，其必定会与广告和流量深度捆绑，生成的结果将很有可能以一种"软文"的形态"夹杂私货"，让用户分不清是客观回答还是广告推广，这会给人类的认知和价值观带来一系列挑战。生成内容的不可控是目前 AIGC 最大的风险。

5. 依赖性风险

（1）技术路径选择的风险

目前人工智能的发展分为符号主义、联结主义和行为主义三大学派。基于逻辑推理的智能模拟方法的符号主义的原理主要是物理符号系统假设和有限合理性原理，长期占领主导地位；联结主义强调智能的产生是由大量简单的单元通过复杂的相互联结和并行运行的结果；源于控制论的行为主义是基于"感知—行动"的行为智能模拟方法。ChatGPT 是以连接主义的神经网络研究应用为主线，ChatGPT 所代表的大模型路径并不是 AIGC 唯一的方向。

如果仅仅是站在对最终生成结果进行监管的角度来看，似乎没有必要过多纠结具体的 AIGC 技术发展路径。然而忽略 AIGC 技术发展路径会带来无法预计的被动，一方面，纯粹以生成结果来判断 AIGC 服务或者产品的好坏是不科学、不精确的，容易变成"一刀切"式的监管，将会对行业的健康发展带来较大的影响；另一方面，监管部门对于技术的理解是需要随着数字化转型的不断深入、新兴技术不断发展而及时调整的，也就是说作为技术类的监管，其思路必须与时俱进，不能停滞不前，因循守旧，深入对技术路径的监管是具有前瞻性的，监管不是目的，护航健康发展才是最终目标。对新型计算方式，如加速计算等，大胆开展试验尝试、创新监管方法、更新监管手段、及时调整监管思路对于监管部门自身的发展是有益的，只有这样，才能把握 AIGC 发展的主动权。

（2）主体依赖

过于依赖于 AIGC 的结果，会影响人的思考能力。目前这个风险尚不

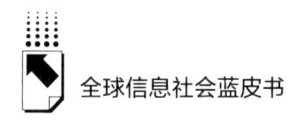

高，但是随着AIGC各类应用的快速拓展、不断深入，人们就像依赖查询百科网站一样从AIGC处获得权威反馈。比如陈吉栋等提出用户可能会对生成式AI产生情感依赖。[1] 尽管用户明确知道ChatGPT这种交互式对话机器人并非真人，仍可能将其作为人类对待并产生依赖，陷入情感迷失和混乱，远离现实世界的人际交往，从而影响个体社会情感与交往能力的培养。

三 AIGC监管现状与难点

（一）AIGC监管现状

在之前很长的一段时间内，通过AI工具实现高精度的应用需要极高的技术门槛和财务成本。最典型的代表就是"深度伪造技术"（Deepfake），这是一种借助神经网络技术将个人的声音、面部表情及身体动作拼接合成虚假内容的人工智能技术。但是这类应用最终没有导致大规模的滥用和风险，最主要的原因之一是没有更高的性价比。

然而上述情况在当下却体现出截然不同的发展趋势。

首先，以GPT-3.5的发布为标志性事件，生成式预训练变换模型在应用侧的效果和性能逐步趋近类人智能，并体现出前所未有的应用潜力，展现出通用人工智能（AGI）的雏形。

其次，随着AI工具开发门槛的降低，不论是大型平台公司还是中小型开发者都在致力于不断提升相关工具的精确度和易用性，并且以ChatGPT这类开箱即用的消费级产品为目标，提供越来越多"傻瓜式"应用。

再次，大量免费AI工具的出现让更多的组织和个人掌握了依靠AIGC引用和生成内容的能力，并且通过各种类型的传播渠道以更高的效率影响更广泛的用户。

---

[1] 陈吉栋、何丽：《生成式人工智能风险治理亟待"伦理—法律"综合框架》，《张江科技评论》2023年度第2期。

最后，伴随着生成式人工智能体系的"病毒式传播"以及在内容滥用、隐私侵害等方面出现的诸多挑战，不仅个人用户会受到相关影响，而且越来越多的组织会面临收入、声誉和监管等方面的风险。种种负面因素和伦理层面引发的担忧，甚至让人工智能领域的顶尖科学家们都开始对AIGC持更加审慎的态度。

根据国家网信办等部门联合发布的《生成式人工智能服务管理暂行办法》，中国对于AIGC的监管走在世界前列，其监管思路主要体现在以下几个方面。

（1）对数据来源和模型均提出要求，包括：明确合法来源的数据和基础模型、训练数据处理活动和数据标注等；对数据标注活动进行监管，对数据标注和标签体系进行管理，尤其是对人脸信息进行数据标注的活动的舆论属性做安全评估。

（2）重视AIGC对于青少年的影响，比如严格管理与青少年自杀相关的模型算法，通过算法备案来对算法模型进行监管。

（3）算法主体责任机制是我国算法问责制度的运行基点，[①] 2021年10月，国家市场监督管理总局公布了《互联网平台落实主体责任指南（征求意见稿）》，明确提出平台企业应落实算法主体责任。2022年3月1日实施的《互联网信息服务算法推荐管理规定》明确规定了算法推荐服务提供者的算法安全主体责任。我国目前针对AIGC的监管治理是依托于算法主体责任这个核心来开展的。

（二）AIGC监管的难点

1.使用账号实名制争议

是否可以通过账号实名制对AIGC的使用情况进行监督？目前国内一些AIGC产品在用户注册时会提出"根据互联网用户实名制相关要求，为了保障您的安全，请您进行实名认证"等提示信息，要求使用者必须实名制认证才

---

① 张欣：《生成式人工智能的算法治理挑战与治理型监管》，《现代法学》2023年第3期。

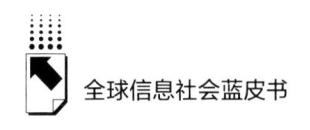

能使用AIGC相关服务。但是如果采取实名制，则有非常大的概率加剧个人隐私泄露风险，AIGC的提供者可以采集使用者的个人信息、设备信息、位置信息等，还会通过使用者的详细问题，进一步深度刻画用户画像。

2. 算法备案后的技术监管难点

算法备案仍是监管部门对算法安全进行管控最重要的方式，否则会成为最明显的风险开口。鉴于算法备案的公开性，第三方会将算法是否完成备案作为判断是否合规的一个重要维度。但是备案并不代表对算法进行了真实监管，人工的备案若无法采用自动化监管方法，监管部门的压力将会非常大。同时，如果跳过内容只对算法进行备案，则监管将毫无意义。从数理逻辑的角度来看——算法无红黑，模型无正邪。现在的AIGC所采取的技术路径是不可解释的，不具备数理逻辑，仅仅进行备案即使限制单个模型也限制不了对应的统计方法。总的来说，AIGC技术的复杂性导致监管机构难以全面理解和评估其内部运作机制。AIGC是由深度学习等复杂算法构建的，其生成内容的过程和决策往往是"黑盒子"，难以解释和预测。

3. 监管尺度把控的难点

监管尺度的把控一直是难点，如何平衡产业发展、国家安全、管网治网各方的要求，对于监管部门而言是一个考验。需要建立相关评价机制，也需要政府、技术界、学术界和企业等共同努力，制定合适的监管政策和标准，促进AIGC技术的可持续发展。同时，加强国际合作也是必要的，AIGC技术的跨国界特性需要全球范围内的合作和协调。

四 AIGC监管的基本框架与内容

虽然各国积极完善相关法律法规和指南，但是在落地层面依然没有一套完整、标准的实践体系。如何进一步协助企业打造全方位、多层级的人工智能治理体系并使之有效落地落实，是整个领域下一阶段面临的主要挑战。

监管的方法和手段较多，根据行业的不同往往差异较大，比如从政府投资的监管角度来看，一般会有备案、审批、核准的监管方法分类；从事件全生命周期的监管角度来看，一般会有事前、事中、事后的监管方法分类；从监管技术形式角度来看，可以分为接触式监管和非接触式监管；从监管态势角度来看又可分为常态化监管和专项监管等。而每个监管分类又有多种手段进行支撑。本文将从 AIGC 全生命周期流程和 AIGC 治理体系入手，构建一套适合国内需求的 AIGC 监管框架。

（一）AIGC 的四层监管治理体系

从治理角度来看，AIGC 的监管治理体系可以分为以下四个层面（见图1）。

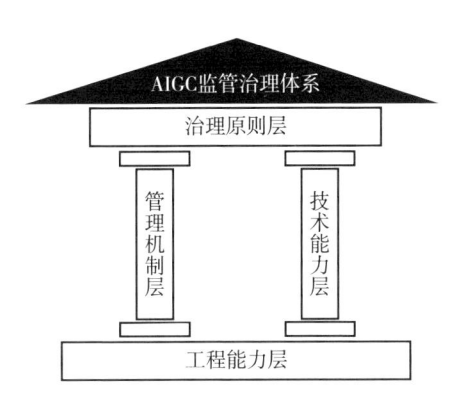

图 1　AIGC 的四层监管治理体系

（1）治理原则层。治理体系的总纲，设定企业使用生成式人工智能的基本原则和标准。这些原则需要结合可信 AI 原则与企业情况，体现出企业的价值观、社会责任和生成式人工智能战略目标。这一层的内容将指导下一层的管理机制，同时反映在最终的生成式人工智能技术和工程能力实践中。

（2）管理机制层。主要是为实现和执行治理原则的实体和制度，包括专门的组织架构和内部管理制度。这些组织架构可能包括人工智能伦理委员会、专家顾问组、人工智能伦理与治理团队、执行工作组与各业务及产品相关负责人等，保证逐一落实顶层设计、机制建设与决策、日常运营、业务及产品风险评估等。内部管理制度则包括人工智能治理组织管理如《人工智能伦理与治理委员会管理章程》和《伦理治理制度》等配套管理制度、产品伦理风险管理如《产品伦理风险评审指引》、算法管理如《算法定级备案与安全管理指引》、个人信息保护管理如《数据安全与个人信息保护指引》等。这一层的设计需要根据企业的规模、业务复杂度和人工智能使用的广泛程度进行定制。管理机制需要确保治理原则得以执行，同时也为下一层的人工智能技术提供指导。

（3）技术能力层。包括所有用来实现治理原则的人工智能工具和技术，如通过提升数据质量、模型能力提高系统稳定性技术；通过数据去偏、算法去偏、流程去偏等提高系统公平性技术；通过差分隐私、联邦学习隐私保护和系统信息安全建设等隐私保护技术，以及性能解释、事后决策结果解释以及模型自解释提高生成式人工智能透明度和可解释性的可解释技术等。这些工具和技术需要根据企业的具体业务和数据环境进行选择，以满足特定的业务需求和实现治理目标。这一层的技术能力需要与上层的管理机制紧密配合，也需要为下一层的工程能力提供支持。

（4）工程能力层。涵盖业务理解、人工智能项目策略规划、数据收集、处理和准备、模型选择（训练）、微调和测试评估、项目发布、部署与运营维护、用户反馈和迭代的全生命周期管理。在这一层，团队需要选择及制定合适的指导规范、行之有效的工作流程、适配的工作方法、高效的开发工具和先进的技术应用实践，时刻考虑治理原则，确保人工智能系统的行为符合这些原则。

以上四层人工智能监管治理体系，相互依赖并相互影响，形成一个完整的治理循环；保证了人工智能监管治理体系的动态性和适应性，使其能随着相关技术和企业需求的变化而持续优化和更新。

（二）AIGC 全生命周期监管体系

在人工智能治理工程化落地过程中会有诸多挑战，应当致力于提供涵盖人工智能项目全生命周期，即从业务理解到模型训练、部署落地、运营监控与迭代优化的系列服务。

生成式人工智能项目全生命周期中的各个环节及重点内容如图2所示。

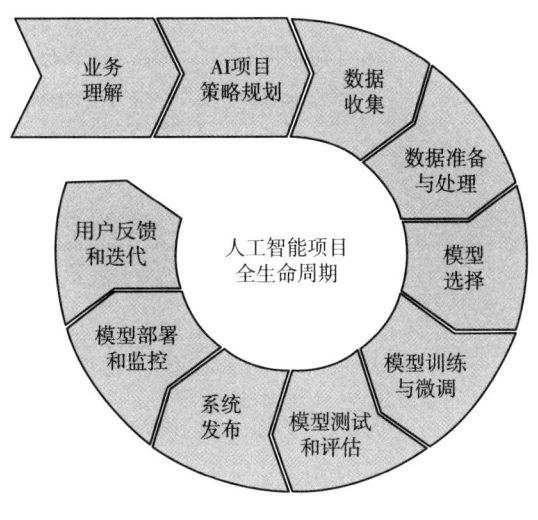

图 2　AIGC 全生命周期

（1）业务理解阶段。要确保 AI 治理的各项原则，AI 工程研发人员需要深入理解相关业务背景、需求和目标，以便于后续根据事先需求选择和设计合适的 AI 数据和模型算法。要点主要包括定义业务需求、评估现状、定义项目目标。

（2）AI 项目策略规划阶段。在项目策划阶段，AI 工程研发人员需要充分考虑 AI 治理的原则要素，全面评估生成式人工智能系统面临的潜在风险，将可信 AI 的理念融入需求分析与系统设计等规划设计。可信设计需要包括系统安全设计、人类可接管设计、可解释性设计、系统责任机制设计、系统公平性设计与风险管理系统设计等。

（3）数据收集阶段。要注意隐私性和安全性。必须遵守相关的数据保护法规，如欧盟《一般数据保护条例》（GDPR）等。在收集数据时，应尽量避免存在偏见，以保证结果的公平性。同时，通过可视化工具或数据探索，AI 工程研发人员也需要对数据进行初步理解，并对数据集的可用性、数量与适当性进行评估。

（4）数据准备与处理阶段。在大语言模型的训练过程中，数据质量至关重要。在这个过程中，需要进行数据集相关设计，包括准确性、多样性、公平性、相关性、代表性、真实性、完整性、及时性与精确性，保证数据质量，避免数据中的偏见和歧视。在此基础上，需要对数据进行有效处理，如数据注释、标记、清洗（包括恶意数据清洗）、更新、扩充、聚合数据增强等并对数据集进行定期检查，以保证数据质量。为保证数据的多样性，可针对数据集中不同的类别群体进行分析测试，相应地调整数据集的结构。此外还需要建立完善的数据集管理机制，详细记录训练数据、验证集与测试集的来源、构成情况以及数据预处理操作。

（5）模型选择阶段。在保证性能能够满足任务需求的前提下，尝试使用可解释性较强的模型替代复杂的黑盒模型。同时应将公平性度量纳入算法评价，以防算法存在偏见。

（6）模型训练与微调阶段。在模型的训练过程中，需要采用先进的训练算法和优化技术，以提高模型的学习效率和性能。需要注意模型的公平性，通过设计公平的损失函数、采用可解释的模型结构等方法，提高模型的公平性和可解释性。为保证算法决策判断的鲁棒性，需要充分考虑使用场景下可能出现的特殊情况，保证算法输出结果不会因某些环境指标改变而发生分歧。企业同时还需要建立完善的模型管理机制与系统，实施机器学习运营（ModelOps）。

（7）模型测试和评估阶段。在模型的测试和评估过程中，AI 工程研发人员需要定制公正、透明、无偏见的评估标准、指标与方法，并在多样化的测试集中评估模型，以准确地评估模型的性能和公平性。还需要对模型进行严格的安全性和隐私性测试。

（8）系统发布阶段。应提供详细的技术文档，说明模型的工作原理、预期性能、使用方式等，以提高模型的可理解性和可解释性。同时，应公开系统日志、模型的测试结果和性能指标以提高透明性。技术文档需要包括：AI 系统的总体描述，系统要素及其开发过程的详细描述，用于开发、训练、测试和验证人工智能系统的计算资源、数据集特征/来源/范围等特征信息、人工监督措施、使用的验证和测试程序，有关 AI 系统的监视、运行和控制的详细信息，风险管理系统的详细描述，系统在整个生命周期内所做的相关变更的描述。

（9）模型部署和监控阶段。在部署与运营过程中，系统需要构建明确的人机交互机制、披露系统决策逻辑与使用要求、明示系统潜在风险。系统部署后，应持续监测生成式人工智能系统的性能和使用情况、监测系统的真实使用过程中的各种风险，同时应定期对模型进行审计，以确保其准确性、可靠性、稳健性和公平性。在发现问题时，应及时进行修复和更新实施机器学习运营（MLOps），以保持模型的高质量运行。与此同时，还需要对模型的使用情况进行实时监控，以即时发现和处理可能出现的问题。系统日志也需要记录部署上市后的运行情况，包括安全事故或意外事件、缺陷报告和修复、数据质量问题、算法或模型更新、异常情况和错误处理、用户投诉和纠纷等。

（10）用户反馈和迭代阶段。在模型的使用过程中，需要收集用户的反馈，以了解模型的实际效果和可能出现的问题。根据用户的反馈，可以对模型进行迭代优化，以提高模型的满意度和用户体验。

针对上述内容，AIGC 技术模型在研发、使用、优化等过程中涉及数据提供方、开发者、服务提供者、使用者等不同主体，各主体面临的合规风险亦有差异，本文针对 AIGC 的全生命周期提出以下监管策略（见图3）。

（1）业务理解和 AI 项目策略规划阶段：供应商自查，关注 AI 伦理。在业务理解和 AI 项目策略规划阶段，服务供应商应该开展自我审查，可以通过组建 AIGC 伦理审查委员会等形式对 AI 项目的业务需求和解决策略、计划规划等设计方案进行审查，重点应关注项目或产品是否符合 AI 相关的伦理要求以及当地法律法规的要求。

（2）数据收集阶段：合规性检查，关注数据来源合法性。AIGC 技术模型的研发、使用等可能会涉及个人信息或重要数据的收集、处理，应保障关注数据来源合法性。即便服务提供者获取的训练数据来自网络、语料库、论文等公开渠道，也应当避免不正当使用爬虫等技术手段收集训练数据，同时

全球信息社会蓝皮书

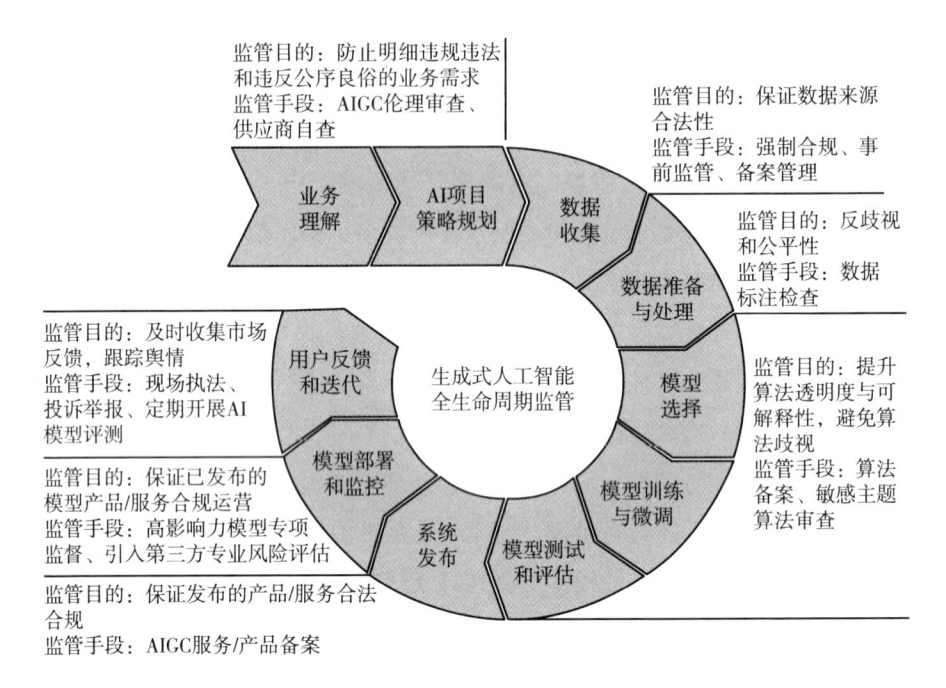

图 3 AIGC 全生命周期监管体系

加强对数据提供方等第三方管控，厘清各方权责。

（3）数据准备与处理阶段：规范数据处理活动，关注反歧视。数据准备与处理阶段往往会涉及数据标签体系的建立、数据清洗、标注等活动，应尽量避免数据中的偏见和歧视。另外，由于 AIGC 技术的不可预测性，或是使用不当都易发生数据泄露风险，应加强防泄露，建立应急预案。

（4）模型选择、模型训练与调整、模型测试和评估阶段：开展安全评估及算法备案，避免算法歧视。基于模型算法的设计、训练、优化、运行等过程，能够向外界公开或解释其原理、逻辑、数据、结果等信息，以便进行有效的监督和评估。算法透明度对于监管和社会的可持续发展至关重要。透明的算法可以使用户和相关利益相关方更好地理解系统的决策依据，从而增进和提高对人工智能系统的信任和接受度，同时可以帮助监管机构审查和评估人工智能系统的合规性和公平性，确保其不会产生歧视性、偏见或不当行为。此外，透明的算法能够促进人工智能技术的创新和进步，通过学习和纠正错误，提高系统的性能和效果。具有舆论属性或者社会动员能力的AIGC服务提供者需依法履行安全评估及备案的行政手续，鉴于立法或执法实践中尚未对"有舆论属性或者社会动员能力的生成式人工智能服务"形成统一明确标准，企业需密切关注法律动向，并结合自身经营情况判断是否需履行评估及备案手续。

（5）系统发布阶段：识别数据跨境场景，开展数据出境安全评估。无论是境内服务提供者通过接入境外API接口后向境内使用者提供服务，还是境外开发者直接面向境内公众提供服务，均可能发生数据出境，从而触发数据出境的相关监督。服务提供者应梳理数据流转情况，识别其中跨境情形，按规定履行评估申报、合同备案义务，依法开展数据出境活动。

（6）模型部署和监控阶段：保证合规运营，加入风险评估。在模型部署过程中，需要持续保证已发布的模型产品/服务处于合规运营的状态。监管部门需要针对具有高影响力模型开展专项监督检查，督促行业自律，同时可以适时引入第三方专业机构开展模型运营的风险评估。

（7）用户反馈和迭代阶段：跟踪舆情变化，及时反应处置。①定期开展AI模型安全测评。企业应对AI模型开展安全测评，测评内容包括网络安全测评和内容安全测评。网络安全测评通过渗透测试、代码扫描等安全性测试，检测AI应用软件和插件的安全漏洞，并及时进行修复，避免安全性漏洞造成网络攻击和数据泄露。内容安全检测主要检测模型是否会产生有害的、有偏见的、侵权的、虚假内容，并进一步确认在训练数据集、模型、安全模型或二次开发调用接口等方面的安全问题。②加强员工培训，增强风险意识。考虑到AI应用场景的复杂性，针对与AI技术相关的团队和人员开展培训至关重要。AI从业人员应提高自身的认知及风险意识，合理合法使用AI技术，避免因人员的偏见与歧视而影响AI模型的可靠性、透明性、可解释性、公平性和隐私性，触发监管风险。③引入AI风险管理专业角色。首席数据官的设立将会极大地助力于AI数据使用的风险管理。同时，人工智能风险官也逐渐在企业AI风险管理闭环中发挥

关键作用。建议企业配备相应管理人员,将人工智能与风险管理流程相结合,融入日常风险管理流程。

五 国外 AIGC 监管的政策经验

(一)欧盟对于 AIGC 相关的监管政策

欧盟于 2021 年 4 月发布了《欧洲人工智能法案》(European Artificial Intelligence Act),[①] 旨在确保 AI 技术的道德和负责任的使用以及保护公民的权利,主要监管思路如下。

(1) 禁止开发危害人类安全和权利的 AI 系统。法案明确禁止开发、部署或销售可能对人类安全和基本权利造成严重伤害的 AI 系统,如用于进行社会评分或操纵人的行为。

(2) 对高风险 AI 系统进行严格监管。对于被视为高风险的 AI 系统,如用于公共基础设施、教育、医疗和法律方面的系统,法案要求开发者在透明性、可解释性和数据使用规范等方面严格把关,以确保其安全和可靠性。同时,还专门成立了欧洲人工智能委员会,负责对高风险 AI 系统进行认证和监督,以保障其符合法规要求,并对高风险 AI 提出了可追溯性要求,即高风险 AI 系统必须保留有关其设计、开发和运行的记录,以便监管机构进行审查。

(3) 职业自律与监管赋权。法案强调对 AI 开发者和操作者的职业道德和技术标准的重要性,以确保他们对 AI 系统的使用负有责任。同时,法案赋予了监管机构权力对市场上的 AI 系统进行监管,并对违规行为实施罚款和其他制裁措施。

2019 年 4 月欧盟发布了《可信赖人工智能伦理准则》(Ethics Guidelines

[①] https://www.europarl.europa.eu/news/en/headlines/society/20230601STO93804/eu-ai-act-first-regulation-on-artificial-intelligence.

for Trustworthy AI)[①]，提出了以下 7 项准则来评估 AI 是否可信。

（1）人的代理和监督。人工智能系统应保证给人类授权，需要从人机交互、在线循环等方面确保有适当的监督机制。

（2）技术稳健性和安全性。人工智能系统需要具有一定的弹性、安全性以及灾难备份能力。

（3）隐私和数据管理。除了确保充分尊重隐私和数据保护外，还必须确保适当的数据治理机制，同时考虑数据的质量和完整性，并确保合法访问数据。

（4）透明度。数据、系统和人工智能商业模式应该是透明的并保证可追溯性。人类需要意识到其正在与人工智能系统进行交互，并且必须被告知系统的功能和局限性。

（5）多样性和非歧视性以及公平性。为了促进多样性，人工智能系统应向所有人开放，必须避免不公平的偏见、避免弱势群体的边缘化。

（6）社会及环境福祉。人工智能系统应造福全人类，包括子孙后代。因此，必须确保它们是可持续和环保的。此外，应考虑到环境，包括其他生物，并应仔细考虑其社会影响。

（7）问责制。应建立机制，明确人工智能系统及其结果的责任和问责。可审计性可以评估算法、数据和设计过程，在其中起着关键作用，尤其是在关键应用中。此外，应确保提供充分的可利用的补救办法。

总的来说，欧盟在人工智能领域监管的动向和重点有以下几个方面。

（1）以人为本的发展及治理理念。逐步建立相关伦理价值标准，保障个人权利，构建鼓励创新与保证监管相平衡的治理机制。

（2）金字塔式监管结构。根据人工智能技术可能对人的基本权利产生威胁的等级将其划分为不可接受的风险、高风险、低风险及最小风险。

（3）全生命周期风险管控。对高风险人工智能系统的监管主要涉及风险管理、质量控制、数据管理、文档编制、日志记录、人工监督等全生命

---

① https://digital-strategy.ec.europa.eu/en/library/ethics-guidelines-trustworthy-ai.

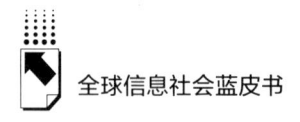

流程。

（4）算法可解释性和透明度原则。要求保障个人主体对于算法处理的知情权并有权拒绝仅基于算法自动化处理的决策，向公民披露算法决策数据来源、大致参数、权重等信息。

（二）美国对于AIGC相关的监管政策

美国目前尚未出台全面的以监管为导向的联邦级生成式人工智能监管法律，但是白宫于2020年5月就发布了《生成式人工智能网络安全法案》[Generating Artificial Intelligence Networking Security (GAINS) Act]，[1] 以调查评估外来风险为导向，聚焦其他国家的人工智能战略，同时评估生成式人工智能供应链风险。

美国一些官方的研究机构，如美国国家标准与技术研究院2023年1月发布《人工智能风险管理框架》(Artificial Intelligence Risk Management Framework)，[2] 以期为设计、开发、部署、应用AI系统的组织提供参考，但该框架不具有法律效应，暂时无法起到监管作用，不过可以作为监管部门的一项技术框架以供参考。

2022年10月美国白宫发布了《人工智能权利法案蓝图》(Blueprint for an AI Bill of Right)，[3] 希望能刺激企业更负责任地打造和部署人工智能，并对基于人工智能的监控进行限制。尽管《人工智能权利法案蓝图》只是一个不带有强制性的行动准则，但其重要性也不可低估。该法案蓝图指出开发或部署人工智能的公司需要自愿遵循的准则，以保障人们的信息免受误用或滥用，并提出五项原则：①建立安全有效的系统。以保护个人免受不安全或无效的人工智能系统的侵害。②算法歧视保护。防止因使用算法决策而产生的歧视性结果。③数据隐私保护。防止因使用算法决策而产生的歧视性结

---

[1] "H. R. 6950-116th Congress (2019-2020): GAINS Act," https://www.congress.gov/bill/116th-congress/house-bill/6950.
[2] "AI Risk Management Framework," https://www.nist.gov/itl/ai-risk-management-framework.
[3] "Blueprint for an AI Bill of Rights," https://www.whitehouse.gov/ostp/ai-bill-of-rights/.

果。④解释通知和透明度。需要明确告知公众是否正在使用自动化系统。⑤人工替代与退出机制。公众可以明确地选择不使用自动系统而要求人工提供服务决策。

美国在人工智能领域监管的动向和重点有以下几个方面。

（1）审慎监管原则。鼓励人工智能技术创新发展，强调审慎监管以促进技术发展。

（2）双线监管问责机制。联邦层面由美国贸易法委员会实施处罚并强制执行，州层面则由州总检察长和其他授权州官员行使执行权。除行政法规制之外，在民法方面由州总检察长代表用户实施诉权，建立民法、行政法联合的问责规则。

（3）关注算法歧视。要求算法分析系统的所有者、设计者、制造者、使用者和其他利益相关者充分认识到算法歧视的可能性以及对个人和社会可能造成的危害，在各个环节避免可能造成的歧视。

（4）算法应用透明度要求。从涵盖实体和监管主体两方面入手，详细提出各方需要满足透明度的基线要求，如要求被涵盖主体进行影响评估，定期递交总结报告。

（三）加拿大对于 AIGC 相关的监管政策

2017 年发布的《加拿大国家人工智能战略》主要是为了鼓励投资、支持研发创新以及推动人才培养，并非以监管为导向。

2022 年 6 月加拿大提交了《人工智能和数据法案》（The Artificial Intelligence and Data Act，AIDA），[1] 提出对于有影响力的人工智能系统，必须采取措施来识别、评估和减轻使用人工智能系统可能导致的伤害或有偏见的产出风险。同时，确定采取匿名化的方式对个人信息数据进行使用或管理。

---

[1] https://ised-isde.canada.ca/site/innovation-better-canada/en/artificial-intelligence-and-data-act-aida-companion-document.

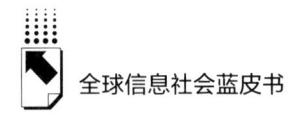

（四）英国基于创新的人工智能监管政策

2023年3月英国政府发布了白皮书《支持创新的人工智能监管方法》（AI Regulation: A Pro-innovation Approach）①，旨在提供一个有利于创新的监管框架，鼓励政府、监管机构和行业之间的合作，以激发创新。其监管的目标是平衡实际风险与人工智能可能产生的机会和利益，具体包括：①通过简化负责任的创新并减少监管不确定性来推动AI产业的增长和繁荣；②通过应对风险和保护社会基本价值观，增进公众对人工智能的信任；③巩固英国作为人工智能全球领导者的地位，通过促进与其他监管方法的融合，最大限度地减少跨境摩擦，确保英国对创新者和投资者保持吸引力。

在监管方法方面，白皮书提出了以下五大原则。

（1）安全、可靠和坚固原则。监管机构可能需要采取措施，以确保人工智能系统在技术上是安全的，并在其整个生命周期中可靠地按预期运行。

（2）适当的透明度和可解释性。人工智能系统应该适当透明和可解释。适当的透明度和可解释性意味着监管机构掌握足够的关于人工智能系统及其相关输入和输出的信息。

（3）公平。人工智能系统不应损害个人或组织的合法权利，不公平地歧视个人或造成不公平的市场结果。监管机构可能需要明确适用于其监管领域内人工智能系统的公平性描述和说明。

（4）问责制和治理。应制定治理措施，确保对人工智能系统的供应和使用进行有效监督，并在整个人工智能生命周期中建立明确的问责制。监管机构需要监督AIGC相关的组织或个人采取适当措施，以确保研究、设计、开发、培训、操作、部署或以其他方式使用的人工智能系统在其整个生命周期中正常运行。

（5）可争议性和补救。在适当的情况下，人工智能生命周期中的用户、

---

① GOV.UK（www.gov.uk），https://www.gov.uk/government/publications/ai-regulation-a-pro-innovation-approach.

受影响的第三方和参与者应该能够对有害或造成重大伤害风险的人工智能决定或结果提出异议。监管机构应该提供相应的沟通渠道，以便受影响的各方可以根据需要对有害的人工智能结果或决定提出异议。

（五）其他国家

1.新加坡

《个人数据保护法（修正案）》（2020年11月通过）为新加坡的个人数据保护提供了基本准则，补充特定行业的立法和监管框架，旨在保护数据主体的个人数据并且规范数据处理者的数据处理行为。但新加坡目前还不打算监管人工智能，而更多的是鼓励人工智能发展，故尚无监管法案出台。

2.日本

日本《人工智能战略2022》主要关注于AI产业的发展，同时推进制定AI技术的伦理规则以及运用AI技术推动政府管理数字化，并无过多监管方面的描述。[1] 2023年5月日本首相岸田文雄表示，在广岛举行的七国峰会上日本提出了一个符合共同价值观的可靠人工智能的愿景，[2] 特别是关于生成人工智能，日本提出了广岛人工智能提案，以构建国际性监管规则，该规则将于2023年底推出，这表示日本正在积极推进AIGC相关立法。

3.印度

印度目前与AIGC监管相关的主要法律政策是《印度数据保护法案》，但该法案更多的是就数据保护本身进行约束。目前印度没有专门监管人工智能的法律，但印度电子和信息技术部（MeitY）设立了多个委员会针对人工智能的网络安全、网络战、隐私和人工智能的武器化等进行研究与管理。印度暂时不会出台AIGC相关监管法律，而是通过全面的数字法案来监管人工

---

[1] https://www8.cao.go.jp/cstp/ai/aistrategy2022_honbun.pdf.
[2] 令和5年7月4日東大×生成AIシンポジウム｜総理の一日｜首相官邸ホームページ（kantei.go.jp）：https://www.kantei.go.jp/jp/101_kishida/actions/202307/04seisei_ai.html.

智能。① 印度对技术中立的法规进行小幅调整较正式的技术特定法规更易实现。印度现有的技术中立法规，无论是关于知识产权、竞争还是关于数据保护，都可以针对AIGC的监管进行定制修改，以应对目前使用生成式人工智能系统所产生的大部分危害。② 这也可能比采用人工智能特定的立法更有效和创新友好。从长远来看，监管生成式人工智能等技术的唯一有效方法是不监管技术本身，而是专注于可能导致重大伤害的特定用例。

表1 全球主要国家关于AIGC监管相关的法案

国家/地区	政策	主要观点	时间
欧盟	《欧洲人工智能法案》	禁止开发危害人类安全和权利的AI系统以及针对高风险行业AI进行重点监管	2021年4月
欧盟	《可信赖人工智能伦理准则》	提出了7项准则来评估AI是否可信	2019年4月
美国	《生成式人工智能网络安全法案》	聚焦国家间人工智能战略对抗和国家安全	2020年5月
美国	《人工智能风险管理框架》	为设计、开发、部署、应用AI系统的组织提供参考，提出监管的风险标准	2023年1月
美国	《人工智能权利法案蓝图》	五项原则：建立安全有效的系统；算法歧视保护；数据隐私保护；解释通知和透明度；人工替代与退出机制	2022年10月
加拿大	《加拿大国家人工智能战略》	该战略主要是为了鼓励投资、支持研发创新以及推动人才的培养	2017年
加拿大	《人工智能和数据法案》	对于有影响力的人工智能系统，必须采取措施来识别、评估和减轻使用人工智能系统可能导致的伤害或有偏见的产出风险	2022年6月

---

① "India Set to Regulate AI, Big Tech, with Digital Act," The Register, https://www.theregister.com/2023/05/26/india_digital_act_draft_june/.
② https://indiaai.gov.in/article/regulating-generative-ai.

续表

国家/地区	政策	主要观点	时间
英国	《支持创新的人工智能监管方法》	提供一个有利于创新的监管框架,鼓励政府、监管机构和行业之间的合作,以激发创新	2023年3月
新加坡	《个人数据保护法(修正案)》	保护数据主体的个人数据并且规范数据处理者的数据处理行为,但尚无AIGC监管意愿	2020年11月
日本	《人工智能战略2022》	推进制定AI技术的伦理规则以及运用AI技术推动政府管理数字化	2022年
	《广岛人工智能提案》(草案)	构建国际性、通用的监管规则	2023年5月
印度	《印度数据保护法案》	以构建全面的数据保护体系为抓手对AIGC进行监管,尚无较强的监管意愿	2021年

(六)国外政策趋势总结

根据目前各国发布的人工智能和生成式人工智能的法案可以看出各国对于AIGC的监管主要集中在以下几点。

1. 隐私和个人数据保护仍然是重中之重

从已经出台的各项相关法案来看,各国无一例外地都提到了用户隐私和个人数据保护,且置于极为重要的地位。加拿大虽然没有专门针对AIGC监管进行立法,但是明确了AIGC中如果不当采集使用个人数据将可能触及违法犯罪。

2. 注重AIGC的伦理审查以及AIGC对社会的影响

多个国家的政策都提到了要专门针对有影响力的AIGC进行特定的监管,相当多的国家即使目前尚无AIGC监管政策出台,但是依旧成立了针对AIGC进行伦理审查的机构,如印度就专门成立了伦理委员会进行相应的审查。AIGC对于社会的负面影响主要集中在公平、反对歧视以及无障碍访问等方面。

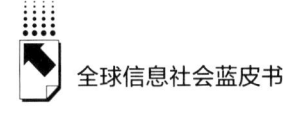

3.以人为主的可选择性以及可追溯性

无论是欧盟、美国还是加拿大，都提倡 AIGC 以人为本，一方面要求 AIGC 服务商和产品在提供服务时要明确告诉使用者，其使用的是人工智能而非真人；另一方面要求保留使用者不接受、不同意 AIGC 给出结果的权利。

（七）国内外 AIGC 监管政策思路的比较

中国政府一直在加强对 AIGC 领域的监管，包括持续制定和出台各类关于数据隐私保护和网络安全的政策，如《中华人民共和国数据安全法》《中华人民共和国个人信息保护法》《中华人民共和国网络安全法》等。另外，监管部门也积极出台了一些政策，如《国家新一代人工智能标准体系建设指南》《互联网信息服务深度合成管理规定》以及针对生成式人工智能出台的《生成式人工智能服务管理暂行办法》。[①] 目前出台的生成式人工智能服务管理暂行办法包括将企业对训练数据真实性、准确性的控制义务由征求意见稿中命令式的 100%保证义务降格为尽职性的努力承诺，大大降低了企业因难以核实全部训练数据真实性、准确性而引发违法的风险；考虑到了提供者对使用者生成内容的有限控制能力，删除了禁止提供者生成歧视性内容的规定；为企业创设了一定的"发挥空间"。

从国内外监管政策来看，相同点主要是对 AIGC 在数据使用、版权、透明度等方面均作了约束性描述。不同的是，国内更偏向于网络安全和数据隐私保护，同时较早地提出要针对生成式人工智能的算法进行监管；国外更偏向于防止偏见歧视和社会伦理风险评估等。总的来说，各国的监管思路是与本国科技基础能力和战略发展的需求相辅相成的，从而形成了各有侧重的立法方向。

---

① http://www.cac.gov.cn/2023-07/13/c_1690898327029107.htm.

表 2　国内关于 AIGC 监管相关的法案

人工智能相关法律法规或政策性文件	说明
《网络安全标准实践指南—人工智能伦理安全风险防范指引》 《关于加强科技伦理治理的指导意见（征求意见稿）》 《新一代人工智能伦理规范》	确定我国的科技伦理原则是增进人类福祉、尊重生命权利、坚持公平公正、合理控制风险和保持公开透明，并对人工智能的管理、研发、供应、使用和组织实施规范进行了框架规定
《科技伦理审查办法（试行）》	规定责任单位应设立科技伦理审查委员会，制定完善的审查管理制度、提供科技咨询及培训，并客观评估和审慎对待不确定性和技术应用风险
《生成式人工智能服务管理办法（征求意见稿）》	将生成式人工智能定义为基于算法、模型、规则生成文本、图片、声音、视频、代码等内容的技术。在伦理、算法、数据及内容等方面规定了生成式人工智能应当符合的条件及责任承担主体和义务内容，包括算法前置备案、信息披露、内容审查等，并明确了长臂管辖的规则，将境外主体向境内提供服务的情形纳入该办法的适用范围

六　对策建议

（一）明确监管原则，细化处罚规定

《生成式人工智能服务管理暂行办法》对 AIGC 提出了一些基本要求，但是仍需进一步细化规则条例和处罚细节。强规则才能有效降低风险。监管机构需要推动研究和发展可解释的 AIGC 技术，以便更好地监督和理解其运作。通过规定监管原则、制定监管红线来引导企业健康发展，通过细化处罚规定来约束企业违法违规行为。如果不明确监管的细则，明晰处罚的边界和责任，将让企业在开展项目建设、产品研发的时候感到困惑。同时，在尚无细化规则出台的时候建议采取安全与发展并重的策略，让市场"法无禁止即可为"，鼓励创新试错将有利于市场增强对 AIGC 产业发展的信心，营造良好的营商环境。

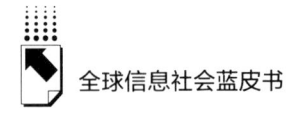

（二）不断更新监管手段，开阔监管思路

AIGC 可能会呈现阶段性的爆发式增长趋势，监管部门需要及时跟进国际技术发展动态和掌握各国监管思路的变化，从而不断更新监管手段，开拓监管思路，适时调整监管介入时机，积极促进和引导 AIGC 上下游各产业的健康发展，避免"一放就乱，一管就死"。比如上文中提到的欧盟、北美地区的监管思路就是逐步推出监管政策，不断研究和更新监管框架，用一套渐进的"组合拳"对 AIGC 进行动态监管。另外，向 AIGC 的利益相关者进行普法宣传，对 AIGC 生产者、提供商、使用者等相关者均进行法律法规的培训，提高各方人员的意识。

（三）构建行业导向的分类监管模式

国家有关主管部门针对生成式人工智能技术特点及其在有关行业和领域的服务应用，完善与创新发展相适应的科学监管方式，制定相应的分类分级监管规则或者指引。此后对于生成式人工智能的监管将以行业为线索，逐步凸显差异化和针对性。这种行业导向的监管模式符合生成式人工智能的强技术属性，也有利于各行业根据具体需求为生成式人工智能服务制定更合理的监管标准和措施，既能充分发挥生成式人工智能服务的经济价值，又能有效防范合规风险。

根据人工智能技术及其应用场景对可能产生的风险和影响进行不同程度的划分，并采取相应强度的监管措施。通过构建类似于数据安全的分类分级监管框架，监管机构可以根据人工智能系统的应用领域、风险程度和技术成熟度，制定相应的监管要求和措施。这有助于确保监管更加精准和更具针对性，避免"一刀切"。同时，分类分级监管框架也可以促进创新和发展，根据不同级别的监管要求，企业和研究机构可以更好地规划和管理技术研发，降低合规成本和风险。企业可以通过服务协议方式引导、监督生成式人工智能服务使用者的合法使用，控制并合理转嫁合规风险。发挥企业在提升算法模型性能和提高内容管理方面的主观能动性。

参考文献

陈吉栋、何丽：《生成式人工智能风险治理亟待"伦理—法律"综合框架》，《张江科技评论》2023 年第 2 期。

向安玲：《赋能与负能：AIGC 的技术红利与风险规制》，《中国传媒科技》2023 年第 2 期。

张欣：《生成式人工智能的算法治理挑战与治理型监管》，《现代法学》2023 年第 3 期。

钟祥铭、方兴东、顾烨烨：《ChatGPT 的治理挑战与对策研究——智能传播的"科林格里奇困境"与突破路径》，《传媒观察》2023 年第 3 期。

Illia L., Colleoni E., Zyglidopoulos S., "Ethical Implications of Text Generation in the Age of Artificial Intelligence," *Business Ethicsthe Environment & Responsibility*, 2023（1）.

Vaccari C., Chadwick A., "Deepfakes and Disinformation Exploring the Impact of Synthetic Political Video on Deception Uncertainty and Trust in News," *Social Media+Society*, 2020（1）.

Yu P., Xia Z., Fei J., et al., "A Survey on Deepfake Video Detection," *Iet Biometrics*, 2021（6）.

"Samsung Workers Made a Major Error by Using ChatGPT," https：//www.techradar.com/news/samsung-workers-leaked-company-secrets-by-using-chatgpt.

后　记

本书是上海社会科学院信息研究所团队编撰的"全球信息社会蓝皮书"的第五本，同时也是近一年来团队开展有关城市数字化转型、信息社会、人工智能、网络信息安全等领域研究的成果汇集。

人工智能和机器学习对人类社会产生了深刻影响。生成式人工智能（AIGC）被认为是人工智能2.0时代的核心技术，其将以前所未有的速度改变人们的生活、学习、工作甚至思维方式，是推动信息社会持续深化演进的重要驱动力，引发了全球的广泛关注。为此本年度蓝皮书将生成式人工智能作为主题，探讨如何通过生成式人工智能赋能信息社会高质量发展。本书的出版得到了上海社会科学院科研处、上海社会科学院信息研究所以及上海市哲社规划课题"产业转型升级背景下的上海信息化与工业化融合战略研究"（批准号：2010FZH003）的资助，在此对各单位领导的支持一并表示感谢；感谢社会科学文献出版社在书稿编校和出版过程中给予的热心帮助；感谢本蓝皮书编撰团队和"城市数字化转型"创新团队成员在书稿撰写中的辛勤付出。

当前数字技术革命方兴未艾，信息社会建设是需要持续跟踪与研究的重要课题。本书立足于数字和智能技术发展的最新前沿，对生成式人工智能对信息社会发展的影响进行了探讨，希望能对相关研究人员和实际工作者有所启发。同时限于笔者能力与水平，书中难免存在许多谬误之处，敬请各位读者批评指正。

Contents

I General Reports

B.1 Generative Artificial Intelligence: New Opportunities
and Challenges for the Construction of a Smart Society
Ding Botao / 001

Abstract: Generative Artificial Intelligence is an advanced technology that has gained widespread attention globally. It is poised to have a significant impact on human society. On one hand, AIGC empowers various industries, promoting economic development and societal progress. On the other hand, it may also give rise to numerous challenges concerning data security, societal ethics, and more. This paper delineates the developmental trajectory of AIGC, as well as its influence on knowledge production, labor, and dissemination in a smart society. It analyzes the novel opportunities AIGC brings to the construction of a smart society, including alterations in production modes, lifestyles, and governance models. Moreover, the paper delves into the fresh challenges introduced by AIGC in the realm of a smart society, particularly its substantial implications for security, societal dynamics, and ethical considerations. Given the potentially substantial positive and negative impacts of AIGC on human society, the paper presents recommendations such as fostering technological innovation in AIGC, promoting its extensive application, and strengthening governance and oversight measures.

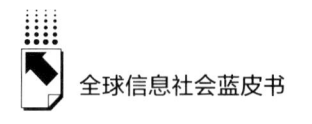

Keywords: Generative Artificial Intelligence; Smart Society; Social Transformation

B.2 AI International Comparison Report

Chen Jun / 027

Abstract: Artificial intelligence is the information technology related to the strategic of many countries around the world, and also an important engine for future economic development. This report constructs a three-level evaluation index of information technology environment, economic environment, and AI based on 12 indicators, and compares and analyzes the AI development in 42 countries or regions around the world. The results show that the current AI development is led by China, the United States, and the European Union, with developed economies as the main players. AI develops mainly concentrated in three regions: East Asia, North America, and Europe. East Asian countries has advantages in research and application of AI. Developed countries in Europe and North America have more advantages in research and education.

Keywords: AI; Informatization; Evaluation Indicators

II Area Reports

B.3 Research on the Development of Artificial Intelligence Industry in the United States

Hu Yueting, Wang Xingquan / 053

Abstract: Artificial intelligence is the frontier of science and technology innovation in today's world and an important driving force for future economic and social development, and is constantly penetrating into all aspects of society, production and life, and has now become a focal point of the global scientific and technological competition in the field of the world's major countries have to enhance the global competitiveness of artificial intelligence from the strategic layout, capital investment, technology research and development, and application of the field. In order to cope with the fierce international competition, the United States has formulated the development goal of artificial intelligence according to its own situation, and has exerted its national efforts to develop artificial intelligence technology in order to maintain its leading position in the world, showing a very characteristic layout of the United States. The strategic deployment of the United States for the future of AI and related initiatives include two stages of accumulation and enhancement, both of which are based on the formulation and release of policy documents and the establishment of relevant institutions for deployment, and have now risen to the strategy of a major power and evolved into a world leadership competition, basically realizing the full coverage of all phases of the value chain of AI technological innovation, and various departments are actively cultivating in-depth work and attaching increasing importance to the application of the military in the field of national defense. Its strategy mainly takes measures such as the establishment of specialized institutions, comprehensive blockade, export control, and restrictions on the flow of talents. China should learn from the development experience of the United States and strengthen its technology research and development, data resource management, legal and ethical system, and application scenario layout in order to promote China's development and innovation in the field of artificial intelligence.

Keywords: Artificial Intelligence; Technological Competition; National Security; United States

B.4 Insight and Enlightenment on the Development of Artificial Intelligence in Europe

Qiao Na, Ding Botao / 081

Abstract: Artificial intelligence has become an important driving force for technological innovation in the world today. For European countries, the development of artificial intelligence is crucial for economic growth, social innovation and global competition. This paper discusses the strategic layout of the EU and some European countries in the field of artificial intelligence, sorts out its progress in policy, research and innovation, and analyzes and summarizes its measures to promote the development and application of artificial intelligence. The article also provides an overview of the development of generative artificial intelligence. By analyzing the development of artificial intelligence in the European Union and major countries, combined with the actual development of artificial intelligence in China, the paper puts forward some suggestions for promoting the sustainable development of artificial intelligence in China.

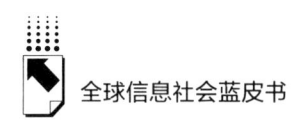

Keywords: Europe; Artificial Intelligence; Generative Artificial Intelligence

B.5 New Trends in the Development of Artificial Intelligence in Asian Countries

Li Xindi, Ding Botao / 109

Abstract: With the emergence of ChatGPT, artificial intelligence is in a new round of development "boom", and the outstanding characteristics of the big data era are fully manifested in the field of generative artificial intelligence. AI is expected to do more creative work for us than mechanical repetitive work. Japan, South Korea and Singapore have always been the forefront of scientific and technological information innovation in Asia, in order to catch up with the development of cutting-edge technology, the three countries have invested heavily in technology research and development and industrial promotion in light of their own national conditions, and have made a series of strategic plans around development hotspots for their own countries. This article summarizes the development status of artificial intelligence technology in various countries, and gives inspiration for the future development of the Chinese industry in the industry.

Keywords: AI; National Strategy; Industrial Development; AI-Generated Content

III Special Topics

B.6 Opportunities and Challenges of Generative Artificial Intelligence in the Innovative and High-Quality Development of Cultural Industries

Wang Shiwei / 131

Abstract: Generative artificial intelligence heralds the advent of a new era in information retrieval, knowledge integration, and organizational dynamics. It is poised to redefine the dimensions of resource capability, computational power, service efficacy, innovation capacity, learning potential, dissemination prowess, and developmental strength within the realm of cultural industries. Unprecedentedly, it presents substantial opportunities for elevating the overall effectiveness of the service chain for cultural innovation and high-quality development. This article places its focus on the period spanning from the autumn-winter season of 2022 to the summer of 2023, delving into practical experiences and research progress. It aims to offer a preliminary analysis, synthesis, overview, and outlook on the opportunities and challenges that generative artificial intelligence presents to the innovation and high-quality development of cultural industries. The discussion unfolds across three dimensions: the proactive role of generative AI in steering cultural industry development, the emergence of new domains and trajectories fostered by its impetus, and the myriad risks and challenges associated with generative artificial intelligence, along with strategies for mitigation.

Keywords: Generative Artificial Intelligence; Cultural Industries; Cultural Innovation

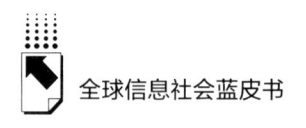

B.7 Application of ChatGPT in Scientific Research:
Current Situation, Influence and Countermeasures

Gu Jie / 154

Abstract: The generative AI conversation tool ChatGPT, released by OpenAI on November 30, 2022, is an important milestone in the transition of artificial intelligence from the era of perceptual intelligence to the era of cognitive intelligence. ChatGPT's ability of large-scale corpus learning, natural language understanding and powerful human-like expression has challenged the traditional scientific research paradigm. This report uses the literature analysis method to comprehensively sort out and summarize the research situation of ChatGPT in the scientific research field, sort out the application potential and risks and challenges of ChatGPT generative artificial intelligence dialogue tools in scientific research activities, and finally summarize the corresponding countermeasures and control measures. This report provides valuable guidance and reference for researchers and policymakers to promote the healthier, more efficient and sustainable use of ChatGPT in research activities.

Keywords: ChatGPT; Research Output; Research Evaluation

B.8 The Role of AI in the Modern Education Transformation:
Impacts and Strategies of Large Language Models (LLMs)

Wu Xi, ChatGPT / 177

Abstract: This article discusses the impacts and strategies of Large Language Models (LLMs) in the context of the modern education transformation. Firstly, the article outlines the fundamental characteristics and technical details of LLMs, emphasizing their value in education, including enhancing educational quality, promoting educational equity, and reshaping the role of educators. Subsequently, the article highlights potential challenges in their implementation, such as data security and privacy, technological reliability and effectiveness, technology accessibility and educational equity, ethical concerns, the transformation and upskilling of educators, as well as students' technological dependency and mental well-being. The article proposes solutions and recommendations for these challenges. Lastly, the article envisions future research directions, encompassing further exploration of LLMs' application effects in diverse educational domains and settings, focusing on model adaptability and limitations, and exploring innovative ways to integrate artificial intelligence technology with educational practices to drive innovation and development in educational technology. Overall, the article aims to comprehensively recognize the potential and challenges of LLMs in modern education, and provide effective solutions to ensure their healthy and sustainable development, offering robust support for the transformation of contemporary education.

Keywords: Modern Education; Large Language Models; LLMs; Education Transformation

B.9 The Current Status, Issues, and Development of Next-Generation Artificial Intelligence in the Medical and Health Field

Xia Beili, Sun Weijie / 201

Abstract: The application of next-generation artificial intelligence in the medical and health field is undergoing rapid development. This progress is driven by the dual trends of an aging population and declining birth rates, a shift in consumer attitudes towards healthcare and health management following the pandemic, and the policy push for deep integration and innovative applications of digital technology and the healthcare sector in China's national strategy for a "Digital China." To gain a better understanding of the current status of AI integration with medical and health in China, this research utilizes methods such as literature review, online surveys, and analysis of policy documents to outline the industrial development, scenario applications, key technologies, and policy priorities of AI integration with medical and health. Furthermore, this study proposes strategies and recommendations for China's healthcare industry under the backdrop of next-generation artificial intelligence, including the formulation of specialized AI policies and regulations for the medical and health sector, enhancement of regulatory frameworks for AI integration with medical and health, establishment of standardized systems for AI medical devices, and promotion of market-oriented AI medical and health services.

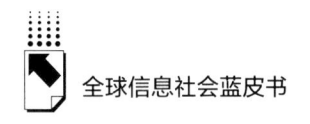

Keywords: Generative AI; Large Language Model (LLM); Digital Healthcare

B.10 Global AIGC Trainer Development Report

Fan Jiajia / 233

Abstract: The report analyzes the concept, connotation, job type, regional distribution, service industry distribution, educational background, professional distribution, age distribution, and occupational income situation of AIGC trainers globally, and analyzes the trend of professional development of AIGC trainers worldwide, as well as the problems and countermeasures of AIGC industry and trainer professional development. Suggestion: To address the issue of imbalanced development in AIGC trainers' regions, three tasks need to be completed. The intervention of the state and government needs to standardize the market, encourage governments to fully learn AIGC knowledge, actively promote the convenience of AIGC, help industries fully recognize the convenience of AIGC technology, and accelerate the integration progress of various industries with AIGC. In response to the significant income gap among AIGC trainers, the country and government should actively introduce relevant policies. To address the imbalance between supply and demand for AIGC trainers, it is necessary to start from the supply side. At the national level, the government should establish relevant management institutions, regularly organize nationwide exchange meetings, and hold high-level AIGC trainers' lecture forums. The state and government should pay attention to cultivating team oriented AIGC trainers, actively organize team oriented training for AIGC trainers, and incorporate team collaboration courses and relevant assessment standards into the AIGC trainer training process to cultivate the team collaboration spirit of AIGC trainers.

Keywords: AIGC Trainer; AIGC Industry; AI

B.11 Open Source Innovation Ecosystem: The Innovation Cornerstone of Generative Artificial Intelligence

Hu Wen / 264

Abstract: Open source is an important mode of technological innovation and collaborative development. The rapid development of generative artificial intelligence cannot be separated from the positive contribution of open source innovation ecosystem. Taking the innovation model behind generative artificial intelligence as the starting point and centering on the concept of open source innovation ecosystem, this report first summarizes its connotation characteristics, innovation mechanism and business model. Then, the development status of open source innovation ecosystem at home and abroad is sorted out and compared from three aspects: code hosting platform, artificial intelligence open source community and active innovation organizations. Finally, three suggestions are provided for the future development of China's open source innovation ecosystem: i. encouraging the development of open source culture and advocating the concept of open cooperation; ii. strengthening support for open source technology innovation to enable high-quality development of the industry; iii. establishing a global strategy for open source innovation ecosystem governance.

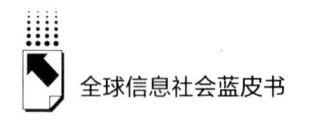

Keywords: Open Source Innovation Ecosystem; Open Source Community; Business Model; Artificial Intelligence

B.12 Digital Literacy Education for the Elderly in Foreign Public Libraries and Its Enlightenment

Luo Li / 285

Abstract: In recent years, driven by data, algorithms and computing power, the development of generative artificial intelligence has entered an explosive period, and related applications have rapidly expanded in various industries. The development of artificial intelligence technology not only brings convenience to the social life of the elderly, but also expands the intergenerational digital divide. Providing digital literacy education for the elderly is an important mission of public libraries in the artificial intelligence age and many foreign public libraries have achieved great results in improving the digital literacy of the elderly through digital literacy education, and their practical experience has important practical reference value for the relevant deployment of domestic public libraries. Taking public libraries in the United States, the United Kingdom, Australia, Singapore and Japan as the research objects, this paper uses the network survey method to investigate the progress of digital literacy education for the elderly from the aspects of laws, policies and projects, so as to extract practical experience and provide practical reference for public digital literacy education for the elderly in public libraries in China. It has important practical guiding significance for bridging the digital divide of the elderly, which not only helps to promote social progress, but also serves as part of the topic of jointly building a harmonious society.

Keywords: Public Library; Digital Literacy Education; The Elderly; Digital Divide

Ⅳ Security Reports

B.13 The Development of Global Trustworthy AI Policy

Zhao Fuchun, Zhao Meng / 301

Abstract: Trustworthy artificial intelligence has been increasingly valued by countries and international organizations around the world, and several guidelines and norms have been issued. However, there are different opinions on its connotation, policy and implementation path, and there are many insurmountable difficulties and contradictions. By combing the trustworthyAI theory, the six dimensions of trustworthyAI are clarified, and taking the credible artificial intelligence policy frameworks of the European Union and the United States as examples, different evaluation methods and implementation paths of AI trustworthiness are summarized, which will serve as a basis for our country.

Keywords: TrustworthyAI; Risk Management; AI

B.14 The Value and Risk of Generative Artificial Intelligence from the Perspective of Tool Rationality and Value Rationality: Taking ChatGPT as an Example

Xue Zelin, Xu Xin / 328

Abstract: Generative artificial intelligence represented by ChatGPT has both benefits and risks. From the perspectives of instrumental rationality and value rationality, exploring the impact of ChatGPT on politics, economy, and society can better grasp the essence of its risks. From the perspective of instrumental rationality, the functions of ChatGPT are reflected in technology empowerment, value empowerment, and information empowerment, while risks are reflected in shadow government, industry monopoly, and organizational alienation. From the perspective of value rationality, the functions of ChatGPT are reflected in technology empowerment, knowledge innovation, and enhancing efficiency, while risks are reflected in imbalanced empowerment, value distortion, and consciousness erosion. Overall, ChatGPT is a tool for rational production rather than a subject. Although it largely meets efficiency needs, it is difficult to solve fairness issues and further widen interpersonal relationships. Essentially, ChatGPT serves capital appreciation rather than public interest, so for government governance, the core challenge that ChatGPT poses is to break away from technological dependence and maintain public interest.

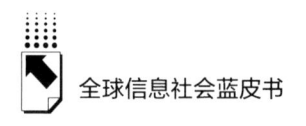

Keywords: Tool Rationality; Value Rationality; ChatGPT

B.15 Research on the Construction and Application of China's AIGC Regulatory Framework

Yang Kang, Ma Le / 349

Abstract: The rapid development of AIGC has posed new challenges to regulation. Previously, the form of filing and auditing was unable to adapt to the development requirements of emerging technologies. The opacity of AIGC technology, the large and chaotic training corpus, and the supervision during AI automatic learning have all posed new challenges to AIGC regulation. The regulation of AIGC cannot be simple and crude, nor can it be completely ignored. How to promote the overall healthy development of the AIGC industry through effective and automated regulation is one of the focuses of this article. This article takes the rapid development of AIGC and China's proposal to regulate generative artificial intelligence as the research background. Starting from the necessity of regulating AIGC and the concept and connotation of AIGC regulation, it explores the current situation and difficulties of AIGC regulation in China. By constructing a set of ideas and frameworks for AIGC regulation and comparing relevant experience and policy trends at home and abroad, it finally proposes countermeasures and suggestions for AIGC regulation in China and future prospects.

Keywords: The Regulatory of AIGC; Data Security; AI-Generated Content

社会科学文献出版社

皮 书
智库成果出版与传播平台

❖ 皮书定义 ❖

皮书是对中国与世界发展状况和热点问题进行年度监测，以专业的角度、专家的视野和实证研究方法，针对某一领域或区域现状与发展态势展开分析和预测，具备前沿性、原创性、实证性、连续性、时效性等特点的公开出版物，由一系列权威研究报告组成。

❖ 皮书作者 ❖

皮书系列报告作者以国内外一流研究机构、知名高校等重点智库的研究人员为主，多为相关领域一流专家学者，他们的观点代表了当下学界对中国与世界的现实和未来最高水平的解读与分析。截至2022年底，皮书研创机构逾千家，报告作者累计超过10万人。

❖ 皮书荣誉 ❖

皮书作为中国社会科学院基础理论研究与应用对策研究融合发展的代表性成果，不仅是哲学社会科学工作者服务中国特色社会主义现代化建设的重要成果，更是助力中国特色新型智库建设、构建中国特色哲学社会科学"三大体系"的重要平台。皮书系列先后被列入"十二五""十三五""十四五"时期国家重点出版物出版专项规划项目；2013~2023年，重点皮书列入中国社会科学院国家哲学社会科学创新工程项目。

皮书网

（网址：www.pishu.cn）

发布皮书研创资讯，传播皮书精彩内容
引领皮书出版潮流，打造皮书服务平台

栏目设置

◆ **关于皮书**
何谓皮书、皮书分类、皮书大事记、
皮书荣誉、皮书出版第一人、皮书编辑部

◆ **最新资讯**
通知公告、新闻动态、媒体聚焦、
网站专题、视频直播、下载专区

◆ **皮书研创**
皮书规范、皮书选题、皮书出版、
皮书研究、研创团队

◆ **皮书评奖评价**
指标体系、皮书评价、皮书评奖

◆ **皮书研究院理事会**
理事会章程、理事单位、个人理事、高级
研究员、理事会秘书处、入会指南

所获荣誉

◆ 2008年、2011年、2014年，皮书网均在全国新闻出版业网站荣誉评选中获得"最具商业价值网站"称号；

◆ 2012年，获得"出版业网站百强"称号。

网库合一

2014年，皮书网与皮书数据库端口合一，实现资源共享，搭建智库成果融合创新平台。

皮书网　　"皮书说"微信公众号　　皮书微博

权威报告·连续出版·独家资源

皮书数据库
ANNUAL REPORT(YEARBOOK) DATABASE

分析解读当下中国发展变迁的高端智库平台

所获荣誉
- 2020年，入选全国新闻出版深度融合发展创新案例
- 2019年，入选国家新闻出版署数字出版精品遴选推荐计划
- 2016年，入选"十三五"国家重点电子出版物出版规划骨干工程
- 2013年，荣获"中国出版政府奖·网络出版物奖"提名奖
- 连续多年荣获中国数字出版博览会"数字出版·优秀品牌"奖

皮书数据库　　"社科数托邦"微信公众号

成为用户

登录网址www.pishu.com.cn访问皮书数据库网站或下载皮书数据库APP，通过手机号码验证或邮箱验证即可成为皮书数据库用户。

用户福利
- 已注册用户购书后可免费获赠100元皮书数据库充值卡。刮开充值卡涂层获取充值密码，登录并进入"会员中心"—"在线充值"—"充值卡充值"，充值成功即可购买和查看数据库内容。
- 用户福利最终解释权归社会科学文献出版社所有。

社会科学文献出版社 皮书系列
卡号：337585791177
密码：

数据库服务热线：400-008-6695
数据库服务QQ：2475522410
数据库服务邮箱：database@ssap.cn
图书销售热线：010-59367070/7028
图书服务QQ：1265056568
图书服务邮箱：duzhe@ssap.cn

S 基本子库
SUB DATABASE

中国社会发展数据库（下设 12 个专题子库）

紧扣人口、政治、外交、法律、教育、医疗卫生、资源环境等 12 个社会发展领域的前沿和热点，全面整合专业著作、智库报告、学术资讯、调研数据等类型资源，帮助用户追踪中国社会发展动态、研究社会发展战略与政策、了解社会热点问题、分析社会发展趋势。

中国经济发展数据库（下设 12 专题子库）

内容涵盖宏观经济、产业经济、工业经济、农业经济、财政金融、房地产经济、城市经济、商业贸易等 12 个重点经济领域，为把握经济运行态势、洞察经济发展规律、研判经济发展趋势、进行经济调控决策提供参考和依据。

中国行业发展数据库（下设 17 个专题子库）

以中国国民经济行业分类为依据，覆盖金融业、旅游业、交通运输业、能源矿产业、制造业等 100 多个行业，跟踪分析国民经济相关行业市场运行状况和政策导向，汇集行业发展前沿资讯，为投资、从业及各种经济决策提供理论支撑和实践指导。

中国区域发展数据库（下设 4 个专题子库）

对中国特定区域内的经济、社会、文化等领域现状与发展情况进行深度分析和预测，涉及省级行政区、城市群、城市、农村等不同维度，研究层级至县及县以下行政区，为学者研究地方经济社会宏观态势、经验模式、发展案例提供支撑，为地方政府决策提供参考。

中国文化传媒数据库（下设 18 个专题子库）

内容覆盖文化产业、新闻传播、电影娱乐、文学艺术、群众文化、图书情报等 18 个重点研究领域，聚焦文化传媒领域发展前沿、热点话题、行业实践，服务用户的教学科研、文化投资、企业规划等需要。

世界经济与国际关系数据库（下设 6 个专题子库）

整合世界经济、国际政治、世界文化与科技、全球性问题、国际组织与国际法、区域研究 6 大领域研究成果，对世界经济形势、国际形势进行连续性深度分析，对年度热点问题进行专题解读，为研判全球发展趋势提供事实和数据支持。

法律声明

"皮书系列"(含蓝皮书、绿皮书、黄皮书)之品牌由社会科学文献出版社最早使用并持续至今,现已被中国图书行业所熟知。"皮书系列"的相关商标已在国家商标管理部门商标局注册,包括但不限于LOGO( )、皮书、Pishu、经济蓝皮书、社会蓝皮书等。"皮书系列"图书的注册商标专用权及封面设计、版式设计的著作权均为社会科学文献出版社所有。未经社会科学文献出版社书面授权许可,任何使用与"皮书系列"图书注册商标、封面设计、版式设计相同或者近似的文字、图形或其组合的行为均系侵权行为。

经作者授权,本书的专有出版权及信息网络传播权等为社会科学文献出版社享有。未经社会科学文献出版社书面授权许可,任何就本书内容的复制、发行或以数字形式进行网络传播的行为均系侵权行为。

社会科学文献出版社将通过法律途径追究上述侵权行为的法律责任,维护自身合法权益。

欢迎社会各界人士对侵犯社会科学文献出版社上述权利的侵权行为进行举报。电话:010-59367121,电子邮箱:fawubu@ssap.cn。

社会科学文献出版社